本书获得北京姚基金公益基金会项目课题资助

Exploration on Integrated Research Paradigms of Human-based Education

集成人学教育论

储朝晖 _ 著

科学出版社
北京

内 容 简 介

集成人学教育观产生于大量实地调查与实践基础上的感悟，集成人学教育论是基于感悟的理论建构。

在教育学经过几百年学科式发展后遇到困境，而其模仿的科学即将发生范式转换的情况下，本书选择以人为本的价值取向，进行集成范式的学理探索，以真实生活中个体健全成长为目标，运用集成方式认识个体、设立假定，并谋求改进。集成人学教育论试图从个体天性出发培养理想社会建设者，从创建良性共同体出发促进个体的全面发展。集成人学教育论可以容纳新视野和理论，以探索教育巨复杂系统连续体的特征、学理，尽力实现教育理论探索、方法选择和技术操作一体化，是具有极强挑战性、对人的充分成长具有极高价值的探索。

本书适合教育学相关研究者参阅。

图书在版编目（CIP）数据

集成人学教育论 / 储朝晖著. -- 北京 : 科学出版社，2025.5. -- ISBN 978-7-03-081362-6

Ⅰ. G40

中国国家版本馆 CIP 数据核字第 2025T3R931 号

责任编辑：付 艳 朱丽娜 / 责任校对：何艳萍

责任印制：徐晓晨 / 封面设计：有道文化

科学出版社 出版

北京东黄城根北街 16 号

邮政编码：100717

http://www.sciencep.com

北京建宏印刷有限公司印刷

科学出版社发行 各地新华书店经销

*

2025 年 05 月第 一 版 开本：720×1000 1/16

2025 年 05 月第一次印刷 印张：24

字数：455 000

定价：138.00 元

（如有印装质量问题，我社负责调换）

序

中国教育科学研究院储朝晖研究员把他在《湖南师范大学教育科学学报》发表的《集成人学教育论纲》和在《合肥师范学院学报》发表的《论教育研究范式的集成人学转向》在网上转发给了我，我虽只是在手机上草草一读，却产生了强烈的共鸣。

我和储朝晖先生都是学物理出身，后来他专心研究教育，有丰硕成果，在业内影响很大。我因在20世纪80年代以后参与北京大学教育行政工作，当然与高等教育结下了不解之缘。我与储先生有多次交往，还数次参加由他发起恢复重建的陶行知先生曾任主任干事的中华教育改进社的活动。我俩说话投机，都非常佩服叶企孙先生当年办清华物理系和理学院的业绩，视叶先生为教育工作者楷模。我曾说过，教育不只是学校教育，母教、家庭教育更基础，社会环境教育对人的成才有更大影响。读了这两篇文章，我就即兴给予了点赞："我认为这两篇文章十分重要。我对教育学究竟要如何发展深感忧虑，想将它完全'科学化'，在短期内是难以成功的，它与实践的关系始终远离目标，实际上没有多少教育工作者是完全按照教育学的研究成果而工作的，教育更不能局限于学校，因为社会对人的影响远大于学校。所以你的想法是十分启发人思考的。但可惜我已无能为力了。"我说这最后一句话，是因为我的年龄已超过90了。

不久后，我收到储先生的信，说文章是从他的新著《集成人学教育论》中提炼出来的，全书即将出版。他发给我该书的电子版文件，希望我为该书写一篇简短的"序"。我对书名很感兴趣，就说待我读完再说吧，实际上等于是半推半就。待细读完后，我就有点反悔了。我太冒失了，书的内容牵涉材料之多、学科之广、技术之新，都是我难以掌握的。但既已经答应了，我不得不做点功课。

说来也巧，我可能是新中国成立以后最早接触到“教育学”，但也是最厌烦这门学问的人之一。1954 年我就读北京大学物理系，在期末考试中被抽调出来提前一年毕业，从字母起学习俄语，说是下学期系里要来几位苏联专家，要有业务翻译。国庆节过后，第一位苏联专家就来了，我就当他的翻译。他原是苏联列宁格勒大学物理系长期主管教学的副系主任，同时讲授普通物理课程。他对苏联大学的教学制度有丰富深入与全面系统的认识，可谓“了如指掌”。来前他已在哈尔滨工业大学工作过一年，还带了一个“高等学校物理教学法”研究生班。当时高等教育部认为他是在中国全面系统地推广苏联教学制度的能手，调到北京大学才能在全国发挥辐射作用。他来后，就担任系主任和普通物理教研室的顾问，并开始为研究生和不少旁听的北京大学与其他各校来的普通物理教师讲授“高等学校物理教学法”这门课。当时苏联教学制度中的校、系、教研室（组）三级行政机构的运行，教学计划、教学大纲的制订，讲授、自学、答疑、习题课、小班讨论、各级实验、考试（主课口试）、考查、生产实习、教学实习、毕业论文等教学环节的组织、设计、运行等都是他传授的。这里有很多教育学名词，课程里当然也充满了教育学词汇。当时没有一本收词足够多的俄汉词典，我作为翻译，不但很难听懂他带有白俄罗斯口音的俄语，而且很多专业词汇更不知如何翻译。于是，教育上的词汇就从当时已译成汉语出版的凯洛夫的《教育学》上去找相关名词；而物理学的专业名词则用收词丰富的《露和辞典》（俄日词典）找到相应的汉字词汇，有的是连猜带蒙地译出来的。当时，我对《教育学》一点兴趣也没有，觉得它尽是教条，枯燥无味，除了权充“词典”外并未学到什么“教育学”的东西。后来自己给学生讲课，真搞起教学来了，所用教学原则与技术都是从过去的老教师那里学来的，或从学生的课后反应中感悟出来的，后来没有再读过“教育学”，觉得它根本解决不了教学上的实际问题①。

1995 年国家教委提倡“文化素质教育”，当时是从华中理工大学（现名“华中科技大学”）首先发起，工科院校热烈响应。我作为综合大学的一员也积极参加，后来还当了“教指委”的副主任。一开始，一些综合大学的领导不太积极，认为自己的学校早就十分重视人文社会科学了。我却认为，当时一些院校虽也重视发展人文社会科学，但其目标只是造就国家需要的一批人文社会学科的专

① 那时根据苏联物理专业的教学计划，应该开设“教育学”课程，因为培养目标里包含大中学教学工作者。由于无适当教师，且感觉无必要，该课程从未正式开设过，但少数学生曾尝试过在中学进行“教学实习”。

家，他们关心的不在于人，而在于人是否能作为专家而发挥作用。我认为称为某某“家”或“工作者”的这些人只是一种“工具”、一种“器”，并非自由发展的人。后来有了“钱学森之问”，我虽从未明白地说出来过，但在心里却认为，若只是把人作为“工具”或“器”培养，是永远也出不来大师的。我当时之所以积极参加这场活动，是认为文化素质教育以及后来高等学校的素质教育，就是为了使高等教育回归教育的本源，即改造人、培养人，即康德所说的“教育使人成为人”,使之成为既能做事也能做人的人,也就是现在所说的“立德树人”。这种人当然不是光有专业知识和技能的人，而是能够发扬个性、实现潜能、全面自由发展的人，是具有创造力的人。这样的人当然不是只靠课堂讲授与实验室动手就能培养出来的，而是要靠整个学校环境的熏陶，在人与人之间的密切交流下逐渐成长起来的。

这样的人还不是完全靠学校就能培养出来的。人的个性、人格是从娘肚子里就开始形成的，所以胎教、母教、家庭教育、社会环境教育综合起来，远比学校教育的作用要大。即使从时间上来说，人接受学校教育的时间也不过是其一生的 1/5 到 1/4（按平均年龄算），因此教育是终身的事。当下教育学多数只讲学校教育，而且重点只讲认知问题，这就未免过于局限了，甚至有点“弃本”了。认知固然重要，而且借助于当下的脑与神经科学、生命科学以及信息科学的成就，认知、知识的教与学已经完全可以科学化，这就意味着教育学似乎可以成为像数学、物理学那样的精密科学，但这也可能使教育学走偏了方向。个性、人格的最重要品质，包括人的意志、精神、价值观等，特别是信仰，其来源与坚守，难道能从当下的认知科学里得到充分理解与阐释吗？

人是世界上最独特、复杂、易变、不确定的；人是各不相同又千变万化的。世界上找不到两个全同的人；一个人在不同时间、地点也是不同的，今天的我非昨天也非明天的我。这种不同的核心是个性或人格。雨果在《悲惨世界》里曾说过：还有一种比天空更宏大的景象，那就是人的内心世界。这句话所指的就是不同个性的人的心理世界。它无比炫目，也十分阴暗；它无比辽阔，也十分渊深；它无比复杂，也十分神秘，变幻莫测。面对如此多样化、复杂多变且独特的个体心理世界，那种刻板划一、千人一面的教育方式显然是行不通的。因此，作者提出了“每个人的生长都是一本教育学”的命题。为了实现这样的教育，需要将自然科学、人文科学以及社会科学等各个领域的知识和方法进行交叉综合、融会集成，以做到“一把钥匙开一把锁”，即针对每个人的成长规律有的放矢地进行教育。基于这种理念，作者将这种教育理论命名为“集成人学教育论”。

这种教育当然是“以人为本”的，其教育目标指向培养健全的人和建设理想社会。但这里有个以个体为本位还是以社会、民族、国家，甚至世界为本位的问题。我以前都觉得这是一个鸡生蛋和蛋生鸡的问题，无法解决。但从教育的角度看，这个问题是明确的。我深受京师大学堂首任总监督（相当于校长）张亨嘉先生上任时对学生说的一句训词的启发：“为国求学，努力自爱。”这句话道出了中西方举办大学的宗旨，以及大学生与中小学生学习的根本不同：中国大学生求学是为了拯救和建设国家的，大学生求学之道主要依赖于自我驱动和自我提升；接受基础教育的中小学生则更多地依赖于教育者的引导和教诲。就是说，中国教育是以社会、国家为出发点，亦即为本位的。这条原则成为中国近代教育的圭臬，一直沿用至今，“国家好，个人才能好”。但是，中国教育家也有着另外的声音。比如，蔡元培说，“教育者，养成人格之事业也”，其中的“养成人格”就是发展个性的意思。我曾称道张亨嘉不愧为教育家，他的“为国”是以“自爱”为前提的。自爱就是完善和发展自我，成为一个健全的个人。这种对个体发展的重视，在日本明治维新时期也得到了深刻的认识，当时发布的《关于奖励学业的告谕》中就说“士人以上之少数学者，动辄为国而学，不知其为立身之基”[①]。后来，中国文化社会学家陈序经也明确反对法国社会学家涂尔干的社会先于个人、超于个人的学说，主张社会文化发展依赖于具体的个人，个人比社会更重要。甚至马克思主义人学也持类似观点，认为现实的人的个性（即个体主体性）是人的社会性的基础。马克思、恩格斯在《共产党宣言》里说，在理想社会中“每个人的自由发展是一切人的自由发展的条件”。实际上，社会越发达越进步，这种规律越明显。这条原则成为《集成人学教育论》全书论述的主线，作者认为“有什么样的国民就有什么样的国家”，“‘有什么样的个体就有什么样的社会’这一原理都是能够立得住的”，也认为“个体人格的健全发展是社会健全兴旺的根基”。我以为这点很重要，是要贯彻教育始终的。

在此基础上，作者提出了“第三方教育学人”的重要性（这与我多年前提倡的“自由职业教师”多少有点类似）。依我的理解，教育学可以分为由满足不同服务对象之需求来区别的两种，一种是以举办机构（政府、社团）及其所委托或雇佣的学校与教师为主体的，另一种是以受教育者（学生及其代理人、监护人，如家长等）为主体的。后者虽有必要考虑学生个体发展的愿望，但这两者却都具有强烈的主观功利性，例如，使国家富强，使个人名利双收、成为人

① 转引自唐晋主编：《大国崛起》，人民出版社 2006 年版，第 298 页。

上人等。第三方教育学人可以摆脱这种功利考虑，相对客观地根据受教育者的个体特征、性格、潜能等，从集成人学的角度设计出适合受教育者个性的教育方案，使之成为自由发展的健全的人，从而建设理想社会。不过成长是一个生命过程，有不同的阶段，各阶段的教育要求并不相同。因此，适恰的第三方教育学人是很难找到的，而且绝非只靠一个人就能完全担当。而且，文化因素也对此有深刻的影响。我曾在美国见到如下场景：一位妈妈在花园里与朋友聊天，其幼儿在地上玩耍，忽然他抓起一把泥沙往嘴里塞，我示意其母来管一管。这位妈妈却不理不管，任其往嘴里塞，并继续跟人聊天直到幼儿觉得泥沙不好吃，吐了出来，母亲才来帮助，用手绢将孩子的嘴巴擦干净。我想，我的示意就代表中国传统文化，在孩子没有经验和知识的情况下过早地干预，使其天性难以充分发挥；而西方文化则更重视孩子的自由成长，使其天性得以呈现，只在适当时候加以帮助而非干预。由此可见，在人的生长过程的不同阶段，是很难根据其天性而规划恰当教育的。这样一来，第三方教育学人应该要经过长期训练，且随着人的成长的不同阶段而调整教育实践，这样才能成为满足各不相同需求的第三方教育学的实施者。

正因为如此，作者根据集成人学的理论与技术的结合与统一，用大量篇幅全面详尽地阐述了认识与验证现实的人的多样独特个性的各种视角、方式与方法。在此基础上，作者对人的多样独特个性的形成、阻滞与发展做了多方面的假设分析论证，并探索了教育在其中可能发挥的作用。在这里，作者特别提出了“教育就是教人做人、创造理想社会”的命题，并将它看作是教育的简短定义。随后，他就什么是好教育和怎样实施好教育进行了正反面的论证。这里，他特别强调自我认知的重要性，认为“个体的成长状况与他的自我认知发展水平直接相关”。这确实是个大问题。卡西尔在其《人论》中开宗明义就说：“认识自我乃是哲学探究的最高目标。”《道德经·第三十三章》说：“知人者智，自知者明。”善于知人的叶企孙先生发现了众多学生自己都不知道的优势潜能，深谙知己较知人更难的道理。杨振宁先生要是没有王淦昌、叶企孙等人修改方向的第二份推荐信，坚持做实验物理博士论文，就绝不可能成为伟大的理论物理学家。接着，作者就儿童天性成长和建设理想社会的相互关系进行了细致的研究与探讨。他认为尊重天性是使个体成为理想社会的建设者的重要前提，教育应当服务于发展个性。天性并不是完全一成不变的，它的成长既靠自知，也是与他人和包括学校在内的社会环境相互碰撞（影响）的结果。好教育应当对个体天性的成长建立起明确的观念和认知，但现实却是个体在接触不同群体之后的选择中进入各种误区，并使天性受到多种原因的扭曲。作者列举了许多案例（特别是杰出人才的成长的经历）说明个体与所接触人群的这种相互碰撞或扭曲对个性成长的正面或负面的影响，进而说明个体首先要通过构成与个体密切相关的共建共治共享的各类社群才能成长，以实施有效的权力行使和责任担当，从而对建设理想社会发挥积极作用。进一步，他又专门对比了由下而上自发产生的社群和有意组织起来的共同体对个体成长的作用，得出了健全的人（指具有认识、需求和情感能力的人）必须要有良性共同体的保障才能成长，反之也只有这样的个体才能组织起良性成长共同体。这样，他完成了对人的健全成长的理论与技术的完整论述。

最后，作者就集成人学教育理论所能包容的新的理论与方法做了适当概括，其中有博弈论、成长论、因素分析论、超越论和镜像论等，并用不少案例加以解释，从而更加丰富了他的教育理论。他还就这种教育理论的进一步发展方向做了探讨，从而完成了全书的叙述和阐释。

综上所说，作者从现有教育学的局限、不足与问题出发，用一种新的视角、理论、方法与技术探究了教育这门学问。这是对教育学的一种创新，一种新的研究范式。科学哲学家库恩认为科学革命就是范式的转变，因此，可以认为该书是对教育学的革命。它不但大大拓宽了教育学的研究疆域，而且极大地扩展了教育学的视角，更是综合集成了几乎所有学科所用的原理、方法与技术。为了初步理解这部著作的精髓，我不得不重新复习以前涉猎过的关于人学、人论、社会学、教育学（甚至再次翻阅了凯洛夫的《教育学》）等著作。因而，我想该书将对中国教育学的创新发展产生重大影响。然而，科学革命只是科学进步的一个前奏。我期望有更多的学者在这一新范式的指引下，进行更深入的理论探讨、研究和实践应用，从而使这种理论得到更深刻的阐释、丰富和完善，也更加彰显该书的卓越价值。

我并非教育学领域的专业人士，不过偶尔当个“票友”，因而对该书的理解与领会未必能切中关键，把握核心，甚至可能存在一些错误的认识。上述所言，仅仅是我阅读该书后的一些个人感悟，难以称之为对该书的恰当解读与评价，更不宜作为正式的“序”。然而，若得作者首肯，姑且充作一篇序文，以为引玉之砖吧！

王文满

2022年12月6日

前　言

我从物理步入人理的教育研究后不久，就意识到教育是人类学问的“青藏高原”。在后来不断的跨界阅读、田野调查、实验实践、问题求解、省思感悟过程中，我渐渐意识到，对于教育这一尖端的学术领域，单纯以学科的方式进行研究，在深度、广度和特性上都存在显而易见的局限。

在实际的教育工作中，我常常遇到无法单凭一种教育学理论就能解决的问题；有时理论上似乎说得通，但在实践中却并不奏效。教育学及其各分支学科在解决实际问题时的适用性往往较低。因此，我尝试采用包括但不限于教育学的多学科视角来解决具体问题，这确实加大了解释的力度并增强了其有效性，但仍然存在学科间相互隔阂、整体效能不高、焦点不够集中等问题。

大约在2000年，经过思考和实践的多次检验，我萌生了“集成人学”的理念，初始的想法就是将所有的学问集成后认识人，教育人，并依据自己已有的文理融合的基础，不断将它运用于所进行的各项研究。2003年，我撰写了《论教育研究的人学路径》①，发表于《教育理论与实践》2004年第1期。2008年，我再次在《教育是人类最尖端的活动和学问》②一文中阐述并发表了这一理念。

此后很长时间，我始终徘徊在两种心境之间：一方面，我深感自己提出的

---

① 储朝晖：《论教育研究的人学路径》，《教育理论与实践》2004年第1期，第10-13页。

② 储朝晖：《教育是人类最尖端的活动和学问》，《中国教育报》2008年2月2日第3版。被《教育理论与实践》2008年第4期转载。

集成人学仍有待完善，需要不断地琢磨和改进；另一方面，我也看到了它给教育改革带来的新曙光。在实际应用中，这一理论框架确实能够提供比单一学科更广阔、更深入的视角，从而增强说服力和提升教育实践的效能。因此，我始终沿着以人为核心的路径探索前行。我努力寻求新的研究方法，以更深刻地理解人性，更有效地促进个体成长。我不断丰富自己的理论思考，试图更接近儿童的天性，设计更可行的教育路径以实现教育目标。同时，我也不断拓宽研究视野，以期进一步完善理论体系。这一过程充满挑战，常常让我感到身处绝境而后生。

所以，本书从教育学的困境与新境谈起，提出一种新的集成研究方法。以每个人的生长都是一本独特的教育学为假定，通过集成教育实现个体个性化成长。本书研究真实生活中的人，筛选简便有效的方式方法，或将它们进行适当的组合，探索以集成认知的方式认识成长中的人。进而，本书提出有关个体天性、成长、教育的假定，并主张从个体与社会环境两个方面入手解决问题。人的天性成长方向需要不断试探验证，确定最近成长区，逐级探索、前行，其间会发生碰撞，越是高效能碰撞越有可能促进个体快速高效成长。建设良性成长共同体才能养成健全人。集成教育需要利用教育博弈论、成长论、因素分析论、超越论、镜像论等理论新视野，以人教人。集成人学将教育内在复杂关系简约表达为（正文中将详细解释各变量含义）：

$$E=\mathrm{f}(L,\ S,\ t) \qquad (\mathrm{I})$$

$$Q=E/m \qquad (\mathrm{II})$$

$$E=K\cdot C\cdot P \qquad (\mathrm{III})$$

集成式研究是比学科式研究更高版本的研究范式，更便于知识生产，可以采用多元的理论和视角，具有在理论上突破和技术上创新的更大可能性，ChatGPT 的出现在一定程度上印证了这一假定。集成式在探索过程中更容易产生知识增值，在应用中更容易获得应用增效，在越是复杂、尖端和前沿的领域，相对于学科式的优越性越强，因此也越需要突破学科的限制，运用集成式思维和范式突破难点。

在集成范式中，理论与技术融为一体，不同于在学科式研究中它们是完全分割的。集成融合的理论与技术实现了一体化，就会产生极高的效能。理论不再仅仅局限于书本和媒介的文字表述，而是能够借助技术手段转化为实际操作和应用。使用者无需深入掌握高深的理论知识，便可通过技术化的应用获得实实在在的收益。当高深的理论得以技术化后，即使其本身再晦涩难懂，也能够走进大众的生活，服务于个体的成长与教育需求，进而提升生活的品质。

通过集成和技术化，使用者无需事先掌握高深、枯燥的教育理论，就能运用并得其利。就像普通人使用智能手机一样，无需了解其背后的复杂原理，便能够熟练地运用其功能，高效地获得服务并实现个人成长。

此书的唯一目的在于唤起众人对真理的向往，对个人健全成长与人类幸福的追求。现在所呈现的无疑是相对已有教育论著有新意的一本书，但对集成人学教育的探索才刚开始，本书仅是新的开端。

2022 年 1 月于北京，2024 年 2 月修订

目　录

第一章

教育学的困境与新境

教育学在中西方都经历了数千年的孕育，积累丰厚，但其内在的复杂性使得它尚未完型。作为分科研究的一门，中国教育学引进于1901年，在新文化运动中快速发育，1919年杜威来华及其著作《民主主义与教育》的影响促动中国教育学步入新台阶。经历了20世纪50年代学习苏联模式，80年代思想解放背景下同时引进美、苏两国教育学理念，再到信息化时代教育学界在拓宽视野的同时面临功利化潮流的冲击，中国教育学学科历经曲折，实质性的进展略显缓慢。80年代的思想解放纠正了一些错误的观念，拓宽了教育学的研究思路，使教育学及其分支学科内容更加丰富，表述更为准确规范，但与中国教育学人孜孜以求的写出一本中国教育学的目标尚有差距。其主要表现是：教育学研究偏离主题的现象比较普遍，学科发展进程中的断裂痕迹清晰，原创不足，学风浮躁，思想禁锢未能彻底解除，未能建立适合的评价标准，教育学的学科自觉性与自主性不高，促进教育学基础性学科发展的条件还未能完全具备，其中包括思想理论的传承、市场机制和个体筛选培养机制的建立等。教育学的终极目标在于促进人本成长，教育学的未来发展在于以人为本，以集成人学的方式去进行自觉自主的建构。

关键词：教育学；发展；反思；集成人学

教育是人类最精深的活动和学问，必须将生命、人文与科学融为一体，必须将人类数千年来积累起来的研究人的各门学问和知识融为一体。尽管人类在教育领域已经积累了数千年的经验与智慧，但教育及教育学的广博与复杂性使得教育学自身的发展仍面临着诸多困境，教育研究的广阔空间现今依然没有被充分认识到。越来越多的迹象表明，教育是一门较之一般生命、人文或科学更为复杂和精深的学问，其未来发展必须不断探索新的路径，以达到新的境界。

第一节　积数千年教育学尚未完型①

说起哲学、数学、物理学，多数人认同它们是成熟的学科，对教育学的这种认同就低得多。其实，在分科研究的背景下，人们将一些可能与教育相关的内容组合在一起并称其为教育学的时候，就已经陷入了对教育学的误解。因为从实质上来看，教育学的确不是分科研究视野中的一个与其他学科级别相当的内容域。

中国古代《易经》中的蒙卦即含有朦胧的教育元素，老子、孔子及西方的苏格拉底、柏拉图、亚里士多德都有与教育相关的思想论述。现有文献显示，至少可以追溯到古希腊和中国的春秋时期，人类就有研究教育的学问。这一时段，各种文化背景下的教育学问都表现出一个共同特征：从建设理想社会的视角来探讨教育的重要性。柏拉图的《理想国》与中国古代的大同、小康、至善都是如此。这是人类教育学术向前迈出的第一步，或者说登上了关键的第一个台阶。

在此后漫长的时间里，中西方办学实践有较大发展，教育学问进展却缓慢。中国长期“独尊儒术”与西方神学一统都是阻碍教育学术进步的主因。直到康德哲学奠定了实现人和神关系转变的基础，通过确认知识的普遍必然性和理性批判，才在一定程度上将人从神的束缚中解放出来。加之与之前后相续的夸美纽斯、卢梭、裴斯泰洛奇、赫尔巴特等一大批教育家的不懈努力，使得教育学

① 本节的主要内容曾发表在储朝晖：《教育学研究的发展与归止》，《深圳职业技术学院学报》2023年第6期，第3-7页。选入本书时有修改。

术走上了第二个台阶。在这一过程中，当时的中国印因闭关锁国限制了学术的交流与发展，而欧洲则在文艺复兴的推动下取得了先机。

18 世纪末到 19 世纪，欧洲的教育学科进入到早期的发育阶段。启蒙运动使欧洲的知识先驱们开始用理性看待人类、社会、人的发展，进而看到教育是改变人、培养人的重要活动，所以赋予了教育重要的作用，出现了一批很有名的教育家，提出了很多的教育理念。教育也成为启蒙运动中的核心议题之一，为教育学的诞生提供了丰富多样的思想素材。在康德哲学及前人教育学积淀的基础上，赫尔巴特等人构建了西方最早的所谓科学教育学学科知识体系。伴随着这一知识体系的形成，1779 年德国最早在哈勒大学设立教育学教席，形成教育学学科建制，这一年恰是教育家赫尔巴特出生后的第三年。将近百年后美国于 1875 年、英国于 1876 年、法国于 1887 年相继设立教育学教席，教育学逐渐在大学中确立了其学科地位。由此可见，教育学是在知识学科化、专业化的过程中应运而生并逐渐发展起来的。

教育学的知识体系和教育学的学科建制作为现代教育学学科的骨架支撑起当时被称为教育学的学科。在这个过程中，受认知与目的的双重局限，教育学仅在人文社会科学学科化、专业化的过程中逐渐形成，并在此后跟着其他人文社科一起成长成型，这使得教育学长期以来对自然规律的认知与融合不足，尤其是对人的天性的认知不足，从而在一定程度上限制了其发展。

如此建立的教育学知识体系必须由教育实践检验它是否符合并促进社会与人的发展。一方面，卢梭跳出自苏格拉底以来众人持守的建设理想社会的视角，转而从个体发展的角度出发，以“天性为是”的原则建立起他的教育学说，从而开启了自然主义教育的先河；另一方面，先后建立教育体系的各国（如普鲁士王国，即后来的德国）从现代国家发展的需求出发，对教育学进行了检验。随着世界各国相继建立自己的学制体系，这些体系既构成了教育学从业者的基础，又代表了知识需求与使用方，甚至还可能成为新的发展的制约因素。在教育学无法自觉自主的情况下，个体与国家和社会两方面对教育学的需求差异所产生的张力，既可能成为推动教育学发展的动力，也可能成为限制其发展的因素。这种张力将教育学引向不同的方向，由此引发的矛盾需要在更高层次的学术视野上得到解决。

面对如此强大的张力，杜威在康德的基础上，通过推动哲学由传统向现代转换，使人类教育学上了第三个台阶。由此，后人常依据如何设定人与知识的定位，将 19 世纪及以前的教育学称为传统教育学，而将 20 世纪后新发展的教育学理论称为现代教育学。康德的教育观念主要集中在知识、先验和理性方面，赫尔巴特则是这一层次的教育学集成者，其后跟随一串阐释者。杜威思想的核心在于强调儿童，强调人，强调生活，强调经验，提出了共同体的概念，并将社会与学校、生活与教育联系起来。杜威与康德在教育学上的不同在于，康德强调学习先验的、具有普遍必然性的知识，而杜威淡化了普遍先验的知识，强调人的成长和经验，为个体不断探求新知提供了能力成长的路径。所以，杜威的教育目标强调生长，即儿童在成长过程中与身边的人形成共同体，去创建一个美好的生活世界，而非追求前人或少数人主观设定的、先验的理想社会。

进入 20 世纪，教育学科进入了更专业的阶段，却依然面临着如何回应个体发展、现代国家需求以及人们共同构建的理想社会期望的挑战。教育学能够在不同人追求幸福生活的过程中发挥什么样的作用，依然是未解的难题。20 世纪下半叶，在整个人类教育民主化、教育普及、教育权利平等理念的推动，以及冷战后国际教育竞争加剧、科技在教育中的应用、教育服务经济社会发展等多重因素的作用下，教育学科领域衍生出了众多分支，如教育哲学、教育社会学、教育经济学、教育心理学、教育人类学等。越来越多的国家政府将教育视为国家战略的支柱，并积极介入教育的管理与发展，这对教育和教育学的发展而言很重要。在此背景下，教育学在多重作用下如何定位、如何找到自己、如何发展完善自身，成为新的难题。

第二节　中国现代教育学发展简要历程[①]

中国春秋时期就有研究教育的学问，教育学真正作为一门独立的现代学科进行研究与教学，则是 1900 年后的事。1901 年王国维翻译了日本立花铣三郎编著的《教育学》，这标志着第一本全文翻译的《教育学》著作引入中国。1905 年王国维编写出中国人自己的第一本《教育学》，并直接用于师范学校的教学。此后，中国教育学学科经历了曲折的发展历程。对本书而言，对中国教育学的学科发展历程进行客观、真实的陈述，是进一步研究的基础。

一、上承新文化运动

1915 年新文化运动兴起，在欧美已经成熟的教育学，随同各种新知识、新思想更加充分地涌入中国。1919 年杜威来华，引发中国教育学研究、教学与传播的高潮。新文化、新教育运动与中国教育学相伴发展，推动中国教育学迅速走向丰富、多样和成熟。中国教育一改因循守旧、故步自封的状态，在学校制

---

① 第二至四节的主要内容曾发表在储朝晖：《中国教育学 70 年发展与反思》，《广州大学学报（社会科学版）》2019 年第 5 期，第 115-124 页。选入本书时有修改。

度、课程内容、教学方法等方面进步迅速，使中国教育现代化迈上了一个较高的台阶，“新文化运动通过百家争鸣的途径，得出了共同的为各门科学所能普遍接近的结论：要科学，不要迷信；要民主，不要专制”[①]。

1950 年前，中国教育学是多样的，主要分为四类流派。

一是源自德国乃至欧洲的唯理论流派。其代表著作有京师大学堂译书局所译的《垤氏实践教育学》《欧洲教育史》《格氏特殊教育学》《独逸教授法》。以蔡元培为代表的教育家提倡军国民教育、实利主义教育、公民道德教育、世界观教育、美育“五育”并举的教育方针。这一流派主要受到康德哲学思想和赫尔巴特教育理念的影响，在 1919 年前占主导地位。

二是源自日本的教育学流派。该流派主要通过中国留日学生、翻译日本的教育学教科书和聘请日籍教师进行传播。王国维翻译和所著《教育学》，以及其他教育学教科书，虽然源头是德国教育学，但已在一定程度上结合儒家、佛家学术及日本文化做了改造，因而相对于欧洲的理论而言，更接近中国传统文化，更容易被中国人接受。

三是源自美国的教育学流派。1919 年杜威到中国后，以《民主主义与教育》为教材在国立北京大学、北京高等师范学校教育研究科、南京高等师范学校教育科讲授，并在各地举办讲座 200 余场次。这使得中国教育学从唯理论转向经验论，强调以民主和科学作为教育的目标，以平民主义为教育目的，以实验主义为教育方法，注重生活教育。1921 年孟禄来华强化并实化了这一思潮，此后 30 年该理论在中国一直稳占主流。20 世纪 20 年代至 40 年代初，大学中的教育学课程和师范学校的教育学教科书几乎都以《民主主义与教育》一书为蓝本，辅之以设计教学法和道尔顿制，构成了一个广为传播的教育学体系。同时，批判与异议者也主要以杜威的学说为对象。

四是本土生成的教育学流派。这部分内容常被学界忽视，其内容丰富，与中国的实际密切结合，主要包括新教育运动、平民教育运动、乡村教育运动、普及教育运动及在对上述运动的反思中产生的各种教育学流派，其中典型的有陶行知的生活教育学说、晏阳初的平民教育论、梁漱溟的乡村建设理论、黄炎培的职业教育理论、陈鹤琴的活教育理论、邰爽秋等人的民生教育理论等。

上述四大类教育学流派又分为各不相同的分支学派，涉及教育学、教育社会学、教育行政等多个领域，内容丰富多彩。

除了上述四大类，既是心理学家又是教育家的桑戴克对中国教育学心理学化有较大的影响，他和盖茨合著的《教育之基本原理》（Elementary Principles of Education）有 6 种中译本出版，对 20 世纪 40 年代以前中国自编的教育学课本

① 陈元晖：《中国教育学七十年》，《中国教育学史遗稿》，北京师范大学出版社 2001 年版，第 1-2 页。

影响较大。此外，1930 年上海南强书局出版了李浩吾（杨贤江）编写的《新教育大纲》一书，该书批判性较强，认为教育具有阶级性；1934 年中华书局出版了钱亦石编写的《现代教育原理》一书，该书力图用唯物论来阐述教育原理。

二、"一边倒"学习一本书

1941 年，在延安的中央研究院成立中国教育研究室，该研究室的工作就是研究创立新民主主义的教育理论，包括评议各种教育理论和流派。在 1942 年 2 月 27 日召开的陶行知教育思想讨论会上，罗迈做了总结发言，强调"从教育看政治"；在同年 3 月 19 日召开的乡村建设派问题讨论会上，罗迈的总结发言，又以"梁漱溟否定中国社会阶级对立的存在"为由，"对这一派的教育思想基本上是否定的"。[①]中华人民共和国成立后开始在全国范围开展以马列主义为指导的教育理论学习，自 1950 年开始"一边倒"学习苏联模式，最后演变为仅仅只学习凯洛夫所著的《教育学》一本书。

凯洛夫是苏联教育科学院院士，他主编的《教育学》是该共和国教育部于 1947 年 10 月 18 日批准印行的。该书在 1949 年即在东北翻译成中文印行，1951 年 12 月由人民教育出版社出版。教育主管部门要求将其作为教育学科讲授的主要参考书，后来更是成为了必学教材。尽管中苏关系变化后有人在报刊上发文名义上对其进行了批判，但该书在中国教育学体系中的地位与作用并未发生实质性变化。直到 1979 年，它的思想体系在中国占主导地位长达 30 年之久，主要原因在于其政治正确性，其"明确宣称教育学是培养共产主义新人的科学"[②]。这面大旗遮蔽了中国教育学者对其进行的正常学理分析与判断，使得人们对其明显机械的判定、教师决定论等诸多问题视而不见。事实上，它的基本体系来源于赫尔巴特的教育学，并在道德教育方面借鉴了乌申斯基的教育理论，仅仅在某些地方更换了一些概念而已。因此，可以说中国 1949 年后 30 多年的教育学主要基础属于赫尔巴特教育学，它的基本体系和观念通过各种渠道至今仍影响着一线的教育教学。

在学习苏联的过程中，《马克思恩格斯论教育》和《列宁论教育》等书作为教育理论研究和教育实践的指导读物也被翻译出版。此外还有《克鲁普斯卡雅教育文选》以及加里宁和马卡连柯等人的教育著作相继翻译出版。中苏政治关系后来破裂，但并没有改变当时中国只学习苏联教育学的基本状况。

---

① 温济泽、李言、金紫光等编：《延安中央研究院回忆录》，中国社会科学出版社、湖南人民出版社 1984 年版，第 60-65 页。

② 陈元晖：《中国教育学七十年》，《中国教育学史遗稿》，北京师范大学出版社 2001 年版，第 16 页。

在“一边倒”学习的过程中，1955—1959 年中国人自编的教育学著作共计 45 本，迎来了新中国成立以来 70 余年里第一个自编教材的高峰期。这些教材多为集体或机构编写，而非个人著作，独创性相对较低。

“1966—1976 年的‘文化大革命’，给整个中国教育带来了严重的灾难，教育科学也同样遭到灾难性的破坏。这期间虽然也有过几次所谓的‘专题讨论’，但由于当时已完全丧失了开展正常学术争鸣的必要的客观条件，教育科学、教育理论不仅没有可能继续有所进展，却相反出现了历史的倒退。”[①]在当时教育不能正常运行的情况下，教育研究机构被迫关闭，教育学教学和研究人员大都改行，教育学处于荒芜状态。

三、同时引进美苏的教育学与思想解放大讨论

1980 年后，随着国门的开放和一些教育学专业教学人员重返工作岗位，教育学领域出现了同时引进苏联与美国教育学的局面。随着整个社会思想的解放，教育学也开始对一些问题进行深入的讨论，包括对前一段时期教育学发展的基本问题的反思。

在 1980 年后的大约 10 年里，教育学翻译引进依然以苏联为主，变化在于不再仅限于凯洛夫的理论，还包括了赞科夫、苏霍姆林斯基、巴班斯基等多位教育家的理论。学习方式主要还是搬用。

赞科夫借用维果茨基的“最近发展区”学说，形成了“实验教学论”体系，他在《教学与发展》《教学论与生活》等著作中提出“高难度、高速度”的教学原则，契合了恢复高考后中国学校普遍追求教学成绩和升学率的需求，因此成为苏联教育科学院院士中仅次于凯洛夫的被中国教育学界所关注的教育理论家。作为赞科夫理论的延续，哈尔拉莫夫的《教育学教程》于 1984 年翻译出版，他明确提出：教育学是研究学生的个性发展的科学，教育与个性发展之间存在着规律性是教育学的核心问题[②]。其研究主题与凯洛夫大不相同，重新使用杜威的“个性发展”概念替代“全面发展”，尽管思维模式仍有相似之处。

另一位在这个时段被广泛介绍的苏联教育家是马卡连柯思想的传承人苏霍姆林斯基。他曾任帕夫雷什中学校长，并以该校作为自己研究教育理论的教育实验基地。他对一线教育教学工作非常熟悉，又受聘为苏联教育科学院院士，撰写了大量著作，这使得他在教师中拥有较高的亲和力和信任度。从 1981 年起，

---

① 中华人民共和国教育部：《共和国教育 50 年：1949—1999》，北京师范大学出版社 1999 年版，第 643 页。

② 陈元晖：《中国教育学七十年》，《中国教育学史遗稿》，北京师范大学出版社 2001 年版，第 40 页。

中国就开始出版他的多种著作的中译本，其教育思想影响甚广。道德教育是其思想的核心，他认为“整个教育过程都贯穿着一条道德义务感的红线。义务感并不是束缚人的枷锁，它能使人获得真正的自由”[①]。

此外，巴班斯基的教学过程最优化原理通过他主编的《教育学》(1986 年在中国出版)而传入中国，他主张：教学最优化可以说是从解决教学任务的有效性和师生时间消费的合理性着眼，有科学根据地选择和实施该条件下最好的教学方案。[②]他的理论在一定程度上仍然以维果茨基的“最近发展区”为基础，但朝着与赞科夫不同的方向进行探索。

1980 年后引进的苏联教育学已经开始对生活有更多关注，但总体上还局限在定义的人格塑造和特定教学任务的完成上，对儿童天性的尊重不够。

几乎与此同时，中国教育界开始了对美国教育学新理论的引进。布鲁纳的《教育过程》尽管 1960 年就由文化教育出版社出版，1973 年 5 月再次在中国出版发行，但由于“大跃进”“文化大革命”期间教育研究工作全部停顿，该书并未引起广泛关注。直到 1979 年《教育研究》陆续发表介绍和讨论该书的文章后，才逐渐引发了人们的兴趣。1989 年，布鲁纳的专著《教学论探讨》和《教育的适合性》的中译本由人民教育出版社结集出版，他的教育思想才开始受到中国教育学者的广泛关注。

《教育过程》这部篇幅虽小(中译文仅 5.9 万字)却具有“划时代”意义的作品，是 1957 年苏联人造卫星上天刺激美国教育改革、通过提高教育水平来增强国家科技实力的产物。该书的主要目标是提高教育效能，主要采纳了心理学家、自然科学家而非教育学家的意见，明显借鉴了皮亚杰的认知心理理论，以“结构课程论”开创了教育学的新局面。这表明，由唯理论哲学支配的教育思想一度压倒了长期占主导地位的以杜威为代表的经验论教育思想。尽管两者在理论上存在明显的对立，但布鲁纳无疑推动了教育学的进步。然而，他的结构课程改革并未持续太久便无法继续推进。

布卢姆的教育理论由教育目标分类学、掌握学习理论(策略)、教育评价理论三部分组成，其著作《教育目标分类学》对中国教育学发生了重要影响。

从只能学习苏联教育学到可以同时学习苏联和美国的教育学，这无疑是个进步。但这个进步还比较被动，当时从事教育学研究的学者的学科自觉性与自主性依然不高，与当时教育实践对教育学发展的需求相比显得太微小了。

由于全国各级师范院校对教育学教学的刚性需求，20 世纪 80 年代中国教育学的教科书进入第二个数量猛增高峰期。

---

① 瓦·阿·霍姆林斯基著，赵玮等译：《和青年校长的谈话》，上海教育出版社 1983 年版，第 155 页。

② 巴班斯基主编，李子卓、杜殿坤、吴文侃等译：《教育学》，人民教育出版社 1986 年版，第 274 页。

1978 年中共十一届三中全会后，学校恢复正常上课，教育科学机关也陆续重建。为了满足各师范院校教师开课的急需，高校教学主管部门着手编写一本教育学教科书。1979 年经过各方寻找，找到刘佛年主编的《教育学》(讨论稿)。该书由 1961 年 6 月成立的“高等学校文科教材编选工作组”编写，聘请刘佛年任主编，只能重印应急。重印时重写了“前言”(1979 年 4 月)，但书中许多内容还是 1961 年前的陈旧理论和例证，存在明显的不一致和错误。即便如此，该书仅在人民教育出版社就印发了 51 万册,巨大的发行量足以说明当时中国教育学的匮乏状况。这样一本存在明显缺陷的教科书，却因其广泛的发行而具有典型性，代表了 20 世纪 80 年代初期中国教育学的学科水平。

1980 年，作为教育学教科书出版的还有由华中师范学院教育系、河南师范大学教育系、甘肃师范大学教育系、湖南师范学院教育系和武汉师范学院教育教研室五院校协作编写的公共课教材《教育学》。该书在写作过程中得到了来自 25 个省份 68 所师范学院的 141 位教育学教师的讨论和参与，是教育学领域内合作与集体智慧的极致体现。在当时无其他选择的情况下，该书成为了教育学教学的重要资源。据 1987 年 12 月该书的“新编本说明”，在新编本出版之前，该书已累计发行 200 余万册。至 2019 年，该书仍被视为教育学的首选教科书，在中国自编的教育学教科书中的发行量最大、影响最广。尽管该书在传播教育学知识方面发挥了重要作用，但书中的独立见解依然有限，在一定程度上限制了学生对教育学深入、开阔的理解。这个案例在一定程度上揭示了中国教育学 70 余年来的发展状况。

由于对教育学教科书的刚性需求与可获得的教育学教科书的单一性且质量不高的问题，行政部门曾号召教育学教师积极参与教育学的教材建设。这导致了大学教育学教师几乎全员参与教材编写工作的现象，以及教育学教材大量涌现却又相互抄袭、大同小异的“空前繁盛”局面。1979—1988 年共出版教育学教材 78 本（种）[①]，如加上冠以家庭教育学、电化教育学、审美教育学、人才教育学、语文教育学、外语教育学、数学教育学等名目的教材，以及非公开出版的印刷品，则数量更多。这些书大都缺乏自己的见解和判断力，不敢对凯洛夫的《教育学》提出任何批评，且在结构、理论、体系与板块上雷同，缺乏基于自身经验的理论阐述。尽管表面上看起来繁荣，但实际上存在人力投入过多、简单重复的浪费现象，导致教育学专业水平和教科书质量提升有限。

1980 年前后，受其他领域思想解放讨论的影响，教育学者纷纷发表文章参与讨论，其中有一些包含真知灼见的文章，也有大量庸俗之作。但总体上，这些讨论推动了中国教育学研究进入 20 世纪新文化与新教育运动之后的第二个

① 陈元晖：《中国教育学七十年》，《北京师范大学学报》1991 年第 5 期，第 52-94 页。

高峰期。80 年代的思想解放运动纠正了此前将教育视为阶级斗争的工具以及进行“教育大革命”等产生的错误的观念，让教育回归“重视培养人的研究”[①]的本质。教育学的研究思路也拓宽了，陈友松等对过去的教育学研究进行总结，厉以贤、成有信等以“现代教育”为主题出版著作阐释教育，陈桂生、孙喜亭分别出版《教育原理》，人民教育出版社出版了“教育科学分支学科丛书”，使教育学及其分支学科内容更加丰富，表述更为准确规范。

在教育学理论上，有人敢于突破教条的束缚。例如，赵祥麟发表《重新评价杜威实用主义教育思想》一文，强调“只要旧学校里空洞的形式主义存在下去，他的教育理论将依然保持生命力，并继续起作用”[②]。此外，教育学界分别对教育本质、教育目的、教育价值、主体教育、教育与人的发展等问题展开讨论，开启了新一轮对孔子和陶行知教育思想的研究，这些研究发挥了让教育学回归常识的作用，却因缺乏教育实验，理论与实验结合得不够，未能使中国教育学的发展迈上新的台阶。

四、信息与功利时代教育学的被动状态

1990 年后，从内部环境看，教育学界在拓宽视野的同时受到功利潮流的冲击；从外部环境看，经济越来越成为社会发展的中心，教育以及研究教育的教育学虽然仍在发展，但却逐渐边缘化。计算机与互联网的普及使得教育学者能够更便捷地获取世界各国教育学的信息。然而，相对于信息技术和其他学科的快速发展，教育学的发展显得极为缓慢。众多中国教育学学者也意识到了教育学学科地位的下降和独立性的缺失，试图写出一本中国的教育学著作的愿望一直未能实现。

在世纪之交的前后 20 年里，教育学领域开展了教育学元研究，围绕教育本质、教育产业化、新课程改革等主题进行了广泛的争论。在教育目的、教育功能、教育与人的发展、教育与生活、教育与市场、教育公平与均衡等领域，学者们进行了更加深入和广泛的研究。同时，教育学的分支学科如教育社会学、教育哲学、教育经济学、教育心理学、教育统计学、教育评价与测量、教育技术学等，也得到了拓展研究。多个学派如主体教育学派、生命实践教育学派等开始形成，各种理论体系也相继宣称建立。诸如“素质教育”“创新教育”“主体性教育”“活动课程”“研究性学习”等教育思想和观念为不同人群所追随。此外，还有不少标以不同“模式”、区别于其他的教育学探索。这些都在一定程

---

① 于光远：《重视培养人的研究》，《学术研究》1978 年第 3 期，第 25-31 页。

② 赵祥麟：《重新评价杜威实用主义教育思想》，《上海师范大学学报》1980 年第 2 期，第 28-35 页。

度上推动了教育学的向前发展，展现了特定时期的活力。然而，其中也不免存在为功利所驱动、思想深度和实践效力不足的现象，导致难以留下经得起时间检验的坚实成果。

1990 年国务院学位委员会和国家教委联合下发的学科专业目录中，在教育学一级学科之下设立 10 个二级学科，加上当时未列入二级学科但事实上有较多研究的教育管理学和教育经济学，各种教育学著作和教材出版数量继续增长，总计超过数百种。尽管每本书都力图建立自己的体系，但整体上依然存在知识产权意识不强、重编写而轻独创、“千书一面”的现象。

在教学实践上，顾泠沅的青浦数学教改实验、李吉林的小学语文情境教学法、卢仲衡的自学辅导教学法、张思中的外语教学法、邱学华的小学数学尝试教学法等，都在不同程度上揭示了教育教学的客观规律，具有很强的操作性，其成果受到了中小学教师的广泛欢迎。

2000 年后，教育学的发展受论文、论著、课题、学科排名、职称评定、学位点增设及其他量化管理与评价因素的影响，产出数量进一步增加，形式化学术倾向突出，高质量的原创教育学作品则相对少见。

第三节　中国教育学发展的特征分析与反思

从 1901 年教育学引进中国，到 1918 年南京高等师范学校设立教育科，再经 1919 年杜威到北京高等师范学校支持该校教育学科建设，至 1949 年前已经形成比较丰富的教育学科体系。到 1949 年后，凯洛夫的《教育学》一度成为中国教育学界的主要教材，进而以非学术方式对其进行批判。直到 1980 年后，教育学著述与论文的数量大增，才逐渐恢复了多元化的发展趋势。从专业角度看，这一过程反映了教育学学科发展的曲折性以及教育学学者所面临的困境。

一、教育学发展的特征

中国教育学的特征本身是变化的。分析 1949 年后教育学教科书以及相关的论著，不难发现变化的过程中存在以下基本特征。

（一）偏离主题现象普遍

“教育”概念当聚焦于人的成长发展活动，教育学应当为研究人成长发展的学问，明确将人的成长发展作为教育学的研究与服务对象。而众多的教育学教科书、论著或研究开篇就长篇大论谈政治、经济、上层建筑、经济基础，或是主义、斗争、知识、结构之类，概念堆积、知识罗列、模式连篇、结构曲款，偏离人的成长发展主题，被称为“无人教育学”。对能够查阅到的1950年以来中国出版的教育学著作和发表的教育学论文进行分析筛检，结果表明其中约60%的内容与人的成长发展无关或相距甚远，尤其是1966—1978年“语录化”的教育学著作中这一现象更为严重。

偏离主题最为典型的表现有三：一是用政策文本填塞，以为阐述了政策就是教育学。二是将其他学科内容罗列杂糅。教育学确实具有跨学科性，需要以多个学科为基础，但不能仅仅将其他学科中看似与教育相关的内容堆砌起来就是教育学。三是教育学中论述知识学习的比重过大，甚至偏向如何应对考试，人以及人的成长发展反而被边缘化或仅被视为工具。

偏离主题现象在1980年后也未能彻底改观。1978年之前，教育学的主题较大部分偏向论述宏观政治、政策。1978年后的教育学虽然较大幅度减少了对政治、政策的论述，但依然有一定的保留，同时加进了经济及其他与教育学关联不大的内容。换言之，偏离主题的内容发生变化，偏离主题的特征依然留存。

（二）封闭与断裂痕迹清晰

这一特征在中国实行改革开放政策前的30年里尤为突出。1950年后，中国教育学通过所谓批判的方式既与杜威、蔡元培、胡适、陶行知等开创的自由主义教育学传统断裂，又与西方教育学划清界限，并反对数千年的中国传统教育学，人性论、师爱等教育理念也受到了批判。1964年又开始公开批判曾奉为学习样本的凯洛夫的《教育学》，随意将教育学的内容划入“封”“资”“修”的范围，使人不敢接近。1966年后，这种批判更加失去基本逻辑与常理。在那段时期，名义上的“教育学”事实上陷入了“四面受敌”的孤岛境地。

1980年后，教育学者们开始努力改变这一状况。他们从“什么是教育学”入手，“当时主要想突破‘文革’前的十七年以及‘文革’十年中，用领袖的语录、政府的方针政策取代学科和科学研究的问题。在这一点上，我们是很有针对性的，特别提出了教育学、教育理论与国家教育方针的区别。在相当一段时间里，尤其是1958年之后，教育学实际上只讲党的教育方针，教育学已经变成方针政策学。为了使得教育学能够成为一门科学，我们着重从教育学的科学化、理论化等方面做了一些阐发”[①]。这些努力取得了一定效果。但将教育学放在

① 鲁洁口述，高德胜等整理：《回望八十年：鲁洁教育口述史》，教育科学出版社2014年版，第223-224页。

整个社会的纵向历史和横向文明进程之中审视时，依然会发现其对优秀文化教育传统的提炼和继承仍然不够充分，与整个人类文明的发展步调存在不协调之处。通过与世界各国教育学者的深度交流可以发现，当今中国教育学在价值理念、学术逻辑等方面，封闭与断裂的痕迹依然明显。

（三）绝对主义与他主并存

1950 年后，中国包括教育学在内的众多学科都在政治的影响下进入绝对主义。在教育学领域中，一度普遍存在以敌我、对错、无产阶级与资产阶级划线的倾向。在“一边倒”学苏联时，凯洛夫的《教育学》成为教育的“圣典”，其地位甚至高过了孔子、杜威、陶行知等教育家的思想与理论，并与他们形成了对立关系。据中央教育科学研究所图书资料室 1980 年编的《教育图书目录（1949—1966）》统计，1949—1957 年共计翻译出版苏联教育学专著 52 本，仅 1953 年就出版了 20 本。[①]到 1964 年批判凯洛夫《教育学》时，这些专著又被说得一无是处，扣上了“修正主义”的政治帽子，“智育第一”的观点被批判，教育中“最基本、最核心、最不可改变”的东西都被否定。1981 年后教育学从绝对主义向相对主义的转变十分明显，为教育学的发展拓展了新的巨大空间，但绝对主义的思想根基并未在 40 年后彻底消除，持相对主义观点的人又并非全部健全理性，“在目前已经体现出一种世故的犬儒主义的研究心态，以及一种相对主义的自我锁闭的思维方式”[②]。

1957 年，中苏关系的变化导致教育学中国化意识的增长。瞿葆奎率先在《华东师范大学学报（人文科学版）》1957 年第 4 期发表了《关于教育学“中国化”问题》一文。[③]但由于当时缺乏正常的学术环境，这种自觉自主性未能得到健康成长的机会，故并未实现教育学的真正自觉与自主发展，当时具有原创知识产权的著作数量也不多。类似的情况此后多次出现。这一过程的亲历者鲁洁表述道：“当一个人投入社会整体性的行动时，个人的自主性很容易被消解。主体性消解之后，就不再去进行独立思考，去分辨是非；同时，没有对自己的行为独立担当的意识和责任感。”[④]

事实上，1990 年后教育学领域转向对欧美的单向度学习在一定程度上与教

---

① 周谷平、徐立清：《凯洛夫〈教育学〉传入始末考》，《浙江大学学报（人文社科版）》，2002 年第 6 期，第 116-123 页。

② 侯怀银、张小丽：《第二届中国教育学史论坛综述》，《教育理论与实践》2019 年第 10 期，第 63-64 页。

③ 冯建军：《建设中国特色社会主义教育学话语体系的探索——以陈桂生教授的〈教育原理〉为例》，《西北师大学报（社会科学版）》2023 年第 4 期，第 99-107 页。

④ 鲁洁口述，高德胜等整理：《回望八十年：鲁洁教育口述史》，教育科学出版社 2014 年版，第 165 页。

育学专业的自觉与自主得到发展和提高相关，也与专业的自主与自觉提高不够或不足相关。在改变对苏联教育学盲目崇拜的同时，又产生了对欧美的教育学的崇拜，依然缺乏自主实验、判断、选择的能力。因而，在此期间虽然出现了大量的论文和著述，却很少有像蔡元培、陶行知、叶企孙、晏阳初、陈鹤琴那样中西兼通、自觉自主、理论与实践并进的教育学探索者。这种状况导致教育学研究庸俗化现象的出现。

（四）偏向主观虚玄

20 世纪 50 年代，教育学领域先后批判杜威、陶行知、陈鹤琴，否定了他们的教育实验，教育学研究逐渐转向不注重实验，依赖文字到文字、书本到书本、口头到口头，论述和行为主要凭主观想象。因缺乏实证，理论与实际脱离，由此产生的教育学论文和著述呈现如下特征。

一是追求宏大。教育学论文和著述大谈教育本质、教育目的、教育方针、教学论、元教育之类庞大不着边际而又难以实证的问题，以抽象虚玄的方式叙述得似乎有条有理，忽视现实中的个人及其成长发展需求，对眼见的师生负担重、学生体质下滑、教育评价不健全等严重教育问题熟视无睹，无人去求解，也缺乏必要的基础理论支撑。教育论著脱离生活，缺乏可操作性和可验证性，难以见诸行动，也难以对教育行动发挥实效，或使用效果不佳；由于过于宏大、抽象，很少涉及具体的教育教学过程，使得教育学的有效性偏低。

二是趋向单一。教育学现象的多样性使得真正的教育学必然是多样的，教育管理与评价的权力过度集中，使得标准过于单一，也使得教育学理上趋向单一。这使得 70 余年来中国教育学著作众书一面现象较为普遍，简单重复现象较为严重。个体的多样性、情境的多样性、发展阶段的变化都需要多样且个性化的教育学。无视个体的教育学必然会忽视众多教育细节，只凭主观不求实证必然趋于单一。1980 年后教育学者们的视野相对开阔，也有不少人看到了世界其他国家如何办教育和从事教育学研究，有更多人深入细致地做调查，但与教育事实的多样态相比，教育学尚未真正开阔视野、开放观念，未能写出众多内容与体例各不相同的论著，未能估计教育对象的多样性生成更有针对性、理论深刻且实践有效的教育学。

三是模式化。教育学论著的结构和论述方式呈现出明显的模式化，较少依据论述对象的基本特征调整结构和论述方式，于是大家所能看到的不少教育学论著形式大于内容，显得枯燥呆板，仅为形式化的学术，不能解决实质性的问题，也没有实质性发展。不少教育学论文、著作和课题研究报告的结构与要素都很完备齐全，但却没有包含真实的教育问题，也不能解决真实的问题。这样的研究在 1990 年后随着量化考核的使用快速增长，可谓连篇累牍，消耗了时光和资源却难以对改进教育现状发挥效用。

（五）原创明显不足

教育学作为基础学科，其原创性相较于技术领域更为艰难，需要对思想、原理、概念进行最纯粹的、科学的、持续不懈的深入探索。学术是探求真理的活动，不能探求真理的学术也难以坚持真理，更难以有真正的原创。

教育学原创性的匮乏表现在不少教育学者很难坚持遵循教育教学的内在规律，尚未真正进入探求真理的行列。学人的自主性是原创的根基，质疑和批判常是原创的起点。不过，教育学领域从1950年起先后发表的《杜威批判引论》《评“活教育”的基本原则》以及大量批判陶行知、心理学、“全民教育”、“专家治校”、“智育第一”等的文章和著作[①②]，基本不属于自主自觉、独立思考的学术批判。它们更多的是权势授意或揣摩投机的产物，缺乏批判的内涵和精神，因此难以产生具有学术原创性的成果。

原创不足不仅体现在教育学的论著上，也体现在教育教学行为与方式方法上。教育学缺乏不同的流派和争鸣，学术讨论不够。这在一定程度上导致真理在中国教育学界未能受到应有的追捧和尊重。

二、对教育学发展状况的思考

叶企孙曾告诫青年人不要看一本书就写文章，不能人云亦云，经不起时间考验。他认为一篇文章30年后还站得住才算得过硬。然而，遗憾的是，70余年来，教育学领域鲜有能够经受住这种考验的文章和著述。如果说1978年前出现这种状况主要是由于政治限制和经济条件不好，那么1980年后教育研究的投入已经大大增加，教育学研究机构遍布各级教育部门，还在众多大学设置了专业、学位点、研究院，为何教育学的学科发展仍不如人意呢？

（一）确有一批教育学学者殚精竭虑

在中国教育学发展中，确实出现过一批“真正的学者”，他们为教育学的正常发展殚精竭虑，甚至为之牺牲。像叶企孙这样具有强烈教育感的学者，以及陈鹤琴、罗廷光、邱椿、陈友松等具有扎实教育学研究基础的学者，在教育学领域都有所建树。然而，由于时势所限，他们无法专心从事专业研究和实验，

---

① 中央教育科学研究所：《中华人民共和国教育大事记：1949—1982》，教育科学出版社1984年版，第229页。

② 华东师范大学革命大批判写作组：《彻底肃清周扬在文科教材编写中的流毒》，《解放日报》1970年1月13日。

基本条件也不具备，因此未能充分发挥他们的才能。

“文化大革命”结束后，百废待兴，教育学出现了一批有所醒悟、极有情怀的学者，如陈一百、赵祥麟、藤大春、王承绪、李秉德、孙喜亭、胡克英、王策三、南国农、潘懋元、鲁洁、瞿葆奎、陈桂生、杜殿坤等。他们珍惜光阴、专心学问。在他们的身上能够显现出“思想的力量、批判的力量和自由的力量。特别是，在乱云飞渡中，沉淀坚守的力量……问题是学术研究的出发点，批判是学术发展的触发器，争论是知识分子的健身操，独立思考是具有反射性质的学术肌肉，思想是学术沉思与对话的生成品”①。他们晚年的努力使他们在教育学的某一领域走到了国内学科前沿，但大多数人仍然未能实现他们内心期望的写出一本中国教育学的目标。

（二）教育学研究的基本条件薄弱

教育学作为一门专业学问的发展是需要社会条件的，但长期以来这些社会条件并不充分，同时缺乏文理兼修、视野开阔、完全凭兴趣和责任感而不是为稻粱谋进行教育学研究的学者。环境与人才稀缺的状况导致中国教育学 70 余年发展未能取得显著突破。条件薄弱主要表现在以下五个方面。

1. 对基础研究重视不够

教育研究本身在各门学科中属于基础研究，教育学属于基础中的基础，需要长期积累，短期难以见效。近 30 年来，对基础研究的重视程度有所下降，从事教育学最基础理论研究的物质条件、社会地位和基础设施保障均显不足，这在一定程度上限制了教育学研究的发展。在这种情况下，不少有天赋的教育学研究者在政学间游走，频繁参与社会活动，追求名利和地位，没有足够的时间和精力进行深入的阅读、思考和实践，无法蹲下身作真实的调查和实验。与此相对的是，有些真正想做研究的人却难以获得基本条件。

2. 存在浮躁风气

随着中国教育数量和规模的巨大发展，质量、效率和效益的提升成为亟待解决的问题。同时，社会的政治、经济、文化等各方面的发展也对基础教育、人才培养、科学素养提出了新的要求。如何通过教育有效提升人的素质、技能和信心，以及在全球人才竞争中脱颖而出，这些问题尚未得到教育学的满意回应。这种状况与探究人成长发展规律的教育学的落后直接相关。

有些教育学研究追逐短期效益，或只按计划、规划行事，忽视了对教育基

---

① 周作宇：《教育学：一个时代的集体荣耀》，《教育研究》2018 年第 12 期，第 94-98 页。

本问题和重大问题的自主探索和研究。研究对象、内容和方式长期存在一系列问题，导致研究环境中的人对教育学的基本和重大问题变得麻木，理性在研究中失效或被长期忽视。

要在教育学基本和重大问题上有所作为，对于学者而言需要几十年的多方面积累；对于研究团队而言，需要兼容多样性的长时间磨合，团队首席需要在学术探求的过程中自然生成，而非通过行政任命。现实中的浮躁既表现为学术思想泡沫化，流行喊口号；也表现为在非专业的行政驱动下拉郎配，使有些花巨资上的大项目，流于形式而难有实质进展；更表现在忽视基础理论形成的必然过程，急功近利，打马过桥，东拼西凑，都不认真去做理论、调查、实验，不踏踏实实做真学问。

3. 适合学术发展的制度有待完善

在学术和知识增值上，理想的制度是谁走在真理探索的最前沿，谁就成为团队的首席，确定选题和研究方向，整体协调团队的各项资源，以体现知识的权力，发挥学术效力。唯有建起适合教育学发展的学科发展制度，才有可能加快实现教育学的自主构建。

4. 学术评价体制有待健全

相较于物理、化学等学科逐渐成熟且可操作的学术评价体系，教育学的学术评价由于其学科的复杂性而显得尤为困难。目前，教育学发展的学术评价本身存在不足，更未形成健全的学术评价机制。不当的评价机制可能激励追求短期功利的研究者，而挤压那些深刻、真诚、专业的学者的发展空间。这也使得教育学难以及时吸纳、凝练与之相关的各学科精髓，尤其表现为难以跟上科技快速发展的步伐。

5. 教育社团与学派发育不足

1950 年后，曾经在 1915 年后作为教育学发展载体的教育社团相继被撤销，教育学派受社会环境的影响也无法存在。1979 年，群众性教育学术团体——中国教育学会成立，此后各种教育社团相继建立，但这些社团的学术研究功能未能得到充分有效的发挥。它们开展的活动就其现实性来说，并没有成为“研究教育现象，揭示教育规律”的科学活动，没有形成独立的立场和独特的研究方式，缺乏科学研究含量，解决教育发展中的真实问题太少。

（三）促进教育学正常发展的社会机制缺乏

根据多年的研究，在教育学发展中两个机制发挥着非常重要的作用。

1. 思想理论传承与市场机制

从苏格拉底、柏拉图、孔子到杜威、陶行知，没有一位教育家不是在传承基础上发展的，传承的内容和对象都是自主选择和认同的结果。在全球化日益深入的当今，教育学这类基础学科的发展不能仅仅靠关门自主创新，站在人类文明当下的基础上创新才是正确的选择，这需要分析、筛选、吸纳古今中外各种与人的成长发展相关的学术信息，同时在技术和思想上充分利用思想市场，以获取学术发展的理论、方法以及其他资源。然而长期以来，一些无形的“墙”将中国的教育学研究者挡在世界教育学思想和技术资源的主流市场之外，客观上造成中国教育学囿于已知而难以走进人类教育研究前沿。

2. 个体筛选和培育机制

教育学的发展需要杰出的教育学者，这些学者需要有独特的天赋、极强的使命感，他们博爱存心，免于功利，视野开阔，兴趣广泛而又思维独立深刻，行动力强。当前的人才筛选与培育机制在多个环节上存在不足，阻碍了这类学者的涌现和成长，例如基础教育阶段过于注重应试和单一标准的评价方式、高等教育阶段对于教育学专业的投入和支持相对不足、工作岗位的评价和晋升体系中过于强调短期成果和量化指标等。杰出的教育学者难以生成，教育的优质高效发展就无法实现，指望教育学提高教育实践的品质也很难实现。

（四）促进教育学发展所需的思想资源不足

1950 年后，社会上存在不少思想禁区。1978 年关于真理标准问题的大讨论引发了全社会的思想解放，也触发了教育界对教育本质等问题的大讨论。1979 年 10 月 20 日，光明日报转载《教育研究》第 4 期发表的特约评论员文章：《补好真理标准讨论这一课，教育问题要来一次大讨论》。此后，教育理论研究迎来了新的局面，冲破了一些长期存在的思想禁区，实现了思想的解放和观念的更新，学术争鸣的氛围也开始形成。然而，相对于教育学应有的正常发展而言，缺乏思想资源的问题依然突出。长期形成的思维定势和投射效应不时阻碍着人们的正常学术思考。不少在单一阅读和思想禁锢中生活过的人，养成了自我审查的可怕习惯，不思想、不敢思想、不能思想的现象依然存在，严重制约了教育学的发展。教育学研究需要哲学探索勇气，需要探索生命奥秘，需要紧跟科学发展的前沿。一些研究因理论深度、研究视野、核心议题或语言风格超出了原有研究者的阅读边界、学术视野，就可能面临发表困难，难以公之于众。

过去 70 余年，中国至少有 3 次重视教育学的倡导，每次的结果都是出版了不少内容雷同的书，发表了连篇屡版、众口一词的论文。近 40 年教育上有数以千计的研究报告、调查报告、实验报告，数百份教育发展规划、教育教学改革方案，出版了上千部专著（译著、编著），发表了数十万篇学术论文，但在长期被社会高度关注而又没有解决的学业负担、学生体质问题上，教育学研究显得苍白无力，其深层原因与思想资源不足相关。教育学研究就如同一盘没有放盐的菜肴，必须放进“思想”之盐方才可口，且对教育实践产生实效。

教育学的发展或许不会带来瞬时的巨大效益，但没有充分科学、足够先进的教育学作为支撑，就必然给社会发展带来阻碍，降低人民通过教育实现生活幸福的机会。

第四节　教育学亟须以人为本的集成人学建构

与物理、化学、医学等仅研究某一类客观对象的学科不同，教育学的研究对象是人。为了推动其发展，首先需要在观念上实现由社会本位、机构本位向以人为本的转向，其次在专业上由单一学科定位向集成生命、人文与科学各方面学问的集成人学转型。

教育学中的“教育”是什么？对“教育”内涵的不同界定和理解，就会塑造出不同的教育学。由于教育学界所使用的“教育”往往偏重人文而忽视生命与科学，注重机构而忽视个体，强调教化而忽视成长，这些概念的不准确、不完整和不深刻，导致了教育学的虚幻和狭隘。集成人学教育中的“教育”聚焦于人的成长，并从成长活动、过程、表象出发研究探求其规律。只有尽可能接近人的成长完整的本真，才可能构建出高品质的教育学。

从学科角度看，教育学不成熟的主要原因之一在于它的研究对象不断显现出新的特征和复杂性，也就是人的成长本身要比现在任何一个已经成熟的学科的研究对象都复杂得多，涵盖了生命、人文与科学三大极为复杂的系统。

一、教育学发展的观念之变：以人为本

将以人为本的理念贯穿其中，力求写出文理平衡、以人为本的完整教育学。

教育学发展的问题根源在于其学术觉醒度和自主性的不足。若仅寄望于行政部门、商业机构或外部力量对教育学科价值的认识和利用，以及增加教育学课程，那么教育学的发展将只能在多方因素的制约下曲折前行。教育学发展需要教育研究者具有人本视野，目中有人。教育学新的发展机遇在于以人的成长而非学科为出发点，检视人的成长过程、内容、方法，使之朝着更加人本的方向完善。

人本教育学具备如下三方面的特征。

一是人本。人本就是将以天性为是、以人为本作为教育的基本原则来观察、评价、研究教育。现有的教育学论著的人本性仍有待加强，但确实有一些学者在撰写论著的时候能不同程度地运用人本视野进行观察和分析。

二是多样性。人的个体多样性决定了教育的多样性，教育的多样性又要求教育学必须具备多样性。应避免主观单一设定遮蔽了教育事实上的多样性，对事实的抽象归纳也当采用多样的思维模式，不能以任何借口让教育学的多样性表述失去空间。

三是多视角。与对待其他事物一样，对教育也应该从不同视角加以观察和研究。要摆脱过去那种官方教育学、学派教育学和主观教育学的固定框架束缚，发展真正从人本的立场出发、蹲下身子与人平视乃至仰视的教育学，尽可能不要在教育学与人之间设置不必要的中介。多视角的研究会提供更多维度的认识。

以人为本应成为教育发展的基本原则，但当下的教育离以人为本还有一段距离。教育学需要自觉地将人本教育理论作为学科发展的新的理论基础，并据此重新界定教育的内涵、外延，调整教育的定位和聚焦点，通过人本视野重新认识教育的过程，写出新的教育学。

二、教育学发展的类型之变：走上集成人学之路

无视人的本性，以及对教育概念的狭隘、肤浅理解，是教育学发展不完整的初始原因。教育学对象的复杂性决定着不能仅从学科立场出发进行研究，还需从人的成长发展需求出发，进行跨学科乃至超越学科的研究。陶行知以“教育与生活等”的范畴理解教育，教育不仅仅是学校教育，而是包括所有与人的成长发展相关的外在促进活动。因此，教育学要以完整的教育为研究对象，将所有与人的成长发展相关的学问都纳入其研究视野，用全称概念的“教育”才能写出完整的教育学。

教育研究要不断深入探索与人的成长直接相关的理想社会建设和个体生命天性的良性发育成长两个复杂体系，以及个性化的具体个体在成长过程中与这两大体系的互动相长，尽可能有效互利，避免互害相损。对于前者，从苏格拉底、柏拉图建构理想国时便已开始研究；对于后者，至少从卢梭强调“天性为是”时便受到关注。杜威注重研究了两者之间的相互关联，陶行知将两者归纳为：教育就是教人做人，教人“止于人民之幸福”，创造理想社会。与上述相关的学问教育学都需要研究，但这些学问内部的非规范、变化的因素使得将教育学当作一个学科的结论不断受到挑战。

教育学理探索不能在已有学科基础上作加减法，也不是各门学科的平面交

叉，而是需要以人的成长为出发点，以集成的方式将所有与人的成长相关的学问解码为认知元素，再根据实际需求集成为具体个体成长可用的智能模块，这些智能模块组成的系统就是集成人学教育论。

走向全新的集成研究，相对于传统的学科式研究是整体的重构，需要进行深层的思维转换。

首先，重构教育学发展的理论基础。教育学的肤浅往往体现在理论的肤浅上，这种肤浅又主要表现为对人的成长发展内在机理的揭示不够。教育学的理论基础常常受到社会流行观念的影响，如阶级斗争观、唯科学观、人工智能等，很难以客观事实为基础做出独立的分析和判断，理论水平亟待提高。

其次，进一步明确教育学的服务对象。将教育当作服务人的成长与将教育当作服务于某个机构，这两者之间存在本质差异。同理，教育学的服务对象不同，所撰写的教育学也必然迥异。教育学的不完整、不深刻以及缺乏深度反映教育事实的问题，与将谁作为服务对象紧密相关。准确地说，只有让教育学走出仅仅服务于机构的局限，直接服务于每个需要受教育的人的多样化成长发展需求，才有可能使教育学变得更多样、更丰富、更完整。

再次，探索教育学发展的新空间。如果仅仅将各门学科中有关教育的内容拼凑在一起，教育学就会失去自身的独特性，发展空间也会受到限制。通过集成提升和扩大包容性，教育学的发展空间才能得到拓展。只有将教育学通过集成发展成普通人成长发展所需要参考借鉴的资源与必须借用的工具，教育学才有更为广阔的发展空间。

在互联网时代，教育学的空间在很大程度上不再像从前那样过度依赖开设课程，也不再完全取决于教育学作为教育专业基础课程地位的稳固与否，而更多地取决于教育学对于人的成长发展是否具有参考价值、有多大的参考价值以及参考使用是否便捷有效。

最后，要开放教育学的研究。对教育学感兴趣的人都可以研究教育学。那些以教育学为志业而非为稻粱谋的人，更可能摆脱思想束缚、内容选择、分析评论的自由度限制，通过多样性的证据质证、实验、个人体验来探求教育的原本面貌。集成研究可以由从事不同学科的人参与，这有利于借鉴和运用多学科的新理论来研究教育学，探讨教育学基本理论问题，建构新的教育学体系，并更新理论、方法和研究范式。

思想的开放和解放是以人为本的集成人学教育论生成的源头，未来之路属于那些为人类更好成长发展贡献才智的人。

第二章

每个人的生长都是一本教育学

集成人学使用全称教育作为建构学理体系的基础，所有需求完全来自个体的成长，最新前沿聚焦于个性化成长。以学习者为中心是未来教育更好地满足社会对人成长发展需求的关键，凸显了个性化的必要性和价值。因此，聚焦于每个独特的个体，不局限于知识学习，主动利用信息技术，实现满足学习者需求的教育学理互动，而非单向生成才能更接近教育的本真。为此，教育学形态与范式需要从此前面向政府、学府转向满足有更大需求的个体，在提升学术性的同时更加聚焦多样化、个性化的应用，从单一学科走向集成，增强独立性、自觉性、自主性，主动应对信息技术的挑战；从人的成长出发，满足学习者需求，探索本真的、更高品质和更广适用性的教育学理。

每个人的成长发展都需要教育学理支持。为个体成长服务，以生命成长为原点，建成“自助餐”式、集成性、程序性而非“大锅饭”式，开放而非封闭、分割知识点的教育学，从而能更好地为个体的生命成长和探索提供学理参照。异质多元的成长个体将成为教育学使用需求最多的新用户、主动需求者、挑选者，而非被动接受者，将催生新的教育学研究群体，第三方教育学人群兴起。第三方教育学人为保持独立性未必受雇或依附于某一机构，凭借自身的专业和信誉在市场中立足。

个体成长过程的内在复杂独特的教育学特征远超过人们对教育复杂性的普遍认知，将每个个体作为教育学研究的基本单位才能满足个体发展对教育学理不可替代性的需求，并形塑出多样且富有特色的教育学。

关键词：个体；生长；教育学

教育学研究什么似乎是已经解决了的问题，但事实上人们只对部分的教育事实进行研究。每个人的成长发展都需要教育学理支持，以生命成长为原点，为个体提供自助餐而非大锅饭的教育学理研究曾经是奢望，但在信息技术发展到 ChatGPT 出现后便成为必需，多样性成长个体成为教育学的新用户。他们是异质多元而非单一同质的，是教育学的主动需求者、对话者、挑选者而非是被动的接受对象，他们的诉求即时性、不确定性较强，这些决定着教育学理的研究必须拓宽视野，转换方式，研究新问题，走向新的形态。

杜威认为教育就是不断生长，他把“未成熟”作为生长的首要条件，习惯作为生长的表现，进而提出：“生活就是发展；不断发展，不断生长，就是生活。”[①]他把习惯分为两类：那些习以为常的“习惯提供生长的背景”；“主动的习惯包括思维、发明和使用自己的能力应用于新的目的的首创精神”，“主动地调整自己的活动，借以应付新的情况的能力……构成继续不断的生长”。[②]陶行知则从生活视角出发注重培养人的“生活力”，将教育界定为“教人做人”。[③]为了避免陷入概念的纠缠，这里以生长作为包含成长与发展的全称概念，遇到具体的问题时用成长或发展表达。

以人为本的教育学的研究对象就需要以个体的人为基本单位，而不再延续过去以国家或区域为基本单位的教育学规范和体系。并在以个体的人为基本单位基础上去考察家庭、学校、社会、政府、国家乃至人类社会对人生长的教育价值及教育方式，由此探索教育学内在的规律、原则、内涵乃至建立整个新的体系，这样才能为集成人学的教育学奠定其基本的元素基础。

依据集成人学分析，对每个个体成长发展与教育的复杂性、独特性可表达如下：

$$E=\mathrm{f}(L, S, t) \tag{I}$$

① 吕达、刘立德、邹海燕主编，王承绪译：《杜威教育文集（第 2 卷）》，人民教育出版社 2008 年版，第 52 页。

② 吕达、刘立德、邹海燕主编，王承绪译：《杜威教育文集（第 2 卷）》，人民教育出版社 2008 年版，第 55 页。

③ 陶行知：《陶行知全集（第三卷）》，四川教育出版社 1991 年版，第 612 页。

其中，E 为个体特定时刻的教育状态；L 为个体的生命生长状态；S 为个体当时所处的情境；t 为个体生命的时刻。教育是个体生命与所处情境相对于生命时刻的函数。

第一节　回归全称的教育概念[①]

"教育是什么"是从事教育研究必须追问的"门槛"问题，对此的回复也众说纷纭。由于"教育概念精确化尚未完成"[②]，已有教育学著作中过去常用的"教育"概念不够完整与深刻，主要从宏观视角看教育，看到的是教育行政体系、课程体系、教育管理、教育政策、著名教育家的思想等。各高校作为教学内容的教育学也主要从宏观上讲抽象的概念、原理、原则、方法，几乎未能落实到具体的、鲜活的人的成长，未能回应现实中成长的个体对教育学的需求。不顾现实中人人成长发展都需要的教育学所称的"教育"显然是不完整的概念，在此基础上所阐述的教育就是不完整的。

比如教育史对人文教育方面的陈述远比科学教育详尽。1905—1922 年，中国的理科教育在教学内容、教学方法、教育效果以及发展速度等各方面都取得了惊人的进步，对学生的科学素养和理性精神的培养起到了至关重要的作用。自 1922 年起，以理科教育为代表的科学教育是中国教育极为重视的一个方面，开展的活动也是最为丰富、最有成效的。然而，相关的《教育学》《中国教育史》的著述都对这段历史并未给予充分、完整的记叙。在谈及教育家时，很少提及王守竞、叶企孙、熊庆来、吴有训、饶毓泰这些在数理教育领域功绩卓著的教育家。此外，这些著述对宏观记叙较微观的表述多，对学校教育比对家庭教育的论述更多，整体上对教育实际存在的展现偏于一隅，导致对教育历史与现实原貌的反映不够全面。

忽视生长是"教育"致命的不完全。从本质上讲，人类教育的所有需求都来自人的生长，如果没有人的生长需求，所有的教育及对教育的研究都是多余的。教育学中的"教育"应该是聚焦于人的成长发展的活动，教育学也应当从人的成长发展过程出发，贯彻以人为本的理念，明确将成长发展中的人作为教育学的服务对象，这样才有满足个体多样性教育需求的教育学产生。教育学就

① 本章第一节和第二节的主要内容曾发表在储朝晖：《聚焦个性化成长的全称教育学理探索》，《教育研究与实验》2023 年第 6 期，第 31-39 页；储朝晖：《论教育研究范式的集成人学转向》，《合肥师范学院学报》2022 年第 4 期，第 1-7 页。选入本书时有修改。

② 范宁雪：《"教育"概念精确化是否可能与何以可能》，《教育评论》2018 年第 5 期，第 15-19 页。

不只有综合性而无法触及鲜活个体的教育实践，就不只是教科书仅供教育学授课教师与学生使用,而是能够为每个成长发展需要寻求教育学理支撑的人所用,就能实现人文与科学的平衡，成为体现以人为本的完整、全方位、多样的教育学。至少可以说，罔顾个体的教育是不完整、低效的教育，忽视了个体成长的教育学是无根、偏颇的教育学。

“教育”概念的非全称性遮蔽了大量显现教育重要规律的事实。已出版的各类教育学著述在单方面表述教育的同时忽视了对其他方面的充分探讨，这不是个别现象而是普遍存在的问题。其根源在于著者所采用的“教育”概念往往是从特定视角出发的定义，而非全方位、全称且全息的教育概念。

未能使用“全称教育”概念，首先有认知方面不完整的原因，造成某些对教育的逻辑判定仅仅依据的是认知不全的部分事实；其次是很多教育学研究者就只学过教育学已有的书本知识，仅将书本知识获取当作学习和研究的方式与目的，未能深入观察研究人的成长发展，未能进行广泛的田野调查，未能全方位地考察教育，也未能深入学习科学课程，从而导致视野的狭隘；最后就是不注重实践应用，没有将所学教育学知识应用到实践中去检验。通常，学习某一非教育学专业的个体不关注自身的生活成长，未能深入探究其中蕴藏的规律、逻辑和原理，也未能意识到这样的探索将更有利于自身的全面成长和发展。而当有人意识到这一问题并试图寻求解决途径时，又往往会因为需求、环境、自身能力等多方面的巨大障碍而难以取得进展。因此，需要具备文理兼修、理论与实践相融合、敢于想象且严谨实证的杰出学人，他们完全凭借兴趣和责任感进行探索，而非为了谋生去使用全称教育概念，以实现教育被全方位、全息化的认知。

非全称教育概念长期占据教育学核心地位，更深层原因在于“教育学”使用主体的需要。这些教育学的编著者和使用者往往认为，仅从政府、学府或其他某一视角来审视教育就足够了，无需从个体成长的角度出发。因而，他们缺乏从多个视角全方位看待教育并全方位探求教育学理的动力。

忽视个体的教育是不完整、不切实、低效能的教育，不能为个体成长服务的教育学是无效力的教育学。教育学理的探索应该从人的成长发展过程出发，聚焦于人的成长发展活动，贯彻以人为本的理念，明确将成长发展中的人作为教育学的服务对象。只有这样，才可能满足个体多样性的教育需求，教育学才能全面触及鲜活个体的教育实践，不再仅仅是供教育学授课教师和学生使用的教科书，而是能够成为每个成长中需要寻求教育学理支撑的人的有用工具。这样，教育学就能实现人文与科学的平衡，成为体现以人为本的完整、全方位、多样的教育学。

因此，对教育学理的新探索需要以使用全称教育概念作为新起点。全称教育是相对于对教育孤立、片面、肢解的理解而言，包含教育的所有存在的集合，是所有有助于人的成长发展的行为的集合。这一集合是所有能够发生教育效能主体行为的集合，不只是狭义的教师、家长或某个被当作教育者的人的行为。从要素构成看，它是多主体对教育全方位、多角度、全息式的认识，包含教育的现象与本质、历史与现实及未来、表象与规律、理论与实践等，是对教育全面、深入、系统、理性、客观、求真的认识和理解。它不仅包含广义教育、狭义教育，还会随着人类对教育认知的深化与全面而使其内涵不断加深与增大。认识、理解全称教育意涵的关键在于从个体成长需求的全面、完整性出发，既不能笼统地认识和理解教育，又需要弱化直至消除对教育内涵主观设定的分割与边界，而是将其视为系统的、具有内在迁移与互补性的服务于个体成长的机能性存在。

真正回归全称教育概念，当然需要实现认知的突破，需要从多元化的主体视角来审视教育，尤其要站在不同个体的立场上去全面理解教育。更为重要的是，必须创造一个社会环境，使得各主体的教育需求能够自主表达并得到平等满足。倘若缺乏这样的社会条件，即便有学者认识到使用全称教育概念的重要性，他们也可能被学术界边缘化。他们的认知难以得到同行的认可，更难以得到自身成长直接需要全称教育概念以及建立在此概念基础上的教育学的社会个体的认可与使用，学术认知就难以充分发挥其社会效益。

对“教育”内涵的不同界定和理解，必然会导致不同的教育学理论产生。集成人学视野中教育学的“教育”是什么？这种教育的根基是以个体为基本单位的人，个体生长是教育的中心环节。它的内容范围极为广泛，从全人类、某一国家到特定地区的教育均涵盖其中，包括教育思想、教育制度、教育管理、教育变革等。但它应是从个体出发去观察宏观，而非像长期以来教育学理研究所做的那样，主要仅从宏观出发而忽视微观的个体，至少应转向主要从个体出发观察宏观。研究对象应当以个体的人为基本单位，并在此基础上去考察家庭、学校、社会、政府、国家乃至整个人类社会对个体成长的教育价值及教育方式。

从需求方看，在教育思想上，不应以某个人的教育思想作为那个时代教育思想的整体代表，而要细微考察当时所有的各不相同的教育思想再加以集合。教育思想不能由于过于宏大、抽象，对具体个体的教育教学过程很少涉及而无法使用。全称教育会依据个体成长需要平衡各学科教育教学，会考虑政府、国家乃至全人类对教育和教育学的需求，但也兼顾个体的需求，是在先考虑满足个体需求的基础上再去依次满足家庭、学校、社会、国家、人类对教育和教育学的需求。

要走向以个体为基本单位的教育学理研究，还需要改变教育学研究长期缺乏的人本视野的状况。一些研究者仅从学科立场出发，而不是从所面对的鲜活的人的成长发展需要出发，所阐述的内容逐渐成为与人的成长发展相关性渐行渐远的教育学，这使得教育学科逐渐被社会边缘化，又得不到真正需要教育学理的众多成长个体的接受。教育学人寻求改变就必须转向，聚焦成长，瞄准个体，使用全称教育概念完善教育学理，生成更完整的教育学。

个体是多样且千姿百态的，以个体为基本研究单位的教育学理的表述也呈现出多样性、独特性和生态平衡。每个人的成长都是一本独特的教育学，可供别人观摩学习，但不存在一本可奉为圭臬的教育书，更不存在所有人都必须遵从的神圣典籍。每个人的教育学可以成有字之书，也可为无字活书，以各种媒介传播，皆基于经验而非模式化流传，鲜活而不枯燥。

个体成长对教育学理资源的使用是处于自主自觉的清醒状态，不是被动、盲目、强制地接受，且一般是根据个体当时的成长状态和需要进行自主选择，较少是强制性统一要求。因此，在这种基础上的教育学需要更高的学术觉醒和自觉性。它可能自主服务于政府但不依赖政府，无需寄希望于行政当局或其他力量对教育学价值的认可和推广。从业于学府的教育学者应坚守自己的专业立场，不再仅仅依赖增加教育学课程开课量来确保自身的利益与地位。它真正的主要用户不再是教育学的专任教师和学生，而是每个不同的成长个体。它需要在成长个体中建立信誉，通过提高自身对于个体成长的有用性、有效性来获得更广泛的传播与使用，从而维持生存与发展。

当下教育学发展不健全的原因在于对教育学的研究缺乏教育的人本视野。有的人脑海中的教育缺乏人；有的只是行政机构或利益群体操纵着教育代理人；有的人仅从学科立场出发，而不是从人的成长发展需要出发，逐渐使教育学与人的成长发展渐行渐远。这也导致了教育学逐渐被社会边缘化，同时无法被真正需要教育学的众多成长个体接受。教育学人需要自觉以人的成长发展为出发点，深入探索适合具体个体的教育过程、内容和方法，向人本全称的方向完善教育。

使用狭隘、肤浅且无视人本性的“教育”概念无法进行真正的教育研究。至少所有与人的成长发展相关的外在促进活动都应纳入教育的范畴。教育学应以完整的教育发展过程和全部的教育存在作为其研究的对象，需要掌握真实而完整的教育，用全称教育才能写出不断完形的教育学。

简言之，集成人学使用全称教育概念作为建构学理体系的基础，从人的成长出发，探索本真的、更高品质和更广适用性的教育学理。

第二节　教育学学科形态与范式要应需而变

既有的教育学作为一门学科建立后，就面临着越来越难以自圆其说的困境，而它所长期模仿的科学也即将迎来范式转换。学科是学问探索的阶段性形态，而不是唯一的方式。教育系统，作为一个极其复杂的连续体，很难完全通过学科的方式进行彻底探明。当下教育学科的形态是在以国家为基本单位的教育研究视野中建立起来的，它的学科形态和范式都是以国家为标准建立的，且在未来仍将持续存在并发挥作用。然而，它也面临着难以满足以学习者为中心的教育学理需求的挑战。教育学面对的现实问题是所有人的生长都需要教育学，因此，应转换研究对象的基本单位和定位，以满足个体发展对教育学的需求；还应转换研究主体与范式，拓展出新的发展领域，以回应时代与人的现实需求。

自 1779 年德国设立教育学教席起，教育学在数百年的发展中一直试图建立一门比较完整、规范的学科。在无数教育学人不断为此努力的同时，对教育事实的认识越来越深刻、全面，也越来越显示出教育难以被框定在一门规范的学科内，而是需要建立集成人学的新范式。

一、教育学形态与范式显现出变革的必要

现有教育学学科体系的思想起源于文艺复兴时期的启蒙运动。1779 年德国最早在哈勒大学设立教育学教席，1875 年美国设立教育学教席，1876 年英国设立教育学教席，1887 年法国设立教育学教席。教育学学科在大学中产生，并通过教学得以传承。在知识学科化、专业化的演进中，由于教育学研究对象的复杂性远高于物理、化学，教育学至今仍然是一个不够成熟的学科。“教育学作为一门研究教育的学科似乎产生于德国，启蒙主义教育学家特拉普（E.C. Trapp）在 18 世纪 80 年代就开始构建教育学理论”①，它的用户则是世俗政权，旨在满足其建设强大国家的需求。教育学在德国的首先建立与当时德国政府的需求紧密相连。为了建立现代国家，德国需要构建现代学校体系，并在此基础上建立发挥学理导向作用的教育学。为此，德国设置了教育学教席，以确保其传承与传统。继德国之后，其他欧洲国家也在 18—19 世纪建立了比较完整的教育体系。教育学是这个体系里生长出来发挥学理导向作用的“花朵”。1904 年，中国借鉴日本颁布了癸卯学制，引入了现代学制体系，从而为教育学学科体系的产生奠定了基础。没有学校体系，教育学学科的理论体系就无法建立，也无处使用；没有教育学教职员，教育学专业知识的传承就无人进行。

简言之，教育学的学科形态产生是在以国家为基本单位的教育研究视野中建立起来的，以国家为标准，以国家与政府的需要作为几乎全部的需要。未来这部分需要仍将存续并发挥其作用，也应该被满足，但教育学面对的更多更复杂的现实问题是，所有人都需要教育学理服务其成长。唯有充分满足个体发展

① 陈洪捷：《盘点 20 世纪德国教育理论的经典》，《北京大学教育评论》2009 年第 2 期，第 162-169 页。

对教育学的需求，转换研究主体、对象与基本单位，拓展出新的发展领域才有可能回应时代与人对教育学理的现实需求。

已有教育学知识体系是建立在国家的体系基础上，并通过国家对学校体系的支撑而建立的有选择的教育学体系，并且是由相应的专职教职员进行维护的体系。教育学意味着它是一个知识门类、领域，但又不仅仅是一个知识门类、领域，还是一种权力，是一种制度需要的构建与装饰，以及拥有相同知识的学者共同体的纽带。这种状况在教育学建立之后事实上束缚了教育学的发展，让教育学这朵“花”难以触及寻常百姓，难以为寻常百姓服务。随着教育的普及与发展，几乎所有人都不仅需要接受教育，还需要接受优质的教育，并了解更多与自己成长相关的教育学理。如此，教育学就不能还待在教育专业的课堂里，仅在教育学师生之间授受，而是需要走进每个人生活与成长的场景，为他们提供个性化的成长服务，以不辜负教育学的使命。为此，教育学的学科形态和范式就必须进行彻底的变革。

从教育学现有内涵看，其不完备性也显示出形态与范式转换的必要。教育学最早是从哲学中衍生出来的，康德、赫尔巴特本身都是哲学家，他们从哲学的角度来研究教育。他们所处的德国经历了教育管理权由教会转交世俗政权的变化。在此之前，教育主要由牧师负责，他们在基层的乡村或城市社区承担着教育职责，通常利用教堂和附设的学校进行教育活动。因此，神学对早期教育的思想和实践产生了深远影响，也直接影响了早期教育学的教材体系。早期的教育学体系是参照牧师教育教材进行改造的，几乎完全按照牧师的培养方式来培养教师，并参照牧师的工作体系来构建教育学的体系。此外，心理学也对教育学产生了重要影响。

与其他学科相比较，教育学较早地进入了学科化的阶段。18 世纪末 19 世纪早期，欧洲的大学里面已经出现了教育学的教职、教育学教材以及教育学协会等学科基本要素。那时候社会学、政治学都没有成形，教育学却已经学科化并在大学设有教席。然而，随着社会学、经济学等后起学科的快速发展，它们在学科化进程中迅速获得了比教育学更高的认同度，使得教育学陷入被轻视和贬抑的尴尬境地。19 世纪之前，社会学还未成独立学科时，研究者们有时候会把教育问题、社会问题放一起来讨论。但到了 20 世纪初，随着社会学、经济学、人类学等学科形成了自己独立的学科体系，它们开始与教育疏远，原因在于这些学科找到了明确且适合以学科方式研究的对象范围。教育学也试图在独立建立自己的话语体系的过程中和别的学科划清界限，但教育学研究的领域长时间不断拓展，广阔、深刻到难以用单一学科的范式加以界定。随着学科之间彼此独立并衍生出更多分支，它们之间的关系也更加疏离了。

从 19 世纪的传统教育学到 20 世纪的现代教育学，学科一直是它的基本框架。在19世纪大学知识学科化、专业化过程中物理学、化学、生物学这些学科逐渐形成独立的学科体系。人文的学科体系发展比较晚，在19世纪末20世纪初才仿照理科的学科体系逐渐形成社会学、政治学、人类学、经济学这些学科。教育学这门出生几乎早于所有其他学科的学科仍需在人文社会科学学科化、专业化的过程中跟着其他人文社科一起成长，或许由于它的研究对象过于复杂，或许由于其自身的缺陷，教育学成长的速度较慢，且品质不佳。即便号称转向现代的教育学也是如此。

20世纪下半叶，随着教育的民主化、普及化，以及冷战后各国对教育和科技的重视，教育开始成为社会、政府和国家的重要事务并受到了前所未有的关注。社会科学与教育的联系开始变得密切起来，这对教育的发展来说非常重要。世俗政权参与教育事务的管理、制定国家教育战略等为教育学的发展提供了更广阔的需求平台。在这个平台上，教育学得到了更为迅猛的发展并逐渐分化、成熟，形成了一系列新的分支学科，如学前教育、特殊教育、职业教育等二级学科。此后社会学、经济学、人类学开始逐渐进入到教育学的研究领域内，使得学科之间产生了更多新的交叉点。在二级学科形成的同时还形成了一系列可以称为教育学科的跨学科领域，如教育哲学、教育心理学、教育经济学、教育人类学、教育社会学等非常丰富的跨学科联合。教育学体系的发展势头非常强劲，但由于其内部的一致性与规范性不足而总是面临着各种尴尬和挑战。

教育学的研究范式主要分为实证-实践、文化-精神两类，这两种范式长期共存并相互竞争。前者试图照自然科学模式为教育学科建构一种科学化、可操作性的学科体系，而后者强调教育学科的文化-哲学取向。例如，赫尔巴特强调用科学化、实践化的教育体系帮助教师们按照科学的原则进行教育，而不是空谈概念与理论，并提出了教育和教学的原则供学校进行实践。然而，另一些人坚持认为教育学是哲学的一部分，是伦理学的衍生物，他们主张应从哲学的角度来探讨教育学，而非从实践的角度去诠释。这两种观点之间的冲突在20世纪初愈发激烈。当时，实验教育学派提出按照自然科学的方法来科学地进行教育，人文精神学派则反对实验性、实证性的教育学，强调从人文、精神的角度来谈教育学，正式提出文化教育学。桑代克信奉行为主义，从心理学的角度来阐释教育思想，提出一切人类活动都是一种数量关系，都必须通过测量得出结论，认为没有测量为基础的结论都是不科学的。杜威很反对这种观点，认为教育学要更多地从人的角度、哲学伦理的角度、精神的角度，而不是从技术操作的方面来考虑。不过，杜威也强调经验、实证。通过贯穿于教育学整个发展历程的连绵数百年的争论，好像永远有两种不同的主张与选择，相对而言桑代克等人的实证派影响力不断增长并趋于强势，但教育学无法摆脱对哲学的依赖、忽视哲学的量化太浅薄的观点却又挥之不去。

在教育学发展过程中，就有很多人发现它的缺陷，曾试图用心理学代替教育学，因其觉得教育学内容空洞，而心理学才是真正的科学。这导致了教育学心理学化的转化。此外，遗传学、生物学、医学、物理学、统计学等很多学科的知识与方法也逐渐融入教育学。进入20世纪后，随着人文社会科学的学科化发展，教育学与社会学、心理学、经济学、历史学、哲学、管理学、信息学等多个学科进行了更为深入和密切的跨学科融合。2000年后，计算机、认知科学和人工智能对教育学产生了深远的影响，而ChatGPT的出现更让教育学界感到无所适从。面对如此多样性的影响，教育学自身如果没有足够的学术自主与自觉，没有强大的"大脑"，就会使各门学科在教育学的"大厅"里貌合神离地进进出出，在此情景下，教育学还一如既往地使用交叉、融合的方式，就难以实现跨学科的重构，消解学科的集成是更适合的选择。

二、教育学学科式发展面临的问题与限制

个体对教育学理的独特需求对已有教育学形成巨大挑战，教育学发展当下面临的诸多，其中最主要的问题可以归结为以下五点。

（一）重新界定为了谁、服务谁

在目的上，教育学是为了谁、服务谁及怎么服务，这是进入教育学研究的人不能回避的问题。原有的教育学"将教育目的区分为社会本位论和个人本位论"，"陷入'孰优孰劣、孰更合理、孰更有效'的无休争论"。[①]旧有的教育学本身就是不完整的，只是少数专业教育学者依据国家、政府、社会、学校的需要对研究对象和内容做了一定选择。这些研究对象往往过于宏观和抽象，难以具体落实到每一个人，也无法为具体的人提供切实、有效和贴心的服务。在功能上，教育学的教学、服务、研究还局限在学校的校园里。具体某一学校的教育学科要为完成教学任务及学校发展而服务，教育研究则要为学校的学术声誉服务，为学生成长发展的服务则常被以上两方面所忽视。因此，原有教育学的出发点并不是让所有人都能使用，它客观上不是为具体、鲜活、多样性的个体服务的。它有特定的适用范围，除了教育学课堂，在其他专业课堂上都难以应用。

然而，社会发展需要身心健全的个体，需要通过教育实现这一目标。教育的最终目的是让每个个体都能接受到良好的教育。现实中几乎每个人的成长发展都需要使用教育学的知识作为参考依据，需要学理的指导，这一需求却无法

---

① 黎军、宋亚峰：《社会本位论与个人本位论教育目的之再审视》，《教育理论与实践》2017年第10期，第3-6页。

得到充分、有效的满足。从个体成长过程中时刻不可或缺的教育学需求，到大中小学和幼儿园非教育学专业的教育学需求，再到社会成员终身教育的教育学需求，事实上未能都有效满足。如果不改变服务对象并进行深层次变革，现有的仅服务于高等学府的教育学将因无法胜任这一任务而被越来越多的人抛弃。

教育学过去依赖于政府和高等学府的服务关系、学科特性，得以产生、兴起和维系存在，但这些也曾经长期限制了它的发展，使其无法走向未来。随着时间推移和人类教育活动的内涵不断拓展、加深、升华，这些限制只会越来越成为教育学发展的阻碍。为所有具体、鲜活的成长发展个体提供终身成长发展的学术支持是教育学理未来探索、发展的大方向，但未来的发展趋势不会与它的过去决然对立，而是在继续为政府、学府服务的基础上，迅速开拓出为每个个体服务的广阔空间。

（二）在学术化的同时需要更注重在实践应用中发展

教育研究曾因学术化和规范化的不足而受到专业人士的蔑视和贬低，从而在学术领域中立足不稳；但走向纯学术的教育研究又被人指责脱离实际，曲高和寡。这样的教育研究事实上确实难以应用，难以有效，难以满足广泛的需求。

理论和实际的张力，无论在哪个时期都存在。芝加哥大学曾以不符合社会科学的标准为由关闭了教育系，认为其学术性不足。近年来，中国也有多家综合性大学撤销了教育学院和教育研究所。教育学因与其他学科相比学术地位不高、学科的辐射能力弱，常被学界诟病。教育学者常常会深入研读政治领袖、社会学者、经济学者、历史学者、哲学家、科学家的著作，并从中汲取养分。然而，这些领域的学者几乎不会阅读教育学的著作，即使阅读，也常感索然无味，收获甚微。其中一个重要原因是教育学内容和思想的贫乏、教条化，以及缺乏独特性和新颖性。因此，世界各国社会学、经济学、人类学的学者都拥有自己的学术体系、路径和方法，以及他们尊奉的经典，而教育学者似乎在此方面稍显逊色。不少人甚至认为教育学不是成熟的学科，或者说是次等学科。

这一难题的突破点依然在于解决教育研究事实上确实难以应用、难以有效、难以满足广泛的需求的问题，其核心仍然是对个体成长的有效性。现实的困境在于：在专业研究者认为教育学不够学术的同时，大量一线教师每年都有大量的文章发表和课题研究。这些研究可能对教育实践有一定的价值，但存在低水平重复、学术行为不规范、概念逻辑不清晰以及学术含量低等问题。

但是，教育学理研究又必须建立在实践基础之上，需要通过深耕实践的丰富内容、严谨逻辑与有效行动获得提升，需要拓宽、放低研究视野，看到更多、更新、更实、更精微的教育存在，既规范又灵活多样，具有广泛的可用性，才能突破困境。然而，如何在重视实践的同时保持学术性，如何在重视学术的同时不脱离实践，如何协调并贯通理论与实践应用，以及如何扩展理论以满足实践的多样性需求，这些都是必须解决的难题。所以教育学科在理论、规范与实践、应用的张力中处于很微妙的地位，显得不够完整、不够完全、不够独特。

（三）拓宽与加深视野才能实现教育学的跨学科集成

跨学科是教育学自产生以来就具有的特点。教育学作为一个独立学科，同时又需要跨学科的视野，这体现了教育学自身的内在复杂性。它起源于哲学也走出了哲学，再难以回到哲学的屋檐下栖身。全称教育事实显示：一方面，以任何单一的学科或者试图从单一学科来框定教育学都不可行；另一方面，任何一位原有某个专业的人从事教育学研究都有其局限性。

有人选《哈佛教育评论》中100篇引用率非常高的文章研究，发现这些文章引用教育学类文献的比例是57.8%，引用其他学科文献的比例是42.2%。其他四种教育类重要刊物引用教育类文献的比例分别是59.8%、66.5%、55.5%、51.8%（表2-1）[①]。也就是说在全球范围内引用率极高的教育研究论文中，非教育类文献的引用比例高达40%—50%，说明教育学科自身的文献不能自给自足，对于其他学科内容依赖性很强。

表2-1 百篇高引用文章和所有文章引文类别差异比较

期刊	高引用文章（100+）			全部文章	
	教育学类/%	其他类/%	文章数/篇	教育学类/%	其他类/%
《哈佛教育评论》	57.8	42.2	9	48.8	51.2
《教育评估与政策分析》	59.8	40.2	5	64.4	35.6
《教师教育学院》	66.5	33.5	8	68.2	31.8
《美国教育研究月刊》	55.5	44.5	47	54.2	45.8
《教育研究评论》	51.8	48.2	103	52.2	47.8

相关的研究与现实都显示，对教育学科影响最大的著作中，有相当一部分并非出自教育学学者之手，而是由哲学家、社会学家或传媒从业者所撰写。布迪厄就是一位在教育研究领域具有深远影响的非教育学家典型代表。不同文化背景的国家和地区教育学研究偏向也不尽相同，实证研究占主导是最为普遍的

① 陈洪捷：《国际视野中的教育学学科》，华东师范大学教育高等研究院，2019年9月20日，http://www.iase.ecnu.edu.cn/07/df/c12892a264159/page.htm.

发展趋向；同时，有些学者侧重心理学、行为主义，有些重视经验，有些倚重社会学、管理学，还有些突出理论、哲学、史学在教育中的运用。不同的教育研究对自然科学、人文科学和社会科学吸收的比例也不尽相同，教育学科在不同的国家和文化中呈现出不同的特征，在不同学者身上也呈现不同特征，这既是教育学发展的常态，也预示着教育学发展朝向多样化的未来发展趋势。

与此同时，教育学日趋分化、成熟，形成了一系列分支多种学科和丰富的相关领域跨学科的集合，但学科内部的不同分支相对孤立，对话不足。在教育学的大旗下，虽然大家都在研究教育问题，但研究内容却截然不同。这引发了一个问题：究竟什么是教育学？从形式上看，教育学是一门学科、一个知识门类、一个领域还是一套制度？从主体上看，它是教育学者共同体还是一群接受过共同学术训练、拥有共同学术目标或任务的人的集合？是教育从业者的共同体还是所有教育参与者共同组建的社群？主体的范围越广、多样性越强，其复杂程度也就越高。从形态上看，它是一套有组织的系统（如由教师和学生组成的系统）还是以每个成长个体为中心的系统？是以政府为中心、以教育学教授们为中心还是以教育学的广泛需求者和使用者为中心？在学科知识生产方面，它是专业学者的专属领域还是每个教育参与者都能贡献的领域？知识在哪里发表、如何交流、如何应用？学科知识效能的评价标准又是什么？

面对这样高度复杂的态势，许多身处教育学领域的人感到难以驾驭，从而导致教育学的无力、无奈和无法应对的局面。因此，教育学者需要具备更高的智慧、更广阔的视野才能超越学科的界限，实现教育学的集成。不难想象，教育学理论的探索越来越需要那些具备高度、宽度、通透度、实用性和能力的人才来推动其发展使命的实现。

（四）提升学人探索教育学理的独立性、自觉性与自主性

教育学在德国诞生之初就带有明显的被动产生特征，这一点在赫尔巴特的教育体系中尤为显著。相较之下，杜威展现出更强的独立性、自觉性和自主性。或许正因为这些特质，杜威的教育思想在全球范围内既广受官方和民间的欢迎，也遭到了不少批评、质疑甚至抵制。

在现有语境下，教育学人的独立性、自觉性、自主性不强是不争的事实，也是教育学发展不良的主因，使教育学没有独立的理论、独立的方法，教育学人从而难以有效担当起应该担当的社会责任；但一讲增强独立性就意味着自己要下地走路、活动、觅食，就会影响到原来怀抱教育学的那个主体，要考虑它的态度究竟是怎样的，毕竟教育学者们原来与它有情感与实惠的关联，很多学者就是到这里停步了，不想唤醒自己天性中原本就有的独立性、自觉性、自主

性和社会责任感，更严重的是停止思想了，显现出学术界的本位思想局限。

事实上，提升教育学者的独立性、自觉性和自主性是一个全球性的议题。为何各国都未能很好地解决这一问题？深层原因在于，如何选择与选择者的利益相关程度相关。以企业经理为例，他们的决策直接关系到企业的生死存亡，因此企业家必须选择高度独立自主；教育学人们则不然，是否在自己的学术研究中选择独立、自觉、自主，更多的是体现其学术品格和个人理想，未必会导致自己切身利益受损，或者在某种情况下，选择放弃独立、自觉、自主可能会带来更多的利益。这种趋利避害的心态是教育学界长期呼吁学术独立、自觉、自主而难以实现的根本原因。

学术的独立、自觉和自主性还与其概念、体系和边界的清晰度密切相关。长期以来，教育学在这方面一直缺乏明确的界定。尽管德国、美国和法国的学者都在探讨这个问题，但并没有达成统一的认识。这种情况主要是由于教育学的对象和用户具有复杂性、模糊性和情境性。教育学的对象和用户这两个端点不明确，那么中点也就是不确定的。明确了教育学要为每个个体的成长发展服务，就明确了对象与用户这两个端点，就具备对概念、体系、边界做明确界定的条件，教育学人的独立、自觉、自主性就有了更加明确、坚实的承载基础，更有利于教育学学科自主性的确立和增强。

（五）应对信息技术的挑战并适合有效利用新技术

2000年以来，信息技术对教育的影响日益增大，进而影响到教育学。于是出现两个截然不同的群体：一个是长期研究教育却对信息技术或教育技术知之甚少的人群；另一个是研究信息技术却对教育学术知之甚少的人群。

由于后者通常掌握资金、技术，在政府投资和各种场合有更大的话语权，就可能不顾教育规律、原理、原则，忽视教育当事人的尊严与权利，未曾评估技术使用对人产生的利弊，便试图以技术来定义教育，将信息技术作为教育的操作平台。这种情况使得前者感到被教育技术束缚和抛弃，技术已经主宰了包括教育在内的整个世界，原有非常成熟的知识体系似乎被技术所取代，使得那些致力于通过实践操作来实现教育目标的教育学家显得不如具体施工的“工程师”“技术员”重要，这种状况直接影响到教育学对于培养目标的设定。

有研究认为教师是信息技术发展起来以后最不可能被淘汰的职业之一。但可以肯定的是，那些不会使用信息技术的教师和教育是会被淘汰的，不能有效应对信息技术的教育学也会被淘汰。教育学如何应对信息技术的挑战，是它在未来发展中必须纳入整体考虑的一个不可缺少的维度。

三、顺应学习者中心的教育学范式转换

教育是一个巨复杂系统连续体，教育学学科形态与范式在其发展历程中就曾发生过众多变化，引发变化的原因也各不相同。综合考量已出现的各种情况，不难发现，以单一的学科方式难以全面阐述教育的深层规律，因此需要转向集成人学的研究范式。从教育学当下遇到的问题和集成人学理念分析，学习者中心是推动教育学范式转换的主因。

教育学在德国产生的时候在功能上就是以政府为中心的，在理念上也是以系统知识为中心的。杜威及进步主义教育家曾提出过“儿童中心”的观点，意味着其教育理论更接近于学习者中心，但这仅是众多教育学说之一。从整个教育学长期形成的教师培训和研究体系看，教者为中心仍然占主导地位，学习者中心的理念远未成为主流。

教者为中心的教育学既然是几百年的老传统，正常的学校只需排课表、上课、考试通过即可，对于教者很方便，对于学者似乎也没有什么麻烦，对于学校的管理者似乎是顺理成章，政府更是乐见其稳定。教育学的学习者照此方式代代相传，所以学校和学者很难有动力改变它。然而，这种教育模式下的学习者受益有限，对于社会的整体效益也逐渐降低，越来越难以满足每个个体享受高品质教育对教育学规律、原理、原则以及思想理念的需求，也难以有真正的创新。

每个人成长的独特性产生需求多样性，这决定了需要为满足每个人的需求而积累丰富多样的教育学理服务资源，为不同个体的健全成长确立适恰的理念，寻求适切路径与有效方法，探索选定优选的程序，记录个性化成长过程。个性化成长需求日益增长显现出为每个人提供教育学理服务的必要性、有效性、不可替代性。学习者中心的理念意味着众多独特且不可相互替代的个体都需要教育学理的服务，以促进其天性的充分发展。这不仅极大地丰富了教育学理的内涵，还通过其组合与集成有效提升了个体的社会竞争力，进一步彰显了教育学理的社会价值。随着全球化、信息化、学习化社会的到来，尤其是信息技术的迅猛发展，人类对学习的范式正从教者为中心向学习者中心转变。一个以个性化学习为中心的新时代正悄然来临。

“‘以学习者为中心’的实质是以学生为主体”[①]，学习者中心的转换将是未来相当长时段内推动教育学理研究范式转换的主因，也是探明教育新理的全新视野。作为教育学基础的教学方式的变化必然引发教育学的变化，在新的情

---

① 王永红：《“以学习者为中心”人才培养模式的内涵解读》，《课程·教材·教法》2017 年第 10 期，第 84-88 页。

景下，学习者中心出现必然继续对教育学发生作用，建立在原有教学模式基础上的教育学不可能袖手旁观，不顺应学习者中心的新需求而改变的教育学必将被淘汰。

以学习者为中心的教育范式是相对于以教师为中心的范式而言，它关注学习者的个性化和学习过程，意味着关注的重点从标准化的知识学习与考核转向依据个体成长目标去掌握知识技能，并以成长目标而非仅以标准答案作为评价的参考，从终结性评价转向同时进行过程性评价，学习者从被动学习转向主动学习，从以教师为中心的教学转向以学习者为中心的教学，并提供相应的教育学理，以更好地为学习者的成长服务。

在课程设计上，学习者中心与“学科中心设计”和“问题中心设计”截然不同，它强调学生的个性发展，关注学生的需要、兴趣和目的。在这种设计下，课程的水平和垂直结构不再以教材内容为线索，而是以个体学生为中心。这种课程设计通常没有预定的详细计划，而是在教育教学活动中由教师和学生共同设计课程，在课堂与相关活动中相互生成，重视学生主体作用的发挥。学校活动也需要以学生的需要和兴趣为基础，充分发挥学生内在的学习动机，而不是用外部强加的学习目的和学习任务迫使学生学习，学生主要通过主动探究和获取学习内容。

以学习者为中心的教育范式必须遵循以目标达成为基础的教育原则和以任务为中心的教学原则。个性化学习是以学习者为中心教育范式的一个重要特征。信息技术也在以学习者为中心的教育范式中扮演了更为重要的角色。学校系统需要顺应变革，积极主动地关注信息化时代所需的学习理念和教育需求。同时，政府的教育管理职能与方式也需要进行相应的变革，与之关联的教育学无疑需要适应这些改变。

这种改变主要在于以下方面。

（一）定位于学习者

学习者中心教育学理探索的目标，在于个体的充分健全成长。

教者为中心的教育学，重心在于维护和传承传统，用人类既有的知识、价值教育后人；学习者中心的教育学需要服务于当下的学习者与探索者，他以当下为出发点通过经验、试验、体验探索自然与社会的奥秘，人类社会既往的历史与传统是学习者学习的部分资源，而非全部。

学习者中心需要教育学平等对待学习者，而非像教者为中心的教育学那样居高临下地俯视学习者，让学习者只能仰视才能接触和享用。在探求人的成长发展规律与路径过程中，学习者与教育学者之间没有地位高低、话语权大小、是否代表真理之分，有的只是对某个知识点了解的先后和角色的不同。

学习者中心的教育学理的宗旨是使学习者的学习更加有效，目的是使个体学习成长过程与效果都更加完善。教育学与教育学者都要为学习者服务，为众多天性各不相同的人服务，而不是仅站在讲台上宣讲既定的教学内容，或向社会施舍教育，或站在学术的殿堂里追求体系严谨完美的教育学理论。

（二）互动而非单向生成

个体学习需求的多样化对以教师为中心的教学模式形成了冲击和解构，这种冲击作用同样会发生在教育学理的探索和使用中。按照传统方式上教育学课的学生，所学内容可能难以实际应用，必须通过与成长中的个体进行互动，才能真正发挥其效用；在过去的教育学知识循环中，单纯传授教育学知识的教师可能扮演着举足轻重的角色,但将来仅可能是新知生成的一个不太重要的角色。教育学知识循环最重要的部分转移到运用已有知识解决现实个体成长发展的问题，这个与个体相互生成的环节也是集成人学教育论的重要环节，是新旧知识碰撞点，更是教育学系统知识的生长面。

传统的教育学主要来源于教育学者的不断积累与传授，学习者中心的教育学理则有很大一部分来源于师生之间的互动探索，其中一部分可能只适用于某个特殊个体的某种特殊情况，或完全属于缄默知识或体验。这些内容在原有的教育学体系里可能因缺少普遍性而被忽略、抛弃，但在学习者中心的教育学，因为对个体的成长发展有特殊的价值而受到珍视。

因此，教育学的教学与研究范式将发生深刻变革。班级授课可能作为一种方式继续沿用，但它不再是教育学知识传播的主要方式。如今，应用即传播。教师不再是教育学知识的搬运工，也不能仅仅将那些知识搬到高校或师范院校的教育学课堂上就算完成任务。学习者中心情境下的教育学者需要成为持有某种智能“酵素”或触媒的人，他们一方面在了解面对的具体成长个体的状况与需求的情况下，用已有的教育学理论、理念促进个体的成长发展；另一方面收集使用这些理论、理念和知识对个体成长所产生的影响，与成长个体进行沟通对话，生成新的、个性化的教育学理内容。

由此，教育学理的探索、教学与研究都步入多样化、个性化、实证化的途径。不仅知识内涵大增，使用范围也将大大扩展，对社会与个体的效用大大提高。专业的教育学人才需求也将大大增加，他们不再是单纯的授课者，而是成长个体的陪伴者、观察者、研究者、咨询者。他们可以借助网络和其他形式，不受时间和地点限制地与多样的个体学习者进行沟通交流。随着个性化学习的普及，教育学理论将能够惠及任何一个有需要的人。

（三）面向学习者需求

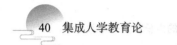

学习者中心的教育学理，主要特点就是满足学习者的需求。这是教育学产生几百年来较少考虑的，因而也是教育学理探索的巨大变化。

回顾教育学的历史发展，其服务对象也在不断演变。最初，教育学主要服务于政府或学府。随着教育民主化的推进，教育学的服务对象逐渐扩展，诸如批判教育学、平民教育学、穷人教育学等都为此做出了贡献，但总体上这些都是向特定人群倾斜的小调整。集成人学教育论依据学习者中心的教育学理探索需要，并非倾向于某一特定群体，而是要无差别地面向每个个体，不分种族、区域、文化、性别、贫富、价值取向，其目标是将面向政府和某个组织的教育学转向以满足个体的成长发展需求为主的教育学理探索,注重多样性与个性化。

当然，强调面向个体，并不排除在一定范围内，不同个体对教育学的需求存在共性。通过服务于某一人群的方式，可以实现面向个体的目标，并达到预期的效果。同时，不同个体在教育学理论上的互动，也是他们认识自我个性特征、发现自身对教育学真实需求的必要途径。小组学习和讨论可能仍是教育学理论教学与传播的重要方式，特别是同伴间的交流、比较与互动在个体成长中具有不可替代的作用。但这样的小组应是自愿组合、相互认可的，而不应带有任何强制性。

传统教育学的服务对象相对单一，可以明确聚焦。然而，面向学习者的教育学理论则是多维度的，因为每个个体的需求并不能与其所在群体的需求完全等同，也就难以简单聚焦。即使是对于同一个体，由于其处于不断发展变化中，教育学理论也可能需要随之调整焦点。这样在增加教育学多样性的同时增强了教育学的丰富性和定向变化特征，使得教育学理具有一定的向量特征。教育学理探索所需要完成的一些特殊使命，便是在社会对人才需求的多样性与个体天性及其成长特征的多样性之间找到更佳的契合点，实现这种契合的关键是多元化的知识在某个方向上的集合。

所以真正面向学习者需求的教育方式并非单向灌输，而是互动互选。教育学者们所面对的学习者可能随时发起挑战，在这个过程中学习者可能还不能明确表达对教育学的真实需求，这不同于面向政府或特定组织时的明确需求。双方需要在相互了解与探讨中逐渐明确需求，这个过程充满艰难和挑战。

由于面向对象的面大大增加，复杂性大大增强，对教育学以及教育学者的需求也大大增加，这将成为未来教育行业人力资源增长与扩展的重要增长点和增长区域。更广泛、更大量的教育学需求，更多的教育学者，是未来教育学复兴的前提。

定位于学习者，互动而非单向生成，面向学习者需求，这些特点共同决定着教育学研究与传播的范式必须转变。教育学必须更加深入细致地探索从哲学人文到生命自然的广博领域，追求更多精英与大众紧密联系共同推进的教育学系统变革。同时，在面向个体时不能忽视学校与社会的未来发展规律和趋势，面向学习者个体需求不等于不考虑学校与社会及其对个体成长发展的影响，而是转变了关注的重点。

教育学向集成人学发展，是随着工业时代向信息化时代迈进，个性化能够在更大程度上得以实现的基础上生发出的更多个性化需求的产物。因此，需要教育学者用一种新的视角去理解教学，认识到教育范式和教育学范式的改变是不可避免的，并积极主动地推动这一变革。

从教育学的发展历程来看，其知识体系主要由教师培训知识和教育学理论知识两个相对独立且截然不同的部分组成。早期教育学主要关注教师培训，围绕教师职业发展构建了一套完整的教育学知识体系，旨在培养专业教师。20 世纪初，随着人文社会科学的专业化发展，教育学也形成了一套基于现代专业标准的话语和理论体系。这一体系以研究为导向，具有分析性、观察性和第三方性，它关注社会中的各种教育现象，并遵循价值中立的社会科学原则，将自己定位为与研究对象保持一定距离的分析者。

未来的发展趋势可能是，现有的两个教育体系将继续发展，并新增一个以满足个体成长发展需求为导向的体系。这个新体系在初期可能需要前两个体系的知识滋养，尤其是第二个知识体系的支持。然而，由于前两个体系在内容和范式上的局限性，它们可能无法完全满足个体需求体系的长远发展，而个体成长需求的教育学体系将随着需求的日渐增大而日益强劲，独立前行到教育学从未到达的境地。

第三节　每个人的成长和发展都需要教育学[①]

自有人类以来，不同的个体因所受教育的不同而命运迥异，对社会的作用也千差万别。每个人的成长与发展，对教育学理论的需求是客观存在的，在不同历史时期的差异在于需要是不是转换成需求了，以及需求是不是能够满足。当人类教育尚未普及的时候，能够满足教育的需求对受教育者个人来说就已知足；当教育普及之后，能享受什么样的教育就成为人们关注的问题，教育研究就需要转向为个体成长服务。教育学理服务具体个体成长的状态是评价和决定

① 本节中一和二的主要内容曾发表在储朝晖：《基于个体成长的教育学理建构》，《北京教育学院学报》2023 年第 2 期，第 81-82 页。选入本书时有修改。

一个人享受到什么样教育的重要决定因素，它在个体成长与社会发展中的作用日益凸显，因而个人对它的独特需求也就会明显表现出来。

一、个体成长对教育学理的新需求

在教育学尚未产生之前，人的成长发展就不只是受到具体的教育教学的影响，也受到教育理念与教育规律、不同教育原则的影响。比如斯巴达与雅典的教育理念不同，培养出的人就不同；战国时期齐国与秦国在教育理念上存在差异，培养出来的人也就有所不同。因材施教的原则在教育学成为一门学科之前早就提出，并对一代代人的成长产生了重要影响。

在历史上，教育学理对人的成长发生作用的状态有以下三种：第一种情况在教育未普及的时代尤为普遍，即大量的人的成长发展从未遇到过教育学，在少数享受到教育的人当中也仅仅有一部分受到教育理念、规律、目标、原则的影响，受到深层教育学理影响的寥寥。第二种是在个体自主的状态下感悟到教育学理，并偶尔或长期利用教育学理服务自己的成长发展，取得良好的效果。对历史人物进行研究，便不难发现确实有不少人属于这种状态，但他们在当时的人群中是凤毛麟角，少之又少。第三种则属于“被教育学”者，他们被动接受教育学原理原则的束缚，虽然也能依照教育学赋予的目的成长成才，但未必充分发挥了其天性，甚至一部分人成为教育学的受害者。这种情况在教育学成为一个学科后愈发普遍。

可见，个体成长对教育学理的需求并不能通过将现有的教育学教科书大量印发和将现有的教育学课程向每个人讲授来实现。因为教师培训知识和教育学理论知识现在都属于完整学科体系的公共教育学，将它们按照统一的标准传授给所有个体，不仅可传授性与可接受性不强，而且对个体而言可能是沉重的负担。

近些年，学界有人呼吁学科体系的公共教育学要“关注个体生命成长”①，希望它向关注个体生命成长的教育学转型，但事实上收效甚微，深层原因是这种转换因受整个社会体制机制、主体诉求、研究者身份等多重因素的综合影响而不具备可行性。公共教育学当前的确身处尴尬处境，它的价值取向、课程目标、教学方法、师生关系决定着它不能自己改变自己，公共教育学自身的自觉自主性不足决定着它不可能自己走出困境。

所以，个体成长对教育学理的需求不能过分寄希望于公共教育学的转型。

---

① 董江华，裴长安：《关注个体生命成长的公共教育学——基于教学实践的反思》，《兵团教育学院学报》2010 年第 1 期，第 81-84 页。

随着教育在各个学段实现了“有学上”到“上好学”、从“教者为中心”向“学习者中心”的转换，个体成长对教育学理的需求迅速涌现并持续增长，具体表现为以下四个方面。

（一）以生命成长为原点

任何外在的社会体系都是社会的成人建构和设定的，对于新生命个体而言是后天的。已有的公共教育学正是这种后天设置社会体系的一个组成部分，通常也是原有社会体系的维护与维持力量。相对而言，它对生命个体的内在天性认知少之又少，所以难以满足个体成长对教育学理的新需求。

个体对教育学理的需求要求教育学必须回归到认识人的复杂天性，深入探究人的成长发展规律，以服务于人的健全成长。这要求教育学从生命成长这一教育学原点出发，以集成人学建构服务个体发展需要的多样性共存的教育以及教育学体系。

生命在没有教育的情境下也在成长，而且不断成长，不断超越，那么还需要教育干什么呢？教育的作用在于提高生命的质量。那么，通常学校的教育教学不就提高了生命的质量了吗？个体为什么还需要教育学理呢？传统的学校教育可能在提高生命质量和降低生命质量之间产生波动，其效果可正可负，且缺乏针对性和有效性。教育学理应当对个体生命质量的状态做出分析、评价、判别，帮助个体的生命实现真正觉醒，为生命赋予使命。它比一般的标准化、程式化的教育发挥的作用更加深刻，更加高端，更加智慧，在未来的生活与生存竞争中也就更为关键和必不可少。

个体需要借助教育学理提高自己生命成长的质量，但教育学却很难给出适用于衡量所有个体的生命成长质量的标尺。个体的天性差异、个体的自主选择、个体所处的文化环境都会对生命成长质量的标尺发生影响。尽管世界各国在教育质量上还未找到公认的标尺，但人们在教育质量上还是可以形成比较广泛的共识，确立了诸如知识、能力、创造性之类的衡量维度。然而对生命成长质量的确定和衡量，其难度要高出许多。从这个角度说，个体成长对教育学理的需求是个高难度的需求，比选择合适的学校与教师更难。

以生命成长为原点的教育学不能就生命论生命，不能以宗教、教条、口号、指令的方式出现，也不能将生命裹挟于早已充斥社会的所谓文化云雾之中，而是要用人类已有的所有学问为生命更好成长提供理论、理念、原理、原则、内容、技能、操作程序等各种细致入微的服务。

以生命成长为原点的教育学不能简单功利地演变成为生命成长锦上添花、披红挂彩的功利性工具。它应该为个体的生命探索提供学理参照，并在个体可能遇到挫折、危险和风险时给予陪伴和引导，帮助他们渡过难关。教育学理要给个体更宽阔的视野，避免他们的生命历程长时间处于摸索或盲动状态，而是要让他们看到生命之路周边广阔的环境与岔路，并且预知不同路径通向何处，以便个体在生命历程的各个关键点尽可能做出明智的选择。

以生命成长为原点的教育学需要与生命主体一同出发去探索，不断证伪虚构的社会意识，减少偏差、错误，帮助生命主体选择适合自己的学习与成长环境、路径、方式、方法，陪伴生命主体去追求，实现真实自我与真实外界的最佳耦合。

（二）是“自助餐”而非“大锅饭”

“大锅饭”的教育学满足不了个体多样性的成长需求。虽然个体的成长也需要教育学常识，并且通过一般的知识获取方式可以获得这些带有普遍性的常识，但个体对教育学理需求的个性化部分却很难通过班级授课制或大规模集体培训满足。下面以教师为例，阐释教师的个体成长为什么需要“自助餐”。

在教师培训的教育学系统中形成的“教师教育学”[①]，其中较大的部分仍属于通用常识。虽然培训作为教师成长的必需品，能够为其“强健体魄”，但现实中，各级教育部门一提到提高教师素质就开展培训，尽管这种做法取得了一定成效，但与教师的期望和时代的要求仍有差距。突出的问题是，教师对教育学的个性化需求几乎得不到满足。这样的过程与效果对个体的教育学需求有如下启示。

首先，教师也是处于成长中的个体，他们的成长同样需要教育学理的支持和推动。教师们也面临着找不到成长路径的困境。尽管教师的职业特点决定了他们当前的教育学理需求主要是用于辅助和完善日常教育教学工作，以及对学生进行教育教学，而非直接助力自身成长，但这两者之间既有区别又有联系，甚至在特定时候会发生迁移和转化，从而对教师的个人成长产生影响。教师们已经对培训中教育学知识体系的单一性表示不满，“是时候改变了”已经成为越来越多教师的切身体验、共识和诉求。

其次，教师是个体对教育学理需求较早的感受者、提出者和满足者，在教师身上出现的教育学理个性化需求的特征、满足过程及需求的发展变化，预示着未来非教师个体对教育学需求将出现的各种特征和变化。教师们现在结合自身经验提出的教育学理需求，未来的非教师个体也会有所感受并提出类似的需求；教师们觉得基于自身经验形成的个性化教育方式方法不能复制和推广，未

---

① 王健：《我国教师教育学的逻辑起点研究及学科体系构建》，华东师范大学 2009 年博士学位年论文，第 1 页。

来的非教师个体在自己生命经验基础上生成的教育学也不能简单复制和推广；教师提出的对教育学的公共普遍性知识不能用“大锅饭”的方式派发，而需要采用“自助餐”的形式学习，未来的非教师个体对教育学理的学习方式必然也更倾向于以“自助餐”的方式进行。

再者，教师们在岗位上学习教育学的时候，已经感到自己现实中面对的环境、区情、校情、师情、生情不一的现状，各自对教育学理的学习也都有自己不同的诉求、看法和主张，很难用一种方式、方法把众多的教师成长需求“放到一个篮子里”。培训者提供什么教师就学什么的培训方式已然不能满足教师多元发展的需要，大家都希望打破大一统的“大锅饭”模式。非教师个体面对的工作、生活情境、状况同样是千差万别，其他个体教育学理学习与使用的经验、方法仅能提供参考、分析，无法照搬。因此，教育学者要依据生命个体的需求，改变传统的教育学统一内容、大面积无差别派发的提供方式，为个体提供多渠道、多样性的教育学理学习选择。这本身也是对教育学精细化、集成化发展的推动。

当然，“自助餐”不应只是个形式上的丰富，关键还要看所提供的教育学理内容资源是否丰富。若仅是形式上从“大锅饭”转变为“自助餐”，每天只有长期不变的几道“菜”，依然难以保证个体成长的供需平衡。增加教育学理内容的可选择性是关键，根据不同个体的发展需求反馈，及时添加内涵合适的品种，提供具有针对性的教育学理内容，满足不同个体发展需求，才是形式和内容上都合格的“自助餐”。

当下的教育学资源提供方要在对教师的教育学培训上打破壁垒，推进多部门联动，改变衙门话语和学阀作风，转变培训者有什么就提供什么的传统思维，尽力实现按需施训，实现资源供给和利用的有效化与最大化。由此延伸到非教师的个体，更不能说教育学有什么就灌输什么，而要研究具体个体成长发展的真实需要，掌握个体成长的节点，把控好提供教育学理内容的节奏，做好规划，以便将零碎的教育学知识按照教育学科自身的结构组织成与当前所面对的真实个体成长发展需求相匹配的完整知识链条。这样提供的教育学理对个体成长来说不再是可有可无，并且会因此使需求不断增长。

（三）集成性、程序性而非分割学科或知识点

在应试需求的推动下，教育学科知识常被分割为一个个知识点和得分点。这种分割在教师培训的教育学中尤为明显。教育研究的教育学也被细化为各种大小流派，学术史上原本史论不分家，现在却被细分成不同类的教育史与不同类的教育理论，相互如隔高山，门户林立。这类分割在一定范围内有利于对某

个知识领域的深度探究，但同时也容易陷入视野狭窄、难以触类旁通的困境。事实上，当前教育学的过度分割已经严重阻碍了其整体性和集成性，使得教育学更加难以被社会和大众所应用。因为不可能让孤立的知识点和各个细分领域的专家分别为某个个体的成长服务，那样只会给有需求的人带来一堆杂乱无章的信息，既不便捷也不具可操作性。个体成长真正需要的是将各科教育学以及所有研究人的成长的各门学问集成的教育学理论。最理想的情况是由一位了解个体成长状况的教育学者，从需求的角度出发，为有需要的人提供全方位的支持。

解决个体成长问题并非简单的问答式交流，也不能仅靠说教，而应注重“实操”，把“纸上谈兵”的教育学转变为真刀真枪的“解剖刀”和“手术刀”。遇到某种情境时需要什么样的应对方案，需要教育学理的程序性知识，还需要持续跟进、强化，随时根据情境调整策略，将个体成长的常态学习与教育学人的教育学理常态支持活动紧密结合，使教育学理内容通过个体的学习与成长“融”起来，为个体成长探索一条稳妥的优选新路径。

同时，致力于根据个体“人的发展”需求对教育学理论的内容、组织形态和结构进行重构，使其更加贴近实践，具备有效诊断、适当示范和及时指导等个体成长所需的功能，从而帮助个体健全成长。

个体在成长发展中还可能经历一些突发性的事件，比如近些年时有发生的学生自杀、杀人事件等学校危机事件。由于学校对这些突发事件的处理应对不当，屡屡引发社会关注。因此，需要将教育学理论渗透到现场处置流程、最佳响应时间、必备应对技巧、善后处理等环节中。这些需求更需要教育学理具有集成性与程序性。只有在深入了解个体的基础上，将个体成长的长期规划与短期目标相统一，并完整了解突发事件的过程与因果关系，我们才能有效应对个体成长过程中可能发生的各种突发事件。

集成性、程序性的教育学理就好比多功能与高能量的探测器，能够敏锐地发现个体成长中的问题，评估其状况，又可以作为“手术刀”解决问题，降低风险。教育学理的集成性越高，程序性越强，反应就会越迅速，效能就会越高。不断提高教育学理的效能是个体成长对教育学理的需求，也是未来教育学理发展的方向。

（四）开放而非封闭的

教育学自产生以来就具有开放性的一面，历史上的教育学理论都坚持了一定程度的开放性，一直在不断吸纳其他各学科的内容和方法丰富、发展和完善自身；同时，它也具有封闭性的一面，“具有教学目标的单一性、教学内容的封闭性和绝对性、教学方法的机械性和被动性、教学评价的终结性的特征”①。教师培训使用的教育学变来变去还是老面孔的原因就在于它是封闭的，标准也是固定的，甚至设定了一系列的标准答案。

教育学的封闭性首先表现为思维的封闭性，它限制了教育学研究对象、内容和方法。而个体的发展具有多样性，并具有巨大的潜力，需要不断探索发展个体潜能的可操作性措施。这些都决定着满足个体成长需求的教育学理必须比仅仅满足政府需求或仅仅满足学校课程开设需求的教育学，以及仅仅作为学术研究的教育学具有更强的开放性。

简言之，服务个体成长的教育学理必须具有开放性品质是由教育学研究对象的多样性和具体对象的复杂与多变性决定的。教育学的开放性理论品质需要随着教育学的研究对象——教育主体与教育问题的变迁而发展。单一主体对教育学开放性的要求远远少于多元主体对教育学开放性的要求。人类数十亿的个体相对于有限数量的政府和学府是个巨大的数量，必然要求各类教育学研究机构较之以往有大得多的开放才能应对需求变化。随着以个体为基本单位研究教育的深入，相应的教育问题数量也呈几何级数增加，这同样需要教育学保持巨大的开放性。

具体到每个个体的成长，开放才能健全，封闭就不可能正常发展；个体成长的开放性要求为其成长发展服务的教育学必须是开放的，封闭的教育学无法有效地为开放才能健全成长的个体服务。这也意味着教育学永远不能说已经完成了体系构建或知识架构的完整和成熟。它需要与每时每刻都在成长的数十亿个体进行互动，并随着个体的成长而不断更新和发展，展现出集成多学科的独特景象。

现实中人的成长发展遇到的突出问题或典型学理封闭就是没有彼岸性，只关注自己的知识学习，只关注形而下的、工具性的部分，不关注形而上的、目的性的部分，或对后者关注不够，这样做能够成为“知识框”或“美德袋”，但难以成为健全的人。教育学理的开放性必然包含对人的彼岸性需求的唤醒、养成与满足。因此可以说，满足个体成长发展的教育学理开放性的至高境界是具有彼岸性，因为健全个体的成长必须具有彼岸性。

开放并不意味着无选择，而是要依据具体个体的成长发展需要进行选择。无选择的开放可能会让个体在大量的教育学理论面前感到无所适从，甚至可能让教育学理论束缚人的成长，限制或干扰人的正常发展。集成人学教育论本身就是巨量的知识连续体，从这个角度说，开放性本身就包含精准的定向选择性。

---

① 王吉春、王金霞、曾玉君：《意义建构：公共课教育学教学的一种可能范式——建构主义知识观的视角》，《中小企业管理与科技》2009 年第 12 期，第 210-211 页。

二、个体成为教育学的新用户

与过去政府与学校是教育学的主要用户不一样，个体将成为教育学的新用户。

教育学产生之后也曾为个体提供过服务，或者对某些个体的成长发展产生过重要影响，但整体上以往的教育学不是将服务个体成长发展作为自己主要使用方向，其主要用户为政府、学校，是为政府实现它所追求的国家目标、学校完成课程教学任务以及维护教育学科正常运行、教师在特定社会中获得认可的任职资格服务的。政府往往既是教育学学者的雇主又是教育学的用户，教育学学者往往需要遵从、服务于政府的需要；政府虽然也会有更迭，但总体上是相对单一、稳定的，对教育学的需求不会有多大变化。

在教育学的发展历程中，早期的用户主要是政府，即由政府决定学校使用哪本教育学教材和哪家教育学派的理论。随后，政府和高等学校成为共享用户。接着，社会也从教化的角度出发，在一定程度上使用教育学，成为新的用户。当家庭教育功能日益凸显时，有人认为家庭教育学将应运而生，家庭又成为教育学的用户，但至今普及程度不高。因此，目前教育学的主要用户包括政府、社会、学校和家庭，而个体尚未普遍成为教育学的用户。随着个体成长对教育学理的需求激增，越来越多的个体将成为教育学理的用户。个体在教育学用户中的占比将逐渐提高，这会成为教育学发展的重要里程碑。

政府和学校对教育学的使用具体体现为教师使用教育学。在教师用户面前，教育学者相对更权威，且在一定程度上是代表政府教授教育学。尤其在中国文化传统中，尊师重教的观念深入人心，受教育学培训的教师往往比直接教授一般学生的教师更受尊敬、社会地位更高。然而，研究型教育学的用户面更为狭窄，往往只有学术圈内的少数人成为这类教育学的用户，甚至只有相互认同的人才能成为忠实的用户。

显然，个体是教育学理十分特殊的新用户，与政府、教师和研究者都不同。并且随着教育的发展，越来越多的个体成为教育学理的用户，这类用户的数量很快会超过政府、学校等。但由于个体一般普遍没有政府、学校那么大的权力，对教育学的影响力相对较小，且影响力的增大也需要一个较长的过程。但最终，个体将成为对教育学理使用需求最多的用户，成为集成人学教育论用户的主体。集成人学教育论主要为个体服务。

用户不同，诉求不同，教育学理知识体系的内容、结构、功能、重点、原则以及研究与传播方式方法都截然不同。因此，有必要对人数众多、作用独特且重要的教育学的个体新用户的特征加以分析，并将此作为集成人学教育论发展的依据。

（一）异质多元而非单一同质主体

与其他学科相比，教育学服务的个体与个体之间的异质多元性远远大于其他学科的研究对象和服务对象之间的差异。与以往的教育学相比，集成人学教育论不止步于追求普遍必然性的知识，而是要在已知普遍必然性知识基础上，或者在继续探索普遍必然性知识的同时，将关注的重心聚焦到对异质多元个体成长的独特特征与程序的探索上，以更好地为个体顺应其天性的成长发展服务。

个体成为教育学用户对教育学的最大挑战在于不同个体的异质多元性。相对于原有的教育学追求普遍同一性的知识系统，异质多元性特征使得教育学必须转变方向才能适应需求。古人早已提出的“有教无类”“因材施教”“三人行必有我师”等教育理念或许仍然适用，但这些仅是粗放的原则。近两百年来政府、学校在教师培训和单纯学术研究中积累的教育学知识体系将主要取向放在统一、标准化的教育学原理和原则的探求上，所积累的教育学知识体系对于个体的成长作用有限。

在已有的各学科中，哲学研究人，但研究的是类的抽象的人，不是具体的个体的人；社会学研究人，但研究的是群体的人，也很少研究个体的人；实证心理学研究的是个体本身、个体的差异，比如人格、认知等，但它试图通过对个体的特定特征而非整体性的研究找到相同类的共同特征。除了心理咨询领域，上述各个学科都未将自己定位在有针对性地为具体鲜活的各不相同的个体服务的目标上。

在学术界中，有一种隐含的假设：研究普遍性的知识自然能够获得更多的用户，发挥更大的效率；研究个性化的知识用户较少，还需要花一定的时间与精力寻找、了解、对接用户，比较麻烦，效率不高，因此被很多学人忽视。但当下面临的问题是普遍性的知识已经由于过于普遍而缺少新意，同时由于缺乏针对性而无法使用或不能满足使用需求。因此，实现教育学理与异质多元个体成长的对接是教育学向前发展必须经历的过程。

无论教育学过去研究的是什么，未来都必须研究异质个体。教育学过去也曾经研究过个体与个体之间的关系，包括研究学生之间的差异，也研究过教师之间的差异，而个体之间的差异远远不只这些。古人的因材施教理念，以及现代人本主义心理学所提的多元智能等理论，都说明前卫的教育学人已经认识到教育对象的异质多元性，这些努力为教育学进一步服务于异质多元个体奠定了基础，但整体进展缓慢，难以满足当前众多渴求个性化教育的个体需求，因此需要加快进程。

（二）主动需求者、挑选者而非被动接受者

教育学与物理学、化学、生物学等仅仅研究客观对象不同，它研究与服务的对象是有主观能动性的主体；与教师培训的教育学教材内容由学校或教师统一确定不同，这些主体在接受教育学服务的过程中会根据需求自主选择教育学理内容与教育学者，并可能随着主观意念改变需求。

成长发展中的个体是教育学理的主动需求者，同时，教育学人并非被动适应服务，而应该是主动应对者。主动需求者与主动应对者相互选择，教育学人会主动选择、提取教育学理知识体系中适合的内容，积极与成长发展中的个体进行沟通、了解。双方通过平等的交流、互动，实现集成人学教育论在个体成长发展中的运用。

由于成长者是主动需求者，就需要成长个体是自觉、自知、自明的，或者比被动受教者更加自觉、自知、自明，这种状态更有利于个体准确判定、选择、提出自己的真实需求，也就更有利于个体的成长。现实中不同个体的主动性存在差异，对于那些尚不能做到这一点的个体，或习惯于被动接受的个体，不仅自身成长发展相对落后，还会因难以定位自己的诉求而很难有效地接受集成人学教育论的学理服务。主动性是个体先天具有的，被动性则是后天养成的，所以每个个体都天然能主动表达需求，只是在表达无效、教育学理难以回应或其他社会因素对个体形成过重负担时可能被抑制。集成人学教育论一方面要尽量满足主动需求者的需求，使他们发展得更好，形成主动者获益的社会效应；另一方面尽可能解决学业负担过重、评价权力过度集中、评价标准单一等问题，释放个体成长发展的主动性，从而生成其对教育学理的自主需求。

众多个体的主动需求是教育学发展的强大动力，是推动教育学进入集成人学的动力源头。教育学人要适应这种主动需求的环境，并抓住这个教育学发展的机遇，深入了解个体成长需求并给予有效的回应，转变长期以来主观想象、无的放矢或将单一主体的需求推广到所有人的“一人得病，大家吃药”的研究方式。要减少并最终杜绝需求嫁接的教育学，比如常见的将政府的需求转嫁给学校或个体，将学校的需求嫁接给个体，这些做法都可能导致个体成长发展的真实需求被掩盖或忽视，并由此忽视具体对象与用户，大行其道地开展教育学的教学、研究和传播。

个体成为主动需求者要求教育学研究的重心下沉到个体，不能再局限在大学或中小学的校园里，更不能仅仅盯着政府；教育学研究的中心需要从书本、论文转向个体的成长发展实际效果。满足个体成长发展需求的程度和效果，将成为评价集成人学教育论发展状况的终极标准。

（三）诉求即时性、不确定性较强

之所以要用集成人学的方式才能满足个体的成长发展对教育学理的需求，是因为个体的诉求除了是多样、主动的，在时间维度上还是不断发展变化的。整体来看，个体诉求的即时性、不确定性较强。具体而言，每种诉求都是在特定时间段内存在并被提出的，强弱、缓急、具体内容都会发生变化，并且随着时间的推移，又会不断有新的诉求出现，每个具体诉求都不是恒定不变的。

以往的教育学由于未能充分顾及个体，就更加难以洞察个体的诉求特征，个体诉求的即时性、不确定性很难进入到教育学人的视野。但是当教育学关注到个体的成长发展需求后，就必须正视这些需求的特征，不能对个体成长发展的即时性和不确定性视而不见。鉴于即时性和不确定性是无法明确界定的客观内容，应对策略也不能是固定的方案或程序。因此，可对教育学人提出一些可操作性的建议。

为了应对个体诉求的及时性与不确定性，教育学人需要增加与个体的沟通频次，通过反复沟通及时了解、应对变化。结合直接、间接，正面、侧面甚至背面，以及个体参与、提问、小组讨论等多种方式，确保能在第一时间感知到任何方面的异常或变化。这些感知还需通过其他渠道进行印证，一旦确认，就应立即采取有效措施。

个体诉求的即时性与不确定性要求服务个体成长的教育学人必须具有广博的教育学理知识容量。但更加需要的不是仅有知识储备的晶体智力，而是需要增强知识应用的灵活性，增强流体智力，尤其是面对个体事先未预料到的诉求变化时，要具有较强的思考和推理能力，能够本能地、自动地去应对这些变化。因为流体智力是更具先天性，并随着年龄的增长而增长，在成年时到达顶峰，所以满足个体成长发展需求的教育学人更可能是年富力强、智力超群的人才，而非仅在后天习得的数学、艺术或技能等某一领域的专家。当然，如果学者同时兼具流体智力和晶体智力，那他将更能胜任这一角色。

在应对个体成长发展诉求的即时性、不确定性时，教育学人实践经验的积累也显得十分重要，前提条件是这类有经验的人本身就有较高的天赋，天生的流体智力就非常出色。

（四）权力低微且短期内不平等

相对于政府与学府，个体的地位与权力常常显得低微，因而个体成长对教育学理的需求长时期未得到教育学研究的重视。早期的教育学教材中几乎未曾触及个体成长的话题，相关的论文和著述也鲜有论及个体的成长与发展。教育学研究项目对个体成长的关注寥寥无几，只有少数对个体成长发展感兴趣的教育学者会偶尔涉猎此领域。这导致了教育学在个体成长方面的发展长期滞后。

对教育学理有需求的成长个体是千差万别的。大多数人相对于政府和学府而言，是权力低微的普通人。而极少数拥有特殊权力的个体，在认知上未必能意识到教育学理对自己成长发展的重要性，他们更倾向于利用手中的权力或资源优势追求显而易见的功利收益，从而未能明确提出对教育学理的需求。事实上已经有很多个体的成长发展对教育学理提出了需求，但教育学人的反应却相当缓慢、傲慢、冷漠。这不仅无法满足个体成长发展的需要，也严重阻碍了集成人学教育论的发展进程。

在教育学理需求个体整体权力低微但又存在着显著差别的情况下，在未来，集成人学教育学理满足个体成长需求的过程中，必然会出现先后顺序。那些具有较高认知水平、经济条件、社会资源以及能够接触到集成人学教育论的人群，他们的需求将会优先得到满足。而缺乏上述条件的个体，其需求满足则会相对滞后。这可能会成为未来的一种趋势。因此，当个体对教育学理的需求达到一定程度，使其成为个体成长所必需的专业资源时，政府有可能会通过相应程序将其纳入公共产品购买清单，以供个人使用。

与享受普通教育资源类似，权力大小的差异也将在享受集成人学教育学理服务上引发一些公平问题。这可能会导致那些有天赋却缺乏利用集成人学教育学理意识和相应社会经济资源的人无法享受到服务，而那些社会资源相对丰富的人则可能获得更优质的集成人学教育学理服务，并得到更好的发展。

（五）用户分散且当前需求量小

当今虽然有一对一的教学服务，但一对一的教育学理专业服务还为数不多。与政府、学校这样大而集中的客户不同，个体通常是小而分散的。他们中的大多数人难以长期聘请一位教育专家来指导其成长，往往只在遇到成长或发展问题时，才会像病人求医一样寻求教育专家的援助。然而通常教育学人宁愿受雇于政府或学校这样的大客户，不愿意同时面对多个分散、多变、陌生且需求量小但要求极高的客户并为他们提供专业的教育学理服务。他们宁愿年复一年地讲授内容重复的同一门课程，也不愿面对具有独特性的个体成长问题，尤其是需要为多个不同个体解决各自的难题。只有在后一种需求量足够大，且教育学人的专业水平足够高的情况下，这种服务模式的优势才会充分显示出来。

个体对教育学理需求的独特性在很大程度上决定着教育学未来的发展，在工业化、班级授课等条件下，零散的需求很难受到关注。但零散个体需求总在数量上远超政府与学校，所以其发展趋势与前景是确定无疑的。但这种发展很难仅依靠现有的教育学人来实现，而需要一大批来源和个性特质各异的学者共同支撑和推动。

三、第三方教育学人兴起

如果教育学人主要是体制内学者，一入职便生活无忧，就如同大多教师管理体制未设置退出机制那样，到一定时间其工作动力会自然减退。长期在这样的环境中工作与生活，有的学者会形成某些定型的特征，比如求稳、求安，循规蹈矩，视角单一，视野局限，脱离实际，难以面对挑战，创新、耐劳、亲近社会底层不够，很少关注需求变化，很少关注学问的效用。

另外，还有少量的民间学者，他们虽然不任职于某个特定机构，但对学问怀有浓厚兴趣，专注于某个领域的深入探索。其中一些人因为术业有专攻而得到社会的信任,并能依靠自己的专业特长获得生活所需的全部或部分物质基础。他们以个体而非以机构单位为依托去与社会其他个体进行交换，可能是未来第三方学人的来源群体。

从历史发展看，有什么样身份的教育学者，确定了什么样的教育学目标，就会有什么样的教育学知识体系。例如，教师培训的教育学知识体系与教育研究的教育学知识体系之间的差异是这样形成的：前者追求完满的、善的、好的、符合道德的教育结果，常以政府的要求为标准；后者追求的是客观的知识，常以学理和逻辑为衡量标准。关注的事项不一样，判断、追求、价值不一样，所建构起的知识体系自然也不一样。

教育学者的身份不同就会选取不同的研究对象：从事教育研究的学者常选取各类教育存在与现象进行客观、超越性的研究，如教育行政、教育政策等等；而从事教师培训研究的学者主要关注怎么教好书、教学过程、学生的发展等问题，较少涉及新的研究内容和方法。

不同的教育学者在不同的知识体系基础上会形成不同的文化。例如，1964年之前，德国一直有两个教育研究会，一个是教师研究会，另外一个是教育研究者研究会。尽管1964年这两个群体被管理部门要求合并，但两个群体在一个研究会内的真正融合仍然面临极大的难度。

从20世纪初开始出现教师学院或师范学院逐渐融入综合性大学的过程。杜威曾说过，师范院校既需要培养教师，也应该建立教育研究的学科，培养教育管理人才。中国教育学者中郭秉文、胡适等也持这种观念。然而，另一大批人坚持发展独立于综合大学的师范院校。外部环境在一定程度上促进了两个不同知识体系的融合，但此后的融合与分离过程一直断断续续。实际上，这两种知识体系有着不同的诉求，试图将这两种知识体系融合在一起，问题就出现了。

20世纪下半叶，合并的趋势再次兴起：一方面是机构合并，即师范院校并入综合大学；另一方面是学术组织合并。但从事教育研究的学者和从事教师培训研究的学者所关注内容及逻辑思维方式上的区别是清晰存在的。

从以往教育学科的发展历程中，可以看到确实存在两种不同知识体系合并后又难以融合的状况。教育学科内部有两种不同的追求、范式和诉求，这些不同的倾向会导致研究问题、研究方法、研究目标的不同。作为学科，教育学内部的不统一也导致了体系难以完善，边界很模糊，这也成为教育学科的困境所在，导致教育学的学科化程度低于社会学、人类学、经济学等学科，进而反复证明了教育学不是单一的学科，而是一系列问题群，需要且必然走向集成人学。归根结底，教育学本身的跨学科性和知识来源的多样性、教育学者之间的差异都导致教育学难以真正学科化。这一特点还将伴随着教育学在未来的发展，且寄希望于现有的教育学者群难以轻易走上集成人学的教育学之路。

正因为此，实现教育学的开放和集成，都需要相应增加教育学者的数量和提升其品质，需要有新的素养与品质的学者群进入。个体对教育学的需求和集成人学教育论的发展都需要具有新特质的教育学研究群体出现，需要第三方教育学人群出现。

第三方学人是一个尚未形成并得到规范的概念，但其在学术史上已经存在，就是那些只问真假、是非，不问形态与利害的学者。哥白尼和布鲁诺就是典型的第三方学人代表。具体来说，在现实生活中，他们是指那些与研究对象和委托方保持相对独立、无直接利益关系的学者，能够客观、真实地研究和判断问题。这里的“第三方”是相对于委托方和被研究对象而言的。在自然学科的研究中，虽然有一方是客观存在的自然对象，相对容易确立第三方的立场和态度，但仍然会面临诸多困难。例如，研究水文的学者对于是否建造大坝的不同态度，可能会影响到不同人群的利益分配，从而使得即使是很专业的人也难以完全站在第三方的立场上坚守客观公正。在人文和社会科学领域，第三方学人更是稀少，能终身坚守这一立场的学者更是难能可贵。

教育学及其未来的发展方向——集成人学教育论——虽然需要一定量的自然科学研究作为基础，但其主体部分显然属于人文与社会领域。这意味着在集成人学教育领域成为第三方学人同样充满挑战，不仅需要深厚的专业积淀，更需要达到一定的人格境界。历史上虽然并没有严格意义上的第三方教育学人，但在中国“天子失官，学在四夷”的年代以及欧洲文艺复兴时期，都曾经出现过类似的身影。由此可见，教育学对于第三方教育学人的期待是有着深厚的历史依据和现实基础的，尽管实现这一目标充满了挑战。

在集成人学的教育学研究中，委托方与研究对象在较多的时候是同一方，这使得第三方在客观上成为了成长个体的对立面。教育学者需要在此情境下清醒地认识到自己的第三方属性，既要避免在与对方交往的过程中过于强势而回归到传统的师生关系，又要避免过于软弱而成为任由成长个体摆布的听差。他们应该以平等、民主、友好的方式为个体成长提供专业的服务，从而准确定位自身并为更好地服务个体成长创造适当的条件。

第三方教育学人的出现，总体上来说是社会需求的产物，也是教育发展对教育学者执业形态的新要求。随着人类社会对教育需求的急剧增加、教育内涵的极大丰富以及教育外延的膨胀性扩大，包括政府在内的任何机构都无法完全雇用所有的教育人员和教育学人，更难以确保体制内雇用的教育学者具备足够的创新能力来满足社会对教育的需求。因此，第三方教育学人应运而生，成为了这个时代的必然选择。

第三方教育学人的基本特征有三点。

（一）将教育界定为生长而非其他

教育是个内涵深邃的概念，站在不同的位置看教育会有不同的解读。从道德家的立场看，教育要符合道德的要求，教育学的研究对象必须是有道德的人，研究的都是道德规约及其系统；从生物学家的立场出发，人是生命个体，研究的都是生命运行；从政治家的立场出发，人都是有政治性的动物，研究的则是人的政治活动及其特征……这样的视角千变万化，导致对教育和人的定义也千差万别。在众多的教育定义中，专业表达的模糊性是教育学发展长期难以突破的重要限制因素。

关于教育研究能否像社会学研究那样超然于研究对象、保持价值中立，人们观点各异。反对者认为，教育研究必须合乎道德、有参与性和价值导向。显然，这些人没有站在生命生长的立场，缺乏纯粹的专业追求，在专业研究与世俗生活之间徘徊。他们带有特定的价值、道德和现实生活立场。持这种观点的人并不在少数，也不足为奇。但可以肯定的是，陷入这样的境地就无法进入纯粹真知的境界。

将教育界定为生长，意味着在这种研究视野下，教育不再是宣教、规训、价值诱导或标准化知识的强化训练。即使现实中存在这类教育，它们也不属于第三方教育学人的研究范畴，最多只能作为其研究时考虑的外部环境。

如果不能将教育界定为生长，就难以对教育进行客观、中立的纯粹研究。这样一来，教育学也无法像其他高度学科化的学科那样进行明确、可操作的研究，更难以得出普遍令人信服的结论。因此，教育学难以进入其他学科已经涉足的深度学术领域。

第三方教育学人具备了更好的条件来摆脱各种限制，他们善于应对各种干扰，能调整自己的聚焦点，将研究聚焦于生命成长。然而，能否将研究聚焦于生长，不仅取决于教育学者的专业基础能否达到相应的教育学术境界，还取决于他们的目标和人格。那些只将目标放在薪俸、学位和职级上的人，无法成为真正的第三方教育学人。只有将研究的大目标定位于追求真理，小目标着眼于个体和类的最优化发展的人，才能尽可能少地受到身边的各种干扰，减少功利取向。同样地，只有高尚人格的人才能不计利害、抛弃得失，勇敢地追求真理并表达基于自身体验的教育真谛。只有这样的人才能成为真正的第三方教育学人。

（二）为保持独立性未必受雇或依附于某一机构

人并非生来就注定是否为第三方学人，而是在学术成长的道路上，经历复杂的历练，通过自主选择与同行的筛选机制，才能逐渐被认定。有些人即便有强烈的愿望或通过各种方式自我包装，也难以真正成为第三方学人；而另一些人则能在自然的成长过程中蜕变为真正的第三方学人。受多种因素影响，一些具备第三方学人素养的人可能已受雇于某个机构，虽然他们仍能保持第三方学人的本色，但不可避免地会受到一定的限制和束缚。正因为此，更多的有第三方学人天赋与志向的人会选择独立执业而不受雇于某个机构，这种形态在非教育学行业已经出现，他们在表达自己的学术见解的时候可以更加独立自主，不必逢迎或依附于谁。

第三方教育学人将探求生长的奥秘、创造生长知识、辅助个体成长发展视为终生追求。至今在学术界中，持有第三方学人理念的人仍属少数，附性的学者群体占据主流，他们从未将求真与创新作为自己的使命，缺乏独立的学术定位，这成为第三方教育学兴起所面临的最大障碍。人类的思维能力本无边界，但学者一旦依附于权力和利益，其思维就会受到重重限制，失去想象力，并且难以通过实证方法摒弃脑中的陈旧观念和教条。中国社会与教育的进步有赖于独立于权力和利益的第三方教育学人的涌现，而教育学独立知识体系的建立将是中国未来教育学体系建设的基石。

教育学的进步需要一大批思想独立又心系社会、关爱众生的教育学人，他们的努力并不是为了权力或者其他利益，也不是为了维护自己所依赖的权势，而是为了理解和解释世间万物中的个体生长，并在此基础上让众生获得更好的生长，享受更高程度的幸福。然而，许多年轻人由于天赋和教育的局限而看不到这些机会。社会日益固化，更有利于在旧机制中占据职位的老年人而非年轻人，只有少数有勇气、有谋略且具备专业积累的年轻人才可能抓住第三方教育学人的发展机遇。

知识就是力量，知识既可以为社会带来积极的变化，也可以造成社会的不公、引来破坏性的结果。知识专有常常是引发社会问题的根源，由于第三方学人具有利益上的独立性，他们不仅有助于消除偏见、探求和传播真知，而且因为直接与服务成长个体接触，更有利于促进社会的公平和公正。一个社会发展的成功与否，与精英学者所承担的责任以及如何承担责任息息相关。教育学者能不能以第三方的身份出现，对个体成长承担起学者的责任，并遵从学术伦理，避免利用机构、权势压制个体生长，将对未来社会发展产生深远影响。

（三）以自身的专业和信誉通过市场获得立身根基

教育学人以什么样的方式承担社会责任，既关乎自己的生活品质、样态，又影响到社会中其他的成员，乃至整个社会的发展状况。

要使学者真正承担起社会责任，就需要建立一个健全、有道德、有法治且开放的学术市场。这需要每个个体自觉地作为与选择，以更健全的市场方式，减少各种形式的中间环节，直接了解成长个体的需求，直接为个体成长服务，凸显并实现教育学人的使命。

第三方教育学人是教育学未来发展的先锋，需要构建自己的知识体系，并获得知识认同。如果他们无法通过自身的专业和信誉在市场上立足，那就意味着他们没有形成强大而富有生命力的知识体系。第三方教育学人是未来集成人学教育论的主体。集成人学教育论就是要立足并超越传统教育学，重建新的教育学知识体系，而不仅仅是一个学科。这两者是相辅相成的。

中国教育学及人文、社会科学界存在这样一种现象，有的学者将研究重心放在缺乏实践与体验的理论上，标榜自己是理论家，习惯于理论先行，或通过搜集、罗列一系列现象去论证理论。教育学不存在先天的理论，而是要基于经验与实证。市场不仅可以淘汰那些没有经验基础、没有实际效用的形式化和教条化的理论，还是筛选经验价值大小和真假的一个神奇的筛子。当前，未经筛选的知识和理论仍然四处流行，阻碍了教育学的健康发展。第三方教育学人及其知识都必须经过这副筛子的筛选，经过筛选后的经验才能依据其内在逻辑进行系统化的阐述，从而形成有效的理论。由于市场这副筛子的存在，集成人学教育论也不是封闭的理论体系，而是需要不断去伪存真；第三方教育学人应保持开放的态度，否则很可能会用既有的理论来曲解现实。

然而，市场也可能被其他因素所扭曲。例如，随着互联网的发展，网民面临着信息过载的问题。这些信息大多来源于商业机构有意发送的所谓兴趣化和个性化的内容推送，使得人们在不知不觉中受其影响。长期处于这种信息环境中的人群很可能会出现两极分化：一部分人变得越来越聪明、有智慧，另一部分人则可能陷入信息茧房中变得越来越愚昧和被动。最终能健全成长并有成就的一定是那些保持独立思考的人，但相当一部分年轻人可能会陷入前所未有的困境，这本身就是第三方教育学人应当关注、研究并解决的问题之一。

因此，匡定正位，选择正确的方式，利用有效的机制，建构集成人学教育学理知识和话语体系，有教无类地服务于个体的成长发展，激活社会发展的动力与活力是第三方教育学人应当选择的大方向。

从每个人的成长发展都需要教育学，到个体成为教育学理的新用户，再到第三方教育学人群体的兴起，这是顺乎发展逻辑的过程，又是当下教育学适应社会发展的关口。不同学人对此可能有不同见解，而每个教育学人更应该考虑的是自己如何选择，如何行动。

第四节　每个人的成长发展都是具有独特性的教育学

将每个个体作为教育学研究的基本单位，对教育学理的发展而言，是一个需要迈上的高台阶。该观点基于一个常识性的认知：每个人生命成长过程的内在复杂性远远超出人类社会整体相对于教育的复杂性，漂浮于个体之上的或之外的教育学研究是肤浅而低效的，真正的教育探索要深入每个个体的内心。

一、教育学发展历程上的对象转换

一般将教育学研究对象表述为教育现象、教育事实、教育存在、教育问题。自夸美纽斯的《大教学论》问世以来，教育学的研究对象并不十分具体和明确，也缺乏实证研究，尤其是缺乏对个体成长发展过程中内在复杂性的深入探索。很多通用的教育原理、教育规律、教育原则的表述确实不需要穷尽对每个个体的研究就能归纳总结出来，也具有较为广泛的适用性。在教育尚未将关注点聚焦到每个个体的时候，这样的研究在当时也就够用了。

随着教育从“建国君民，教学为先”的一国之策，经历两千年的发展变为“教育是基本民生”乃至“基本民权”，以“养成健全人格”为目标的时候，教育学的研究对象也经历了从国家、社会、学校到家庭的转变，最终聚焦于个体。这种转变并不意味着教育学不再研究国家、社会、学校、课程和家庭等与教育相关的对象，而是说对这些方面的研究内容总量、重要性和复杂性的认识，都低于对个体内在成长的研究。只有对个体成长进行充分研究，才能为其他研究奠定更坚实的基础。

事实上这种转向不是简单的替代关系，而是在拓展、添加基础上的重心转移。比如，1957 年苏联卫星升空后，美国感到“国家处在危机中”，从国家战略层面大力发展、改革教育，带动世界众多国家制定教育发展规划。大约 10 年后，许多国家就意识到从国家层面规划发展教育的效果并不如预期，因此将焦点转向区域、学校和课程。尽管一些国家仍然重视通过调整国家教育政策来促进教育发展，但放弃了在国家层面制定规划的做法。再过一段时间，人们的关注点进一步从学校转移到班级和学生个体。显然，以个体为教育研究对象产生的效果更为微观，通过逐一解决微观问题，整体的宏观效果自然会更好。如果仅仅关注宏观层面，而忽视或未能有效解决微观问题，那么宏观效果自然不会理想。理解了这一逻辑，就能明白为何随着教育的发展，教育及教育学的研究对象逐渐聚焦于个体。

教育学以个体为对象将是未来发展的主流方向，是教育学向着深化、具象化发展的方向，也是极为复杂、艰难的方向。只有在对个体的外部生活和内在天性有一定了解和认识的基础上，才有可能探索个体成长发展的教育学问题，并构建与个体成长发展相关且具有独特性的教育学。

由此引发的问题是：对两个不同个体的研究能否得出相同的教育学？依据过去已有的教育学对这个问题的回答是肯定的，数百年来大家使用的教育学不就具有高度的一致性吗？没有人看到两个人之间还有不同的教育学。但是以集成人学的教育观看，对于两个不同的人，可以适用普遍相同的教育原理和原则，但他们要获得健全的成长发展，还必须有与各自的天性和生活相对应的独特教育学。

一般人对于普遍适用的教育学知识的获取并不会有太大困难，这部分知识的运用可以由成长个体自行获取和使用，也可由教育学者提供辅助。最困难的部分是对个体外部生活和内在天性的认识和了解，这同样需要个体自我认识、探索与教育学者的调查、认识和沟通相结合。可以设计出相应的程序。

个体的生活对其成长的影响十分显著。德国统一 30 年后，德国教育家赫尔佐格认为东西部的差距不是经济和社会，最大的、难以弥补的差距在头脑，即思维方式和价值观念。集成人学将个体的生活作为个体的外部条件加以研究，聚焦点仍是个体，这里说的生活同样不是宏观、抽象、模式化的概念。即使两个同伴共同经历同一段生活，对于他们两个个体而言，这段经历也是截然不同的。

在集成人学的视野下，个体在各种活动中，包括学习，都在不断地认识自己。未来的教育学者可以根据学习者的个性差异设计相适应的课程，与学习者以小组或其他形式进入与其个人兴趣和需求相符的学习过程中。他们可以协商制定个人的学习计划，建立独特的知识结构。目前，除了在性教育之类的极少领域有人考虑到以个体为对象的教育方式，在大多数领域都未能开展个体为对象的教育。要实现个体更好发展的目标，就必然要实现对象范围的精准聚焦。

总之，集成人学教育论将教育的根本目的确定为人的生长，知识获取只是教育或个体获得成长的手段，而非目的。但聚焦个体，重视个体发展的基础，这是最有效的杠杆发力点，教育学的发展需要不断在更有效的发力点上发力，并不是忽视教育的社会目标和意义。教育只有在更有效地实现个体成长发展目标的基础上，才能更有效地实现其社会目标；而不是盯着社会目标，却缺乏有效手段去发展个体，最终导致无法实现预定的社会目标。

确实，在以个体成长发展为焦点时，可能会出现学生的个体发展方向和需求与社会发展方向和需求不一致的情况。在这种情况下，教育学者需要对社会的发展状况和社会对个体的需求有更充分的了解。他们需要评估这些需求是否存在主观脱离实际的成分，是否限制了个体需求的实现，以及对个体的成长发展是起到激励作用还是压制、阻碍作用。在做出比较客观的评估后，再调整对个体的教育措施。

将教育学聚焦到个体，就需要设计相应的学习程序，帮助学生建立逻辑严密的知识体系和掌握各种必备的技能。将方案设计、教学、评价、调整教学融入整个个体的成长发展程序，体现出“学习者中心”，可以参考此前已有的主要变式：①活动-经验设计。盛行于 20 世纪 20—30 年代的进步主义运动时期。课程的结构几乎完全取决于学习者的需要和兴趣，由师生合作制定计划，强调学习问题解决的过程技能。②开放教室设计。20 世纪 30 年代出现于英国，70 年代流行于美国。这种设计允许学生按各自的兴趣和需要采用不同的学习进度、学习方式和学习内容。学生可自由组合，进行各种适合个别需要的活动，对各种课题进行连续的探究和讨论。教师的任务是布置学习环境，指导学生按各自的兴趣制订和实施学习计划，以及协助学生评价所取得的经验。开放教室设计的原则是尊重学生的需要和兴趣，不强迫和压制学生，教学中充满信任和谅解。

将教育学研究对象聚焦于个体还需要研究开发出更多形式的方案设计，以适应多样性个体在不同状况下的学习成长需求。

二、个体的独特性产生教育学的独特性[①]

从对所有个体实施统一的教育学，到根据每个个体的天性与生活背景建立个性化的教育学，这无疑是教育学领域的一次深刻变革。这场变革的根源在于个体的独特性需求。为了满足这些需求，我们必须构建独特的教育学。在这一

---

① 本小节中的主要内容曾发表在储朝晖：《基于个体成长的教育学理建构》，《北京教育学院学报》2023 年第 2 期，DOI:10.16398/j.cnki.jbjieissn1008-228x.2023.02.001。选入本书时有修改。

过程中，教育学工作者不再仅仅是已有教育学知识的传播者，更是面向独特个体的个性化教育学知识体系的探索者和构建者。

个体的独特性是构建集成人学教育学理论体系的基础，这种独特性主要体现在成长过程和特征两大方面。

（一）个体成长过程的不可复制性

赫拉克利特曾说，人不能两次踏进同一条河流。从教育的视角看，人不能两次进行同样的教育，这是对集成人学教育论及教育最典型的诠释。一方面，人在不断成长发展，同样的教育内容在不同时候出现就不可能是同样的教育；另一方面，每个人都是不同的，每个人在不同时段遇到的被别人当作相同的教育其实是不同的。简而言之，个体的教育过程不可复制。

个体成长过程的不可复制性意味着不存在同时适用于两个不同个体的教育学，也不存在适用于同一个体在不同成长时段的教育学。除了普遍通用的教育学常识，教育学人还需要像医生诊断和治疗病人那样，为每个不同的个体成长开方子；需要像裁缝为不同的人量身定制衣服那样，为身心特征与状态不同的个体定制教育方案。与医生和裁缝不同的是，由于了解个体成长过程的漫长与复杂性，教育学人常常不是仅提供一次性的服务，而是要为他所面对的成长个体提供长期甚至终身的教育学理服务，探索开发出适应个体不同成长时段需求的教育学理服务体系。

现有的教育学主要依据知识的逻辑结构形成体系，在这个体系中几乎看不到个体完整的成长过程。它所陈述的知识是从众多个体中拼凑而来的，因此很难用它来解决个体所有的问题。而聚焦于个体成长的教育学则依据成长的时序和相关的逻辑展开，这将更加便于个体的使用。教育学者可以根据自己的知识和经验，以适合的方式构建自己的教育体系。例如，可以依托个体成长搭建编年记事体作为支架，支撑多学科集成的教育学理论知识体系，也可以创建出其他的体系。

集成人学教育论所关注的个体成长过程不仅仅是当前或短期的过程，而是贯穿整个生命历程的过程。虽然当下和个体已经经历过的历程可以验证，且这些已知的成长过程无疑是选择适合的教育学的必要依据，但在实际的个体成长过程中仅仅依靠这些还不够。教育学不能虚构，必须来源于真实的经验和实践。为了应对个体成长当下的教育需求，且能够使用更多的依据，教育学者就必须在经验和已有知识基础上进行逻辑推演。通常，个体自身也可能有对未来的憧憬和设想，这些憧憬和设想可以成为人生动力，对个体的成长产生导向、驱动或其他影响，但也可以由于缺乏实证依据成为不切实际的空想。这就需要教育学者的明辨和分析，是否将其当成切实的依据使用，还是仅作为参考。或许其最终未必能发挥作用，但这个过程说明，个体成长确实需要教育学者的教育学理支持。

个体成长过程的不可复制性和非雷同性，显示了教育学理论在个体成长发展过程中的运用具有时序性和不可逆性，需要像不误农时那样不误人时才能发挥较好的效用。时序错乱的教育学不适合个体的成长发展。这是此前教育学未能建立起来的基本概念，也是集成人学教育论与此前教育学的一个重要区别。在教育学工作者运用集成人学教育学理论于个体的过程中，与成长个体的沟通和对个体需求的了解非常重要，不只是要测定知识内容是否适合，还需要根据个体成长的时序维度进行设计，并通过研究和不断反馈来反复完善。这个过程是较难的，也是教育学与哲学、社会学、文学在对人发挥作用方面所不同的地方。

简言之，个体成长过程的不可复制性要求对每个独特个体的独特成长条件与过程提供适合、有效的教育学理支持。

（二）个体成长特征的独特性

每个个体都如同一粒没有标签的种子，蕴藏着独特的天性、成长目标、轨迹和方式。在生命的某个特定时刻，每个人都拥有独立的思想和情感，这些因素共同决定了不存在一种万能普适的教育学理论能够充分有效地满足所有个体的成长发展需求。然而，每个个体的成长都离不开教育学理论的指导。在这种情况下，是继续沿用一种难以满足众人需求的教育学理，还是根据每个个体的独特性探索各具特色的教育学，让每个人获得适合其自身特点的个性化教育学理，这在逻辑和意愿上并不复杂，绝大多数人会毫不犹豫地选择后者。

在旧有的教育学体系里，教育学的聚焦点不在个体，即便在教育学著作中也会讨论个体差异，但个体间的差异不会影响到教育学知识体系的架构。一旦将教育学聚焦到个体的时候，个体的独特性就成为决定教育学理叙述、论证方式及其建构的主要依据。这必然会对教育学的知识体系产生影响，从而需要建立基于个体成长独特性的教育学理论知识体系。

教育学因此发生的巨大变化是在遵从用户意旨基础上的新发展。那些对于这样的改变不以为然的人可能会强调原来以普遍性的知识为聚焦点的重要性，其实这个问题后面的差别是对谁重要，而不能搁置主体，抽象泛化地强调其重要性。对政府和学校而言，那些教育学的普遍知识就足够了，也显得十分重要；但是对个体而言，那些教育学知识或许有用却不适用、不实用，也就并不重要了。对个体重要的恰恰是基于个体的独特性发展出的教育学理。个体需求未受到尊重是长期以来个体成长发展急需的教育学理不受到重视且难以发展起来的原因。

为了说明个性化的教育及教育学理的重要性，举一个历史上真实的例子。1963 年 7 月 24 日，还是中学生的克林顿参加“少年国家”活动，在白宫玫瑰园与美国总统肯尼迪握手，这一瞬间被人拍下了照片。正是那次握手，激发了克林顿从政的想法，此前他梦想将来在音乐或医学方面干一番事业。他在回忆录中说：“对于那次简短的会见及其对我人生道路的影响有过很多理解。母亲说，我回家后，她便知道，我已决定进入政坛，1992 年我被提名为民主党总统候选人后，那张照片被广泛地认为是我渴望得到总统宝座的开始。”①29 年后，克林顿也当选为美国总统。可见，那次仅持续了几秒钟的会见对克林顿产生了深远的影响。

实际的教育学理对个体成长效果未必如此，但可以确定的是，关注个体特征的教育学理必然比忽视个体独特性的教育学理更能促进个体的成长发展。只有当更多的个体独特性受到教育学理的关注时，才会有更多的个体内心的火焰被点燃，他们成长发展的绩效就更加显著。教育学理应该如何选择自己的发展方向也显而易见。

教育学最初是从哲学中分离出来的，而哲学研究通常聚焦于精神领域较为抽象的层面，故教育学自然有属于精神科学的一部分，在今后也必须关注精神。但教育学的关注点并不仅限于抽象的精神层面，更需要关注具体、经验、实证及活生生的个性化精神。文学或也含有教育的元素，也有人将文学称作人学，文学也需要沉浸于生活，但是它可以虚构。同一部文学作品可能让一千个读者产生一千个哈姆雷特，这些不同的哈姆雷特源于每个个体基于自身生活经验和想象的构建。与此不同，集成人学教育学理关注个性需求，且要在个体感知教育学文本之前，就深入了解个体的天性和生活经验差异，并结合个体的独特性来探索和建构各不相同的教育学理。这个过程需要用到推理、想象，但不能像文学那样凭空想象，更不能虚构。

教育学从“大一统”转向“小而精”是未来发展的必然选择，以实现对个体独特性的深入了解与精细分类，进而让每个个体有更多机会发展自己的优势潜能，让教育学人有更多机会触摸到个体成长的关键点、兴奋点、敏感点、有效点，让更多个体尽快找到属于自己的独特成长路径。

教育学理需要在小而精的方向不断精细化，同时快速扩大自身的整体知识量，通过满足个体对教育学理的需求来实现对独特个体的全覆盖，并随个体的成长变化而动态更新。如此，在教育学不断发展的同时，每一位教育学工作者也将实现专业化的成长。

---

① 比尔·克林顿著，李公昭等译：《我的生活：克林顿回忆录》，译林出版社 2004 年版，第 63 页。

三、个体对教育学的独特需求形塑出独特多样的教育学

未来的教育学将呈现何种面貌？又是由什么因素来决定其形态的呢？简而言之，它将被个体对教育学的独特需求所塑造。这种形塑主要体现在以下方面。

从数量上说，大众数量决定着教育学的用户与适用范围。大众中的个体数量最多，他们将成为教育学的主要需求者。他们的需求能否得到充分表达和满足，以及满足的效率如何，都将深刻地影响着教育学的发展深度、广度和多样性。特别是教育学理念在实现大众幸福生活目标方面所能发挥的作用，更是衡量教育学发展状况的重要标准。

大众不是铁板一块，也不是个个相同的标准件，每个人都有其独特性，这决定着其对教育学的需求是多样、个性、具体、鲜活的。教育学不能只有一本或若干本教科书，更彻底一点说教育学不能只有教科书，而是需要对每个个体成长发展切实有用、有效的教育学理。这样的教育学理一定是千姿百态、功能多样、效果明显的。这样的教育学理如何写，如何存在，如何运用，如何积淀、传播，可能受具体的情境、教育理念、教学风格等多因素影响，但最终都是由需求决定的。

从特征上看，个体成长发展的特征也在一定程度上决定着为其服务的教育学的特征。具体个体的智力、人格、意志、毅力等方面的特征都会在一定程度上影响到相应的教育学特征，使得教育学微观上十分多样复杂。而在宏观层面上，个体特征的汇聚和叠加效应同样决定着教育学的整体特征，使得它与原有的教师培训教育学和教育研究的教育学存在巨大差异，并在功能和效果方面截然不同。在内容上，那些形式化、教条化和无效的部分将因失去价值而被削减至最少。

从变化的视角看，个体一直处在成长发展中，对教育学理的需求也处在不断的变化之中。与教科书式的教育学依知识逻辑安排教学的先后不同，与教育研究的教育学依据研究程序安排表述顺序也不同，成长个体对教育学理的需求决定着教育学理必须根据个体需求的变化来确定其内在的逻辑顺序。不同个体成长变化的次序和速度各不相同，这些因素同样会影响到服务于成长个体的教育学特征。

从需求方看，个体成长的个性需求、个体所处的社会环境、个体对成长的渴求都存在着差异，这些变化与差异在此前的教育学中并未引起显著的变化，或仅呈现出简单的线性变化。然而，当以集成人学的方式进行教育学理研究时，变化的维度显著增加，变化的方式及影响更加复杂多样。加之现实中的个体并非只有迫切需要成长且适用一个教育学模式的个体，往往那些对教育学理需求

表达较低的个体恰恰更需要教育学理来解决其成长发展问题，这种极为复杂多样的学情，必然会塑造出满足成长个体多元化发展需求的极为丰富的教育学。

从教育学理的提供方看，这样的教育学又不是一两个教育学者所能提供或承载得了的，也不是仅仅政府和学校的教育学者就能满足需求，而是需要大量有学养、有创造性的高水平第三方教育学人团队，形成多样性成长的个体与渴望成长的教育学者之间的互动、共同成长的共生生态链。每个教育学者也需要设计自己的终身成长规划，寻求、选择课程资源，配置实践条件，将教育学服务者与被服务者的角色集于一身，才能承担起用集成人学教育学理服务他人成长的责任。这样的教育学人生态链同样在塑造着独特多样的教育学。

每个成长个体有差异，这是教育的本原状态。教育是以异质性对象为工作前提的专业服务。教育学者必须面对异质，并根据异质有针对性地建构自身的体系。教育学者必须明了源与流、本与末，在归纳教育学理时不能一滴水见太阳，在应用教育学资源的时候又不能把每个人当作抽象、单一、客观、相同的人。不能只关注抽象的人，而是应该关注每个具有具体差异、鲜活、自觉和独特意志特征的人。

由上可见，集成人学教育论既基于深厚的人文关怀，又基于高效且紧跟前沿的科学实证。如果缺乏深厚的人文关怀，教育学将会抽象为一些量化的对象，而非服务于具体的人；如果缺乏高效的实证，落后于快速发展的科学，就无法细化、区分如此多样化的个体独特性，无法保持先进性，也无法为如此多样化和独特性成长的个体提供精确且适当的教育服务。无法精细地呈现个体的多样性，就无法找到精确的对策，也无法构建高度精细有效的集成人学教育学理论大厦。

简言之，把成长个体当作人就需要据此建构多样性、独特性的教育学。

第五节　为每个人写一本教育学

为每个人写一本教育学，并非在形式上为每个人写一本书，而是要为每个人的健全成长确立适恰的理念，寻找适合的路径和有效的方法，探索并设定优选的程序，留下符合教育逻辑的记录供使用参考，从而展现出个性化的教育历程或案例。

一、认识到为每个人写一本教育学的价值

长期以来，教育学对个体的独特性视而不见，鲜少有人尝试为个人量身定

制教育学，更遑论为每个人写一本教育学。

在一次为教育经济学的研究生做讲座的时候，我强调依据每个人的天性实施个性化、精细化教育的重要性。有位研究生问我："像您这样办教育是不是成本太高？"我随即反问他："有两种教育模式供你选择。第一种是你们现在这种上百人一起上大课的方式，表面上看似每个人的教育成本较低，但几年后大家学到的都是相同的知识，能做的也只是相同的工作，却未能发挥出个人的优势和潜能，成为最好的自己。第二种是依据每个人的天性进行教育，虽然教育成本相对较高，但最终你能成为一个拥有独特才能的人，能做别人无法完成的事情。你会选择哪一种呢？"

显然，在基础教育已经普及，教育公平问题基本得到解决，教育质量提升成为新目标的今天，越来越多的人会选择后者。这种转变将激发人们对教育学理的更大需求。当这种需求发展到需要更加个性化的满足阶段时，就能够实现这样一个目标：为每个人的成长发展提供专门定制、适合其个人成长发展的教育学。

（一）必要性

为每个人成长写一本教育学的价值，主要取决于两个核心因素。第一个因素是人类社会个体发展的状况以及社会发展对个体发展的需求，是否到了需要为每个人写一本教育学的时段；第二个因素是人类社会教育发展的水平，是不是可能为每个人的成长写一本教育学。

从逻辑上说，每个人的唯一性是他需要一本教育学的必要性所在。每个人的唯一性体现在多个方面，父子、母子关系的唯一性，出生时刻、地点的唯一性，遗传基因的唯一性，优势潜能的唯一性，成长经历的唯一性，人生际遇的唯一性……尽管并非所有这些方面的独特性都能构成编写个性化教育学的依据，但遗传基因、优势潜能、成长历程和人生际遇等方面的独特性，无疑给为每个人撰写一本教育学提供了丰富的内容和可能性。

人类社会发展处在较低水平时，个体的独特性在社会发展中的作用有限，只有少数杰出人物的独特成长对社会进步产生了深远影响，大多数人的独特性则被生活所淹没。在工业社会之前，教育水平普遍较低，大多数人的潜能未能得到充分发展。随着工业社会的崛起，标准化成为主导，这一时期的教育学也自然而然地建立在标准化的逻辑基础之上。教育学也用标准化的模式培养教师和学生，这样的社会产生不出为每个人写一本教育学的需求，也就不可能为每个人写一本教育学。

信息社会的到来为个性的表达与实现提供了崭新的平台、途径和空间，同时也催生了对个性化的广泛需求。随着标准化工作和岗位逐渐被人工智能所取代，标准化人才的需求逐渐减少，而个性化成长的重要性日益凸显，甚至成为生存的必要条件。实现个性化成长的种子深植于每个人的基因之中，而需求则来源于信息化、智能化社会的发展。探索个性化成长的道路需要每个人的自主努力，但个体在成长过程中往往处于不自知的状态，因此需要有第三方给予专业支持，从而产生了对第三方教育学人的需求。为每个人撰写一本教育学不仅是个体在个性化时代生存所必需的，也是教育学者帮助个体实现有效成长的基本职责。

随着社会文明程度的不断提升，个体的价值得到了前所未有的尊重。对个体符合潜能充分成长的尊重是对个体最重要也是内涵最丰富的尊重，要想让这种尊重得以实现，就必然需要一本独特的教育学为每个个体的成长发展服务。

现实中遇到的情况可能是，一部分人先有了能促进自己成长的教育学，另一部分人还没有属于自己的教育学；一些人用的是十分适合自己的教育学，另一些人只是拥有名不副实的教育学废纸。这样的状态可能会持续一段时间，但它的发展越来越证明每个人的成长发展确实必须有一本自己的教育学。教育学人一方面需要有不能容忍“一些人有自己的教育学，另一些人没有自己的教育学”的情怀，另一方面又要理解这是一个必经的发展阶段。承认多样性以及承认多样性实现必然有先后顺序是解决这一问题的关键。多样性是未来教育发展的关键，要争取在每个人有一本教育学的基础上实现每个人有一本适合自己并能有效促进自己成长发展的教育学。

（二）有效性

如果每个人有的教育学对其成长无效，是一种摆设，那有与没有就无足轻重。集成人学理念就是要致力于为每个人打造一本能够对其成长发展产生深远影响的教育学书籍，即一本真正有效的教育学。

它不同于一般的公共阅读资源。虽然公共阅读资源也能为读者提供有益的教育启示，且历史上不乏某本书对某个人的成长起到关键性作用的例子，如在阅读过程中对书中人物、情境和逻辑的深刻领悟。为每个人写的教育学则是一种更为专业、更具针对性的教育服务参考程序，它由专业人士根据个体的具体情况量身打造。个体可以了解但不一定是读者，为个体服务的第三方教育学人可能同时既是作者又是读者。为每个人写的教育学不会成为公共阅读资源，因涉及个人隐私，其读者主要是与个体成长相关的家庭成员、教师或相关当事人。

在教育学的早期发展阶段，为了与哲学相区分，教育学者将关注点转向了教学方面。夸美纽斯的《大教学论》便体现了这种转变，但该书所关注的仍然是对一般、抽象的人的教学。相比之下，“因材施教”这一古老的中国教育理念则强调针对每个学生的个性化教学，孔子就曾生动地描述过自己不同学生的特点。同样地，康德在讲学过程中也能深入了解听众的心灵，他具备出色的宣讲能力，能够将自己的观念轻松转化为听众头脑中的思想。然而，随着时间的推移，“因材施教”这一原则在传播过程中逐渐变得抽象和模糊。当教育学成为一个提供工作岗位的学科时，一些教育学者可能开始忽视教育学对个体成长的实际效果，导致教育学中出现了许多冗余、低效甚至无效的内容。

因此，教育学内部长期存在着理论与实践之争。一方面，有人批评教育学研究脱离现实，无法解决教育实践中遇到的具体问题；另一方面，当研究者尝试深入了解并解决实际问题时，又可能面临被质疑学术性的风险。这种理论与实践之间的张力使得一些教育学论述变得空洞无物，缺乏明确的目标。

理论与实践的张力也体现在教育研究者本身的学术生涯当中。教育学者需要认真设定自己的专业目标并进行准确定位。一些人可能将自己在教育学领域的目标仅仅定位为理论研究，并认为高深的理论能够提升自己的专业地位。然而，大量实例表明，这种目标设定往往过于天真，并可能限制自身的专业发展。因为没有扎实的调查和实践基础作为支撑的理论是根基不牢的，其提升空间有限且有效性会大打折扣。比较切实的选择是将人的更好成长发展作为教育学人的专业目标，该做理论时大胆深入各种理论领域，该深入实践时就要深入观察、实验、验证，让自己深入到热闹的人世场域去体验。

简而言之，教育学只有发展到一定程度才能更好地为个体的成长和发展服务。为了适应这一变化，教育学者需要从纯粹的学科角度中走出来，以目标引导，用问题解决视角，采取集成方式应对、满足人的成长发展需求。不能用同一个学科的尺度来衡量不同的个体，要突破而非屈服于现有的、经典的关于学科的定义和标准，为每个人所写教育学的有效性才能得到更大的保障和提升。

（三）不可替代性

每个人的教育学本身不是通用工具，不同人的教育学可能具有相互借鉴作用，但不具有相互替代性，不能用李四的教育学去教育张三。只有将每个人的教育学写得具有不可替代性，才可能是其真正需要的，且这种不可替代性需要通过不断探索个体变化的成长状态和产生的成长需求来维持。

所以，为每个人写教育学并非一蹴而就的事情，而是一个与个体成长同步或稍稍超前的过程，这个过程甚至可能伴随一个人的一生，在他出生之前就已开始，而在他去世后也未必结束。历史上已经有人以写传记、成长档案或其他的研究方式对一些人的成长发展做研究，这实际上就是在写关于这些人成长发展的后续教育学。为每个人写一本教育学的挑战在于，要将写作的时间前移到个体成长过程之前，尽可能对个体成长提供学理上的参考和指导，而非仅仅进行事后的研究。

确保每个人的教育学具有不可替代性，与过去追求教育学的通用性，是两种截然不同的研究路径。为了保持或提高不可替代性，为每个人写教育学的时候需要尽力做到：一是要持续、全面、深入地了解个体的成长状态和需求。基于这些信息，为成长个体编写的教育学应深入分析其中的因果关系和逻辑，并根据不同个体的特点构建出与之相契合的体系。每个个体的成长状态和需求都是独一无二的，因此基于这些信息构建的教育学体系将是有根基、独特且不可替代的。二是要不断追求提升所写教育学对个体成长发展的价值。即便到了人人都有一本教育学的时候，不同人的教育学对其成长发展的价值和效能也会有所不同。提高教育学资源的丰富程度和对个体成长发展的切合程度，特别是尽可能把握、处理好个体成长发展中的关键问题、关键发展阶段与时机，才能有效提升教育学对个体成长的价值和不可替代性。要尝试及时发现并有效解决别人解决不了的成长问题，在提高不可替代性上发挥关键作用。三是不断克服困难，不断开辟新境。陈旧、简单重复的内容和理论就不具备不可替代性，低位次的常识性知识也不具备不可替代性。要精心筛选内容，不断在为每个人编写的教育学中融入新知识、新技术和新理论，以提高教育学体系的集成度，从而保持其不可替代性。四是发现并解决独特个体的独特问题。每个人的成长发展都是独一无二的，必然存在自己特有的问题，无论这些问题或多或少、或简单或复杂。教育学者应在了解当事人成长状况与需求的基础上不断提炼问题，制订真正能够解决问题的方案，并精心实施方案。具备这些内容，就是具有不可替代性的教育学。

教育学的上述特性越强且越稀缺，不可替代性就越显著。

当越来越多的个体有自己的教育学时，他们的天性更有可能得到充分发展，构筑起自己独特的教育知识集成。这将使他们的知识、经验和技能形成不可替代的组合，并有效增强其社会竞争力。当这种组合的独特性和稀缺性越强时，就越能为个体的成长发挥更强的不可替代性作用。

二、每个人的教育学都不会只有一位作者

谁来为每个人写一本教育学？与以往的一本教育学由一个人或一个人组织的团队来写不同，多种因素决定着任何一本为某个个体写的教育学都必须由多个人共同完成。从人的终身成长过程看，一本覆盖一个人人生全程的教育学几乎不可能由一位教育学者自始至终追踪其成长并完成全书，而是必须有多个

人接力才能实现，其中有些人的教育学需要接力的人少，而另一些人的教育学则需要更多的人参与。

从与个体成长的相关性而言，有关联的家庭成员和直接与个体交往的教师、同学、同事都会参与个体的成长发展，但是他们几乎都不可能单独写出为每个人成长服务的教育学。如前文所说，能够为每个人写出一本教育学的主体人群是第三方教育学人，他们在了解个体成长发展状况与需求的过程中，需要成长个体的关联人提供信息。关联人中的少数人也可能有较高的教育学素养，并对成长个体的成长有独特的见解，他们则有可能成为该个体成长的教育学的作者之一。

在个体的成长过程中，未成年之前可能对教育学了解不多，主要依靠教育学者的专业支持，所需的教育学理也主要由第三方教育学人以作者的身份来阐述。成年之后的个体对自己的成长发展状况、需求、逻辑将会有越来越多的了解，并渴望通过专业的支持获得更好的成长发展。在寻求第三方教育学人为自己写教育学的同时，个体也在不断学习，对自己的自我认知、自我诊断、自我设计与自我实现会有越来越深、越来越广的理解与决策能力。经过一段时间后，个体将会自觉或不自觉地成为为自己所用教育学的作者之一。通常 40 岁以后的人就可能会成为自己所需教育学的作者之一，但具体的判定要根据成长个体对自己所需教育学写作过程中发挥的实际作用来确定。随着年岁的继续增长，一些人将会成为自己所需教育学的主要作者，只是在某些关键问题上需要咨询专业的第三方教育学人。

多位作者合写一本教育学必然涉及合作与承接的问题。每个人的教育学的主要功能是为具体的成长个体的成长服务，绝大多数不涉及当下一般意义上的出版，只有极少数可能被出版社认为有出版价值的才能出版。所以参与此著述的不同作者之间很少会发生版权争议。如果出版，也应依据实际参与写作的情况确定不同作者间的责任与权利边界。

对于未成年人，监护人通过聘用或购买服务的方式向第三方教育学人支付报酬，若更换第三方教育学人则需向新的服务提供者支付报酬。包括服务对象在内的其他合作者本身就是受益人，故发生权利争议的概率很低。对于成年人，被服务者可以自主决定选聘第三方教育学人或选购第三方教育服务，并在双方协商的基础上形成服务协议，以明确相关的权利边界。

这样的工作团队怎样工作呢？通常当然要以被服务者及其监护人信任的第三方教育学人为主，由其进行专业规划、整体设计、信息收集、框架建构、内容取舍、具体实施。一些 40 岁之后的个体，也可能逐渐成为服务自己成长的教育学的主要作者。

从这种角度看，第三方教育学人所需要做的工作远远超出著述一本书的含量，那种文字的教育学仅仅是整个过程的文本记录。随着集成人学教育学理的发展，教育学对人的成长发展的作用日益增大，将会有越来越多的成长个体学习更多的教育学知识，以更好地为自己、子女、学生及其他关联个体的成长发展服务。在跨过不惑之年后，将会有越来越多的人成为自己教育学的作者。

三、实证与人文结合运用于每个个体

有学者认为已有的教育学研究主要有两种范式：一种是实证研究，讲求证据和量化；另一种是哲学人文研究，讲求情怀。往往这两种范式的支持者很难对话。原始、肤浅的人文未必用得上实证，古代的人文也难以包容现代理性实验科学。但是进入到高层级的人文需要实证，如哲学和历史需要现代实证的考古支撑。因此，集成人学教育论致力于将这两种看似对立的研究范式相融合，以期在诗性与逻辑之间找到一种和谐。为每个人写的教育学就需要将实证与人文结合，运用到每个个体。

要将这种方法应用于每个个体，需要教育学人对已有的教育学人文研究与实证研究都有深刻的理解与娴熟的运用。

成长档案将会成为为每个人写的教育学的基础性资料，这样的档案需要从家庭开始写起，父母、助产人员就成为首先必须参与的作者。要制作有价值的个体成长档案并非任何人都能做到，档案内容的选择、编排需要有一定档案学专业基础，更需要儿童成长的常识。为了统计目的建档案只需要从宏观出发挑选所列项，从服务个体成长出发的建档要求更加专业、精细，及时、准确发现并记录成长个体的遗传信息、孕产过程、关键表征、发育和成长的基础数据，需要能够为今后的成长提供可行的实证依据。

德国文化教育学者威廉·狄尔泰创立了生命哲学，他主张通过“体验”人的各种生活来理解人的历史和社会现实存在的各种联系。狄尔泰强调人的直觉和心理因素，反对 19 世纪兴起的用历史方法研究教育及其他人文科学的做法，这与强调证据和事实的方法形成鲜明对比。他特别强调生命的价值和超越性意义，在精神科学的基础上发展自己的学术观点，并深入探索生命的本质和意义。他的观点对从传统向现代转变中的学者产生了深远的影响。卡西尔的《人文科学的逻辑：五项研究》和哈耶克的《科学的反革命：理性滥用之研究》都在此基础上进一步发展，他们在批判理性主义滥用的同时，也建立了自己与科学实证之间的界限。

然而，教育并非纯粹的精神科学。尽管在历史长河中，无论是德国、法国的传统，还是中国的文化传统，都强调教育学中的人文精神。因此，从研究者的角度来看，教育学在人文与科学之间摇摆不定。在经历了一段时间更倾向于将教育学划分为社会科学、实证研究占据上风、量化研究方法盛行的阶段后，人们越来越认识到教育学是一门更倾向于研究人的人文学科。以同一时代的杜威和桑代克为例，他们所处的时代背景是科学主义至上。杜威主要从哲学、思想和精神层面探索教育，而桑代克则主要运用科学主义的实证方法来研究教育，并在全球范围内享有显赫地位。然而，随着科学的全面发展，桑代克逐渐被历史遗忘，越来越多的人感到他并未带来精神上的超越；而杜威的教育思想虽然影响一直较为柔弱，但却始终保持着其存在感。

在对个体成长做研究和教育学实践支持的过程中，还必须遵循理性、科学的原则，运用新技术手段。例如，设计问卷、进行调查和分析，必须确保所有操作都符合学科的基本要求，而非仅凭主观臆想。但在实际生活中，个体并不仅生活在科学实证构筑的“成长胡同”里，他们可以带着参与感和自主的态度融入丰富多变的生活，进入到实践、现场，获得满足或发现问题。教育学人对成长个体进行研究时，必然带有一种关怀，立足于为个体成长解决问题。因此，理想的、科学的研究和解决个体成长问题的关怀并不矛盾，自然而然地融为一体。

从学理上分析，教育学不是纯科学，不是纯人文，也不是一些人以平面的方式理解的交叉学科，“教育学究竟属于社会科学还是人文科学”之类的问题都是陷于学科夹缝中的人才会提出的。未来的教育学是集成人学，是将所有研究人的学问集成到一起的学问形态。

与此前讨论实证与人文结合的主体空置或主体模糊不同，为每个人写的教育学需要明确，这样的讨论是为了解决该成长个体所面临的具体问题，而不是无的放矢。因此，首先要将教育聚焦到所面对的具体的人，这本教育学的对象就是所面对的具体的人。一个具体的人身上是否有人文精神，可以在其日常言行中见证，这一句话既包含了人文，也包含了科学实证。由此延展开来，可以同时运用人文和实证的方法来认识、评价、判定和引导个体成长的各个方面、各个环节以及各种变化，从而避免走向极端。

当高度集成的教育学应用于个体时，它将不再显现任何单一学科的痕迹，就像一个整体化的芯片或像 ChatGPT 那样难以分辨其所属学科。集成是高度提炼和浓缩、合成的过程，在个体的成长与体验过程中，用未集成的各学科知识去进行所谓的指导，不仅会让个体难以理解、接受，还会消耗过多时间，给个体成长带来沉重负担；这样做还存在参与成员过多、形式过于粗放、成本过高、针对性弱、效果差等一系列问题。从这个角度来看，个体在可承受范围内实现更高效的成长，恰恰需要教育学的高度集成，以及具备更强穿透力和启发效果的教育学资源。

从现实性上看，在个体身上运用的人文和实证当然要从现有的人文与实证基础出发，需要教育学人对当下教育学的人文方向和实证方向都有清晰的了解，并根据当事人所面对的成长发展的状况与需求选择使用，尽可能使用精选后最有效的部分。

从发展性上看，集成人学教育论将人文与科学实证用于个体，必然不同于没有用于个体的泛化运用，所以，教育学人需要在运用中不断探索独特的方式方法。这种独特性不仅体现在从群体转向个体的关注上，还体现在不同个体的个性特征、成长状况和成长需求对人文和科学实证的不同需求上。需求方式不同，运用后产生的效果不同。因此，将人文与科学实证应用于每个个体都是一个个性化、多样化的过程，这也是集成教育学理念中内涵丰富、多样性的一个领域。

第三章

认识真实生活中的人

集成人学教育主张无认识就不能教育，认识真实生活中的人是教育首先遇到的难以攻克的难点。用包括人类视角、族群视角、历史视角、哲学视角、社会视角、行动视角、生命视角、人文视角等多视角的集成人学视野认识人，不主张仅仅从上述某单一视角认识人，而必须通过感悟将上述各种视角的认识所获取的信息进行反复加工并集成到一起。认识真实生活中的成长个体既需要在已有的观察、交谈、实况记录、统计分析、活动检验、诊断评价等方法的基础上筛选简便有效的方式方法，或将它们进行适当的组合使用认识成长个体；也要探索个案集成、变焦观察、全息分析、感悟集成等认识成长个体的专业方式方法。

遵从个体的多样性、独特性办教育是教育上的求真与求善，让更多人的多样性获得有效成长发展生成万物并茂的人间景象就是教育之美。发现个体与众不同的独特性的特征，才能有效服务于其成长发展。验证成长个体的自我认知则从另一角度提供进一步深入具体地认识真实生活中的人的路径。将验证结果用于更好地服务个体成长，在一个更加真实的自我基础上更有效地进行自我建构与自我实现，提高整体成长的效率。

关键词：认识；人；真实生活

查阅已有各种版本的《教育学》，其中只有少数将“儿童”“学生”“受教育者”“教育与人的发展”等列为专章论述。1933 年商务印书馆出版的孟宪承著《教育概论》和 1935 年正中书局出版吴俊升、王西征编著的《教育概论》将“儿童的发展”作为开篇第一章，成为一百年里我国出版的最能体现尊重儿童的教育学，没有看到一本书将认识成长对象作为专章讨论。而在实现教育目标的过程中，难度最大且对后续过程发生决定性作用的恰恰是对成长个体的认识。仅从学科建构的视角，推进教育学步入科学化进程的功利性遮蔽了成长个体，或者使用“主体”“主体性”“生活世界”“自由”“生命”等哲学话语为教育学添加概念，引入了复杂理论、解释学、现象学等理论作为教育理论研究的方法论，似乎拓宽了教育学的分析视角，走的依然是演绎思维之路，产生的效果依然是远离现实生活中具体鲜活的人。

在教育心理学的众多著作中，存在重于对整体、群体的心理研究，有时用一个实验结果得出的结论推而广之应用于所有个体，忽视对多样个体成长发展状况与需求的认识、了解与研究；重在对个体认知与学业的研究，忽视对个体各方面整体成长发展以及各方面互为因果激励机制的了解与运用。孔子的“不愤不启，不悱不发”明显是针对个体而言，如何获知具体个体是否处在“愤”与“悱”的状态，仍然是一个待解的难题。可能个别的优秀教育当事人在特定时刻能够感知到这种状态，但在一般情况下，我们依然缺乏对人们成长状况和需求的深入了解。这是教育领域仍需努力攻克的难题。

强调学科独立和学科立场意识的学人在多数情况下满足于建学科而非培养健全的人。他们所提出的知行合一、创新、凸显“问题”、凸显教育学的学术地位、探讨科学与人文的学科性质，以及探寻教育学的学术生命所在，形成一层厚厚的迷雾，使得太多的教育学人难以触及对真实个体的认知。

第一节　用集成人学视野认识人

认识人是人类自古以来就进行的活动。虽然个体对人的认识深度和能力会随着个人的成长而增长，但由于个体的生命有限，这种认识往往受到限制。尽管现代信息技术的发展推动了人类对个体的认识水平逐渐提升，但这种提升的速度和幅度一直较为平缓。

在人类认识人的过程中，曾出现过如“素丝论”等以物理方法来研究和认识人的尝试。当实证主义在教育研究中盛行时，其方法和技术得到了显著的改进，并成为教育研究的主流。随着现代信息技术的兴起，以物理方法研究和认识人的现象并未减少，反而出现了新的形式。例如，简单地用信息加工过程来解释人脑，或者以为通过信息监控和“画像”就能充分了解人，这些都是将人简单地视为一种物体，忽视了需要用更为复杂的“人理”假设和方法来深入研究的人的特性。

大量的实践和调查表明，认识人和研究教育需要实证却又不能仅用物理的方法，即便 AI 技术再发达，若行为心理学的判定逻辑不清晰，也难以实现认识人的目标，而必须用“人理”的假设与方法。对于人与人之间相同部分的认识，远远不能满足教育对人的认识需要，对差异部分的认识具有更大的认知和教育参考价值。只有根据认识和研究对象的特点选择合适有效的方法，才能获得真实可靠的研究结果。因为人和物之间的差异极大，错误的假设和方法很可能导致错误的结论，甚至可能带来灾难性的后果。

“学术研究中的集成则是将与所解决问题相关的知识化解为可通约的知识元素后，组建成新的认知单元的过程。”[①]集成人学教育观产生于对人类无差等的爱心和对人类个体成长与发展不受任何外在干扰的关注。在这样的内心条件上超越学科，从多个角度运用多种资源，使用多种工具，采用多种理论、方法甚至多门学科的知识，从人类自古至今的整个发展过程来审视教育与个体生长中的诸多问题，而不计较这些角度、资源、工具、理论、方法、学科之间的藩篱，将它们有机地集成，融为一体。

客观上，教育学这个概念已经被长时间学科化的观念所限制和侵蚀。它仿佛变成了一个筐，装满了阻碍人们正确理解教育本质的杂物。因此，需要借助集成人学或集成人学教育论的概念，才能更精准地表达所要探讨的教育领域。

集成人学研究，既非囿于某一传统学科如哲学、文学、历史学或科学的视角，也不仅仅探讨人的社会本质等抽象问题。它结合实证研究，对鲜活的个体进行与教育实践紧密相连的探索。当前，个体成长与教育实践迫切需要摒弃单一学科的认知框架，运用生物学、生理学、遗传学、医学、人类学、社会学、哲学、历史学、谱系学、教育学和心理学等多学科集成的方法和视野，对现实生活中的人进行全方位的认识，走出局限于某一学科的一孔之见所存在的严重

---

① 储朝晖：《论家庭教育研究的集成方向》，《中华家教》2021 年第 2 期，第 25-34 页。

局限，运用集成人学的方法和视野认识成长个体。

对人的单一学科、边缘和交叉学科的研究，都不能替代关于人的系统性、综合性、集成性的研究。这种研究把人理解为社会因素和生物因素的统一体。人不应被看作是抽象、普遍、标准化或可加工的对象和产品，教育也不应仅仅被视为对人的加工、生产或建构过程。这样的观念往往会导致人的自主性和个性被削弱，而工具性被增强。因此，重知识、重科学、重效率，轻成人、轻效果，成为教育实践中普遍存在的现象。

怎样更有效地认识人？集成人学好比结构与功能全新的显微镜和望远镜，它有着独特的研究视角：一是假定不同，不将人当成客观的物进行认识，也不仅仅将所有个体视为只有共同性的抽象人来研究，而是在看到人的类特性相同的基础上，更加关注每个个体不显著的独特性。二是将人类数千年来积累起来的研究人、认识人的各门学问、方法和知识、技术融为一体，形成广阔、敏锐、强大的认识能力；主张认识人的本质需要借用现代信息技术却不能只靠现代信息技术，也不能像中国历史上争论数千年的“人之初，性本善”那样从抽象的人性论出发，更不能依靠神的启示，而是需要立足于具体的、历史的社会关系，必须将人类数千年来积累起来的认识人、研究人的各门学问和知识、技术集成，融为一体，以全面地认识那些在社会实践中积累了独特经验的人。

在集成人学的视野里，可以从以下多种视角认识人。

一、类视角

类视角基于一个基本事实：对某个具体个体的认识必须以对人类的认识为基础。当今可以通过历史学和分子人类学（molecular anthropology，由分子生物学与人类学交融形成的新学科）更深入地理解人类。目前，有科学家提出，人猿分离大约发生在 500 万年前。人类的祖先源自非洲，中国历史上记载的元谋人、蓝田人、北京人等早期人类的祖先——直立人，大约在 200 万年前就已经走出非洲，不过他们的后代在大约 30 万年前都已灭绝。现代人的直系祖先则是在距今约 20 万年前在非洲大陆演化为现代智人的后裔。大约 6 万年前，他们已经沿着印度洋海岸线和东南亚迁徙到澳大利亚，成为早亚洲人。而最早进入中国境内的现代中国人的祖先，则是从这些早亚洲人中分离出来的人群，他们在 5 万年前从不同的路径辗转进入中国，繁衍至今。

学界关于现代人的起源还有争议，但可以肯定的是，基因、语言、气候、地理、政治、军事、文化、经济等各种因素，都在不同的时间点以特定的方式影响着不同人群的繁衍、遗传以及他们的个体特征。在长达 200 万年的时间里，人类不同的分支族群在不同的自然环境和社会演变中经历了考验和淘汰，这使得当今世界上的不同族群展现出各异的智力和品格特征。值得注意的是，那些在迁徙过程中经历过更多艰难险阻的族群，其智能往往明显高于经历较少的族群。同样地，那些经历过较多迁徙和艰难的个人，其智能也往往高于长期定居、经历单一的人。这是从事教育不能忽视的基本事实。

分子生物学研究显示，在中国“每 100 个现代南方汉族个体中，平均有 92 人的父系遗传基因最终源于北方汉族中的男性，而有 54 个人的母系遗传基因最终来自南方土著的母亲”[①]。这些研究为我们从更微观的视角认识个体提供了一个重要的参照。

40 余年的实地调查让我认识到一种现象，那些人口“净流出”的村庄不仅是贫穷，异质文化交流少，信息闭塞，而且人的视野狭窄，观念相对保守。而新迁徙人即便并不一定富有，文化程度也未必高，但通常视野比较开阔，能力比较强，观念比较开放，从而促进了新迁徙地的繁荣。此类现象在整个人类的发展史上不断上演、循环，形成当今世界的基本格局：新迁徙人口密度高的地区发展程度通常更高，而原住民密度高的地区则相对落后。每个国家、地区、城市和村庄都处于这一大格局之中，其居民也相应地带有不同的特征，这是从类视角认识个体的一种参考坐标。

在中国历史上，南方原住民的数量一向很少，他们逐渐被南迁的北方移民所稀释。这一过程产生的宏观效应就是北方的衰落和南方的兴起。

在认识具体的成长个体时，类视角能够提供必要的背景，帮助分辨个体在人类迁徙和发展的大格局中所处的位置。当然也不能仅仅依据这样的背景来做出过于绝对的判断。应该意识到，即使在同一区域内，个体之间仍然存在着巨大的差异。

二、族视角

族视角较之类视角更接近个体。无疑，每个个体都有族特征，并影响着其成长发展，教育学人必须将它作为认识个体的重要参考依据。

在人类历史上，绝大多数个体未能留下自己的直系后代。分子人类学家在追溯人类起源时，有人提出了“夏娃理论”。该理论通过对比分析人类基因组的“线粒体基因”，进而推理出人类的起源和演化，得出现代人的基因都与一位生活在 20 万年前的非洲女性相关。换言之，现代人可能是这位女性的后代[②]。尽

① 姚大力：《后来居上：南方的“逆袭”》//姜鹏、李静编.《五万年中国简史》（上册），文汇出版社 2020 年版，第 37 页。

② 周慧、朱泓：《现代人起源问题与 DNA——“线粒体夏娃理论”述评》，《考古》2002 年第 3 期，第 76-80+2 页。

管越来越多的发现支持“夏娃理论”，但仍有人对此持质疑态度。假如“夏娃理论”为真，那么在那位非洲女性生活的时代，肯定还有众多其他女性同时存在，只是由于种种原因，她们及其子女的血脉未能延续至今。根据“夏娃理论”，全人类都属于同一个族群，拥有相同的族群特征。然而，在现实生活中，我们却能在大范围实地调查中明显感知到不同个体之间的文化氏族差异，同时也能在历史文献中显示中国的司马氏、钱氏、曹氏都有棱角分明的文化氏族特征，陈氏、胡氏等合姓也有特征可循[①]。更不要说世界各地各民族之间显而易见更为巨大的差别。

氏族差别是在长达 20 万年的进化过程中，个体祖先受各种因素影响而逐渐形成的，其中大部分差异是在近 5000 年的进化发展中产生的。正因为此，以族视角认识个体，特别是分辨其近 5000 年来先祖的变迁历程，显得十分必要。在日本等地学校中，教师常引导孩子进行“寻根”，通过追溯父母、祖辈的历史来了解自己的家族历史。这一过程不仅可以帮助孩子了解自己的家族文化传承、生活状况和职业成就等方面，还能为认识孩子的性格和潜能特征提供有力的依据和参照，从而帮助孩子找到归属感和发展方向。

在中国，家谱的记载可以追溯到甲骨文时期，家谱的修撰方式后来从官修逐渐变为私修，但修谱的传统延续至今。翻阅家谱不难发现，人类绝大多数个体都未能留下自己的直系后代，故在民间常以过继的方式来弥补“无后”的缺憾。如今家谱与现代信息技术的结合使得从族视角来认识个体变得更加便捷。许多人可以通过各种途径查阅家谱、书信等相关文献来获取与其家族和个体特征相关的信息。如果某些个体的祖辈有生平传记及其他更丰富的信息，对认识个体同样有重要的参考价值。

通过族视角所获取的信息可以成为深入认识个体的重要依据之一。特别是当考察个体双亲前十代以内的祖辈时，可能会发现其个性特征、职业经历、优势潜能、事业成就与当前个体之间存在很高的相似性，且越近的祖辈对个体的影响越大。当然，在看到遗传因素的同时也要看到变异的可能性，在看到优势的同时也要看到劣势的存在，在看到天赋的同时也要考虑到时势的影响。只有这样，才能比较准确地利用族视角认识个体。

通过族视角获得的信息可作为认识个体的资源，也可作为教育人服务个体的资源。以陶行知为例，他祖上通过科举考试任命到歙县为官，到父辈已经没落，这一信息代代相传并成为他和家庭走出困境的强大动力；他家祖籍浙江会稽，尊陶渊明为始祖，建房时以“五柳居”命名，说明祖上的为人品格成为后

---

① 相关的研究如：李金坤：《清代镇江文化氏族个性特征刍谈》，《江苏地方志》2013 年第 5 期，第 26-32 页。

人学习的标杆。有人对江苏历史上的文状元进行分析，得出：多数状元出身苏南名门望族，起码是书香门第，只有少数是早年就显出超人智力的寒门，凭借才智与刻苦考上状元；生于苏南“富民家庭”考取状元的人数远超过苏北，而在苏北能考上功名的人大多是由于祖上外地迁入等原因而保持不断刻苦上进的人①。家族对个体成长的影响进一步说明从族视角来全面认识和理解个体的重要性和必要性。

然而，在现实生活中也有人试图以人与人之间的平等为由来回避或忽视对族群视角的研究。而且，在以往的教育中由于学校教育忽视这一视角，绝大多数家庭也没有相应的知识和能力运用这一视角，使得其作用未能得到充分发挥，并造成了从这一视角来研究人的诸多障碍。集成人学教育学理研究不能再忽视它，需要探索充分发挥其效用的方式方法。

三、历史视角

历史视角是基于这样一个认识：任何个体都不只是生物的存在，还是一种历史存在；不是前无古人、后无来者的存在，而是祖先进化与历史进程中出现的有历史感的个体。历史如同空气一般，无声无息地渗透到个体的意识之中，成为其内嵌的存在。历史是认识人的重要资源，又是在认识人时必须认识到的存在。忽视了个体内在的历史特性，就无法完整地认识一个人。

以往的教育学、心理学都很少从历史的视角认识并发展个体，显现出教育学的肤浅、局限，包容性不足。即便是教育史学科，也只是阐述教育的历史发展，而未深入探讨历史中的教育。社会学有历史社会学，政治学有历史政治学，教育应该也有历史的向度和历史教育的学理探讨。自有历史以来，历史就对人的成长发挥着作用，历史学同样也很少关注自身对教育发挥的作用。于是，这个领域成为教育学与历史学都未能关照到的学问沟壑。集成人学教育论试图填平这条沟壑，在加深认识的基础上，充分发挥历史资源对教育的作用，用历史的视角认识并培养个体。

作为类中的个体，每个人的人生在类的历史发展长河中仅仅是瞬间，正是这些瞬间汇聚成了人类的历史长河。即使对历史一无所知的人也会关心自己在历史上的位置，而那些关注自身成长发展或在社会中发挥重要作用的人，更会关注自己的历史角色和作用，并希望在历史上留下符合自己期望的印记。这些在意与关注不仅对每个人的成长和发展产生影响，也是认识个体时不可忽视的一部分。

---

① 丁宏：《揭开状元的面纱：古代江苏文状元探秘》，《东方文化周刊》2019年第22期，第88-95页。

历史视角未能被教育学人关注，显现出教育学的严重局限。要证明两者之间的关联也不复杂，只需要设定受教育的成长个体处在两种不同环境里：一种是处于自然的当下有历史存续的社会里；另一种是生活在完全没有历史的社会里。显然，这两种环境下个体的成长状态和发展结果会截然不同。即使历史上那些震惊一时的征战在如今只留下了一些残缺的遗迹、晦涩的文句和朦胧的影像，它们仍然能给个体以历史感，并像酵母一样对不同个体的成长和发展产生各异的影响。这些影响对于没有历史感的其他动物来说是不存在的，这表明历史感是人类个体内在的一种独特存在。如果对这种存在缺乏认识，就无法充分认识到个体的完整性。

从历史视角认识个体，就需要认识和准确评估这些影响的大小、作用方式和效果。有些个体可能对此淡然处之，而有些个体则可能如痴如醉地眷恋着它，不自觉地被卷入数千年前就已形成的历史轨道中，延续着已有的历史，将远古的祖先与当代的人们紧密相连。一旦个体具备了自我意识，他会自然地对自己的历史产生一种渴求，回溯过去、了解历史的兴趣会在一定程度上以某种方式在个体身上体现出来。如果失去了历史，人类似乎将失去一切。为什么人类个体会产生这样一种奇特的欲望呢？这个问题千百年来一直困扰着哲学家、思想家和史学家。集成人学在认识个体的同时也在探索历史，并需要以最前沿的历史视角去认识和理解个体。

当然，历史视角需要融合教育学和历史学的知识。作为一个整体，还需要以集成的方式融入心理学、行为学和文学等的知识，去全面考察和理解人的发展过程和历史行为，这样才可能形成完整有效的历史视角。

四、哲学视角

教育学从哲学分化而来，从哲学视角来审视教育并认识个体已成为一种较为普遍的方法。尽管这种方法获得了广泛的认同，但现实中能自觉运用哲学视角来深入理解成长个体的人仍不多，且理解往往不够深入、精细和完整。

康德曾反复追问“何为启蒙”。这一追问主要还是关注人的成长，关注人怎样运用自己的理性之光将自己从不成熟的蒙昧状态解放出来，而不是如何认识人。但这个过程需要以个体对自己的自我认知作基础，没有适度明确的自我认知的人是永远不可能启蒙的。

从哲学视角认识人意味着：对人的认知需要以爱为基础，将爱的情感与理性融为一体去认识人，而不仅仅将认识对象当作客观存在；哲学提供思维方式，却不能替代人思维，没有健全的思维就不可能准确认识人；把人当作目的，而非把人当作手段，也不能将一部分人当作另一部分人实现目的的手段，不把任何一个人当作手段才是集成人学的哲学视角；运用哲学获得并调整认知的方式方法，而不是借助哲学获得对人的认知的标准答案；任何一次认识活动获得的结果都只是过程中的指标，而不是一成不变表示成长个体的数值；运用哲学在于获得自觉，而非作为依赖；哲学要通过个人的理智才能获得真相、真实和真理，才能对认知发挥作用，仅仅以外在标签、教条呈现的哲学对认知个体不能发挥有效的作用，还有可能造成误认与伤害。

哲学视角在认识成长发展个体的作用是多方面的，难以一一详述。它揭示了，教育学者只有在自由状态下才能进行正常的认知活动，被认知的个体也只有在自由状态下才能展现出其真实面貌，而只有在自由状态下获得的认识才有可能接近真实和原本的状态。在任何外部力量的压制、暗示或利诱下获得的认识都可能失真。

在哲学视角中，理性与自由总是相辅相成的。理性为自由奠定基础并制定规则，而自由则使理性得到更充分的发展。对成长个体的认知必须基于理性与自由的态度，不能戴有色眼镜，不能存有过多的框架，比如成年人的框架、政治倾向的框架、阶层与贫富的框架，尽可能消除各种独断、臆断，让自由状态的理性充分发挥作用才有可能获得最准确、真实、有效的认知。

哲学视角对于认识成长个体的作用还在于，人类积累起来的丰富哲学思想为认识过程中的分析提供了宝贵的资源。这样的分析要基于测量或通过其他方式获得的基本事实，哲学分析使得认识不再局限于基本事实，不是简单的照相或录像，而是能够获得比原始事实丰富、深刻得多的认识，从而更加准确、深刻、完整地认识个体，逼近成长个体多样态的原貌。大量事实表明，个体的完整特征远远多于基本事实和各种信息手段能够记录的信息。

最后需要强调的是，哲学视角的认识不能走向玄思，仍需依托实证，才能确保认识与事实更加接近。

五、社会视角

社会视角主要关注个体的社会性及其发展状态。人的社会性存在决定着认识成长发展个体必须有社会视角。用社会视角看教育、看成长个体早已不是新鲜事。柏拉图的《理想国》就开始从社会视角看教育了，在我国长期占主导地位的群体本位观念也是以社会视角看教育、看个体。有悠久的历史不等于就发展和运用得很好，过去人们曾倾向于相对孤立、狭隘和片面地运用社会视角，甚至有些学者过分强调社会性作为人的本质，从而过度倚重和放大社会性，导致了对个体的忽视，难以看到真实、多面性、现实中的人。

在使用社会视角的时候，由于不同人对于社会性在个体人格中的定位、作用、重要程度有不同的观点，故既要避免过于抬高社会性、压制人的自然性或天性，又不能过于低估人的社会性。尽管有人试图通过设定社会性在所有人成长中的固定比例来认识个体，但实际上并不存在恒定不变的社会性占比。因为同一个体在不同成长发展阶段的社会性与自然性的比值与结构不同，从事不同职业、在不同岗位、担任不同角色、处于社会不同层级的个体身上社会性占比也不相同，且个体的社会性还与其个性特征有关。教育学人运用社会视角正是要获取有差别的客观、准确的信息，而不是事先设定一个人的社会性多少及其状态来替代具体的认知过程。

从社会视角认识人，需要清醒地意识到每个人都处在特定的社会秩序中。例如，尽管历史上的“三纲五常”已不再被明确提及，但其影响依然在一定程度上存在于当下社会；城乡差异、官民关系以及贫富差距等因素依然发挥着较强的作用；个体的家庭背景对其各方面特征和成长发展状态也产生着潜移默化的影响。教育学人需要清晰地了解个体所处社会秩序的序位，通过适当的增减其背景因素，将所要认识的个体还原到一种相对等值、平等的状态，以便进行相互比较和更准确地揭示个体的真实特征与状态。

在运用社会视角认识个体时，需要谨慎处理这一认识活动对个体社会性可能产生的影响，其中一些认识产生的期望效应（即皮格马利翁效应）还比较显著。因此，要避免认识活动本身对个体社会性的某一方面产生强化、暗示、限制等，特别是要尽量避免与教育目标不相符的影响。

六、行动视角

以行动视角认识成长个体在过去有人论及，从王阳明倡导“知行合一”到杜威主张“做中学”，显然都是行动视角在教育上的运用。但行动视角在教育中的运用不够普遍，也未能充分发挥其应有效能。行动视角的关键是将所要认识的成长个体当作行动者，而不是静态的标本，更不是纯客观的对象。教育者与成长个体之间可以进行、应该进行也必须进行行动的互动。

相对于当下教育过于偏重认知，行动视角是对这种偏向的一种矫正。仅仅依靠考试成绩或认知能力来评判学生的优劣显然是片面的，这种做法已经带来了系列严重后果，例如使学生的自主性、创造力和行动能力受到严重削弱，也对国家培养科技创新人才的战略构成了不利影响。

行动视角当然需要关注个体的行动能力、行动历史、行动方向、行动速度、行动效能及其他与行动相关的特征。行动视角的认识既是认知，也是评价，从行动视角审视个体的日常生活、成长状况、个性特征以及存在的意义，必将有助于个体行动能力及相关特征的发展；反之，长期缺乏行动视角则可能教育出一批批高分的“行动低能儿”。

行动视角未能普遍使用有众多原因：一是个体行动的多样性远远比知识的多样性丰富得多，对它的确认与评价需要比知识测定更多样化的标准、更专业的判定，这比测定知识要困难得多；二是教育与评价权过于集中导致的评价标准单一，而单一标准的评价更倾向于重视知识，忽视行动与能力。对行动的认识与评价需要有现场的专业人员参与，这使得行动视角的使用难以通过间接方式进行，也难以由非专业人员执行。尽管存在上述困难，或者使用行动视角需要更高的成本，但最终仍应以是否有利于个体的健全成长为根本标准，来确定在何种程度、范围和方式下使用行动视角。

第三方教育学人在确定是否使用以及使用多少行动视角上能发挥一定的作用。但关键还在于能否改变过于集中的教育评价权、放弃过于单一的教育评价标准，从而创设使行动视角能够进一步发挥效能的环境和条件，使得行动视角成为多元评价中的一元。当然，还有一部分作用在于家长和成长个体，他们应充分利用自己的教育和评价选择权，理性认识到行动对一个人全面发展的重要性，积极参与行动，充分发展自己的行动能力，在行动中实现符合天性并充分发挥其潜力的发展。

行动视角的运用对于个体的主体人格构建能发挥积极作用。行动力是个体独立自主的基础，建立自信的根基。缺少行动视角的教育忽视并伤害个体的行动力，甚至可能将人培养成言辞的滥用者、行动的侏儒，这类个体的独立自主性难以确立。个体的独立行动需要及时获得教育学人的认知、验证、认可、激励，才能有效激发新的行动。

个体的行动多少又直接决定着个体的亲知与体验多少，决定着个体的知识与经验的结构，决定着个体理性谋划的能力高低和领域的广狭。有行动的经验将极大增强个体知识的结构强度，使个体的知识在广博的同时具有更强的接受和包容性，从而建立更为高大、强劲、有行动效能的知识体系。从这样的角度看，行动视角对个体的知识体系建构也具有不可或缺的积极作用。

人需要通过行动获得重复经验来确认自己的行动能力与发展状态、优势潜能。这样的过程不断循环、印证，使得个体逐渐理解自己的成长并使自觉成长成为可能。这不仅丰富了个体成长的经验，也逐渐生成自主成长的理论。

由上可见，行动视角远不只是具体的技能和方法，而是集成人学基于实践哲学的方法论，是集成人学教育发展的重要理论基础。

七、生命视角

生命是个体存在的形式与载体，教育必须基于生命健康，但教育是一门较生命科学要更为广博、复杂、尖端的学问，它包含生命、人文与科学多个向度，所以需要把生命科学内涵于集成教育之中。教育是生命、人文与科学的交融。唯有在这样的层面上理解教育和成长个体，才能真正洞悉教育的本质，更充分地理解生命，从而为实现生命价值的最大化而办好教育。

从生命视角看，每个个体都有先天性（innate）特质，这些特质由基因编码决定并经过世代的传承。同时，个体也展现出其适应性（adaptive）的一面，能够在降生后迅速适应周遭环境。先天性和适应性的行为与特征都属于生命，为教育的发展奠定了坚实的基础，并为实现教育目标提供了广阔的可能性空间。对生命个体的认知要清晰地界定其先天性与适应性之间的边界与范围，以及它们可能发生变化的范围。

认识成长个体的生命视角，与纯粹从哲学意义上所说的生命视角还不完全相同。它更强调教育作为一种体现生命关怀的事业，理应从关注“人”的生命角度出发来促进“人”生命质量的提高，同时还需要探索并运用相应的方法和技术手段，深入了解所面对的具体生命的成长状态、发展需求以及成长趋势，并在更好地实现教育对具体生命个体关怀的前提下，引导其走向生命的本真，从而实现其独特的生命价值。

教育的生命视角与教育的行动视角很多时候会相互交叠。生命需要以行动的方式存在，生命视角与行动视角融合的目标在于使生命通过行动逐渐发育、生长，使生命在行动中实现价值。

八、人文视角

人文视角在教育学中有着悠久的历史，集成人学教育论的人文视角更加注重将生命、人文与科学融为一体。

集成人学教育观认为教育本是一种属人、服务于人的事业。人是教育的对象，是教育学发展的内在核心问题，也是教育学进一步发展的关键性障碍。在人文视角中，人不仅需要生理上的成长、身体的健康及生命的延续，更需要在经济、思想、文化和人格等方面的不断发展，要自立立人，讲仁爱，相互帮助，这是教育的人文性之本。

集成人学教育观中的人文视野最朴素的目标就是认识、研究成长个体如何立于世、如何仁爱、如何生长，并最终成为一个有文化传承的现代人。这包括对作为生物实体的人的认识和研究，对人类起源、演化及历史发展的认识与研究，对人的个体发生、发展的研究，对人的个性及作为社会成员的角色的研究。这四个方面都与人的生长直接相关，也都与教育相关。它试图在具体个体身上揭示完整的人的存在状态（人现实上是什么）、本质属性（人应是什么）、历史发展（人如何实现）。

具体到一个实际问题，集成人学教育观坚信“志于学”是学习的必要且充分条件。无论个体自身和环境条件如何，只要他们“志于学”，就有可能实现成才成人的目标；相反，那些自身和环境条件再好但缺乏学习志向的人，也难以取得真正的成就。教育学人需要将人们“志于学”的潜能转化为现实，“志”是人性基础上走向“成人”的真正起点。

集成人学教育论不主张仅仅从上述某一单一视角认识人，也不认为将上述各个视角的认识简单凑到一起就可获得对人的认识，而是认为必须将上述各种视角的认识集成到一起。实现这一集成最简便的方式是在通过以上各种视角获取信息的基础上进行深刻的感悟。感悟就是对所有获取的信息进行反复加工、反刍的过程，有条件的可以在使用信息工具进行分析的基础上再进行感悟。

第二节　筛选简便有效的方式方法认识成长个体

通过检索各种文献资料，可以发现目前关于如何认识人的理论、方式、方法、技术和手段等已经相当丰富。但现实中遇到的问题是，教育学人如何在尽可能短的时间内找到既简便又对被认识的人影响较小的方式，从而能准确、有效、全面、深刻地认识成长中的人。实现这一目标仍然困难重重。

一、对已有方式方法的筛选

这里不是对已有各种认识成长个体的方式做简单的罗列，而是依据实际有效性，精心挑选出几种方法。在筛选过程中，我们发现已有的方式方法主要适用于了解学生群体或其他群体对象，而针对具体个体的方法则较为少见；这些方法大多数侧重于对个体某一心理指标的检测，对学业指标的检测更加详细，但很少涉及对个体整体发展状况与成长需求的了解；这些方法通常聚焦于群体中某一指标的检测分析，旨在获取类似群体在某一学科知识水平等方面的发展变化情况，而非关注个体的成长状况与需求。正因为此，可以说在已有的认识人的方式方法中，几乎没有完整的专用于认识个体的方式方法。因此，目前只能从已有的方法中筛选对认识个体有用的方法，主要包括以下几种。

（一）观察

观察是一种古老而常用的认识人的方式，现在人们常将它表述为有目的、有计划的知觉活动。观察以视觉为主，也涵盖听觉、触觉、嗅觉和味觉等多种感官的综合运用，以获取多方面的信息。在感知的基础上，人们进一步进行分析和思考。因此，观察不仅仅是视觉过程，而是在大脑协调下，以视觉为主导，融合其他感官的综合感知过程。特别值得一提的是，观察中包含着思维活动。在观察过程中，人们往往在感知到某一信息后，通过思维加工，迅速且有针对性地寻找并感知另一信息，以验证前一信息所确定的假设。思维能力不同的人，其观察能力也会有所不同，认知能力也有差异。

观察几乎随时随地都可以进行，因此在对人的认识过程中使用最为频繁、普遍，并常与其他方式方法组合使用。观察是组合力最强的方法，与其他方式方法组合的频率也最高。但现实中，不同的人观察同一个对象，或者同一个人在不同时间和环境下观察同一个对象，其结果往往存在较大差异，显示出提高准确性是使用观察法认识人需要解决的突出问题。

要提高观察人的准确性，关键在于教育学人要扩大自己的思想与经验容量，同时增强观察的细致性。通俗地说，聪明的人能够洞悉愚者的愚昧，而愚者却永远无法领略智者的智慧。只有当观察者具备比被观察者更高的智力、更丰富的体验与专业经验，以及更大的思想容量时，才有可能获得对认知对象相对更加准确和全面的认识；否则，只能获得局部或肤浅的认知，且这些认知往往是失真或错误的。从这一点看，教育者必须具有大智慧，必须将自己的观察能力提升到专业知觉的教育感[①]。

除此之外，观察者还需在具体的观察过程中明确、细化观察目的，做好观察方案，校准观察方向，对不同时间和场景下的观察所获进行系统分析，或进行连续、持久的观察，以有效提高观察的准确性，消除误解与错误。

另外，可以借助一些测量工具进行周密、精确和系统的观察。与日常观察不同的是，自然科学中常在实验室进行观察，并经常能由此获得新的发现。巴甫洛夫一直把“观察、观察、再观察”作为自己的座右铭，并告诫学生，不学会观察就永远无法成为科学家。教育学人为成长个体服务离不开观察，只有有效运用观察，才能获得对成长个体的鲜明、生动、具体的感性认识，积累丰富的感性经验，进而通过抽象概括达到理性、系统认识。

观察力的强弱直接影响人感知的精确性，影响人的想象力和思维能力的发展。教育学人需要不断提升自己的观察力，以提高观察的准确性与有效性，从而能够迅速准确地识别出服务对象的典型但不太显著的特征和重要细节。

---

① 教育感是作者长期研究教育提出的新词，类似于球员需要球感好，优秀教育人需要较强的教育感。教育感可简要界定为教育的专业知觉。

（二）交谈

交谈是交流思想及情感的重要途径，主要借助语言进行。与成长个体的交谈主要以两个人之间的谈话为基本形式，这种对话既不同于正式的访谈，也不应成为训诫。为减轻双方的压力，交谈应以自然、平等、坦诚的态度，以谈心聊天的方式进行为好。我在40年的实地调查中渐渐悟出，若能设定好话题并应对得当，往往通过简短的交谈就能有效了解一个人。下面举一个实际的例证：

> 1926年3月，在清华大学读书的王淦昌出于爱国激情走进了北京学生游行请愿的队伍，在总理府衙门前遭卫兵开枪射击，发生“三一八”惨案，王淦昌看见出发前还在聊天的同学倒下了，他没有受伤，内心却惘然。当晚王淦昌与几位同学来到叶企孙老师的家中，他想要一个答案，或者一些宽慰。叶企孙听了他的讲述激动地站了起来，盯着王淦昌，一字一顿、低沉有力地说：“谁叫你们去的？你们明白自己的使命吗？一个国家，一个民族，为什么会挨打？为什么落后？你们明白吗？如果现在的国家有大唐帝国那般的强盛，这个世界上谁敢欺负我们？一个国家与一个人一样，弱肉强食是亘古不变的法则，要想我们的国家不遭到外国凌辱，就只有靠科学！科学，只有科学才能拯救我们的民族……”言未尽泪先流，叶企孙老师的一席话让王淦昌明白了自己的使命不只是上街喊口号。①

这次意义深远的谈话，不仅彰显了师生之间的深厚情谊，也展示了教育的巨大效能。叶企孙老师常常以请学生吃茶点的方式与他们进行深入的交谈。

使用交谈方式来了解成长中的个体，一般通过语言或体态语言进行。个体的语言能力是一个重要的制约因素。交谈的内容难度需要适中，同时交谈的时间也应根据个体的年龄进行调整。例如，与6岁以下的孩子交谈时间不宜超过5分钟，而与14岁以下的孩子交谈时间则不宜超过15分钟。这就需要教育学人有较高的语言能力与修养，精心挑选和安排交谈内容，选择适合成长个体的语言，表达准确，条理清晰，逻辑严密，层次分明，布局合理，中心明确，顺势展开，适当运用肢体语言，在确保不会产生歧义的时候也可用诙谐、幽默及各种修辞手法，同时需要善于倾听，理解力强，反馈及时、准确，选择恰当时机和合适的问题补问、追问。

交谈是了解人的重要途径之一。几乎每个人都能交谈，不少人就以为交谈

---

① 王淦昌：《见物理系之筚路蓝缕，思叶老师之春风化雨》，钱伟长主编：《一代师表叶企孙》（2版），上海科学技术出版社2013年版，第36页。

很容易，因而未能注重交谈的质量和它所能获得的有效信息的状况。实际上，不同的人进行交谈以及通过交谈对人认知的效果可能是截然不同的。与成长中的个体进行交谈时，不能漫无边际地闲聊。教育者需用恰当话题引导交谈，并留意场合、时机与环境对信息获取的影响，精心预设交谈方案，避免随意言谈。一次成功的谈话不仅能够获取所想了解的成长个体的状态信息，还能增进彼此之间的感情和友谊，让双方都能享受到交谈的乐趣，要避免出现枯燥无味、死气沉沉、增加折磨感的交谈。

很多时候，交谈不仅具有认识成长个体的功能，还同时兼具对个体发挥教育影响的功能，或将多种目的与功能融为一体。为了让交谈的内容更加真实、具体和可接受，教育者应避免空洞无物、家长里短或废话连篇的交谈内容。通过真诚的直抒胸臆来触动心弦、建立信任、交流感情并引发共鸣的方式，将更有利于取得更令人满意的促进成长效果。

（三）测量

测量是依据认识成长个体的需要，运用一定的技术手段、工具，对个体的某个特定指标进行量化评估，并以数据形式准确描述测量结果的过程。

与对物理对象的测量不同，对人的测量（如心理测量）受到诸多复杂且不确定因素的影响，因此通常需要由具备相应专业基础的人员进行，同时也需要专用的实验室等测量环境。例如，并非任何人都能随意使用智力量表在街头巷尾对他人进行智力测试。因此，对人的各类测量必须依赖专业的测量人员、合适的场地及环境才能得以实施，而非由第三方教育学人直接进行。

与成长发展相关的测量指标差异显著。例如，测量人的身高体重与测量注意力之间存在巨大差异。通常，对人的医学测量比对物理特性的测量更为复杂，而心理测量则比医学测量更为复杂。此外，心理测量的各项指标之间也存在较大差异，因此对测量人员的分工较为细致。专注于某一指标测量的人员，未必能胜任另一指标的测量。对服务于个体成长发展的第三方教育学人而言，虽然难以精通所有类型的测量，但他们必须能够解读专业人员对个体进行的相关测量的结果，即能够读懂测量报告，并能够对报告所反映的个体成长状态与需求进行专业的分析和应用。

测量指标应根据其对成长的重要性选择使用，避免滥用。为成长个体服务的教育学人相当于医院开检查化验单的大夫，事先需要评估是否需要测量某指标、测量的数量及测量的方式。在确定进行测量后，还需根据实际需求选择适当的测量类型，如仅需区分类别的定类测量、确定等级及次序的定序测量、能够判别间隔距离和数量差别的定距测量，或是功能更为强大的定比测量。

与观察和交谈这两种相对独立的认识方式相比，测量不能作为一种独立的认识人的方式。举例来说，即使两个不同个体在某一测量指标上的结果相同，依然不能直接对这两个个体做出判定，而是需要将这一结果放在他们各自原有的背景中进行分析和评估，才能对这两个个体做出认知判断。这是因为：首先，每个人的成长过程都是独特的，而测量数据仅是这个过程中的一个瞬时状态的反映；其次，需要考虑个体的测量结果在进行过相同测量的人群中的相对状态。只有在清晰了解这两种背景的情况下，测量数据才能作为认识人的参考依据，并用于解释和认识成长个体。

成长个体处于不断的发展变化中，因此测量所得的数据仅代表特定时间内的个体状态，需要根据所测量的特性决定使用的时间范围。

（四）实况记录

实况记录是在不干预个体行为的情况下对个体的言行及其特征加以记录。记录的方式可以用纸笔，也可用录音、视频等方式；可以做全面记录，也可只作一个方面、一种内容的记录，比如婴幼儿语言发展情况。

实况记录是认识人的重要证据。这种方式具有悠久的历史渊源，《论语》事实上就是对孔子言谈的实况记录，流传两千多年仍能发挥它的价值。对个体成长的实况记录在其整个成长过程中都具有重要的参考价值。前文提及的为每个人写一本教育学的构想，其基础依据便离不开实况记录或成长档案。

在进行实况记录时，应追求真实、全面、准确、深刻与细致，力求展现成长个体的原始风貌和全景。然而，记录者的观察能力各异，只有深入细致的观察才能确保记录的准确性。特别是在进行文字记录时，对记录者的语言表达能力要求较高。若采用录音、视频等方式记录，则需掌握一定的专业技巧。不论采用何种方式，记录者都应明确记录目的，并尽可能减少失真现象。

值得注意的是，面面俱到的流水账式记录对于深入了解个体的意义并不大，简单依赖 AI 生成的“画像”也具备较大的局限性。在进行实况记录前，最好制订详细的方案，明确记录目标，并确定记录的重点和方面。应优先选择与个体成长密切相关的方面进行记录，以捕捉其成长和发展的动态变化。

实况记录具有长期的实用价值，因此应作为成长档案的重要组成部分进行归档、保存和分析。与测量和观察相比，实况记录的信息范围适中，既可作为了解个体某一方面的独立依据，也可与其他方式相辅相成。例如，在观察、交谈过程中进行实况记录，或在查阅实况记录时参考测量数据。具体使用方式应根据实际情况和可获得性进行选择。

对实况记录的解读是利用其了解个体的关键环节。为避免误读，解读者应在充分了解背景的基础上分析、理解记录内容，或将其他渠道获取的信息与记录内容相结合进行解读。

（五）统计分析

日常的观察、交谈、测量和实况记录，往往只能捕捉到个体在特定时间或情境下的片段表现。相比之下，统计分析在认识人方面具有独特优势，它能够提供更稳定、全面、系统和完整的个体认知。

统计分析的运用，建立在充足的个体成长发展数据基础之上。这种方法需要将个体在生活、学习和成长过程中的原始记录转化为具体的统计量，通过一定的统计分析处理，计算出个体发展水平，与其他个体进行横向比较，观察个体纵向的发展过程及趋势，以及横向的同龄人的相对发展状态，以便为个体的成长发展提供更准确的定位。

当然，统计分析在认识个体方面也有其局限性。虽然它简单易行，但数据的准确性和可靠性可能受到影响，因为所有数据都存在一定程度的误差，且不当使用统计分析可能导致严重的误解和误判。在实践中需要在明确的范围内谨慎使用统计分析方法，并将数据作为参考而非唯一依据。

对个体进行统计分析与对群体进行统计分析的出发点、方法和程序有所不同。群体统计分析主要通过研究群体某一统计量的数量关系，来揭示群体的相互关系、变化规律和发展趋势，从而准确认识群体的成长发展状态。而对个体的统计分析在一定程度上需要以群体统计分析为参照，特别是在进行横向对比时。此外，对个体的统计分析还包括对个体某一统计量的多次测量数据进行统计，或对个体成长的不同领域和方面进行对比分析，例如个体记忆与年龄关系的统计分析。

在对个体相关量进行统计分析时，我们不能仅仅关注数量，更要通过量的分析来深入理解个体发展的质的状况。随着技术的进步，烦琐的统计分析过程可以通过专业的分析工具来实现。教育学者应将统计分析作为一种工具，以人文的视角来解读数据，避免只见数据不见人。

（六）活动检验

活动检验是一种认识个体的综合方法。理论上，如果条件允许，个体的所有活动环节和方面都可以记录。但实际上，全面记录既无必要也不现实，因为它需要成本、占用资源，甚至可能干扰个体成长。因此，根据需求在特定时间和方面进行记录更为合适，且这种方法在实际应用中更为普遍。

历史上，人们主要依据个体的行为、言论和成就来评价其人，即“立言、立德、立功”，其中最重要的是其思想和著作。现实生活中评价与描述一个人事实上也是根据其选择、行为、动机、方式和效果来综合评估。通过这种视角认识成长个体同样重要。在历史人物研究中，从活动检验的视角看，由于原始记录是已定的，主要的研究重点是对已有记录的解读。对活动记录的解读本身是极为高深的学问，也是集成人学教育论的一块非常广阔的领域。活动记录的解读可能随时间推移和新的证据出现而有所变化，就像天文学家观测天象一样，是一个持续的过程。

在自然状态下，一个人有什么样的兴趣、志向，选择去做什么事，尤其是在休闲的时候选择做什么、怎么做、做的效果怎样，都能反映其内在特征、心智状态、能力和思想轨迹。因此，活动检验确实是一种可行、可信且有效的识人方法。但这种方法对教育学者的知识与技能要求较高。

除了基于个体自主选择的活动进行检验外，教育学人还可以指定活动主题或任务，要求个体在特定时间和场景下完成，以此进行活动检验。这种方法类似于大学入学面试，其设置权在教育学人手中，可以更有针对性地了解个体的某些特质，如意志、合作能力、应变能力、使命感、志向等。

在由教育学人设计的活动检验中，可以更加精细地控制环境和过程，明确检验目标，提高检验效果。未来，这种方法可能会变得更加专业、规范、程序化甚至标准化；同时，有效的活动检验方法也将更加多样、灵活和非标准化，以满足不同成长个体和教育学者的需求。

（七）诊断评价

这里讲的诊断评价要区别于教育教学评价中的“诊断性评价”：一是定位不同，这里讲的诊断评价是适用于成长个体各方面的一般方法，而诊断性评价主要用于对群体教育教学效果的评价。二是这里讲的诊断评价包括对个体多方面的认知，旨在为个体成长提供参考，而诊断性评价主要用于鉴定学生的学业水平，属于教学评价中的一种，其适用范围相对狭窄，主要集中在知识教学领域。

在实施成长个体的诊断评价时，教育学人并非对所评价的个体一无所知，而是在已有一定了解和认知的基础上，根据实际需求确定诊断评价的意向，并制订相应的方案和操作细则，以确保对具体个体的诊断评价得以妥善规划和实施。

诊断评价需要确定对个体认知的以下方面：一是验证教育学人对成长个体认知的某种意向的假设是否存在；二是确定个体发展某方面特征的具体方向和性质；三是通过技术手段测量这些特征和方向的程度、发展趋势，并在可能的范围内给出量化描述。

通过诊断评价获得的结果可以完善、实化对个体发展状态的认知，为优化对个体的成长服务提供更加切实的依据。教育学人在使用诊断评价结果时，需要有高度智慧，也需要基于丰富的经验，还需要考虑所面对个体的成长特征及其延续性，不宜套用单一模式或进行简单的因果推断。

诊断评价的应用表明，对个体的认知不仅受个体客观特征的影响，还与教育学人的学识与经验具有较大的相关性。

二、依据对象与教育学人的情况选用方式方法

在具体的各种使用情境中，前述所列的各种方式方法并不需要同时都使用，而是应根据具体的人和当时的需求，选择一种或多种方法相互结合、印证。

教育学人在选用方法的时候一定要认识到成长个体的多样性。哲学家康德在 23 岁的时候就说过，“我若是想发现真理，那么牛顿、莱布尼茨的威仪应当一毫不顾”[①]，而是在自己认定的道路踏步上路，不断前进，什么都不能阻拦。这表明，简单地用一个固定的标准去衡量每个人都是不恰当的。康德的选择已被历史证明是适合他自己的，但别人盲目模仿却未必合适。每个人都具有独特性，对成长个体的认识需要依据其独特性选择适合的方法，又要认识到方法服从并服务于育人，服务于成长个体的健全成长。

在认识成长个体的过程中，必须考虑到在使用各种方法时，成长个体的感知、理解、思维和判断能力可能与教育学人存在较大差距。为了避免主观臆断带来的信息误差，各种方法的使用应尽可能考虑被认识个体的理解能力、方式和特点，而不仅仅是基于教育学人的理解力和方式。

究竟选用哪种或哪些方法的组合，可以参考的标准有下面几种。

（一）被认知个体可接受性

个体对不同方法的接受程度不同，适用范围也就不同。比如，观察法的个体可接受程度最高，适用范围可以说是七种中最广的，对腹中的胎儿以及刚出生的孩子都可以使用观察法。相比之下，心理测量法的应用范围则相对有限。同一个体在不同年龄和发展水平上的可接受性也会变化，而在相同认知水平上的不同个体则可能偏好不同的方法。各种方法的可接受性与适用性已简要总结在表 3-1 中。

① 丁品森：《敢于向权威挑战》，《科学 24 小时》2007 年第 9 期，第 11 页。

表 3-1　七种方法的个体可接受性与适用性

方法	个体的可接受性	适用性
观察	几乎所有个体的各成长段均可接受	适用各种时空环境，适用性最广，可随时进行
交谈	个体语言发展状况决定其可接受性，语言水平制约交谈的内容深度，影响信度	宜于在安静的环境中进行，根据特定的对象准备谈话的内容和时间安排
测量	根据所测指标特征可接受性大小存在差异，物理量可接受性较高，生理量可接受性低于物理量，心理特征测量的可接受性要求更高	仅适用于特定需求，控制相关影响因素，在具有充分条件基础上依据严格要求进行
实况记录	在不涉及隐私范围内，一般个体均具有可接受性	记录者的专业能力与技术水平决定着记录效果
统计分析	可统计分析的量有限，一般个体在此范围内均可接受	仅适用于有相关可测量指标的范围
活动检验	具有相应活动能力的人才具有可接受性	适用于对特定能力与品质的了解，需要有专业的准备
诊断评价	具有相应被诊断评价特征的人才具有可接受性	需要专业条件，诊断评价过程需要遵循规范才能有效可信

上述方法中，像观察、交谈、实况记录、活动检验可以直接由教育学人应用于成长个体。测量则更多时候需要由专业的测量人员执行。诊断评价有普通的，也有比较专业的，需要视具体的诊断评价项目内容而定。诊断评价分为普通和专业两种，具体取决于评价项目的内容。普通的诊断评价可以由直接为个体服务的教育学人进行，而专业程度较高的诊断评价则应由专业人员执行，然后将结果提供给为个体服务的教育学人。在选择方法时，虽然不同的方法可能获得相同的信息并实现相同的目标，但具体选择哪种方法应参考教育学人的个人喜好、相关能力及对结果的要求。如果由自己使用某种方法，尽可能选用得比较娴熟的方法，更可能获得比较精准、可信的信息。

（二）能够获取有效可信的信息

如果不能获得关于成长个体有效、可信的认知信息，任何看起来很专业的方法使用都是毫无意义的。必须十分清晰地看到，任何方法的使用都可获得信息，但这些信息真实程度如何，却需要通过长时间反复验证才可能确定。还有些信息可能是瞬时真实，却不代表个体的常态；另一些信息可能是真实的，却是对个体成长发展的状态判定没有多大价值的冗余信息。在使用各种方法之前需要考虑到这些方面。像测量和诊断评价等方法可以在初步试用后再决定是否正式使用。

我曾经历过三个真实例子，举其一例。

一天，某电视台编导给我打电话说发现一个天才儿童，已经获得各种证书，测得的智商高于 140，他们想为她做一期节目，想请我做专家点评。我坚持要见到孩子并看她的表现，相当于用活动检验法了解一下她的情况，再决定是否答应。于是我们约定时间并见了面。孩子的母亲向我介绍如何发现孩子的超常智力，然后找了什么机构测智力，还在什么地方做了怎样的表演获得好评，等等。我私下问孩子："您喜欢这样的活动吗？"她的脸有点涨红，转身背着我没有说什么。她要表演的内容是在大屏幕上呈现次序杂乱的一组英文字母，她看一眼后就能背对字幕按呈现的次序将字母背出来。字母的数量由少逐渐增多，难度逐渐加大。我看了孩子的十余次表演，其间她有个甩手的动作，显示出厌烦情绪，与前面我问她时她的体态语回应构成印证。凭借多年的调查经验，我明白了整个过程是怎么回事，便对编导和家长说："为了这个孩子的健康成长，我不能做这样节目的点评。我也建议今后不要安排孩子做这样的表演了。"

这里所要说明的是：这孩子的此前包括智力测量在内的各种检测可能是在家长的功利心驱动下进行的，受目的牵引，测量的机构未必专业，也不一定能对测量结果做专业的解释，所传递的信息可能是不完整、不真实、不可信的。在这个活动过程中孩子完全是被安排的，而非出于自身的兴趣和内在驱动力。我与孩子见面的过程实际上就是通过活动检验法验证了此前的信息，孩子的行为缺乏自主性和自愿性，其表现出的成果显然是经过长时间记忆训练而得到的。孩子对这种表演式的活动心生厌烦，如果将其视为孩子的优势和特长，那将是对孩子的误解。若继续采用正向激励的方式，只会对孩子造成更大的伤害。

使用任何方法获得的认知信息都可能有误差。从理论上讲，误差是无法完全消除的，但不能放任对信息的误解、误读，更不能基于这些错误信息对成长中的个体采取教育措施。为此，教育学人使用任何方法认识成长个体都需要充分运用自己的经验、直觉、智慧等进行评量、判定，选用最合适的方式方法，选定方法后还需要优化程序，确保信息尽可能有效、可信。

（三）根据认识个体的需求选用方法

总体上，认识和了解成长中的个体时，应适度控制使用各种方法的频率，避免因过于频繁而干扰其正常成长。在选择方法时，并非随心所欲，而是要根据个体的发展需求和认知信息的紧急性来决定。必须明确哪些信息是亟须获取的，然后将其设为认知目标，并审慎地选用合适的认知方法。

针对既定的认知目标，需要根据个体的特性、信息的属性以及教育学人的专长和偏好来选择恰当的方法。这可能涉及单一或多种方法的运用，既可单独使用，也可组合实施。例如，若要评估个体的某项特定能力，可采用测量或活动检验的方式；若要了解个体的主观意愿，则观察和交谈更为适用。重要的是，在使用任何方法前，都应对认知对象的接受度及可能产生的影响进行深入评估。随着个体的成长，其需求和对各种方法的接受度都会发生变化。因此，在选择方法时，必须根据个体当前的具体情况进行灵活调整，避免僵化不变。

从教育学人的角度看，虽然对服务对象了解得越多越好，但个体的成长发展在特定阶段有其认知限制。例如，想认识儿童在 7 岁以前的政治取向，在 14 岁以前的志向，可能用任何方法都难以获得真实的信息。教育学人应对所需认知内容的可认知性进行评估，确保只有在内容可认知的情况下，才采用相应的方法进行深入了解。

三、各种方式方法组合使用

各种方法都有其优劣，都有特定的适用范围和情境，都不适宜于在同一个体身上过于频繁地使用。在选用方法时，可以根据上述因素，灵活地组合运用各种方法。

组合是集成的初级形态，将各种方法组合是集成人学教育论整体发展的初步体现，也是具体方法上的优化。尽管这种优化与集成之间尚有较远距离，但它代表着与集成相同的方向，并为个体认识和整个教育方法体系的更新升级提供了实践经验。组合方法的使用显示出比单一方法更明显的优势，因此其发展前景非常广阔，值得教育学人深入探索。

组合使用各种方法的主要目的是增强方法的功能性，使不同方法相互印证，并避免单一方法的重复使用。由于组合和集成的方法更加高效便捷，人们已经不自觉地开始组合使用一些方法。例如，现实中不少人已经难以将观察和交谈这两种方法有意分开、单独使用了。未来，组合或集成方法的使用可能会远远超过单一方法。

“功能放大”是指几种方法组合后的整体功能大于各方法功能的总和。每种方法的功能通常是特定且有限的，但组合后，整体功能会显著增强。简单的组合可以带来功能的提升，而优化的组合方式则能带来更显著的效果。寻找恰当的组合方式可能使功能呈指数级增长，并产生新的功能。要实现这一点，需要对所组合的方法有深入的了解和熟练的运用，并在实践中不断试验和探索。

“相互印证”是指使用两种或多种方法来认识个体的同一特质，并比较不同方法得到的结果。受视角、精确度和使用者熟练程度等因素的影响，不同方法对同一特质的认识可能存在差异。多种方法的相互印证可以提高认识的质量和效能，使所需认识的特质更加全面、立体、完整、变式、透彻。

为了避免单一方法的重复使用带来的疲劳效应（如交谈过程可能会改变认知对象的观念；过于频繁使用智力量表测量某个体的智力，前一次测量必然对后一次测量的结果有影响），可以增加两次使用同一方法之间的时间间隔，或者在需要认识某一特质时换用另一种方法。这也是一种有效的多种方法组合使用的方式。

总的来说，方式方法的组合使用可以分为同时组合和继时组合两种类型。同时组合是在同一时间内将多种方法结合使用，其组合程度和效能可以不断升级，最高层级就是集成。继时组合则是为了实现特定的认识目标，系统地安排各种方法的使用顺序和时间间隔。继时组合也可以获得单一方法难以达到的认识效果，但这一点往往被忽视。

虽然上述方法及其组合已经有了一些实践应用，但组合的方式方法还有很大的优化空间需要探索。各种方法组合的效能也有很大的提升空间，需要更多的教育学人在实践中不断探索和创新。将各种已有方法集成则是一个全新的境界，目前还很少有人涉足。集成后的方法效能将远高于各种方式方法的简单组合，但集成的难度也很高。例如，现在的拍摄技术可以瞬间捕捉人的笑脸，但对笑脸内涵的解读却是一个难题。如果将先进的拍摄技术与行为心理学理论集成为一种新的集成方法，将大大提高对笑容解读的确定性，为认识成长发展中的个体提供更为有效的方法和手段。

第三节　探索认识成长个体的专业方式方法

已有的认识成长个体的方式方法是与传统的教育学学科体系相契合，不可能从中获得认识成长个体的全部方式方法。所以，要建立集成人学教育学理论，就必须以新的视角去探寻、创立并运用独特的认识成长个体的新方法。

在寻求或创立新的方法之前，需要转变观念。原有的方法关注点主要在宏观、群体，在于获得整体或群体的人的特征及其相关信息，即便在个体身上获得信息，也是为了得出以群体为对象的结论；在于将人当作一种客观的对象，关注人的客观、恒定特征。集成人学认识个体可能需要以群体的特征信息作为参考，但其核心在于深入认识个体，从个体身上获得的信息，主要是为了对个体做判定后提供更精准的教育服务；对众多个体的信息做群体分析不是目的，而是为了充分利用这些信息。集成人学需要了解人的客观恒定特征及相关统计数据，但不会止于客观分析，目的则在于“深入人心”。

数据分析是研究和认识人的重要技术性工具，但对于认识人来说，数据的局限性在于它无法触及人的内心世界。即使是目前备受追捧的人脸识别技术、用户画像以及其他 AI 技术，也同样难以深入人心，且在实现这一目标之前还存在伦理问题。人内心是什么、怎么样，并非完全客观恒定，其变化过程难以仅通过数据来充分描绘和表达。因此，集成人学教育需要恰当运用测量与统计技术，并摆脱对测量和统计方法的过度依赖；将其视为众多可选工具中的一种，而非不可替代的神器。

与此同时，更要注重寻找那些能深入人心的方法，比如观察、访谈、田野调查、亲身参与实践等，以及在此基础上形成的大量调查和实践中感悟的研究方法。深入人心是确保认识人必不可少的前提，但往往又难以做到，不少原有教育研究“成果”恰恰因为不具备这个前提条件而显得价值较低或成为学术垃圾。造成这一结果的原因除了某些研究未能研究真实问题外，还在很大程度上源于研究者所使用的方法难以深入人心，仅仅是基于数据的推演。

同样一组数据，具备深入人心过程的分析与未经过或不能深入人心者的分析所得出的结论必然截然不同。哪个结论更可信，不言而喻。若不将个体作为关注对象，没有集成人学教育意识，则难以对这两种结论的优劣做出正确判断。这导致当下教育研究成果良莠不齐，难以区分。

在教育研究中，对包括认识成长个体在内的任何一个问题的研究，都应考虑尽可能选择更加深入人心的方式和方法。通过多种手段和途径相互印证，并在此基础上综合运用各种可用的手段，构成一套方法体系。

一种教育理论能不能立得住、是不是有进展乃至重大突破，往往取决于其方法论的选择。长期以来，教育基本理论研究进展不多，与方法论上的教条化、单一化、模式化、庸俗化以及具体方法的陈旧、贫乏直接相关。比如，有人常把辩证法庸俗化为中庸之道和折中主义，处处都是“既要这样又要那样”的思维模式，不偏不倚、四平八稳，左右逢源、滴水不漏，导致不少研究结论看似非常严谨缜密、无懈可击，几乎达到了绝对真理，完全没有可证伪性，把什么话都说完说尽了，其实是陷入了绝对主义的牛角尖，说了一堆正确的废话，这无论对理论发展还是对实践操作都没有什么实质性的意义。

在当前条件下，认识成长个体的专业方法还不成熟，能够在哪些方向可能获得有效的发展依然不够明晰。这里我依据 40 余年的调查研究，提出未来可能发展成为认识成长个体的专业方式方法的若干方向。

一、个案集成法

个案法已被广泛使用，而个案集成法则尚属新颖。有人或许会问，个案法本身就包含对个体或群体的长期发展进行连续调查、全面资料收集，以研究其发展全过程，那么集成与否的区别何在呢？

现有的个案法虽然也强调全过程、全面、系统和提炼关键，但主要还是局限在某一个学科范围内，用某一个视角对个体进行个案法研究。个案集成法则从多视角，运用集成人学而非单一学科或交叉学科对个案进行认知、研究。得益于新兴信息技术的支持，个案集成法在处理信息量上远超传统个案法，从而在信息获取、储存、分析和判定等各环节都展现出显著差异。

个案集成法具有更高的灵活性和多功能性。传统的个案法研究目标和焦点相对单一，导致信息收集具有局限性，难以支持研究焦点的转换。例如，针对个体认知特征的研究无法直接转变为对其意志特征的分析。然而，个案集成法通过多角度收集信息和基于集成人学教育学理的观察，确保了信息的充分性和多样性，从而能够在转换研究目标时仍能保持较高的判定和结论信度。在实际使用中，个案集成法转换目标与焦点可能成为常态。

作为一种新方法，个案集成法需要在实践中不断丰富和完善。这不仅涉及整个方法体系的完善，还包括与现代信息技术的紧密结合，从而形成一个广阔的研究领域。同时，针对具体成长个体的个案集成法也需要不断完善，依据个体的特征进行不断调整，以获得更加充分、完整、准确的认知。

实质上，个案集成法是一个方法族群，它建立了一个关于成长个体的数据库。只有保持信息的实时更新，才能进行有效的认识和研究，并支持多重目标和焦点的转换与选择。对于某个成长个体而言，一个个案集成法就足以满足对其的深入认识和研究需求。具体何时以什么为焦点、以什么为目标要依据个体委托的第三方教育学人提出的需要而定。

二、变焦观察法

观察法运用的时间已经很久远，而变焦观察法则是一个新颖的概念，尽管在实际生活中有些人已在无意识地运用这种方法。

“变焦”原本是光学的概念，涵盖了光学变焦、数码变焦等多种形式。其功能主要是放大远方的物体，提升清晰度，特别是光学变焦，能在增加图像主体像素的同时，保持甚至提高其清晰度。变焦观察法是指在观察的过程中改变与观察对象的焦距，得到关注点与清晰度各不相同的观察结果。再对所获得的不同结果进行分析，从而获得对认识对象更加全方位、清晰、准确、真实的认知。

实际上，变焦包括改变焦距和视角。改变视角有两种方式：一是光学变焦，通过调整镜头内部镜片的相对位置实现；二是数码变焦，通过改变成像面的大小或对角线角度来调整视角，从而产生焦距变化的效果。与摄影中的变焦不同，变焦观察法在认识成长个体时，不仅涉及物理焦距的变化，还包括心理焦距的调整。物理焦距指的是观察者与被观察者之间的空间距离，而心理焦距则反映观察者与被观察者之间的亲密程度。

物理焦距指观察者与被观察者的空间距离。人的生理特征和感知觉都决定着人对人的观察在合适的物理距离上效果较好。同时，观察者与被观察者之间的关系、熟悉程度、性别等因素，都会在一定程度上影响观察的最恰当物理距离。在观察对象的动态过程时，随着行动环节的变化，所需的最佳焦距也会相应调整。变焦观察法就是从远近高低各不同的观察点观察认知成长个体。

心理焦距指观察者与被观察者的亲密程度，这种亲密程度取决于双方的相互认知和接受程度。一旦观察者与被观察者的关系确立，观察者便可以通过语言、表情等多种沟通方式来调节双方的心理焦距。这样，观察者便能够在不同情境下捕捉到被观察者的真实状态，深入洞察其内心的多样变化，从而更准确地把握与被观察者成长发展紧密相关的关键、动态和本质性认识。

现实生活中的体验表明，心理焦距对观察效果的影响复杂且微妙。过近或过远的心理焦距都不利于观察者获得准确而真实的认知。例如，父母观察孩子与同伴观察同伴时，由于心理焦距和视角的不同，观察效果也会有所差异。教育者观察成长个体需要根据每个个体的实际选择如何调焦、变焦。

在使用变焦观察法时，观察者要有变焦意识，并理解、运用好这种方法，这是一门技巧和艺术。为掌握这门艺术，可以采取以下措施：①在实践中多尝试改变焦距，并分析在各种背景下观察对象的最佳焦距变化。通过对不同焦距下的观察结果进行深入分析，可以发现变焦观察法的独特效能。②逐步摸索如何针对不同个体更有效地变焦。不同个体的特点会影响变焦的效果，因此需要在实践中界定不同个体的远近焦距界限，作为后续观察的参考。③明确自己的定位。在变焦观察中，观察者会不断改变自己的位置，因此需要考虑定位与焦距对观察结果的影响，避免进行简单的统计比较。④选择合适的环境和情境进行变焦观察。在了解被观察者的内在状况和外在环境的基础上，选择无干扰、稳定的状态进行观察，以获取更真实的信息。观察者还应善于捕捉时机，选择适合的时机进行变焦观察。

三、全息分析法

全息分析法是一种综合性的方法，它能将获取的个体特征、状况及成长信息转化为规范数据，或对非规范信息进行质性分析。这种方法能够全面、深刻、真实、准确且立体地个性化认识成长中的个体。

“全息”一词源自一种技术，该技术能够通过衍射光重现物体，进一步应用于拍摄三维照片，实现光学储存、信息重现和处理。这一技术在全息成像和全息投影中得到了广泛应用。在教育领域，全息分析法主要用于对成长个体的各方面特征和状态进行全息获取、储存和分析，并据此进行全息教育教学。它采用三维或更高维度的认知和分析模型来认识个体，将个体的全息信息转化为具备实际参数的多维高阶方程。对不同个体的认识过程，即是对这些多维高阶方程进行求解的过程。

全息分析法并非简单地将个体所有信息集中起来进行分析。它需要使用规范的统计量和相同的量标，确保分析模型能够接受并处理这些信息。因此，全息分析法的初始环节包括以确定的方式和指标获取信息、呈现信息，并在一定时间内储存信息。在信息充足且认知目标明确的前提下进行分析，再根据分析结果选择合适的教育措施。

正因为此，使用 AI 的全息分析法在使用前需要建立一套能较为适用又能准确表征人的成长发展特征的数量指标、数据与量标体系。分析主要有两种方式：一是使用规范的数据，采用 AI 技术的信息软件进行分析，这是基础；二是对非规范数据进行人工的质性分析，以校正、弥补规范性数据由于对人的特征呈现不充分、产生的信息不完整而可能出现的误差。两种方式缺一不可，相互配合、参考、印证，获得的结果将更为准确可信。

在使用全息分析的时候，需要评估所获得的信息在多大程度上能表征认知个体各方面的全部信息，以获得对认知个体的整体更加清晰、准确的认识；在确保整体可信的同时，还应关注个体的细节或内部丰富的个性特征信息，以更有效地洞悉微观，见微知著。对宏观的把握更准确、完整，对微观的认识更清晰、精细，这两者都是更高效的教育所需要的，并为更加深入、具体地认识微观与宏观的内在关联、因果关系提供了基础。

为了获取客观的个体信息，全息分析法需要充分运用微波、超声全息技术及灵敏的记录介质和合适的再现方法。利用这些技术不仅可获知对象的距离与方位，还能提供目标的立体形象，从而获得更精细准确的信息元。这些技术此前主要用于军事、工业和医疗领域，为认知判断提供客观依据。尽管全息分析在教育和心理学中的应用尚不充分，但随着集成人学教育论的不断发展，这类技术将融入教育体系中。同时需要注意，这类技术在获取人的主观信息方面的能力和真实性是有限的，并不能完全替代人与人之间的深入交流，在使用时要明了其限制，用其所长，避其所短，与其他方法形成互补。

四、感悟集成法

感悟是对先前获取并积累的信息进行反复加工、提炼、反刍的过程，对成熟的教育研究者而言，是不可缺少的认识过程和认识方法。感悟集成法则是在众多感悟基础上对感悟的内容和方式方法加以集成的方法。

悟性部分受先天遗传影响，从事教育和研究时间不长的人也会有感悟，但由于信息储备的不足，他们的感悟可能不够深刻广博，难以运用感悟集成法。甚至对于某些有较长教育工作经历却悟性不足的人而言，也难以驾驭感悟集成法，或难以通过这种方法获得高质量的感悟成果。

感悟很难通过外部技术进行，能否运用感悟集成法在很大程度上由教育学人自身的悟性和生活积累决定。从另一个角度可以说，缺少感悟的研究与教育不仅在方法上存在缺陷，在内容上也难以达到深刻。感悟不同于基于少量事实或数据从某一学科角度得出结论的过程，它需要个体调用全部的生命经验，全方位、多层面、全过程、整体性地深入思考所遇到的问题。感悟是一个终身的过程，不同阶段的判断也会有所不同。

在实际当中，感悟就是个性化的，不同人的感悟方式方法不同，不同人的感悟集成法也各不相同。很难说存在某种所有人都必须遵循的感悟集成规范，可能找到的仅是一些相同的元素：①生活体验丰富。在知识结构上文理交融，有大量调查和亲身实践的基础。例如，叶企孙先生能根据自己对不同学生实际情况的了解与感悟，指出符合其优势潜能和当时学习生活实际的发展路径。生活体验的丰富不仅与时间有关，还与个人的感知敏锐性、社会生活的活跃性和深刻性密切相关。像梁启超、鲁迅、陶行知等人在某一领域都有比常人更深刻的感悟，尽管他们的生命并不长。因此，能运用感悟集成法的人，都是生活中积极、活跃、敏锐、深度参与的人。②较强的人际感知与处理能力。戴尔·卡耐基说，一个人的成功只有15%是由于他的专业技术，另外的85%则靠他的人际关系、处世能力[①]。具备强大的人际感知与处理能力，这首先需要深刻、客观、准确地认识自己，特别是准确评价自己能为成长者提供什么样的服务和增值。同时，还需要深刻理解人际感知与处理过程的关键要素，如价值的远近、真诚程度、风险大小、相互需求程度以及互惠互利性等。教育学人在认识成长个体时，能为其成长发展提供多大价值的服务成为决定双方人际感知与处理效能的首因。③对感悟的集成能力。有些人虽然能够产生感悟，但难以实现感悟的集成。感悟的集成需要对多个具体对象的感悟进行归纳、抽象、简化、提升，这个过程需要逻辑、实证、思辨能力，更需要哲人的品格与能力。

上述四种认识成长个体的专业方法仍处于不完善的阶段，需要更多的实践探索，逐渐完善为集成人学教育观运用的方法基础。

---

① 戴尔·卡耐基著，张然编译：《卡耐基人际交往心理学》，中国国际广播出版社2017年版，推荐语。

第四节　认识多面多样独特的成长个体

每个人都具有多样性和多面性，并且在不断地成长和发展。这一点可以从哲学家康德的经历中得到印证。

康德这位公认的哲学大师，曾经度过了长达 15 年的大学编外教师生涯。为了维持生计，他不得不通过增加课时来获取更高的薪酬。在这段时间里，他并未局限于教授哲学或神学，而是广泛涉猎了数学、物理学、植物学、自然地理学、天文学、人类学、逻辑学、自然神学、教育学等多个领域，甚至还涉及了要塞建筑术和烟火制造术等实用技能的教学。正是这种广博的知识储备，使康德掌握了 18 世纪主要的科学研究理论与方法，进而与拉普拉斯共同提出了关于天体运行的假说。他在自然科学领域的研究不仅深入，而且有所发现和创新。直到 1770 年，康德才正式晋升为逻辑学及形而上学的教授，从而结束了编外讲师的身份，开始享受学校的固定薪酬，其教授就职论文是《论感觉世界与理智世界的形式和原则》。在 1770 年之前，他的主要工作都集中在自然科学领域。1755 年，他出版了《自然通史与天体理论》一书，这本书的出版为他后来影响欧美乃至全世界的哲学成就奠定了坚实的基础。康德的经历生动地展现了个体成长与发展的多样性和多面性，而每个人的成长路径和特征又都是独一无二的。

传统的教育理论和教育人并不否认成长个体的多样性、多面性，但在实际的教育活动中，如教学、管理和评价环节，却常常以集中、单向的权力以及单一、刻板的标准来面对和要求这些多样、多面、个性化的个体。当学生出现在教师面前时，教师往往首先想到的是如何将已定的课程内容传授给学生；当学生走进教室时，他们自己的独特性往往被忽视，班级成员和课程安排也很少考虑到学生的多样性和独特性；当学生走进学校时，学校所感知到的往往是一张张相似或几乎相同的面孔。学校更关注的是自己过去的成就、未来的考试成绩和学校的品牌声誉，而很少去探索和满足每个学生个性化的成长发展需求。在互联网时代的在线教育中，由于师生比例的变化和在场教师的不足，更难以真正认识到每个学生的多样性。这些现象背后的深层原因是教学体制、管理体制和评价体制对个体多样性、多面性和独特性的排斥、蔑视和摧毁。这种体制最终将原本具有多样性的个体塑造成千人一面、千校一面的学生。

所以，认识多面多样独特性的成长个体，首先需要在思想理念上清晰、坚定地认识到多样性是个体特征真实且重要的一部分。认识多样性、独特性的个体，并遵从天性办教育，就是在教育上求真；依据个体的多样性、独特性进行教育教学，而非依据机构或其他设定违逆、消磨天性，就是求善；让更多人的多样性、独特性获得有效成长，生成万物并茂的人间景象，就是教育之美。为了实现教育上的真善美，就需要改进、超越或绕过、消除那些单一、单向的体制和机制。

关于个体的差异性，加德纳的多元智能理论和众多论著已经进行了深入的探讨和展示，这里不再赘述，而是将重点放在如何更好地认识和理解多样性个体上。

一、在个体特征系统中探寻他与众不同的特征

对个体的整体认识是准确认识并判定个体的多样性、多面性、独特性的前提，也只有具体、准确地看到了个体的这些特征，才能说整体了解了这个个体。所以，教育人需要从多种渠道获取信息，以建构出对个体的全面认知框架，从而实现因材施教。

现行以高考为核心的评价体系，往往过于强调寻找不同个体的共同特征以进行比较。这种做法仅关注了个体多样性中的一个特征，却常常以此作为决定个体命运和社会资源配置的唯一依据，这无疑并不十分客观、科学。这种评价方式不仅无法全面发掘个体的优势潜能和特长，更可能导致优秀人才的埋没和杰出人才的缺失。

为了全面认识和理解多面、多样且具有独特性的个体，需要转变评价的重心。在参考标准统一的通用测量结果的同时，更应着重于发掘个体与众不同的特征和能力，并在教育中扬长避短，避免将所有人塑造成千人一面的模样。这是一种与原有教育和评价完全不同甚至相反的教育与评价理念，因而所使用的方式方法工具也完全不同。

在方式上不能采用统一方式，而需要用个别化的方式，又要使得个别的方式不陷入碎片化，具有连贯性、系统性和在一定程度上的可比性，这就需要为每个人写一本教育学的个案生成方式。这样对每个个体的知晓就不会是偶然的，而是通过长期观察和培养来准确反映其天性，并以此作为其继续成长的依据和起点。

在方法上，当下已有的所有测试都只能作为参考，需要专业的教育学人对充分的数据和非数据的个体信息进行分析、归纳、提炼，而这些仅仅是基础。更为重要的是，需要为每一个独特的个体构建一套专属的方法系统，这套系统应随着个体特征的变化而灵活调整。从方法论到具体的方法，各种方法的组合，不同方法的改用或移用等都需要依据对成长个体的观察了解需求进行优化处理。

在探寻个体的独特特征时虽然可以借助通用工具，但目标不再是求同而是求异，是发现个体的与众不同之处。每个人都有几乎难以计数的与众不同的特

征，如何将其中对个体成长与发展有独特价值的特征筛选、提炼出来依然是高难度的任务，需要高素养的、实践经验丰富的教育学人才能完成。其中的关键在于，要在个体特征系统中搜寻成长价值高的独特特征，而非简单将若干个特征与其他个体进行比较就得出结论。在比较个体的某一特征时，既不能忽视社会众多个体共同特征的常数，又不能忽视所观察个体的特征系统。

在人类历史上，杰出的人都具有独有的特征系统，教育学人需要将面对的成长个体的特征系统与人类历史上众多个体特征系统进行精微比较，才可能看出其独特性之所在。只有发现并准确表述了个体的独特性，才能据此发展其独特性，并逐级培养出具有鲜明特征的杰出人才。

二、在个体成长全过程中发现他的独有特征

每个人的独特性都会在其成长过程中以特定形式展现，例如爱迪生从小便显露出强烈的动手操作和发明的欲望。然而，对于大多数人来说，他们的特征可能并不那么明显，或者在特定时刻才会显现。有时，特定的外部诱因或条件才能激发出个体的特殊才能，这正是“时势造英雄”的体现。因此，教育学人需要持续关注个体的成长变化，从其成长经历中搜寻并及时准确地描述这些变化。

已有的发展心理学对个体的阶段性发展特征有比较充分的研究、探讨与表述，但这些研究更多关注共性特征，而对于个体成长中与众不同、难以标准化的特征则探讨较少。然而，正是这些独特特征在个体成长中具有更大的价值和重要性。

在个体发展的早期阶段，如 1 岁之前，特征表现可能尚不明晰和稳定，难以依据某一表现的差异做出教育应对。然而，这并不意味着细心的父母和专业的教育学人无法在这个时期发现婴儿的差异性特征，事实上这是教育的高精尖领域。2—25 岁阶段，个体的个性差异性特征逐渐显现，但常规教育往往对此视而不见，在教育内容、方式方法上以规范化和标准化的行为对待个体，这种做法有其价值，但过度规范化和标准化的教育方式也可能会对个体造成伤害。与此同时，由于数量巨大，教育学人需要以系统观念和方式对各种差异性特征进行认知、分析，并采取相应的教育应对措施。这样做不仅仅需要观念的改变，而且需要更加充足的教育专业资源，需要更高的教育成本，需要调整个体与社会、政府的责权边界。

源自遗传因素和早期环境的影响，个体发展特征常表现出多种差异性，包括能力结构、能力发展水平、个性倾向性等方面的差异。例如，有的聪明伶俐，早熟过人，注意力集中，记忆力强，学习成绩好；有的则早年迟钝或

反应慢，却思考深，大器晚成。又如，有的积极热情、活泼开朗；有的冷漠孤僻、胆小怯弱。同时，同一个体在不同领域的发展也并非等速，身高、体重、动作以及心理品质、各种能力的发展也各有差异。每个人的成长都是在与外界的互动中进行的，不同的环境和际遇所引发的个体个性特征的发展也不相同。

虽然 25 岁以前是个体独特性表现和成长的重要时段，但只关注这一阶段显然是不够的。对于那些大器晚成的人来说，成年后的独特特征在其发展中发挥了关键作用。许多人未能实现“大器晚成”，主要原因不在于其遗传特征上是否有大器晚成的条件，而是由于他们大都在成年后就未再关注自己的成长发展，就未注意发现、发展自己的独特特征，这是个人的不幸，也使得社会资源的效益未能充分发挥。

个体的全程发展超越了当下公共教育体系的范畴，而它又在全称教育范畴之内，这也是前文所说第三方教育学人作为一种职业兴起的必要性所在。成年以后，每个人依然都可能面临“找不到自己”的尴尬，都需要在第三方教育学人的协助下发现自己的独特性、发展优势和机会。

三、在生活中发现人的与众不同之处

教育与生活的范畴相等，但因通常教育学所界定的教育范畴小于生活，在生活范畴中能够观察到更多元、更深入、更复杂的个体特质，尽管这增加了观察的难度，但所获取的信息却更为真实、完整、生动和精确。这正是集成人学使用全称教育所要追求的教育境界。因为在生活中发现个体的与众不同之处，而不是仅仅在狭义的形式化教育范畴内定义成长个体的独特特征，才能充分完整地覆盖与个体成长相关的所有的独特特征。

如此界定使得个体成长的独特特征超出了原有教育学科的范畴，更不在学校教育的范畴内，远远超出当下知识测试为主的考试，涉及面更广，数量更多。全称教育一方面要为个体成长发展提供更多机会，另一方面也要求教育学人走出校园，对个体生活进行更多的成长与教育观察，并寻找到可以激励个体成长的更多作用点。这自然会增加教育成本，进而可能影响恩格尔系数。但值得注意的是，当恩格尔系数降低到一定水平，且教育发展追求更高品质时，才有可能在生活中全面考察个体的独特成长特征。然而，生活中还有另一种极端情况：在生活艰难、正规教育难以保障的环境下，个体的独特性只能在生活场景中被发现和发展。这两种情况分别代表了生活在不同层次的个体独特性的展现方式。有趣的是，那些在生活场景中成长的人，由于对机会的极度珍视，有时发展得甚至比接受过完善形式化教育的人还要好。

这表明，原生态的生活才是最真实的考察背景，才能提供高信度的信息。传统的学龄儿童评估通常只关注学业和与学业相关的特征，而忽视了生活中的内容、能力和个性特质。这种做法不只是在考察对象与背景关系上造成一定的失实，而且丢失生活在内容范围和方式方法上也是不完善的，对个体的成长可能也是一种失误，从而可能误导个体进入成长误区。任何一个人都承受不起这样的折腾。

尽管学校教育已经开始意识到，在生活中人的个性特征能够更真实、充分地展现，有些人也尝试使用微电影等信息技术记录个体的生活，展现个体成长中的多面性，但学生在学校、家庭和社会不同情境下的表现仍然存在差异。在学校，他们可能会为了遵守规则而掩盖某些方面；在社会中，他们可能稍微放松，但仍难以完全展现真实自我；而在家庭中，他们则更可能展现出原本的特征。这说明，在生活中可以看到立体、多面的个体的特征，而且具有较高的真实性和不可替代性。

生活的多样性为个体提供了丰富的选择。天性各异的个体在多样的生活情境中，根据彼此的亲和性高低进行组合，这种组合既具有偶然性，又呈现出连续性和程序性，从而形成了个体成长发展的多因多果特征。每个孩子先天遗传基础上的多面性、多样性与后天的家庭、学校、社会环境的多样性不断进行着选择、组合或重组，在这一过程中同伴关系和价值观的影响尤为显著。例如，两个活泼外向的个体可能相互选择，也可能相互排斥甚至敌对；两个内向深沉的个体同样可以相互选择，也可能形成深度隔阂。又如，一个性格内向的个体在一个性格外向的同伴群中可能向外向转变，也可能变得更加内敛，在一个性格内向的同伴群中也可能成为外向型的个体。因此，个体的多样性不完全是遗传决定的，在一定程度上也是生活际遇与同伴等因素共同作用的结果。这也是必须在生活中发现个体的独特特征的依据、路径与方式方法。

“人究竟是什么”是各种涉及人的学问中不断被追问的问题，对它的解答众多，通常对同一个人就存在多解。教育的主体和对象是人，而众多教育人常常弄不清楚人究竟是什么，导致他们在教育中无所适从或盲目行动。集成人学致力于打破这种困境，它主张从生活的角度出发去细致地观察和理解个体，在生活中发掘个体的独特性和特性，并强调充分把人与其周围的物和其他所行的事作为一个整体系统考察，以更深刻、更全面地了解和认识人。世事万物，人在其中，在待物处世中观察、辨别人，才能获得关于具体个体的更真实、完整的个性特征，并在其中筛选出其独特性的部分，服务于他的成长发展。

第五节 施加教育影响获取反馈信息

在已有的对成长个体独特特征认识的基础上，更进一步的认识需要更新的方式方法。

现有对个体的认识主要采用静态的方式，观察者与被观察者角色固定，不可任意转换，在大多数情况下进行的是不施加教育因子的观察。在一些观察中观察对象可以处于正常活动状态，但观察者往往只是作为静态的旁观者；在实际教学中双方存在互动，但这种互动并未被视为观察的重要背景或整体对象。在实施观察的时候，角色固化可能使得获取的信息失真。

《易经》中的蒙卦象征启蒙，对它有一种解释为：不是我有求于幼童，而是幼童有求于我，第一次向我请教，我有问必答，如果反复无礼地提问，则不予回答。这体现了教育过程中的互动性和对学习态度的重视。集成人学教育在继承并精细化、优化原有观察方式的基础上，借鉴蒙卦的启示，从三个方面改进并设计出认识成长个体独特特征的新方法。

一、通过教育干预，从反馈信息中洞察个体的独特特征

简言之，这个过程就是对观察的成长个体施加一定的教育措施，再测量或观察个体身心发生的变化或相应成长效果，依据效果确定个体是否具有某种独有的特征，以及这种特征的实际状态和特性。在实施过程中，要求教育学人展现出智慧、艺术性和技术性，这些都需要通过长期的实践积累。以下是一些需特别注意的环节。

首先，要明确目的。教育干预不是随意的，而是需要精心策划。应深入分析个体的现有信息，筛选出那些确实需要通过这种方式来确定或验证的特质。在确定采用这种方法后，还需进一步提炼和明确目标，以避免目标过于宽泛。目标越明确，验证或发现的准确性越高，效果自然也会越好。

其次，要选择恰当有效的教育措施。可以选择的教育措施很多，要依据个体的现状、能力、一般特征等，筛选出最合适的2—3种。还需选择合适的时机和场景，优化、简化程序，以适当的方式对个体进行教育干预。

最后，要进行有针对性的前后测试。为了获得尽可能准确的结果，必须对相关的指标进行规范的前测和后测，并尽可能控制其他可能产生干扰的因素，以减少冗余信息。

获取反馈信息后，需要结合个体已知特征来分析新信息所揭示的个体特

质，它能证实或证伪对该个体的某些特征判定，显现出个体某一特征的程度和范围，并可能带来新的发现。

二、参与成长个体互动，系统观察以确定其独特特征

成长个体在静态与动态状态下的特征表现差异显著，与不同的人互动所呈现出的特征也有显著的差别。因此，在有意安排的动态情境中，通过精心选择与不同主体进行互动，能够更全面、真实、有效地捕捉个体的独特特征信息。例如，儿童在陌生的环境中与和熟悉的玩伴在一起时显现出的特征就有较大差别，甚至某一特征只有在极为特殊的情境下才能显现出来，所以长期不为人知，甚至他的父母、熟人、同伴也一无所知。个体的特征表现与情境的对应性使得改变情境、参与互动极为重要，这为观察个体的独特特征开辟了广阔且不可替代的空间。

参与互动就意味着教育人也需要融入所要观察的成长个体的互动中。此时教育人与成长个体通过互动有更深入的接触，也会有更加多样、生动的局面，这需要精巧的设计，也需要敏锐的观察和有效的信息收集，需要教育人的身体力行。

为了完整、准确地获取个体的特征信息，需要系统观察其在不同情境下与不同个体的互动中所呈现出的各种特征和表现，然后进行对比和分析。为此，可以设置一些典型的观察情境。为了获得真实的信息，观察应尽可能在被观察者未意识到是有意安排的自然状态下进行。

当然，也可以在观察对象完全自然的交往状态、正常的生活情境以及自主的互动方式中，对个体特征进行事先不设定目标的原生态观察。这样的观察信息更为真实，信息的分布更为弥散，需要教育学人具有比设定条件的个体互动情境观察更为渊博的学识和强大的分析能力，也需要更长时间的观察积累，才能准确有效地捕捉到个体成长的独特特征。

在原生态的互动情境下进行教育干预，其复杂程度更高，需要教育学人具有更高超的教育智慧与艺术，巧妙处理好各种因素之间的关系。

三、转换角色，淡化身份，以获取更真实的个体独特性信息

陶行知曾提出，“以朋友之道教人”是一种有效的教育方法。同样，以朋友之道了解、发现人的独特特征也极为有效。在此过程中，不必过于拘泥教师和学生的角色，要淡化教育者的身份，与成长个体进行更平等、更亲近、更多样、更广泛、更有深度的互动交流。

转换角色不排除教师以学生的角色出现，将学生当作学习的对象。但这仅是其中一种转换，师生之间的角色转换可以根据生活中的特定情境或人为设定的情境进行多重、多样的角色转换。例如，可以转换为邻居，可以成为一起购物的顾客，也可能是某一游艺活动的同一团队成员。理论上讲，生活里所有的角色都可以成为教育学人与成长个体转换的角色，当然在实践中，可能需要根据时间、空间和成本等因素来适当选择角色。通过不同的角色去认识成长中的个体，可能获取到其他角色难以获得的独特新信息。将这些不同角色获得的新信息汇集并分析，能更立体、完整、清晰地了解个体的独特特征。

在角色转换过程中，以诚相待是基本态度，需要摒弃长期以来被某些教育者使用的教育腔调。在此过程中，双方可以相互评论、辩论，成长个体可以表达对教育者的真实想法和态度。这种互评信息能反映出其他方式难以获取的信息，既可作为教育者改进工作的依据，也可作为发现和判断成长个体独特特征的依据。

转换角色需要经常换位思考，以准确理解个体展现出的各种特征。这就需要教育学人在观念和意识上改变铁板一块、长久不变的教育者角色定位，既能站起身以长者的角度看成长个体，又能蹲下身从成长者的角度进行观察，还需要以平视或其他多视角看到个体多方位的独特性。

认识个体的独特性需要使用标准化的教育心理测量作为参考，但是仅靠那些数据是远远不够的。前述介绍的各种方式方法为进一步探索认知个体成长发展的多样性、独特特征开启了一扇门。事实上，认识个体特征的方式方法是没有固定标准的，也是没有止境的。更多独特的方法需要教育学人根据自己的优势和所要认识的成长个体的独特性来探索和创新。

第六节　验证成长个体的自我认识

个体的成长一直伴随着不同的自我认知，个体的成长状况与其自我认知发展水平直接相关。成长着的个体一直在进行着自我认知—自我建构—自我实现，然后生成新的自我认知，进入新的自我建构、自我实现循环过程。当这一循环停止时，即便生命仍在延续，个体的成长实质上已经结束。

一般来说，自我认知越清晰的人，其成长发展状况往往越好。微观的例证是，学业优秀的学生在考试后给自己的估分通常更为准确，而学业不佳的学生则往往估分与实际分数有较大出入。宏观的逻辑是，中国大学一直将为己之学作为追求目标，与西方大学不断重述苏格拉底“认识你自己”（know yourself）的命题相接近。验证成长中个体的自我认知水平及其特征，不仅是了解个体的基础，也是深化对其认知的必经之路，经由此才能进一步深入具体地认识真实生活中的人。

一、可验证的内容

在此不深入讨论自我认知，而聚焦于验证个体的自我认知。这种验证主要包括以下四方面。

（一）验证个体的自我认知发展状况

个体的自我认知状况本身就是其成长发展的重要特征之一。既可以通过它了解具体个体的直接对象和内容，又可以通过它间接获取个体在与自我认知相关所有方面的发展信息。因此，应该高度关注个体的自我认知发展状况。

在儿童期，自我认知的主要决定因素是儿童的成长水平，通常随着年龄的增长，自我认知水平会逐渐提高。但是过了青年期进入成年后就会出现较大的分化，这种分化在很大程度上与个体的性格及受到什么样的教育关系密切。如果教育不当，一些个体的自我认知水平就难以提升，甚至出现下滑。

有研究者认为，由于外在诱惑太大而忽视了内心感受，许多人在进入社会后逐渐迷失了自我，导致高达90%的人其实并不真正了解自己。特别是一些人可能因为不愿意正视自己的不足，不能自我接纳，久而久之失去了自我认知。还有些人受地位、权力、环境的影响，自我认知的发展水平不是随时间推移越来越高，而是随着地位变化、权力增大而逐渐降低。其表现分为自我认知结果高于或低于预期，前者表现为盲目的自信，后者则表现为自卑。

自我认知水平降低显然会直接影响个体的成长发展，一路升迁的官员，一直考班级前几名的学生，一直将学业成绩好当作“一好遮百丑”的遮挡盾牌的人，都可能降低自我认知水平，丧失对自己的理性认知。教育学人可以通过向他们更完整地呈现个体真实表现的多方面证据，以适当方式给予提示或警示，使他们的成长和认知回归正常。

（二）验证个体的自我认知的个性化特征

确实有一些成长个体可能因为不善于洞察自己，认知能力不强，认知特征呈分散、低效的状态，不知道自己的深层意愿，因而不知道自己是谁。

在现实生活中，有些人自我认知意识薄弱，自律性差，无法自我认同和接纳，对自己感到失望，却无力改变现状。他们不知道改变自我认知是改变自己的起点，不知道如何为实现目标做准备，因此行动常常受挫，感觉付出得不到回报。这些人在成长和发展过程中常感迷茫，难以冷静地自我了解和建构，自我预期常达不到目标，这些都是发展不充分的个体常见的自我认知特征。相比之下，发展得较好的个体通常表现出较强的自我认知意识，他们形成了通畅高效的行为反馈信息循环，能够自主地在与自己行为相关的各个方面寻找自我证明的证据，准确地认识自己，看到自己的长处和短处，自觉地进行理性分析、自我解剖，并不断寻找生活和工作中的机会来检验和验证自己。他们重视根据验证结果重新构建自我，确立新的目标。

（三）验证个体的自我认知结果的真实性

在个体的成长过程中，需要不断地通过各方面的验证反馈信息来校核自己的行为方向、目标、节奏和力度。

每个人都会在内心形成关于自己各方面表现的认知，其中有些符合事实，有些则与事实不符。然而，由于缺乏验证，许多人并不知道自己的哪些自我认知是真实的，哪些是虚假的。这种情况可能会耽误个体的成长发展机遇，或因错误判断而造成问题积累，对个体的长期发展产生难以消除的负面影响。

作为第三方教育学人，需要选用合适的方式方法获取成长个体成长发展的真实状况和自我认知的真实信息，进行认真细致的核对，找到两者之间差异的大小和特征后，根据观测对象的特征和理解能力，以适当的方式告知他们，并尽可能使告知的方式和过程对个体产生激励作用，减少消极影响。

（四）验证个体的自我反省能力

“行有不得，反求诸己”，反省能力在自我认知过程中极为关键，影响着自我认知的启动、深度、准确性、整体性、灵活性等特征。可以说，反省能力是决定一个人自我认知状况、能力和结果真实性的关键因素。

个体的自我反省能力主要通过其自我认知的速度、深度、准确性和纠错能力来验证。具有强自我反省能力的个体能够快速、深刻、准确地认识自己，并及时发现和纠正错误；相反，自我反省能力较弱的个体在上述各方面表现都会较差，且难以纠正自己的认知错误。强自我反省能力的个体更有勇气和能力不断否定和更新自己，形成新的自我认知。

自我反省既是一种能力也是一种活动。验证自我反省能力的另一种方法是观察个体自我反省活动的频率。在智力和其他条件相同的情况下，通常自我反省次数多的人具有较强的自我反省能力。

此外，还可以根据个体思想和观念的比例来验证自我反省能力。思想是动态的，与反思能力有较大的重叠；观念是静态的，常常成为自我反省的束缚与障碍。观念较多且稳固的人通常反省能力和自我认知能力较弱，而思想较多的人则具有较强的反省能力和自我认知能力。

进行上述验证过程，需要通过实际例证，不能凭空进行。要明了，从逻辑上验证只能验证其有，不能验证其无；能验证的对象与范围是有限的，未验证的范围则是无限的；不能以有限的验证结论排除个体尚有未得到验证的成长发展可能性；在使用实例时要注意区分其表征的价值，并准确确定不同表征之间的可比性和等值性关系。

二、验证的方法

教育学理需要有通顺的逻辑，在实践上需要可操作的评价和验证方法。在对自我认知的验证中常用的方法有下列四种。

（一）常识检验

若一个人缺乏基本常识，可能表现为极端、双重标准，对人态度尊卑分明，谄媚权贵，欺压弱小，盲目追星、跟风、攀比，并形成固定观念和行为习惯。这表明其缺乏基本常识，自我认知有限。常识缺失还表现为对困难和问题的无知、盲目自信，总认为别人愚蠢、自己聪明；或坚守自己的信念和行为，贬低他人；或受标准答案束缚，思维僵化；或将复杂问题过分简化。这些常识的缺乏都会严重阻碍个人的自我认知。

在评估时，需区分未知常识和常识无知。例如，小孩不知火烫手，属于未知常识；如果成年人还将手伸到火中，则属于常识无知。由于常识本身也是广博的，不同人的专业领域有差异，每个人的未知常识与常识无知之间有比较宽广而又复杂的边界，且对应的个体自我认知状态及其特征存在质的差异，需要审慎地加以区分辨别。

（二）逻辑检验

逻辑检验就是将个体的自我认知进行逻辑推理，通过逻辑性强弱判定其自我认知的特征。人是否有理性的态度决定着他的思维特征，也决定着他的自我认知的状况与特征，所以逻辑检验能初步判断个体的理性程度。

从思维对象的特征可将人的思维分成点型、线型、面型、三维立体型、四维时空型和高维高阶型。受逻辑与思维局限，低维思维难以形成深刻的自我认知，如点型思维近似本能，思维僵化，难以从自身利益与观念中自拔；线型思维难以接纳多样性和可逆性，难以面对他人与自己已有自我认知相异的表达。增加时间、情境、趋势、利弊、人性、社会等维度后，思维的维度越高越能够获得丰富、清晰、完整的自我认知，看到自己的正反面、优缺点以及某种因素发生变化时的自我状态。因此，获得成长个体的思维和逻辑特征后就可以在更深层次上验证个体的自我认知，这是完整认识和验证成长个体自我认知的必要部分。

（三）实证检验

实证检验，即利用可观测的实际证据来核实个体的自我认知。追求真相是自我认知的核心任务。然而，有些人更倾向于追求主观感受或沉溺于虚荣的晕圈效应中，这可能会掩盖他们真实的自我，导致自我认知的偏差。

现实中的个体自我认知难以通过实证检验，并非他们的眼、耳、鼻等感官迟钝或存在问题，而在于他们的感官受某种脱离实际的观念支配发生了选择性感知，对一些存在的对象视而不见，对另一些存在对象加以过度放大，使得整体认知与事实不符。实证检验旨在揭示这些误区，通过证据展现个体真实的自我，一方面发现个体未能认识到的成长机会，另一方面校正个体对自身的误判。

（四）效果检验

效果检验主要是通过成长个体的活动效果检验其自我认知。尽管一些自我认知强的个体会根据活动效果调整自我认知，但仍有不少人未能将这两者联系起来，不知道将自己的活动效果作为检验自我认知是否准确的依据。教育学人可以第三方的角色，指导个体如何利用活动效果来检验自我认知。当然，个体行为效果受多种因素影响，但个体持续多次的活动效果所产生的总体表现应该是其自我认知必要的参考依据，两者具有较大的一致性。

同时，效果检验需注意时效性，因为个体在快速成长，注意不能用过时的效果检验甚至限制此后的个体认知。适当的时候需要通过质疑、倾听、对话、沟通，对事实进行更全面的了解，才能更准确地建立效果与自我认知的对应关系。

三、验证结果在成长个体身上的运用

显然，通过验证自我认知的发展状况，可以更加全面、完整、深刻地认识多样性的成长个体，以更好地服务于个体的成长。当然，验证本身也对个体的成长发挥着重要作用。

（一）推动个体自我认知水平的提升

验证过程本质上是对自我认知的深入探索和精细关注，这无疑会对成长中的个体产生影响。它不仅能提高个体对自我认知的重视程度，促使其投入更多精力进行自我反思，还能激发他们学习更多关于自我认知的知识和技巧。通过这一过程，个体能发现更多内外部的参照物，进而增强自我认知能力，提升自我认知水平。

（二）强化个体自我认知意识并提供方法指导

验证的过程和结果都是对个体自我认知的一种刺激，能深化个体对自我认知的印象，并加强其对自我认知与自主成长之间联系的理解。在教育学人验证个体自我认知的过程中，个体有机会学习到一些自我认知的方法，并掌握利用这些方法促进自身成长的技巧。如果能得到有意识的指导，个体的自我认知和发展能力将得到更快速有效的提升。

（三）推动个体在更真实的自我基础上实现建构与发展

来自外部的验证个体能够看到一个更加真实的自我，从而更好地把握自我认知—自我建构—自我实现的循环节奏，并更有效地利用这一循环推动自主发展。大量成长案例表明，当个体基于模糊的自我认知时，难以进行有效的自我建构和实现。而提高自我认知的真实性，则能使后续的两个环节更加顺畅、高效，从而缩短循环周期，总体提升个体成长的运转率和效率。

本书之所以用如此大篇幅来阐述对真实生活中的人的认识，是因为这个问题在信息社会越来越被忽视，而由此引发的问题却日益增多，这已经成为制约教育学发展的关键问题。精准地认识每一个成长中的个体，对人的成长发展至关重要，特别是在实现尊重人的天性、促进人的个性化和多样性发展方面，其重要性日益凸显。教育者在采取任何教育举措之前，都应对其初衷有清晰的认识——那就是促进受教育者的成长发展，而非阻止、限制或阻碍其成长。而要做到这一点，就必须以对成长个体的准确、完整、真实且精微的认知为基础。

但是，认识真实生活中的人一直都是教育中久攻难克的难题，尽管对成长个体的认知方法一直在不断探索与改进，包括本书的探索在内都仍在路上，永远没有止境。教育学人要学会倾听学习者内心的声音，发现他们身上已经存在但表现尚不明显的发展趋势，不断探索或创新认知方式、方法、工具和技能技巧，以便能更有效地理解真实生活中的人。

在认识真实生活中的人的过程中，如何处理群体与个体的关系一直是千年难题。教育者常常站在群体的立场，一刀切地要求个体必须遵循统一的教育原则与要求，忽视了要遵守教育原则、原理的是教育教学过程中的教育学人。教育学人对教育原则原理的遵守正是为了更好地服务个体的成长，也就是要服从人的成长发展的最大利益。

第四章

集成人学的教育假定与改进

集成人学教育认为教育是人类最尖端的活动和学问，必须将生命、人文与科学融为一体，因应个体成长发展及社会发展需求不断改进。人的天性是确定且难以消除的，但外部条件足以阻碍或遮蔽某些天性发育、发展成为个体的稳定特征。教育在天性成长中可以发挥阻碍、遮蔽、磨蚀或激励、引发、发挥的双向作用。个体成长状况与社会发展状况具有对称性，有什么样的个体就有什么样的社会，个体人格的健全发展是社会健全兴旺的根基；个体创造力和情感成长的缺陷必然表现为社会问题，显现出相应的社会病态。个体成长于社会共生、互生之中，并相互选择。选择是个体的基本权利，也是社会向前发展的活力之源。被众多人选择的社会和教育将更加兴旺，积极应对选择才能健康发展。教育是教人做人、创造理想社会，教育改进是为了更好地做人和创造理想社会。

好教育具有教育理想、教育理论、特定时间空间的相对性，不同人追求的好教育不同，需要各方协商、选择，本着以人为本，依据共建、共治、共享原则创建好教育，关键在于个体成长得好。第三方教育学人是教育改进者的最佳定位。通向好教育的方法、路径、过程需要每个教育学人和成长个体依据自己的资源、条件和未知数去求解。教育学人应自主自觉自愿地成为教育改进者，勇敢担当与传承对成长个体和社会的责任，参照相关的基准和当事人的满意度寻找改进机会，充分将想象和实证方法作为工具，明确界定所要改进的对象，设计好改进方案，逐级找到自己的专业改进起点，才能做有价值、有效果的教育改进。

关键词：集成人学；教育假定；改进

集成人学教育观认为教育是将生命、人文与科学融为一体，教育实践迫切需要将生物学、生理学、遗传学、医学、人类学、社会学、哲学、历史学、谱系学、AI 技术、现有教育学和心理学等各学科的内容与方法转换为知识单元、技能单元或信息单元，运用集成的方式形成具有新结构和新功能的智能工具模块，对生活中的人进行全方位的认识、研究、培育。必须将人类数千年来积累的所有关于人的学问和知识融为一体，而这并非简单的学科交叉，如生物化学或物理化学那样，而是在共同目标下将所有内容与方法以类似芯片制作的方式集成为智能工具，其中也需融入较多源自近代学科分化的已有教育学理和概念。

集成人学教育观在认识生活中的个体之后，认为教育需要因应个体成长发展及社会发展的需求不断改进。整个社会就是个教育场，个体所在环境中的教育场强为单位个体的受教育量，可表示为：

$$Q=E/m \quad (\text{II})$$

其中，Q 为特定社会的教育场强，它可以是正值或负值；E 为个体所处社会的教育场；m 为个体在其中所受的教育影响的质和量。教育改进是对现实的教育不满而进行的完善行动，它是相对于用得很多已经有歧义的教育改革而言。具体到一次改革可能是改进也可能是改退，可能是改良、改善也可能是改劣、改恶，改革前没有明确的判定、界定。教育改进跟教育改革不同，它在对具体对象进行改变之前就已经做出了进退、优劣、善恶的价值判断，只选择朝着提升教育场强的方向努力，改进包含内容、方法、理论、制度等方面。教育改进明确知道是当事人要的改进，不是改退；是希望要的改良，不是改劣；是希望要的改善，不是改恶。这是教育改进的基本内涵、基本方式。

与教育改革的主体只能是组织机构或少数有特殊条件的人，且需要形成一定范围的共识不同，教育改进是每个人都可以参与的。教育改革要有个组织或机构来组织发动，而每个人都可以根据自己的理解和判断来进行教育改进，无论大小，且可以单独进行，也可以与多人组成群体共同进行。教育改革有特定的时期和阶段限制，而教育改进的时间具有延续性，可以在新的视野和判断基础上不断进行。教育改革可能局限于某些具体内容，而教育改进则是全方位的，经过评估，判定哪里需要改进就从哪里去改进。

下面根据实践观察体验，依据集成人学教育观提出一些假定。

第一节　个体天性中含有社会遗传

康德强调，探究自然是人类思想启蒙的必经之路。深入理解自然，人们才能洞悉人类活动如何顺应自然变迁。因此，他的课程从数学、物理学、自然地理学等自然科学起步，逐渐延伸到人类学、逻辑学、自然神学及教育学等人文社会科学。对个体天性的认知，也需从自然出发，但是天性是不是完全属于自然？这里所说的天性还承载着社会遗传的烙印，揭示出每个个体都是受社会选择影响的自然存在。

一、假定表述

个体天性中既有生物遗传，也有社会遗传，是生物遗传与社会遗传的组合体。教育事实上需要在双重遗传基础上进行，教育产生的效果也是双重遗传发生的效果。

人以社会方式生活后，不同天性的人在特定社会中的生存状态各有差异，什么样的人能够生存繁衍后代在一定程度上是由社会决定的。特定的社会选择机制会提升某些天性个体的社会地位和生活优裕度，进而增加其繁衍机会；相反，另一些天性的个体可能因地位卑微或生活艰难而繁衍受限，甚至灭绝。因此，在特定社会环境中，受到正面选择的天性逐渐占据主导，而受负面选择的天性则逐渐减少乃至消失。经过多代的遗传与选择，生活在特定社会的个体不可避免地融合了生物与社会双重遗传特性。教育所面对的，正是这样具有复合遗传特质的个体。

二、假定的论证

社会遗传是如何产生的呢？随着网络的发展，有人对“穷不过三代”这句话进行了新的诠释：第一代穷，第二代因贫穷而难以成婚，于是就没有了第三代。生物社会学的研究也证实，大多数曾经存在过的个体并未留下后代。其中，某些个体的天性特征若与当时社会格格不入，便可能因缺乏适宜的社会条件而无法繁衍。社会遗传正是通过这样的机制，借助社会选择来抑制或促进具有特定遗传特征的人群发展。一般来说，当社会主流选择某一特征时，必然会抑制与之相对立的另一特征；被选择特征的群体会迅速壮大，而受到抑制的群体则会因生存困难而数量锐减，甚至灭绝。这两个极端之间，是漫长的演变过程和广泛的差异性区间。

历史上，世界范围内多地都发生过对具有某一种天性特征的人的抑制甚至杀戮的现象，如纳粹对犹太人的屠杀、“文字狱”导致的诛杀九族等，这些都是对人性中某种特质的极端压制。然而，更多数量庞大、范围广泛但程度未必如此惨烈的社会抑制现象，却未能引起广泛关注，尽管它们的影响更为持久且不可忽视，可能因不引人注目而长期、大范围地影响着大量后代的繁衍与成长，从而改变了太多人的命运。根据对历史规律的分析，一个对个体天性多样性持包容和激励态度的时段必然紧跟着这个国家或地区的兴盛时代，一个对个体天性多样性进行大面积排斥和压制的时段必然紧跟着这个国家和地区的衰落。若这种排斥与压制进一步转化为教育管理与评价的单一机制，必定给这个国家和地区带来深重的灾难。这表明，社会遗传不仅对个体成长有深远影响，也关乎社会乃至国家的发展。

个体的社会遗传在不少情况下就是通过教育实现的。在教育的管理、评价和教学过程中，可能因受到当时社会政治、经济等因素的影响，形成对具有某些天性特征的人的正向激励，以及对具有其他天性特征的人的抑制和伤害。这导致这两类人走上截然不同的人生道路，社会地位和生活条件差距悬殊。这种差异不仅影响个体本身，还会波及他们的家庭和后代，从而留下社会遗传的烙印。当前出现的“淘汰男孩”现象便是这种机制的一个具体例证。

个体的社会遗传可能继承社会中的积极元素，也可能传承消极元素。继承积极元素会使社会不断进步，而传承消极元素则会导致社会逐渐衰败。教育改进就是要对此做出准确判定，判断在这个过程当中，事实上让哪一种特征的人获得更好的发展，秉持公平公正的原则进行适度矫正。因为遗传了祖上的某一种生物特征，若具有这种特征的人在这个社会当中有更好的生存和发展，这种特征就会由于用进废退更加明显地表现出来。

举个实际的例子以便更好理解，比如在中国社会里长期奉行的一个原则叫“思不出其位”，就是思考的问题不能超出他所在的那个岗位、职位或阶层。这事实上对那些具有“思不出位”特征的人就是鼓励，因此“思不出位”的人的后代就会人丁兴旺，这一类人的后代在有这种规条的社会就会得到更多和更好的发展机会；而那些常常思维无禁区、“思出其位”的人就会受到惩罚，在就学、学业评价和就业、晋升等各个环节受到压制，生存状况就差，后代的人数就少，即便有后代也会由于常表现出“思出其位”而难以在这样的社会环境中受到重用和充分发展，这是构成社会遗传的第一重原因。

第二重原因是孩子出生后受到家庭的影响。那些“思不出位”的人的后代很多，他们的后代在这种家庭及社会当中又受到“思不出位”的教育，使得其后代依然是思不出其位的，或是更加思不出其位，并恰恰与社会的主流规则适应而能进入到社会更高、更重要、更关键的岗位，在他们掌控这些岗位后进一步依据思不出其位的准则影响社会的运行和发展。经过一段时间正反馈，这个社会里思不出其位的人就更多起来，越来越得势。同时能够独立、自由思想的人就越来越少了，且能够独立、自由思想的人被社会敌视或边缘化，很难对社会发展发挥有效作用，就会影响到整个社会思想的丰富性、先进性和教育的发展模式。

三、本假定的教育应用

从教育角度来说，社会遗传对人的健全成长是利弊并存的。几乎每个个体身上都含有生物遗传与社会遗传，但这两种遗传在不同个体中所占的比重和内容却大相径庭。它们会在后天的环境中像种子那样发育、生长。每个个体自觉或不自觉、自知或不自知地根据自身所处条件选择适应丰裕或艰苦环境的生存策略。其实每个人的后天行为在基因里都有原初的依据，只是遇到不同的环境以不同的方式被激活。关键在于个体能否在适当的环境中选择如何激活这些基因。

（一）教育人要检视教育在社会遗传中发挥了什么样的作用

教育对个体社会遗传发生作用的机制极为复杂，但一般教育不是孤立地发挥作用，而是在当时社会主流价值观的影响下对个体的社会遗传产生影响。具体的教育当事人在多大程度上自觉自主地选择是否参与这一过程，以什么样的方式参与，以及选择产生何种影响或避免何种影响，都是值得深思的问题。面对上述选择，教育学人首先要做到的是具有这方面的自知与自觉，即使在发挥作用时，也应该是教育学人的自觉行为，而非盲目的、不自知的被动行为。

总体上，教育对个体社会遗传的作用就是对个体的生物遗传特征进行选择性的激励、规范和抑制。激励通常是基于当时社会的价值取向来选择某些天性特征进行强化。在选择激励的同时，必然会对与之相对立的特性进行抑制。例如，对标准答案的激励就必然抑制多向度思维。这种激励和抑制最终都会落实到具体的个体身上，经过一段时间积累就会发现激励的是具有某一类个性特征的个体，抑制的则是具有另一类个性特征的个体。这种教育行为在不同人的成长与社会的发展中可能会留下难以消除的负面影响，甚至导致一些受伤害者在此后不再适合接受博雅教育。教育当事人需要在这一过程进行之前检视自己的教育行为，维护而非破坏个体的良性社会生态，尽可能减少或避免对任何一个个体生物遗传天性的伤害，降低对社会正常发展的负面影响。

与整体的社会遗传一样，教育对个体社会遗传的作用是很多教育人长时期行为的积累结果。教育人需要认识和分析成长个体身上已有的社会遗传，并根据具体情况进行处置：对于激励所积累的效果需要根据权利平等和相关社会准则及发展趋势加以规范；对于长期抑制的类似于独立思考、平等意识的人则需要以适当方式释放。更为重要的是，当下的教育行为，应当以“在立足点求平等，于出头处争自由”的原则，维护不同个体发展的平等权利，维护整个社会的个体的天性多样性，维护个体发展的良性生态。应尽可能减少对成长个体的社会遗传作用，让每个个体的天性得到充分且适合其特性的发展。

（二）教育人要检视历史上社会遗传发挥了什么样的作用

在历史上，还有教育以外的政治、经济、社会等多重因素对个体的社会遗传发挥作用，教育人不能对此茫然无知，要对其产生的历史原因、历史过程，影响结果有所知晓。对它们在哪些个体上具体产生什么样的影响，在自己所面对的成长个体身上有哪些影响，以及如何矫正不利影响等心中有数。生物遗传本身难以作优劣的价值判定，它客观上对应着满足外部环境的某一需求，不能做价值判定，不能将人本能地维护自己的生命安全界定为自私；生物遗传也难以为后天的教育所改变，只能依据当时社会的法律和道德规范对其行为加以规范。以不同时期的社会准则衡量，社会遗传是可以有优劣之分的。

社会遗传本身的社会性一开始就是由一定的社会价值所确定、支配、选择、生成的。比如说中国社会曾经倡导德治，其中的“德”便是建立在相应的价值基础上的，由于长期将“忠”“孝”作为“德”的重要内涵，由此确定这“德”不仅是社会性的，还是政治性的，使得社会遗传本身也不可避免地带有政治性，社会遗传的机制本身在一定程度上就是政治筛选的一个组成部分，或是在特定环境下的特定安排。

所以，体现在每个人身上的社会遗传就存在政治的正确与不正确，并与他所处的社会直接发生互动与激荡；也存在道德上相对于特定道德标准的善与恶之分。每个个体所传承的远不只是他的生物基因，而是人类文化的特定群体细分成分，或者说也是文化演化的产物。文化是对人的赋能或约束，文化让人具有多大程度的自由都在个体身上有所体现。或者说，每个人身上的社会遗传与生物遗传还是存在差异的，生物遗传传给个体的是因，社会遗传更倾向于传给个体亲和的观念和特定的行为模式，或带有“如果……就”的行为程序。

教育人不仅需要完整理解社会遗传的整体存在，它的历史与发展，它的特性与教育功能，它曾经对众多人的裹挟，还需要深刻完整了解你所面对个体身上的社会遗传。消除不当社会遗传，建立合理规则，弘扬有利于所有个体和社会的良好社会遗传。

（三）教育人让成长个体知晓社会遗传的存在及如何处置自身的社会遗传

社会遗传对一部分个体可能是荣耀，对另一部分个体可能是屈辱，对不同个体的家族发展意味着不同的过去，也会产生不同的当下影响和未来前景。至今，包括一些专业人士都尚未意识到社会遗传在自己和周围的人身上存在，更不要说它对教育以及具体的个体成长发生什么样的影响。

以可信的证据和符合教育的原则，选择适当方式告知不同的成长个体社会遗传的整体状况，以及在具体个体身上可能的存在方式很有必要。由于很多人没有看到社会遗传存在，所以就在成长中忽视了这个因素。如果是注意到这个因素，就应有针对性地去利用或处置它可能给成长带来的一些问题。比方讲试图为有不同天性的人提供相同的教育以期实现违背天性的“结果平等”，就客观上成为社会遗传恶意导向的帮凶；有一些中性或是好的个性特征的社会遗传，例如中国传统的司马家族在文史方面有特殊的能力，就可以发扬。每个人家族中都会有一些激励自己的社会遗传。如果某种社会遗传的本身就是一种很坏的东西，比方很强的等级观演变为出生后就追求做人上人的性格特征，就应设法消除。事实上很多小孩子在这种社会遗传和后天的社会影响的共同作用下有很强的社会等级观，能不能有针对性地去解决这样的问题，建立每个个体个性充分发挥的平等人际氛围，培养人中人，显然教育在这方面是大有可为的。

社会遗传可能会通过一定量的信息对成长个体产生暗示，此种暗示发生效果的机制比较微妙、复杂，效果也有巨大差别，可能是启蒙、激励、动力，也可能是蒙昧、消沉、负担，以及更多的各种效果。教育学人对此不能一刀切，而需要找出个性化的因应方案，帮助成长个体自身处置好自身的社会遗传。

简言之，教育学人需要在认识个体的社会遗传基础上，判定其性质特征，利用或规避、消除它的影响去服务健全个体的成长，建设理想社会。

第二节　天性可能被磨蚀

天性的内涵是个体先天获得的固有自然属性，或称本性、秉性、禀性，是外界难以改变的，所以汉语中有“江山易改，秉性难移”之说，但仅仅强调“难移”这一表述在教育学人看来不够完整。天性在人类最初意识产生时期产生，其作用与功能在于满足个体生存、群体互助、种族繁衍等需要，是促进人类进化和人类文明产生的最初源泉。

一、假定表述

一个人出生后，他的天性就基本确定了。社会难以改变个体的某些天性，但可以通过设置条件来阻碍或遮蔽天性中的某一部分，使其无法发展成为个体成年后的稳定特征。也就是说，人的某些天性可以被外部条件磨蚀而难以发展起来。教育在这个过程中可以发挥双向的作用，或者阻碍、遮蔽、磨蚀天性，或者遵从天性为是原则激励、引发、发挥天性。教育学人应当先了解自己面对的个体的天性，然后再决定如何行动。明智的选择更有利于个体和其所处社会的发展，每一个对成长个体的教育行为都需要在慎重评判后做出选择。

二、假定的论证

论证这一假定，一方面要证明天性的不可变性，另一方面要提供天性被磨蚀的证据。在论证之前必须给天性下个明确的定义：天性就是人先天获得的固有自然属性。

证明人天性的不可变性，可从人类有文字记载的历史中找到大量前人展现天性的证据。从古希腊到中国的春秋战国时期，尽管历经数千年的沧桑巨变，但人类个体天性的共同性和稳定性在历史记载中依然清晰可见。个体的天性体现了其族类的特征，这种特征在时间上具有的连贯性和在元素组成上具有的同一性相耦合，遵循特定的运转与传承规律，有些表现简单明了，有些则复杂深奥，并通过个体与其上下代亲人的联系，逐级扩展为家族、社会乃至整个人类历史的连续体。个体天性就是人类历史连续体的特征在个体身上的体现，从宏观整体上决定了天性的不可变性。

通过对大量具体个体的观察可知，每个人从出生到死亡的生命历程中，其天性一致性也得到较好的维持。在极端条件下，个体的某些天性的表征可能受到极端压抑而潜伏在意识深处，不经意间可能又会暴露出来。随着年岁增大和社会阅历增加，人的某些天性的表征的表现方式可能会越来越多样，会外显得更加温和圆润，但其内核不会发生变化。在特定时机，人可能竭力克制自己的某些天性表征，但这些天性在正常情况下就会复现，且永远无法被彻底改变。

天性之所以难以改变，是因为它与基因有着内在的关联。个体天性的基本因素和条件在出生前就已经确定。人做决策的过程受大脑神经回路的控制，而个体在遇到不同事情时会采用不同的思维模式，这是一种在认知能力发展过程中形成的惯性依赖，这种依赖成为个体天性表征的一部分。当个体面临重大冲击时，其应急反应的速度可能会加快，但与天性相关的应急模式却保持相对稳定。当外界试图通过各种限制性手段改变个体的某种天性表征时，个体可能会在行为上做出临时性调整，但其天性本身却难以被改变。

那些宣称天性可以改变的，要么是改变了天性概念的界定，对天性有所误解，要么是将天性在后天生活中被磨蚀而未能正常发展的情况视为改变。假定将个体出生后的改变纳入天性然后认定其可变，那么所说的天性可能并非指先天因素，而是某种表面的行为表现，但仅仅将某种行为表现称为天性是不准确的。

同时，也存在大量天性被阻碍、遮蔽或磨蚀的例证。实际上，后天环境所能改变的只是个体天性得到充分发展的条件。天性本身包含多个方面且具有多样性，只有给予充分的条件，它才能自然地充分发展。如果某一方面的条件不充足，那么个体在该方面的天性发展就会受到限制。条件的充足性越低，天性被阻碍、遮蔽或磨蚀的程度就越大。如果成年人社会有意违背个体天性去塑造主观设定的培养目标，就可能导致对未成年人的教育产生“转基因”式的影响，对个体的成长造成巨大伤害，甚至引发一定时期内的人性与人道灾难。

因此，社会难以消除个体的天性，但足以对其中的某一部分发展造成阻碍、遮蔽或磨蚀。通常认为天性是人先天遗传的特质，个体出生后其先天遗传的特性应该会在后天自然显现出来，“秉性难移”所强调的正是这一环节的不可变性。但实际上，大量的教育实践都显示人的天性可能从显性变为“隐性”而被磨蚀掉。社会对人遗传天性的阻碍、遮蔽或者磨蚀可能是客观因素造成，也可能是一部分人的主观所为；可能是针对天性当中的某一部分，也可能针对天性中的不确定部分，甚至是天性的整体或根基；可能影响个体天性的非关键部分，也可能影响到个体天性的关键部分，最终的效果都是使其天性无法得到充分发挥。

例如，某个天性可能好动的人，如果生活在一个不允许自由活动的环境中，长期被限制在室内学习书本知识，那他的好动天性就可能被痛苦地消磨掉，不再表现出来。如果在另一种环境下，他有机会自由活动，那其好动天性还可能在一定程度上被唤醒，虽然未必能充分发展起来。或者他完全没有自由活动的机会了，就可能成为好动的人的观察者、羡慕者、欣赏者，他的这一天性也就只能以这种方式表现出来。

很多小孩子在幼年阶段，特别是在小学阶段，对自然特别感兴趣，这一时段是儿童对自然现象感兴趣的敏感期、关键期和最佳期，但如果常常被关在教室里面上课，他们对自然感兴趣的天性就会因无条件实现而在其发展的关键期被磨蚀掉。一旦错过这个关键期，他们天性中对自然现象的亲和力特征被磨蚀掉以后，在这方面就很难再获得正常发展，也就很难在自然规律的探究中有杰出的表现。

天性改不了，具有强大的惯性，试图改变个体天性要付出巨大的能量和成本，进入改变程序的个体所能发生的改变也很难达到天性所能达到的程度，还可能导致对成长个体的摧毁。因此，任何试图改变个体天性的教育与社会行动必然是低效和高成本的，甚至是灾难性的。如果整个社会采取违逆或试图改变人的天性的措施，也必然造成对社会资源的过度消耗，付出沉重的代价又难以收到较好的社会效益，这样的教育体系必然是消耗而难以生利的体系，它将迫使社会进入内耗、内卷的发展模式。

在缺失条件的情况下，也不是所有的个体天性都不能得到发展，不同个体天性发展对缺失条件的忍耐力是不同的。就如同在黄山的悬崖峭壁上仍有松树屹立，也有许多像二胡演奏家阿炳那样的人在极端恶劣的条件下仍然能够保持并发展自己的天赋。他们常常具有一种特征，在条件与自己天性的优势方向存在巨大差距的时候，能够激发出强大的韧性来维持或补偿其在条件极端不利的情况下的天性，并获得超常的发展。

三、本假定的教育应用

天性不可改变和天性可能因条件不足而难以发展的观点，都与教育密切相关，也揭示了教育中常见的一些误区。它在教育上可以应用如下。

（一）教育人不要试图去做改变成长个体天性的事

对于这点，教育实践中一直有大量试图改变成长个体天性的事实，这些事实产生受意愿和知识的驱动。

从意愿角度来看，一方面，父母和老师往往希望孩子能表现得比其天性更好，或者希望他们天性中的优点能更早地展现出来；另一方面，有些人或组织可能认为学生的某些天性与自己的期望不符，因此试图改变或消除这些天性。然而，无论出于何种意愿，采用何种手段，最终的结果往往不是改变学生的天性，而是对他们造成伤害。

从知识角度来看，许多尝试改变学生天性的行为源于无知。有些人错误地认为知识的灌输、地位的提升或环境的改变可以影响人的天性。他们可能对天性的概念有误解，无法识别或忽视天性的界限，从而坚持不懈地试图改变人的天性。更令人遗憾的是，有些教育者虽然明白天性不可改变，但在面对上级或他人的要求时，仍然会张罗一番，以造出政绩、邀功请赏。

（二）教育是否在磨蚀成长个体的天性

个体天性在其发展的关键时期若受到压制，后续的正常发展将变得困难。当前，有两个突出且影响广泛的问题：一是儿童在 12 岁前的自然敏感期内，被剥夺了接触自然的机会；二是在 12 岁后的社会敏感期内，不给他们亲近社会的机会。

如果孩子在 3—12 岁时未能亲近自然，可能会逐渐失去对自然的好奇和探究欲；反之，若此阶段能让他们置身于自然中，他们会感到快乐并与自然建立深厚情感，甚至可能在未来对自然规律的探索中取得卓越成就。然而，若错过了这一关键时期，孩子可能会永久性地丧失对自然的亲近感，其相关天性无法得到充分发展，也难以有所成就。

类似的，少年至青年时期是个体对社会问题最感兴趣的敏感期、关键期、最佳期，但现实教育多让他们在这一阶段沉浸于题海之中，不接触、不了解社会，不知道社会中有什么问题。这种教育方式不仅阻碍了孩子们天性的自然发展，还影响了他们未来解决社会问题的能力。

当下教育在亲近自然和了解社会两方面，给适龄儿童创造的天性发展所需的适当、必需的条件还不够，使得大量未成年人的天性因失去发展条件而被磨蚀掉，进而影响了他们的后续成长，使得杰出人才变得稀缺。

此外，由于每个人的天性都是独一无二的，因此在任何一种天性发展的关键时期，如果缺乏必要的支持条件，都会阻碍其充分发展。所以教育人做教育教学就要思考一个问题：我们做的教育教学是否在磨蚀、阻碍、遮蔽学生的天性？正在进行的教育是不是因为受教育者主观意图而创造了不必要的条件，或撤销了天性发展所必需的条件而把孩子的天性给磨蚀掉了？是不是因为追求功利目标而阻碍了学生某些天性的发展？是不是在无意中进行了“转基因”式的教育？

（三）教育体制中是否有磨蚀成长个体天性的存在

中国古人提出“性分”和“时遇”之说。“性分”接近人的天性，“时遇”是后天的机遇和条件。郭象在注《庄子》时认为，每个人都在按自己的目标和“性分”做着自己的事，可社会中每个人所做的事都会对别人有影响。这种影响，在个体生活的时代，如果以多种方式汇聚于一人之身，便成为此人的机遇。他认为每个人既是靶子又是射箭者，既会成为别人的目标也可以自己选择目标。随着社会的发展，这种影响已不再限于人对人，社会体制对个体天性的发展也是强大的影响力。

是否存在体制性、有组织或系统性的因素，使得孩子的天性无法得到充分发展，甚至被磨蚀？这是在任何一个社会中教育人都不能回避的问题。即使一个教育人在主观上没有摧毁成长个体天性的意愿，但如果他所在的教育体制存在磨蚀天性的问题，那么他的工作客观上就可能成为这一磨蚀过程的推手。而当教育人意识到天性的不可改变性以及体制对其的影响时，应该采取适当的方式和措施来减少乃至消除这种磨蚀。

人的天性有很多种表现，有的沉稳，有的专注，有的善良，有的冷漠，有的胆小，有的自信，有的诚信，有的勇武。不同生活经历和外部环境对成长个体天性的影响各不相同异。体制对个体天性的影响可能是多方面、多方式的，教育人需要在探知这种影响的基础上，设法减轻或避免这种影响。例如，个体语言发展始于自我表达与表达自我，但是如果在设定标准中这样自我表达的写作得不到鼓励，写作的积极性就会因在考试中得不到高分而被打压；激励它有利于个体天性的正常发展，打压它则会磨蚀个体的天性，在多数情况下孩子只能忍受天性正常发展条件的缺失，在不愿又不自知的状态下天性未能获得充分发展。

通常，孩子感兴趣的事情是他天性的外显表征。孩子兴趣得到满足的程度，是检验当时所处体制是否磨蚀孩子天性的重要依据。如果孩子感兴趣的事情几乎无法进入体制所确定的教育范围，那么他们的天性就难以得到发展。例如，玩水、玩沙、调皮、翻墙爬树、上山下河等自然喜好的天性得到发展是最有效的学习，但如果体制将这些完全排除在外，那么儿童的天性就必然受到压制。优秀的学校和体制应该为学生提供充分的条件，让他们能够根据自己的兴趣进行高质量的学习和游戏。

从教育人的角度说，在意识到体制对个体天性的磨蚀之后，应该基于天性可以被磨蚀的假定，谨慎采取教育措施以减少对天性的损伤。同时，还应采取应对措施来减少非教育因素对孩子天性的损伤。换句话说，就是需要寻找并采取一些措施来拯救孩子的天性。

（四）认识并了解成长个体的天性并为其充分发展创造条件

避免磨蚀个体天性仅仅是消极防护，教育者在关乎个体健全成长的关键时刻，更应积极了解并尊重每个个体的天性，了解它们获得正常发展需要满足哪些条件，并积极创造条件让它们获得最充分的发展。

在为个体天性发展创造条件时，应摒弃狭隘、功利的观念，不应仅选择性地培养某些被认为有价值的天性，如创造力和创新品质。因为天性本身具有一体多面特征，很难用优劣或道德善恶来划分。例如，懒惰虽是人的天性之一，但在一定程度上减少了不必要的能量消耗，对个体健康有保护作用。因此，每一种天性都应得到正常的发展机会。

为此，有必要了解个体有哪些天性。受认识水平限制，还难以准确穷尽地列举个体天性及其具体表现，也很难判定各种天性表征的内在边界与关联，只能无逻辑关联地列举部分如下：自卫、敌意（警觉）、安全感、归属感、依赖感、罪疚感、负罪感、成就感、幸福感、自豪感、正义感、认同感、距离感、方向感、友好感、困惑感、获得感、尊贵感、违和感、压迫感、使命感、失落感、自卑感、责任感、好奇心、探究欲、占有欲、控制欲、食欲、性欲、善意、创造欲、表现欲、嫉妒心、保护欲、恐惧感、崇拜感、孤独感。

越是幼年个体，对周边环境就越敏感，对天性发展的条件要求也越精细。成年人常常误解童年为无忧无虑的阶段，但实际上，高敏感度可能带来更多的烦恼和忧愁。成年人不以为然的一句话或一件小事，对小孩子而言可能感觉天都塌下来了。教育人要更加精准地了解并精细地满足儿童天性发展的条件。

以写作为例，未成年人通过写作来表达自我，这是他们天性的体现。然而，如果成年人以权威自居，强行植入道德判定，迫使学生按照“文以载道”的标准去写作，这无疑是对孩子天性的伤害。这种做法可能导致孩子无话可写，或者写出空话、假话，无论哪种结果都是对孩子天性的伤害。

人的天性无法改变，试图改变就是对生命活力的削弱甚至消除。教育人的天职是积极认识个体天性，减少对天性的磨蚀，并创造条件以实现个体天性的充分发展。这些需要教育学人自觉推动，需要整个社会的改进做保障，才可能取得更好的成效。

第三节　个体与社会构成因果对称

个体与社会的讨论是历史久远话题，从人的成长视角以因果对称为判定进行的讨论却不多。在信奉群体本位或社会本位的人看来，为了群体的名义，个体往往必须做出利益牺牲，哪怕这种牺牲并无实质性的必要。持个体本位观念的人的态度和观点正好相反，但这两种选择都可能走向极端。更为现实的选择是在维护个体基本权利的基础上通过协商求得平衡，以平衡原则处理个体与群体之间的利害关系。若以简单的少数服从多数，多数人利用群体与社会的名义对个体或少数人某一方面天性进行长期阻碍与遮蔽，必然导致社会显现病态。

一、假定表述

个体与社会具有对称性，或称为个体与社会对称原理。简略来说：社会是由个体组成，个体的特征状态是社会整体状态的因，有什么样的个体就有什么样的社会，有什么样的国民就有什么样的国家，有什么样的民众就有什么样的政府。个体的健全发展是社会健全兴旺的根基；个体成长的缺陷必然表现为社会问题。以建设理想社会的名义损伤个体的天性充分发展最终必然会伤害社会。在整个社会中，若只有某个个体的某一方面天性被磨蚀，在统计学上可能不会对社会发挥什么作用；当一个社会中有大量个体的某一方面天性都被磨蚀，或个体某一方面天性被长期阻碍与遮蔽，社会必然显现相应的病态。个体和社会之间，表面上看是个体的问题，但实际上可能是社会的问题，社会问题又作用于个体，个体的问题又会聚集体现在社会上。若想求得个体病态的解决，教育是可用且有效的途径，但单靠教育又难以达成目标，需要从个体和社会两个方面同时探明其病理，并依序采取措施，才可能较为彻底地解决问题。

二、假定的论证

社会与个体的关系如同鸡和蛋的关系，互为因果，相互衍生，难分先后。有些在历史上曾经很强盛的国家，当对个体的教育走上极端的时候，往往就预示着这个国家的衰落。而那些没有多少资源的地域，通过教育让个体天性得到充分成长与发挥的社会，人的精神与学习态度都是高昂的，这些决定着它能成为世界科技和人力资源强国。

（一）个体的特征将会表现为社会的特征

个体对社会发挥多大影响首先是个体的特征与能力决定的。通常，人们认为个体的品德、能力、智慧等因素决定着个体所在社会的发展状况，特征越突出、能力越强的人对社会状态发生的影响越大。但更具体地考察个体发展的状态与社会发展状态之间的关系，又不是那么简单，仅看某一部分个体，而需关注不同个体间的关系及其整体态势；这种关系有时候很难做简单清晰描述，例如，并非所有个体品德优良就能构建善良、正义的社会；并非每所学校开设创造课程就能培养创造力强盛的社会；并非每个人有很强的生利意愿和能力就能建设富裕的社会。

一个社会中有什么样的个体，就有什么样的社会。首先表现为特征的一致性；但社会状态并不直接是个体发展状态的转换，而是众多个体互动的群体作用效果的外显。不同的个体在社会状态的改变中所能发挥的作用大小是极为不均等的，发挥作用的时间与效果、功能也具有众多不确定性。从实效看，美国社会心理学家费斯汀格（Festinger）提出了一条“生活中的 10%，决定了剩下的 90%”的法则可供参考。他举例：丈夫早上洗漱时随手将高档手表放在洗漱台边，妻子怕被水淋湿了特意将表移到了餐桌上，儿子早餐时不小心将手表碰到地上摔坏了。心疼至极的丈夫揍了儿子，大骂妻子，夫妻两人激烈争吵。丈夫一气之下直接开车去了公司却发现忘了拿公文包，匆忙回家却发现自己被锁在门外，而钥匙在公文包里，只好打电话向妻子求助。妻子心急往家赶，却撞翻了路边水果摊，不得不赔钱。丈夫因为迟到而受到了上司的严厉批评，心情坏到了极点又跟同事吵了一架。妻子也因早退被扣除当月奖金。原本有望夺冠的儿子因为心情不好，在棒球比赛中发挥失常，第一局就被淘汰。虽然这个例子可能不能完全代表每个人的生活经历，但它所揭示的原则却具有普遍意义和参考价值：生活中的 10%是由发生在你身上的事情组成，而另外 90%则是由你对所发生的事情如何反应所决定。

具体可能形成对称的特征包括：个体的冷漠与社会的无情；个体的情绪化与社会的暴戾；个体的自由与社会的宽容；个体的安全与社会的安定；个体的勇敢与社会的进取……个体在某方面的特征必将在其参与社会活动中体现为社会的相应特征。

（二）个体的问题将会呈现为社会的问题

一个美好的社会，离不开追求美好的人们共同建设；同样，一个幸福的社会，也是幸福建设者们努力的成果。一个邋遢的社会，往往是因为缺乏足够多的追求美好的人，或者他们的努力在社会中没有得到应有的体现。有人认为，仅需 10%的坚信者，就足以引发社会的变革。如果将社会比作一架秋千，那么这 10%的人就是决定秋千摆动方向的关键。如果这 10%的人是善良、正直、明智的，秋千就会向着众多人的幸福方向摆，或以众多人感到幸福的方式摆；如果这 10%的人是浅薄、恶俗甚至恶毒的，秋千就会为满足媚俗、功利的需求以让众多人感到并承受痛苦的方式摆。在感受到痛苦的人当中，可能会有人试图改善社会，并最终成为那 10%可以操控秋千的人。那么，他会不会随着位置的改变而改变自己的愿望和操作方式呢？这个模拟不仅可以作为个体问题与社会问题之间关联的模型，还可以对它进行各种可能的假定，做更加充分的分析。比如，当一个人在试图将社会变得更好的时候，他十分需要自主权；而当他成为那 10%的人的时候，或者自己还处在仅仅期望衣暖食饱的阶段时，他可能会感觉自己并没有那么紧迫地需要自主。

事实上还需要对 10%的人改变什么加以区分。相对论刚发表的时候，全世界都不相信。但后来，一位权威物理学家的实证研究证实，便使得全世界大多数人开始相信这一理论。然而，这种影响力并不适用于所有情况。我们需要对这 10%的人所处的具体状态进行详细分析，以便得出更准确的结论。例如，具有高度组织性的 10%所能产生的效能将远远超过松散无组织的 10%；同样，经过精心准备的 10%所能发挥的作用也将远大于毫无准备的 10%。此外，这些因素还与他们的社会地位、专业信誉和人际关系等紧密相关，同时也受到其余 90%人口的权利意识和判断能力的影响。

个体问题演变为社会问题的例子不胜枚举。例如，个体的无知和民众的愚昧可能导致社会的落后；个体劳动技能的缺乏可能引发社会的普遍贫困；个体的不自主可能导致社会的严重依附性；个体的逻辑混乱可能导致社会秩序的紊乱……当个体的问题呈现为社会问题时，又会影响新生代个体，将问题一代代传承下去。

大量的历史实践表明，社会成员的信息素养决定着在很大程度上决定着他们是否会因为判断力不足而被误导。在一个绝大多数人易于被误导的社会里，不仅难以建立健全的诚信体系，也可能导致假货横行、贪赃枉法、灰色权力难以有效监督，从而使恶势力在整个社会占强势并不断恶性循环。

（三）尽可能多的个体强健才可能更充分地实现社会强盛

“弱民”在历史长河中屡见不鲜，其原因是统治者害怕“强民”动摇了自己的统治根基，而这样的当权者一旦开放遇到“强民”，社会便风雨飘摇，于是“弱民”与“闭关锁国”成了一套搭配起来的工具，也导致社会一步步走向积贫积弱，积重难返，历史教训沉重。

“弱民”政策将会在多方面影响个体的天性获得充分发展，而个体在哪一方面的天性被长期阻碍，被长期遮蔽、磨蚀以后，都自然显现为这个社会的一种衰弱特征，社会对应的某一方面就不能够兴旺发达，轻者导致社会不协调，重者甚至在某一个方面使社会处于一种病态中。比如，长期遮蔽孩子亲近自然的天性可能影响社会在自然科学研究方面的发展。学术研究长期限于“我注六经”“仁义道德”，忽视“怪力乱神”、天文地理等自然规律的探索，必然导致科学技术严重落后，显然其间存在一定的因果关系。

以统计观点看，唯有让每个人的天性和优势潜能都得到充分有效的发展和发挥，并通过不同个体间的适当或最佳组合，才能实现社会的最强盛和个体的最幸福。但这条现实路径极度难寻，需要所有个体的积极参与并在一定程度上达成共识，协力前行。即便达不到最理想的境界，任何个人、组织和机构的逆向行动都应在协商达成共识的前提下受到监督和限制。

个体与社会的因果对称未必是即时性的，可能更多是延时性的，但迟早会表现出来。各种不同特征的周期性有差异，例如中国2000年以前普及的九年义务教育是2000年后经济快速增长的主要原因之一。这种周期性影响可能在10至20年内显现，短的可能三五年，长的可能五六十年。但无论周期长短，因果对称性都会在一个周期后持续存在并发挥作用。

无论具体的过程多么复杂，在一个相对长的时间段里，“有什么样的国民就有什么样的国家，有什么样的个体就有什么样的社会”这一原理都是能够立得住的。

三、本假定的教育应用

由前述假定表述可以得出推论：有什么样的个体就有什么样的教育，有什么样的个体也就对应着需要什么样的教育。教育在个体与社会的对称之间是一种第三方主体发挥积极主动作用的活动，它将成为随着社会与教育的发展越来越能显著改变个体与社会对称状态的转换机制。教育人对个体与社会之间的对称要有认识、有态度、有选择、有目的、有行动、有效果。

（一）对称并不都意味着完美

个体特征与社会状况之间的对称是客观存在，教育人应认识到这一点。了解之后就会发现，其中一些对称显得天造地合、鬼斧神工、魅力无穷，其美妙之处远胜人为的教育设计。对此，教育人需要悉心欣赏，享受其奇妙，悟出其奥秘，以提升自己的教育智慧。

同时，这样的对称也不回避其天然的丑陋乃至问题，所以教育人在认识的过程中不能放弃分析、辨别、判定和选择，必要时甚至需要采取行动。通常问题不来自对称性本身，而是存在问题的社会对称到个体身上就会对个体的成长发展产生问题；存在于个体身上的问题对称到社会也会带来社会问题。在相对的社会范围内，个体成千上万且相互影响，社会还是那个社会，这种多对一的关系使得很多问题交错呈现,其中一些问题可能在成长个体身上终身难以消除。教育人对此要有清晰的认知，需要分清问题的源流、因果、风险、内在关联、影响程度，从保障成长个体的健全成长出发，采取抑制、转换、转移、遮蔽等措施，尽可能降低风险，减少伤害。

（二）采取对称措施矫正教育缺陷

教育的理想是培养出闪耀人性光辉的人。教育学人应当巧妙地运用个体与社会对称的原理，最大化其有利于教育的一面，同时努力消除其不利影响，并遵循其原理采取更有效的教育措施，利用其惯性与势能作为教育资源，实现教育的目的。

教育人不应违逆个体与社会对称的原理，而是要理解并遵循它。比如发现成长个体在某方面存在问题，就不能仅仅试图在学校范围内解决问题，而是需要在个体与社会环境两个层面同时解决问题。学校仅是整个社会环境中很小的一部分，学校无疑要担起应负的责任，但是仅仅依赖学校就是不负责任。对于教育本身的各种缺陷，都需要从个体与社会两个方面矫治。

正是因为这样，教育改进需要站得更高，看得更远、更深，培养天性健全发展的人，以共同创造健全、理想的社会，建设良好的国家。如果能减少对个体的不必要限制，更加关注如何促进其全面发展，让个体的天性与人格得以充分展现，条件成熟时就能够建设理想的社会。健全的个人和理想的社会，这两个方面是合二为一的。如果仅仅想培养一个好人，事实上很难实现目标。无论是解决个体的问题，还是矫治教育的问题，都必须把培养好人与建设理想的社会结合起来才有可能实现目标。

（三）对难以撼动的问题对称不能无动于衷

在个体特征与社会状况对称的现象中，有一些堪称问题对称：个体的盲从与社会的欺诈；个体的自私与社会的涣散；个体的因循与社会的停滞；个体的失德与社会的冷漠；个体的不合作与社会的分裂隔离；个体的专横与社会的集权；个体的恐惧与社会的高压；个体的贪婪与社会的腐败……类似的对称还很多，有些延续了数百年乃至数千年。面对这些问题，一些教育工作者可能感到无力改变，从而放弃了通过教育进行改善的努力，极端的例子就是只关注学生的考试成绩，忽视了人的全面发展。

虽然短期内这些问题对称确实难以根本改变，但教育人不应采取过于激进的改善方式。历史经验证明，许多激进的变革不仅未能有效解决社会问题，反而给社会带来了巨大的成本和新的问题。但教育人不能因此放弃改进，而是要具有更远的见识、更强的韧性，先有改进的态度，再认识其特征，依据其内部机理寻找其改进的密码与路径，付诸行动，并力求有更好的效果。

第四节　社会发展与个体成长处于共生、互生并相互选择状态

在这种动态的关系中，社会发展就像众多剧场同时上演的无限长的连续剧，每个个体都是其中一个特定时段和场次的演员。尽管个体无法改变与社会共生、互生的关系，但可以在一定程度和范围内选择在什么时间、什么场次出现。正是这种选择权，使得人们在创造众多奇迹的同时，也推动了社会的进步。

一、假定表述

个体成长与社会发展共生、互生，并相互选择，于是个体对所生活的社会有一定的选择空间。具体体现为个体对其所处社会中的教育也有一定的选择空

间。选择是个体的基本权利，也是社会向前发展的活力之源。那些被大多数人选择的社会和教育模式将得到更好的发展，而被抛弃的则可能逐渐衰败，甚至最终被淘汰。随着时代和社会的变迁，个体对社会与教育的相互选择不断进行，显现为个体成长选择原理。开放有序的选择对个体成长、教育发展与社会进步都是相对更有利的。过度限制或禁止选择不仅会降低个体和社会的活力，还可能导致人们无奈地“用脚投票”，选择离开，从而使社会发展步入慢车道，并引发一系列社会问题。

二、假定的论证

个体成长选择原理，不仅在中国古代的“孟母三迁”故事中得到印证，也在现代世界各国的留学潮中有所体现。在国内，择校热、“城挤乡空”现象以及一些农村学校的衰落，还包括一定程度上与教育和社会的相互选择有关的移民现象，都是这一原理的实证。被认为过于刻板的“三纲五常”尚且主张“君不正，臣投外国；父不慈，子远走他乡”，这表明古人也认为个人成长选择是正常、正当且正义的行为。

（一）个体选择推动社会发展

每个人都会像小草向阳一样，在力所能及的范围内选择最适合自己的成长环境。自主选择是所有生命个体的本能，这种本能在人类个体中尤为显著，当个体成长到一定阶段还会提升为个体的自觉。然而，现实中许多人并未充分展现出这种本能或自主自觉的选择，主要原因包括：受家庭和社会压力、生计需求的迫切性等影响，个体难以表达和维护自身的基本权利；个体未意识到自主选择的益处，长时间处于成长懵懂期，或选择受束缚，成长不自主等；个体难以跨越社会机构设置的门槛和条件；等等。

扩大选择就能加快社会的发展，众多人的选择就会形成推动发展的机制。但并非所有社会个体和组织都希望加快发展，既得利益者和权力掌控者可能会因担忧损失而阻碍选择机制。个体在特定社会中的选择机会与原有社会秩序及这些人的意愿密切相关，最终需要各方达成新的妥协，并以规章制度、法律法规的形式确定下来。

具体到受教育的机会和条件，如果个体意识到可以选择，并且看到周围的人都在进行选择，他会更加主动、充分地选择适合自己的教育与成长环境。择校只是其中的一部分，简单的禁止选择并非长远之计，这不利于个体和社会的发展，实际上是强迫个体适应和认可单一标准的教育，这样的教育最终也难以获得良好发展。

教育选择还应包括学习内容、学习方式方法、学习规划等更多微观层面的选择，以及对教师和教育者的选择。在选择与控制之间没有绝对的对错，而是要建立各方权利平等、对不同个体相对公平且有效率的机制。让个体跟学校之间、个体与社会之间相互进行有序的选择，这将有利于个体和社会的发展，并成为推动教育改进的强大动力。

个体对社会与教育的选择是激励个体与社会和教育相互改进的重要机制。能否善用这一机制服务于个体的健全成长和促进社会文明进步，显示了一个社会的文明与法治程度以及政府治理能力的高低。因此，从这个角度来看，个体的成长不仅受教育的影响，还受到社会文明与法治水平以及政府治理能力的制约。

（二）包容个体选择的环境更适合个体成长

若从教育的视角延展至人格与人才的成长，一个能够包容个体选择的环境对个体成长的重要性就愈加凸显。各地实施的人才计划很多，事实上效果理想的很少。这些计划通常采用“投食引鸟”的策略，以高薪和高福利为诱饵。然而，这种方式往往只能吸引那些追求物质利益的“好吃鸟”，而非真正有能力和干劲、更看重实现自我条件的“能干鸟”。

要吸引“能干鸟”，就需要创造一个包容个体在更广空间和更多类别自主选择的环境，因此更好的办法是“造林引鸟”，造一片森林，吸引各种鸟类前来栖息。在这样的环境中，鸟儿可以依靠各自的能力取得更大的收获，同时实现更好的成长。

这片“森林”中可能既有好鸟，也有坏鸟。但只有在比拼中展现出自己独特性或优势的鸟才能生存下来，其中必有好鸟、强鸟。这样的环境不仅提供食物，还为各种鸟类提供了多样化的展示机会。如果林子里面只有好吃的，就只有好吃鸟、坏鸟、懒鸟，或者说坏鸟、懒鸟在其中占主导地位。同样地，在个体成长过程中，包括教育环境、班级环境和学校环境等，都需要增强包容性，以适应个性多样的人才的成长和发展，让他们能够充分发挥各自的特长和优势。古今中外的大量事实都证实了这一基本原理。

一个包容个体选择的环境应该包括包容的文化观念、体制基础和法律保障，能包容不同的个体做出截然相反的选择，能包容个体在认识到选择错误时重新选择，能包容对可共享资源的共享，能包容对不可共享资源的协商分享或依序分享。人与人之间宽容善待，每个人都具有包容的心怀，尤其是关键岗位上的人怀有包容之心，这是整个社会包容环境的坚实基础。因此，每个人为他人提供包容也是在为自己创造更合适的成长环境。

（三）共生、互生与相互选择的不断平衡就是不断进步

随着个体意愿与需求的变动，个体选择也会不断改变，引发追新汰旧，改变原有的平衡格局，甚至导致局部的矛盾冲突，这时就会有阻碍变革或选择的力量出现。自有人类社会以来，每个特定社会中的平衡与不平衡在不断进行着转换，一些时段显得平缓，一些时段则剧烈动荡。古时孔子讲堂的"三盈三虚"就是例证。近百年来，世界各国的人才竞争更显示了选择对平衡关系的巨大影响。因此，包括教育者在内的全社会都应深刻认识到选择在平衡中的重要性。

选择通过其所产生的效应改变着平衡，常见的效应有两种。

1. 选择的群体效应

当一个个体的选择被更多个体认同后就会成为更多个体的选择，越多的个体做出相同的选择就会有更多的认同者，不被选择的对象或环境最终被抛弃、淘汰。个体的自觉自主性越高，其辨别和判断能力就越强，群体效应也就越加理性且持久；个体的自觉自主性越低，从众现象越浓重，群体效应越情绪化，群体效应越可能出现反复。外界的作用可以延缓群体效应发生，改变群体效应的方向，但这种改变也会对改变者自身产生影响。同时，群体效应又是个体成长的重要变因和环境。

2. 选择的整体效应

选择不只改变具体的选择项内容，也不只改变选择个体自身，它会引发包含选择项在内的整体改变。比如一个人选择留学当然改变了他的学习内容与环境，还会改变他的思想观念、投资取向、就业岗位等，这种选择所引发的变化可能涉及政治、经济、科学和生活等多个领域。近 30 年中国大量农民外出务工，这一选择无意中改善了农村的自然生态，也再次证明个体与社会、自然是共生、互生的一个生态系统。改变选择就会打破原有平衡，进而形成新的动力，形成新的主体间关系，达到新的平衡。

由于决定选择的动因多种多样，越是自主理性的选择对平衡的改变越具有可持续性，对社会进步所能发挥的作用越明显。因此，教育人培养个体的自主性和理性就是在为社会进步创造条件。

三、本假定的教育应用

依据共生、互生前提，促进并优化选择是教育人对这一假定的最好应用。

（一）奠定共生、互生基础

经过数千年的文明演进，共生理念已不仅限于人与人之间，更延伸至人与自然的和谐共处。人与万物的共生因环境恶化受到严峻的挑战，人与人的共生在过去的一个世纪里遭遇了多次惨重灾难，至今仍有不少人不能吸取教训。抛弃共生原则，等同于将每个个体置于危险之中，剥夺了其正常成长与发展的基石，从而破坏社会的平衡。因此，正常的教育应倡导共生理念，不能宣扬你死我活的斗争，并且要努力清除流传下来的非共生文化，树立共生为正道、合作为幸福之路、争斗为绝路的观念。

互生关系联系着个体与社会，也联系着个体与个体。师生之间、父子之间的互生关系直观易懂，但个体间的互生实际上涉及全社会的每一个人，甚至跨越时代。例如，现代学者与古代先哲如老子、苏格拉底的思想仍有关联。后人站在前人的肩膀上才能看得更远，应引导成长个体充分相信、利用共生，避免走进“互掐”“互撕”“互死”的死胡同。

现实生活中仍有不少人和不少的因素煽动人与人之间的对立，情绪充斥，甚至不征求当事人意见就强行裹挟，这种行为缺乏基本常识与逻辑，却有广阔的市场。越是在这种情况下，越需要增强个体的自主和理性，提升其辨别能力，以打牢个体的共生、互生根基。

（二）扩大选择就能增强教育改进的动力

一个社会中个体的选择多少对于个体而言意味着他的内在潜能能够在多大程度上获得发展，能够在多大程度上发挥出来。个体的选择越多越自主，就能发展与发挥得越充分，就能对社会贡献越多，他所生活的社会也就越兴旺。个体的选择越少越被动，他的天性和潜能就越不能充分发展与发挥，对社会所能产生的贡献就越小，他所生活的社会也就越凋敝。教育处在这个关联的链式结构之中，显然，扩大个体的选择，增强个体选择的自主性和自觉性，教育就能获得更多更大的改进；压制、减少个体的选择，教育就难以获得有效的改进。教育学人在其中如何选择，一目了然。

然而，现实中受多重因素的影响，增加个体的选择常常寸步难行，教育夹在其中，或随大流应试，或因循惯例，保障不了教师教学自主权，更难保障学生学习自主权。回首历史上较好的教育无不是给学生较大的自由和选择的，比如，康德讲授是很自由的，他在讲台上仅仅带几张小卡片，上面记载要讲的想法。他和他的学生可以自由地交流，逐渐地将各方面的明晰意见归纳起来，构成一个完整的结论。康德经常会在课堂上阐发一些他之前并没有真的深思熟虑的观念。所以谁要是将他事先所做的解释发挥尽致了，那么他是只得了半分真理，就是只说对了一半。正因为自主选择的难得，扩大选择对个体成长、教育改进和社会发展才显得更加珍贵，才值得努力争取。

简言之，教育改进需要整个社会的改进，对整个社会的改进也是对教育的改进，对整个社会的改进也是教育改进者的责任，增加个体的选择，扩大个体的范围与权限，增强个体选择的自主性，让个体选择发挥更大作用就能同时推动社会与教育的改进。

（三）教育人要积极应对被选择与被淘汰

我童年与爷爷一起上山放牛，为了寻找更好的草场，曾讨论过哪里的草长得好。最后出乎意料地得到一条经验："牛吃得多的地方草长得好。"购物时，人们更倾向于选择顾客多的商店。以此类推，在完全自由自主状态下被更多人选择的教育才是好教育。因为成为很多人的选择对象后，就有一股强大的动力去改进，不改进就可能遭到淘汰。因此，垄断性的教育主体往往容易停滞不前，甚至逐渐衰败而不自知；被人们自由自主选择的教育主体则会构建一套自我优化和改进的系统，从每个细节出发，不断完善和提升，以在激烈的竞争中求得生存和发展。理解了这样的逻辑关系，教育学人就应积极面对选择、应对选择，第三方教育学人也要积极应对所服务的成长个体的选择，才能不断提高自己的教育业务水平。

淘汰并不意味着终结。被淘汰的教育主体有机会重新站起来，通过不断优化和改进自我，实现重生。某个教育主体的被淘汰，如果能够推进整个教育改进，就有其特殊的价值。这种淘汰机制使得所有教育人带着不改进就被淘汰的危机感，永远在不断改进的路上。

第五节　教育是教人做人、创造理想社会

自古至今，对于教育的定义五花八门。本书第二章已经将教育定位为生长。集成人学认为个体的生长是所有教育需求的来源，让尽可能多的人依据其天性获得尽可能充分的成长是教育改进需求的源头。

一、假定表述

教育的所有需求都来源于个体的生长。可将教育简单定义为：教育就是教人做人，创造理想社会。培养良好、健全个体与追求真理、建设理想社会是同一件事，教育改进者需要怀揣着对理想社会的憧憬，去服务于个体生长。教育改进本身也是教人做人、创造理想社会。

二、假定的论证

关于如何办教育，可以有千万种想法和思路，但只有深入思考如何才能寻找教育的本质、办出更好的教育时，不同人的探求才会逐渐聚焦，不断聚焦后就会得出教育是教人做人、创造理想社会的结论。

（一）教育的所有需求都来源于人的生长

在确认教育的所有需求来源于人的生长的时候，或许有人会提出异议，认为教育的需求还可能受到政治、经济、社会等多方面的影响。提出这些异议的人没有分清本与末，相对于人的生长，家族的兴旺、光宗耀祖都属于次生需求，更不要说更加宏大的政治、经济、社会等方面的需求。只有优先解决了生长的问题，才能为后续问题的解决奠定全新的基础。对教育而言，没有人能够先满足政治、经济、社会的需求再去关注个体的生长，只有当个体生长的需求得到满足之后，才能根据当时的其他条件和需求的紧迫性，由成长个体与各方面协商，自主选择如何满足政治、经济、社会的需求。

自古以来，确实不乏办教育的人从理想社会建设出发开始行动设计、管理、实施教育，社会各方面也确实对教育有需求，但这些需求并非根源性的，这些行为并不能证明教育的需求来源于社会，只能反映出在人类对教育认识不够深刻的时候，一种粗放、笼统的教育方式曾经盛行。历史上大量例证表明，正是因为这样的判定违背基本事实和教育的内在规律，导致教育行为的长期低效和对个体生长的巨大伤害，才需要更深刻、更准确地认识教育学需求来自哪里，以纠正错误、提高教育的效益和效率，尽可能减少需求定位错误的教育对个体生长的伤害。基于以上分析，可以明确得出结论：教育的所有需求均来源于人的生长。

（二）教育就是教人做人、创造理想社会

明确了需求来源才能确定教育是什么，教育要做什么。教育家陶行知对教育最简短的定义就是“教育是教人做人”，陶行知的思想核心是“做人”和“创造理想社会”，将两者组合，类推组合出“教育是教人做人、创造理想社会”，虽然不是他的原话，却是符合陶行知的原本思想的。

为了逻辑完整，这里有必要补述一下，为何只将人的生长当作所有教育需求的源头，而没有将创造理想社会的需求归入其中。因为成长者才是他所要创造的理想社会的主人，他有什么样的理想就去创造什么样的理想社会。从教育上看，一切需求根源于个体生长，而非根源于先验的理想社会。而事实上，历

史先人中确实有人将自己设定的“理想国”“大同”作为教育内容交给学生去实现，但人类社会的发展历程越来越证明，这些先验的理想社会往往难以符合未来的实际情况，反而可能成为个体成长的负担和束缚，甚至将他们引入乌托邦的迷境。每个人基于自己的见识和体验，根据当时当地的实际并参考前人已有设想去生成自己的理想社会，才是更为现实可行的方案。因此，走向生活的教育就需要选择个体成长需求而非先验的理想社会需求作为教育的依据。

这种需求确定并不反对教育人持有自己的理想，反而要求做教育改进的人心中就必须要有个理想的社会，但不能简单将自己设定的理想社会传递或强加给成长个体。因为教育人和改进者是当下的理想社会建设者，需要用自己生成的理想社会作为自己做教育引领的依据。如果心中没有理想的社会，教育和改进就不知道往哪个方向走。在信息技术的大潮中，很多人做事越来越技术化，以技术覆盖教育的价值与理想；或将对在线教育与 AI 的产值追求置于教育价值之上，将信息工具视为目的而非手段，只关注某一环节而忽视整体观念，这给教育改进带来了新的挑战。

有这样一个故事。三个人都在搬砖。当被问及“你搬砖干什么”时，第一个人回答“我搬砖挣工钱”，第二个人说“我想建房子”，而第三个人则回答“我想建造一座教堂”。这三个人都在搬砖，但其最终的目标是不一样的。做教育改进的人如果心中没有一个理想社会，其改进可能仅停留在“搬砖挣工钱”或“建房子”的层面。只有将搬砖提升到信念、信仰层面，才能成为更好的教育改进者。教育改进者本身需要在教人做人、创造理想社会中去服务成长个体更好地做人、创造理想社会。

（三）教育人与成长个体共建共治共享理想社会

教育人与成长个体在一定时间段共处一个社会。教育教人创造理想社会，不是教育人将自己设计的理想社会完整地交给成长个体，也不是让成长个体在一张白纸上自己设计建设理想社会。成长个体不能完整接受一个自己未参与其中的先验的理想社会，也不是脱离他所生活的真实社会另起炉灶建设理想社会，而是需要和教育人一起，在自己对现实社会体验的基础上，寻找根基，发现问题，设法改进，实施建构。如何处理教育人与成长个体的理想社会衔接问题呢？

教育人与成长个体都是社会的一员，也都是理想社会建设的一员。他们各自依据自己的体验、能力、见识设计出自己的理想社会，并按照自己的设想在现实生活中践行，可能有共同点，也会有差异，通过平等协商相处，通过实践互动相交，通过“共建共治共享”融合到一起，才能建设一个对不同成长个体、不同教育人都有归属感、认同感，都有参与权、表达权，都有共同遵守的规则和各自发挥的空间，都能包容和认可的共治共享的理想社会。

共治共享的前提是共生。陶行知提出创造“五生”世界的最后一条是“共生”，他提出不同思想观念、种族的人要共生，人类跟其他生物要共生，人世间发生的任何冲突长久来说最终还是要回归共生，大家需要建立共生、共治、共享的理想社会。这些观念来源于人类祖先进化的经验，又需要从每一代孩子幼年时开始培养，让他们具有通过协商弥合分歧的能力，而不是遇到不同就想争斗，斗到两败俱伤。

所以教育改进需要对人的成长规律有更深刻的认知，对社会发展的历史、现实、规律有更深刻的认知，因为任何一个人要建立理想社会都不可能是无知者的单干，也不应是肤浅的人的霸凌和运作。创造理想社会涉及的不光是一个人，而是需要众人优势互补，共同参与建构。把孩子培养得怎么样，考多少分数，或者把孩子送进什么大学，这些不应该是教育改进的目标。通过改进达到集成人学的教育最终目标，是培养良好、健全的个体，去追求、创造理想的社会。在实施的时候就要将培养良好、健全个体与追求理想社会当作同一件事。只要在教人做人、创造理想社会，改进就自然在其中。

集成人学教育是教育改进的专业目标和希望达到的境界，教育改进本身就是做人，就是创造。

三、本假定的教育应用

教育是教人做人、创造理想社会的命题，对曾经在不当管理与评价挤压下的仅关注考分与课业的教育是一种有效还原。长期在这样的挤压下生活的教育人与成长个体或许一下子还难以适应，但如果能够实现，它对教育的改变是全面、整体、深刻、持久的。

（一）教育始于追问理想社会

历代对教育有深刻研究的人，无一是局限于学业论教育，而是放眼人的成长、天性发挥、理想追求。康德常常使学生们感动的是，他提高了他们的精神感觉，从利己主义的悬崖提高到了绝对意志自由的高尚觉悟之中。他让人们脱离尘世，暂时放开身边一切利益攸关的事情，使得精神进入到一个更高的层次，而这个更高的层次是当时除了康德之外几乎其他的哲学家所不能提供的。但是康德不满足于给人提供一些精神食粮，而是告诉人们这些精神的食粮背后的理性根据。他通过对理性能力的考察来说明人们的行为方式是如何建立在理性能力之上的。

几乎所有的普通人都有对精神本身的向往，而不是完全满足于当下尘世的生活，这一点人类几乎所有的个体是共通的。有了自我意识的成长个体就可以参与追问人类最终的目的是什么，这一追问所引发的认知、思维、判断、选择、行动就是成长，就会产生建设理想社会的印记和影响。比如说人类最终的目的是让人在社会当中生活得更加便利、更加丰富、更加富裕，每一个人的权利与尊严得到更大的保障,每个个体的追问都会成为社会进步的一个最重要的动因。他们的追问和行动的积累效应就是使社会一步步变得更符合人类的理想。

社会的变化总是伴随着成长个体对自我认识、社会认知及理想追求的变化而发生的。对理想社会的追问需要知识、理性与能力作为工具和资源，但其最终目的却不在于知识或能力，而是在于个体的健全成长，在于更多健全的人参与理想社会的创造，在于形成更符合人性的生活方式、组织方式甚至社会制度。再具体到这种生活中的实际需求，需要确保每个人在社会中应有的地位、权利和尊严。这些因素是推动一个社会保障个人生活的基本条件，而这些条件的满足恰恰是一个社会存在的根据，这些条件的改善就是理想社会建设的进程。

经由这样的过程，个体对理想社会的理解和行为就不再会进入乌托邦了，就会自觉将个人欲望限制在不损害他人的社会允许的范围内。洛克、卢梭等教育家同时也有建立在对人性基本判定基础上的政治哲学思想，这正是教育始于追问理想社会的结果，也反证了将教育局限于学业竞争的狭隘观念是误入歧途的。

（二）教育要落实到做健全的人

集成人学教育所倡导的“做人”理念，与数千年儒家文化推崇的“修齐治平”有着本质的不同。那么，何为健全的人呢？首先，他应具备健全的知性。这里的知性，不单指知识的储备量，更重要的是判断力和辨别力。在互联网时代，网上信息有很多是假的，信息素养也成为知性的一部分，包括信息收集、辨别、处理、加工及发布等能力。其次，健全的人应具备德性。再者，悟性也是不可或缺的。而最高层次，则是人的志性。这四个层级都健全，才能够构成一个健全的人。

在前述五个假定的基础上，教育改进的目标和定位落实在健全的人上是什么呢？

培养目标，就是沿着人类文明前进的方向，通过创造而追求幸福的人。不能够培养人类文明的破坏者、倒退者，这点一定要清楚。因为教育最终的目标是创造理想社会，是所有人共同参与共同建立一个幸福的社会。

定位，就是要培养天性获得充分发展的主人，即有文化传承的现代人，不是要培养奴仆。要让现代人在传承文化的同时，也具备现代人的视野、能力和观念，有现代人的责任感，能够在现代社会中立足。

教育改进目标决定了需要培养的人的特征：他们是未来世界未知环境里的未成年人，需要依据所在环境自主生长。不能按照固定的标准来培养他们，因为固定标准下的人在未来社会中很难适应，尤其是在信息社会。只有让他们在未来环境中，依据自身生活的环境自主生成，才能具有广泛的适应性。因此，最关键的是要培养他们较强的自主生成能力，而不是要简单地告诉他们什么是对的、什么是错的，给出一个标准答案。当前中国教育面临的问题之一，就是标准答案式思维。这种思维方式让学生长期依赖标准答案，导致他们只会用标准答案来思考问题。

（三）超越形而下做完整的教育

教育本是社会中具有相对独立性、超越性的工作，却被社会分工、权力结构、信息技术、各种诉求的利益群体所割裂，各部分局限于形而下的工作、任务、项目，甚至有些学校成为行政机构的下属和听差。这种情况导致了教育的碎片化，使得教育只关注零碎知识的灌输、一技之长的培养、分数的追求以及行政指令的执行，而遗忘了教育教人做人、创造理想社会的大宗，遗忘了完整健全人格的养成。

真正的教育是可以超越学校和课堂，在人与人之间自然发生的，也需要以超越各种分割与藩篱的方式进行才能取得特殊的效果。因此，当下众多的教育人需要站起身来，看得更远、更全、更深，将个体的成长当作系统而又个性化的过程，才能更有效地发挥完整的教育功能。

当前教育面临的诸多问题，关键在于缺乏平等的基础，同时又没有适应个性的多样化。这种情况导致了人的成长效率低下，个体自主性受到压制，缺乏动力，若任其延续就没有美好的未来。标准式的思维事实上与前面讲的几个假定都有冲突，未来解决这些问题，就要建立一个师生或教育人与成长个体相对平等的基础，减少对成长个体自主学习时间与空间的挤压，需要留出足够的时间、空间和内容主题，让他们能够自主地培养自己的自主能力。虽然这种方式在知识获取上可能会慢于快速灌输标准式思维，也未必能迎合短期的功利目标，但它对天性的伤害更小。以这种方式成长的人，一般在中年以后有更大的发展空间。

如果孩子没有自主能力，那么他就因为缺乏动力，难以迅速根据自己的状态设定新的目标，难以捕捉自己身边的新问题，难以自主安排时间、空间和资源，就很难有什么发展潜力。个体的潜力发挥不出来，也影响到他所处社会、国家的长期发展。如果国民中有大量的人缺乏自主性和自主能力，就像现在网络上出现的许多人都是雷同表达的粉丝一样，就是教育存在严重缺陷的显示。如果没有自主能力，那么这些孩子就没有好的未来，这个社会也就没有好的未来，更不能奢望建设理想社会。

第六节　认清好教育的相对性再加以改进

每个人在当下的状态都可以探索和追求集成人学教育，因为集成人学教育的目标是把教育办得更好，让每个人在他所处的教育时空中都会有更好的追求。

好教育具有相对性。对好教育的追求，前提是感知到当下的不足和对当下教育的不满。如果你对当下是100%满意的，就没有必要去做教育改进了。教育的各方当事人，包括学生、教师、家长、社会、政府，各自的满意度究竟如何呢？事实上，真正对教育完全满意的人可能就找不到。不满是改进的动力，所以在这种情况下才要做教育改进。

好教育虽有基准，却无绝对标准。人类自有教育以来对此已有很多讨论，形成共识的基础标准有：有教无类、因材施教、公平公正、以人为本。或以更具体下位的标准做评定：理念新颖、管理良好、评价科学、技术先进、教学效果好、质量合格，有效服务学生成长。一个受过真正的好教育的人，应具备自由精神、公民责任感、远大志向，拥有批判性的独立思考能力，时刻保持自我觉知，奠定终身学习的基础，并具备获取幸福的能力。

一、好教育的相对性参照指标

以不同的标准衡量就有不同的好教育，这里选择几个主要方面。

（一）相对于教育人的教育理想

教育是不是好，首先是取决于教育理想。

如前所述，陶行知的理想就是要教人做人、创造理想社会。他明确了教人做人就是要做主人，做真人，做人中人，做抬头乐干的人，做自立立人的人，做有献身精神和创造精神的人，追求高尚完美的人格。他也为创造理想社会提出了具体要求，就是创造民主、科学、富裕、平等互助、爱满天下的社会；创造“五生”的世界，包括少生、好生、厚生、贵生、共生，充满真善美、自己拥有自己的社会。

确定了一种教育理想，就按理想的标准办教育。不同人会有不同的理想，我多年研究所倡导、提出的教育理想也仅仅是主张。实际上，好教育应该是多元化的，为成长个体提供更多选择。这些选择会经过众人的认同与验证，有的会受到广泛欢迎，有的可能无人问津或经不起考验。这种相对性的筛选机制，会不断激发新的教育理想产生，为教育的持续改进提供动力。

（二）相对于不同的教育理论

对教育是不是满意与所持的教育理论直接相关，因为不同的教育理论评价教育的标准不同。教育理论几乎涉及教育的所有方面，不同的理论对教育各方面特征的重视程度、表述方式、衡量标准、要求高低、内在关联都会有不同的看法，从而使得不同教育理论对好教育的要求呈现出较大的离差，而在评判教育好坏的时候又不能没有教育理论作为参考依据。

事实上，在数量和质量两个方面，用不同的教育理论观点看同一教育对象都会得出不同的评价，甚至是截然相反的评价。例如，陶行知当时在他的生活教育理论发展到民主教育时期时强调："中国将来是非民主不可的，中国的教育也是非民主不可的。"[①]依据这样的标准，如果看到教育不民主，那么就不是好教育。当然，还有其他各种理论，如教育是基本民生；教育是基本民权，培养人做主人；教育是解放大多数人的创造力，并且使最大多数人之创造力发挥到最高峰。

不需要举更多的例子，就能说明持不同的理论就有不同的好教育。摆在教育人面前的难题是，选择哪种理论作为自己评价好教育的理论依据。前面列出的不同理论仅是举例，教育人可以选择的空间很大，需要尽可能了解全世界有多少教育理论，它们各自所对应的好教育是什么，什么样的理论更符合人的成长规律，更切合自身的实际，更具有可操作性。经过这样的认识、分析、研究、判定过程，教育人能更清晰地判断是否需要改进自己所面对的教育。在改进过程中，要依据所持理论确定好教育的内容与标准。

（三）相对于当事人所在的时间和空间

没有永远的好教育，昨天的好不等于今天的好，过去与未来的好未必是当下的好。如果说 30 年前的小学破破烂烂，教室的屋顶上漏水漏得一塌糊涂，墙就要倒掉了，现在有些当年的学生回忆起来说那是他接受的好教育；但是现在，经过几十年发展还用那种教室的学校在大多数人看来肯定不是好教育。西南联大在当时的茅草房校舍也曾被人看作不是好教育，几十年后证明那就是好教育。

① 陶行知：《还教育于民》，《陶行知全集（第四卷）》，四川教育出版社 1991 年版，第 583 页。

不能够拿过去或者未来将会怎么样来衡量当下，所以好教育是相对时间内的概念，对个体成长而言可能好教育还是相对瞬间的概念，因为可能就在那个瞬间决定着个体成长发展的关键。

在空间维度上，也不存在一种普适的好教育模式。某种在国内算好的教育，在国外则未必；即便在国内的城市是好教育，把它搬到乡村未必是好教育；在东部地区的好教育移到中部和西部未必是好教育。因此，需要根据当地的具体情况和教育当事人的标准来判断什么是好教育。由当时当地的当事人确立的自己需要追求的好教育，是有具体条件的。

讲到教育的时空相对性不能忽视文化时空。事实上，教育总是在特定的文化潮流之中，即便相同的时间和地点，处在不同文化潮流中的人对好教育的判定也是有差异的，甚至完全相反。学衡派与中国科学社曾同在东南大学，它们对好教育的判定则相差甚远。

好教育与当时当地的政治环境、经济条件、文化潮流和具体成长个体的需求直接相关，具体的条件是底线和依据，具体人对教育的需求是期望和目标。

（四）最主要的是相对教育当事人和成长个体

教育当事人包括教育举办方、教育投资方、教育管理方、教育实施方、教育评价方、教育使用方，使用方实际上又包括学生和家长两类不同的人。显然，各方都会对好教育表达自己的观点和意见，但是就其重要性、决定性而言，各方的权重是不同的。中国俗语道：做事不由东，累死老长工。教育真实的“东家”是学生和家长，但现实中学生和家长对好教育的意见或没有表达渠道与空间，或不受重视。集成人学教育需要确保他们的意见得到表达，摆正他们意见的位置，并给予适当的权重。

首先，评定教育好坏肯定也必须包含相对于学生、相对于成长个体的教育需求是否得到充分、及时、有效的满足。学生的天性、潜能未能充分发展的教育肯定不是好教育；即便考分很高，上了名牌大学，却因身心不健全而在人生的中途发生事故，这类教育肯定不能算好教育。因此，不存在一个学校能在不了解学生成长发展需求的情况下就宣称自己提供的是好教育，也不存在对每个学生都算好的学校。每个孩子都有独特的需求、天性、潜能，要根据这些方面对他所受的教育进行设计和判断。是不是好教育当然还要相对于家长，越是年幼的儿童，家长在评判教育好坏上越应具有较大的发言权。例如，学校的收费是否合理、家校关系是否平等亲和以及教学质量的高低等，都是家长关心的重点。

对于教师而言，好教育应该符合他们从事教育工作的理想和抱负。目前，这方面在教育中的考虑还太少。有许多年轻人在上大学时怀揣着成为乡村教师的梦想，但在乡村工作几年后却选择离开，因为他们发现自己想办的教育在那里无法实现。这种例证表明，相对于他们的教育理想和抱负来说，那里的教育并不是好教育。如果几经周折办不成想办的好教育，就有人选择离开，现在由于这种原因离开的优秀教师还不少。

真正的好教育需要在管理和评价上给更多的人依据自己的教育理想办教育的条件，切实保障教育人的教学自主权。因为只有具有多种教育理想的人依据各自所信奉的教育理论办教育，才能办出多样化、个性化的教育，才能有效满足个体多样化、个性化的成长发展需求。

当然，评价教育是否好也要考虑相对于政府是否实现了立德树人的目标，也要参考第三方教育评价机构的专业标准，考虑教育投资方、举办方、管理方、实施方的合理意见。最终，不同主体的诉求不同，就遇到一个问题：听谁的，以什么为准？对此，需要本着以人为本的原则，依据共建、共治、共享原则由各方去协商确定。

二、走出好教育的误区

现实中，对于好教育，社会舆论、管理部门、教育评价者都存在一些误区，教育改进者不可视而不见，而需要有针对性地加以矫正。常见的误区有以下六种。

（一）学业好就是好教育

只问各门课考了多少分，排第多少名，分数越高，排名越靠前就越是好教育。一俊遮百丑的好教育在历史上有文化基础，现实中有“唯分数”的评价体制作为依靠。这样的好教育观念即便在专业的学校内也很流行，而且被社会广泛接受。

这种好教育的观念存在两个显著误区。其一，只看结果，不看过程，不看高分是怎么来的，获得高分的时间、精力、机会成本有多高，其过程是不是符合人的成长发展规律，是否因为得高分而伤害了成长个体，高分与学习条件的关联怎样，横向比较起来高分意味着什么。其二，忽视了健全人格教育的多个方面。孩子面临巨大的学业和升学压力，这些压力经过高考、中考指挥棒的层层放大，最终传递到每个家庭和每所学校，甚至影响到幼儿园。天天喊“减负”，家长和教师们又被迫给孩子“施压”增负。这导致许多家庭对“家庭教育”的理解转变为主要抓孩子的学业，为孩子安排课余学习内容，陪伴孩子做功课，参加各种培训班。然而，这种做法反而忽视了对孩子身心健康和做人教育这些家庭最基本职责的履行，使家庭在育儿职责上出现“越位”和“错位”。

好的教育不在于学生能考多少个100分，更重要的是将他们培养成一个健全的人，一个对生活和学习充满热情的人，一个能从学习中获得幸福感的人，一个自我悦纳、充满自信的人。

（二）进了好学校就是好教育

好学校确实对一部分学生意味着好教育，但任何一所好学校里都不可能无差别地、同等程度地满足所有学生的成长发展需求。在一些学生的成长发展需求得到更好满足的同时，也有一些学生的需求未能得到充分有效的满足，甚至有一些学生的需求根本就未得到满足。对于这些成长发展需求未得到有效满足的学生，即便他们所在的学校再好，也无法称之为好学校或好教育了。事实上，有大量的学生被所谓的“好学校”耽误了，其中比例最高的就是被那些仅仅看重考试分数的学校耽误或伤害的学生。

以为好学校就是好教育的片面性还在于，对每个个体，学校只是人生的一小段，家庭环境对个人成长的影响比学校要大得多、长得多，在人的生活能力、人格品质和行为养成方面发挥着独特作用。家庭教育有很多无法完全被学校教育所替代的独特、终身的教化功能。教育更是一个人在社会中持续终身的过程，在这个过程中兴趣是最好的老师，自由是最好的教育。

完整的理解应为，好教育除了需要好学校，还需要好家庭、好社区、好亲友、好同伴及好的社会资源。这些方面共同影响个体的成长和发展，相互配合、协同，才能形成整合优势的好教育。

（三）将好的部分凑合到一起就是好教育

这种好教育的观念在实际的教育管理和运行中颇为流行。有的地方政府将优秀的教师、学生、设备和经费都集中到某一所学校，以为这样就能打造出好教育，为当地争光。甚至有人简单地认为，只要把好的知识传授给所有人，就是好教育。

这种观念的误区首先是没有把所有个体平等看待，没有维护所有个体的平等受教育权，与公平的价值相违背，成为整个教育的负资产。其次是误以为好条件就是好教育。其实对个体成长而言，能满足其成长发展需求的合适条件就足够成为好教育，也最有利于个体的成长；超出需求的部分不仅是浪费，还可能成为负担和迷惑，阻碍个体的志向生成和意志磨炼，甚至扭曲其价值观。最后，这样的好教育可能恶化当地的整体教育生态，一点所谓的“好”引发了整体的“坏”，得不偿失，还可能对当地社会风气、观念产生不良影响。

真正的好教育具有区域整体性，能提升抬高教育的底部，改良教育生态，将最不好的部分改进得更好才能整体提升一个区域的教育水平。好的教育在每个个体身上也具有整体性，需要对每个个体进行无差别的关注、指导和教育，而不只是提供统一进度、统一课程的公共、普遍的大食堂、大锅饭式的教育。

（四）将享受教育特权视为好教育

社会现实中有一部分成长个体的家庭享有特权，于是有了特权学校仅限特定成员的子女就读，特权政策仅限特定人群享用，特权就读、特权招生、特权评价、特权管理与教育相关的各个环节随之而产生。在这样的教育环境里成长的个体沾染了特权意识、特权思维、特权观念，甚至学会了特权技能，这些人到社会上可能还是用特权、要特权，这样的教育必然不是好教育，它败坏了整个社会风气。但不少人对此虽不能享受却很羡慕，以为越贵的教育越好，越需要更高层权力机构写条子的教育越好，并试图以各种方式获得这种教育，或让自己的孩子获得这种教育。

特权是等级社会的产物，教育上以特权为好的观念很常见，希望获得特权教育又有功利念头作祟。正常人或许明知特权不好，功利者又难以放弃享受特权的贪念。在这种教育环境中成长的个体未来的困境在于，如果他还有特权可享也罢，如果没有特权可享就可能设法创建特权环境或很难融入社会，难以获得生活能力，难以在社会实践中增加才干。只有那些在民主、平等环境中成长的个体在生活中才能从低起点进入社会，更接地气，不怕挫折。

特权教育的现实存在是政府的公共教育职能未能履行到位的结果，一些地方政府为了政绩大办示范校、重点校，将学校分成三六九等，成为特权教育形成的现实基础，又成为一定区域内坏教育的典型。

（五）好的起跑线就是好教育

许多人非常重视让自己的孩子进入好的幼儿园、小学、中学和大学，认为这就是接受良好教育了。其实，即便进大学也只是人生中的一道门槛，它并不代表教育的终结，而只是新的起跑线。很多人还产生了起跑线上的恐慌，把起跑线提前到了小学、幼儿园，乃至早教和胎教阶段。

一些缺乏常识的人过度解读“扣好人生第一粒扣子”，“正本慎始”。迈好人生第一步的确重要，但罔顾个体成长的过程性，试图从第一步就决定输赢、生死、胜利与淘汰，将过高的期望寄托在“第一步”，那显然偏离了教育的本质，走入了误区。

其实，任何一个时段的教育都不能完全替代另一个时段的教育。好教育是终身的，其核心在于个体内部能够自主生成好教育的机制。这一机制使个体不断产生学习与成长的需求，并能在所处的环境中自觉寻找并组合能够满足这样需求的教育资源，并适度而有效地利用这些资源去实现自己的生长。在成长个体内心生成了这样的机制，就生成了便携式的好教育，从而能够不断更新自我，最终有可能成长为胸怀大志、放眼世界、脚踏实地、能够成就未来的人。

（六）功效好就是好教育

衡量教育好不好自然要看其功效，但由于教育自身的效果具有长效性、延迟性，仅看教育的即时功效来评价教育就有些片面。而现实当中，人们往往将能否考入名牌大学、找到好工作或实现社会阶层的跃升作为评价教育好坏的标准。这些标准在一定程度上可以作为参考，但若偏离了适当的权重范围，忽视该教育对人的内在成长的作用，甚至据此对各种学校进行排名，并通过媒体广泛传播，那么对教育造成的伤害将是巨大的。

好的教育关键在于促进个体的全面成长，其中有些教育成果并不会立即显现为具体的功效，比如符合人性的教育措施、增强人性的教育内容、规则意识的生成与遵守、社会性和责任心的发展，以及自信、悦纳、爱独立思考，都未必带来马上可见到的功效。甚至有些好的教育在促进个体成长的过程中，可能会带来一些短期的“麻烦”。比如，当个体学会自主选择、自我决定后，可能会被成年人视为“不听话”，惹出更多“麻烦”。然而，相关研究表明，在智力、学历相似的人群中，那些能够自主选择的人，多年后发展成顶尖人才或专业人士的比例，远高于那些不能自主选择或无目标的人。长期生活在不自主环境中的人，往往思维依赖性强，害怕尝试新事物，情绪调节能力弱，创新意识和个性成长也会受到阻碍。

生活中人们常常自觉或不自觉地对教育进行“好”与“坏”的判定，并不断地追求“好”教育。由于认识上还存在误区，就难免在追求过程中走进误区。走出好教育误区的人未必都能进入真正的好教育。即便是教育专业学人也很难确保自己不走进好教育的误区，所以教育人，尤其是有志于教育改进的人，需要极为谨慎地对待与追求好教育。

任何教育的不如人意都会引发人们对好教育的反思和期盼。好教育将成为教育改进者永不停歇的追求。好教育的标准只能相对于具体的成长个体及其当时的成长状态而言，怎样去实行好教育需要由具体的教育人与具体的成长个体相互协商确定。因此，需要分析不同的教育，找到好教育认知上的误区，并提出相应对策，以期教育人与成长个体更清晰地形成对好教育的正确认识，更明确地去追求真正的好教育，改进不好的教育，不断趋近于好教育。

好教育是人们在观念上对理想教育的设想，也是人对教育实践中具体目标的真实追求。好教育既有现实的超越性，也有实现的可能性。教育改进就是在这两者之间服务更多的人，让他们享受到更好的教育。

三、明确定位后才能改进

事实上，要办好教育首先要做的就是明确自身的定位。在纷繁复杂的教育环境中，在已经出现的各种误区中，需要清晰地认识到自己的位置。只有明确了定位，才能有针对性地进行改进。

（一）第三方教育学人是最好的改进定位

教育改进的前提是对所面对教育有客观、准确、全面、深刻的认知，从这一角度看，第三方教育学人的定位是教育改进的最好定位。

大量的现实例证也证实了这样的判断。事实上，所有与教育相关的当事人都可以参与教育改进，都能发挥一定作用。如果与教育人和成长个体离得比较远，在认识程度、作用力、作用方式等方面都会有所减弱，所以难以成为较好的改进定位。众多教育改进者是各种身份与定位都与教育比较近的人，可分为以下四种。

1）成长个体。他们是教育改进的重要参与者，但由于常常处于不自知的状态，尤其对40岁以前的人更是如此，常常对教育的优劣好坏难以有明确的判定。从定位上讲，他们的参与是必要的，但并非最佳选择。教育人有必要通过各种服务引导成长个体更多地参与教育改进。

2）教师及学校工作人员。他们也是教育改进必要的参与者，但事实上他们大多数没有成为教育改进的积极参与者。受程序、业绩、身份等多重影响，他们往往表现出一定的保守性，循规蹈矩、照章行事成为他们的基本特点，在某些情况下，他们甚至可能成为教育改进的对象。即使他们中有一些人会成为积极的教育改进者，但这个群体仍然难以站在最佳的教育改进定位上。

3）家长或成长个体家庭成员。这部分人对改进有需求，也需要成为教育改进者，但他们之间的素质和观念差别较大，认识与思考能力参差不齐，在现有体制下对教育发挥作用的程度较低，也难以成为教育改进的最佳定位。

4）教育行政管理人员。他们能够对教育改进产生较大的影响，但受限于专业深度和行政体制，也很难成为最佳的教育改进者。如果他们中的一些人善于利用教育的专业资源，就能对教育改进发挥巨大的作用，但可持续性未必能够维持。

相比之下，第三方教育学人的第三方性使得他们在认识、判定教育现状的时候较少受到身份、利益、观念、社会关联因素的影响，能够多角度平视对象，减少因为地位高低而俯视、仰视产生的盲区，能够更加专心致志地研究成长个体，能更准确地看到真实状况，发现真实问题。他们的视野比较开阔，所提出的解决问题措施比较灵活、多样、专业，更加注重实际效果，减少工具与路径依赖。当然，第三方教育学人在教育改进中也会遇到一些困难和问题，存在一些缺陷与限制，但总体上属于各种定位中最好的一种。

（二）每个人需要根据自己与教育的相对性确定符合实际的定位

每个人都有自己真实的社会身份，都有已经确定的与教育相对的定位，难以因有参与教育改进的意愿而随意改变。在这种情况下，有意参与教育改进的人依然能够通过调整自己的定位参与教育改进。为了更好地发挥教育改进作用，在一定范围内调整自己的定位也需要相应的条件和技巧。

有一个历史例证说明适当调整定位的重要性。1938 年纳粹迫害犹太人时，当时不少国家相继对犹太人签证亮起了红灯，拒绝伸出援手，而当时的中国驻维也纳总领事何凤山勇敢地向犹太人发放了到上海的签证，挽救了数千名犹太人的生命。在当时艰难的形势下，无论是从自身安危考虑，还是从服从职业要求，何凤山都可以选择当一个旁观者，但他思虑再三，适当调整了自己的定位，不顾上司的反对做他认为“在人道立场上，帮助他们也是应当的”事，甚至在领事馆被以是犹太人的房产为由没收后，个人承担办公租房费用继续发放签证，直到被借故调离。2000 年，以色列政府追授他“国际义人”称号，并在耶路撒冷纪念碑上为其刻下“永远不能忘记的中国人”。[①]教育上同样有诸多这样的机会，需要教育改进者去发现，调整一下定位就可能产生巨大的价值。

教育定位调整的一个经典案例是，1981 年后的五六年间，某师范专科学校的高等数学教师赵振华，坚持每天晚饭后都风雨无阻地到数学系办公室打开那台当时还少有的电视机播放英语讲座。有人多次提议观看球赛等节目，但都遭到他的拒绝。他的坚持吸引了 20 多名对英语感兴趣的学生。这些学生后来大多考上研究生，获得博士学位，成为国内各行业的顶尖专业骨干。当时，学生们还以为赵老师此举仅是业余休闲行为，多年后才领悟到，这是他深刻认识到英语在那个年代对学生命运的关键性影响[②]，从而经过深思熟虑、精心设计、目标明确的举措，尽管他手头的资源非常有限。

陶行知曾经提出好教育的一种表述，就是“国无游民，民无废才，群需可

① 《中国辛德勒何凤山：冒险拯救数千犹太人生命》，中国新闻网 2012 年 5 月 16 日，https://www.chinanews.com/cul/2012/05-16/3893311.shtml

② 储朝晖：《良师记》，安徽教育出版社 2023 年版，第 41-58 页。

济，个性可舒”[①]。他从国家无游民、人民无被废弃的人才、民众需求得到满足、个性得到舒展等多个角度阐述了好教育，最终落到人的发展，显示出其以人民定位的好教育观。以此为参考，每个人可以根据自己的身份、职业、岗位情况和对教育的认知调整固化的定位，重新选择更有价值的定位。

在确定或调整定位时需要考虑到教育改进没有绝对的标准，需要依据自己的判断确定一个相对的标准。在明确自己的相对定位后，方能从起始条件进行教育改进。比如，某位教师的身份定位是教师，如果他感觉到身边的教育不好，就要寻找自己现有定位与所感知的问题的相互关联，找到两者之间的最为切近处，估量自己的定位可调整的范围，并通过适当的调整进行教育改进。

好教育的相对标准只有在明确定位以后才能决定。一位长时间按惯例工作的教师或许意识不到自己身边的教育有什么问题，也不知道自己怎样稍稍调整定位就能使工作有更大的价值。只有具备改进者的意识，才能判断身边的教育是否优质，进而进行教育改进。就类似画圆需要先确定圆心，测量的时候先把基准找到，从改进的立场出发，稍作定位调整便能洞悉更进步的好教育的内容和境界。判定好教育的相对标准在于教育是不是最有效地实现了教育当事人的成长发展目标、实现其人生目标并创造幸福生活。

好教育的目标确定后，还需对焦自己的定位进行调整，以明确是否能实现该目标。若定位调整能更好地实现教育当事人的人生目标，并有效地为成长个体创造幸福生活，那便是向好教育改进的定位调整。若未达到此效果，则说明调整不到位，可能无法改进为好教育，因此需要继续调整定位。

（三）在改进过程中根据需要调整定位

由于教育改进没有终点，教育改进永远在过程之中，所以教育改进者的定位并非一成不变的，而是要根据教育人对教育认识水平的提升，根据成长个体的新变化和新需求，在改进过程中随时调整和改变定位。

教育改进者需要从以下方面审视是否需要调整定位：①看自己现在的定位是不是让成长个体或其他的关联人受到伤害，伤害的程度如何。如果有这类迹象，就需要调整定位；伤害程度越深、涉及人数越多，调整定位的紧迫性就越高。②对自己的教育所产生的效果做评价，看价值大小与效果如何。如果通过调整定位能为更多人的成长发展提供更有价值的服务，就应及时调整定位。③要审视自己的人生目标是否发生了变化，现有定位是否与这些目标保持一致。如果存在偏差，就需要调整定位，以便更有效地实现自己的人生目标。④考虑周边环境和条件的变化，观察同事、朋友和团队是否与自己的定位相协调，是否

---

① 陶行知：《生利主义之职业教育》，《陶行知全集（第一卷）》，四川教育出版社1991年版，第19页。

能充分发挥自己的作用。如果定位与周边环境不适应，就应考虑做出适当调整。⑤密切关注经由自己服务的成长个体的天性和潜能是否得到充分发挥。如果未得到充分发挥，说明自己原有的教育改进定位并非最佳，需要在分析后向更好的方向调整。

教育改进者在发现以下情况时就需要调整自己的定位：①德不配位。特定的定位只有与特定的品德相匹配才能发挥最佳的效应。德位是否相配会影响到各种事情的成败，尤其是教育的质量。如果教育改进者自己发现或经他人提醒存在德位不配的情况，就需要在提升品德的同时调整定位。②能不配位。这里的“位”主要指个人的定位，它与岗位往往密切相关。当岗位不断升迁或其他变化导致定位改变时，如果个人能力没有相应提升，就会出现小马拉大车的情况，效果不会好，还吃力，还可能导致与周边人的关系不和谐。这样的人去做教育效果自然不会好，需要调整定位才可能改进，获得更好的效果。③经验不配位。教育的专业性和实践性决定着没有足够的经验难以在相应的定位下办出好教育，但人的经验积累是个缓慢的过程，定位的改变相对较快。所以，如果发现自己的经验与定位不相匹配，调整定位是相对更便捷的选择。④责权不配位，尤其是主观定位缺乏相应的责权，“吃一升米的饭，操一斗米的心”。例如，有些校长声称要进行学制改革试点，却未意识到学制改革是政府才有权决定的。责权不配位的一种情况是对自身的责权边界不清晰，主观放大或因自信不足压减自己的责权；另一种情况是相应的体制机制本身没有明确界定各相关主体的责权边界，比如教师的责权边界在哪里，很多做了一辈子教师的人也不明晰。

简言之，明确定位，站稳脚跟，才可能启动真正的教育改进。

第七节　通向好教育的路径与过程

如何通向优质教育？其方法、路径和过程是怎样的？这些问题没有统一的答案，需要每个教育者和学习者根据自己的条件和实际情况去探索。不同的人可能会得出不同的解，可以相互参考和借鉴，但绝不能简单复制或抄袭。而要实现这一目标，需要满足一些必要的条件和经历一定的过程。

一、成为教育改进者

如果没有自主自觉地成为教育改进者，就不要去谈教育改进了。成为教育改进者完全是自觉、自主、自愿的，不能靠任命，不能带有半点勉强，不是为了实现功利目的，而是为了人的生活更加幸福而有尊严，把教育办得更好。这里的“人”既包括身边具体又鲜活的个体，更多的则是每个人的后人。成为教育改进者主要是对个体社会责任的担当与传承。

当然，成为教育改进者，并不意味着大家会变得千篇一律。每个人都可以根据自身的条件和期望设定不同的改进目标和抱负。例如，而立之年的陶行知就提出“三个一百万”的目标：“征集一百万个同志，创设一百万所学校，改造一百万个乡村。”[①]他当时提这样一些目标，强调教师心中要有一个理想社会。这就是他当时把自己定位为教育改进者的开始，也铺垫了后来的成就。

我自从 1981 年接触陶行知的思想后，便深受其影响。陶行知在 1921 年曾跟随孟禄到全国各地进行调研，这一点给我留下了深刻的印象。因此，自 1983 年以来，我也一直坚持进行实地调查。当时我为自己确定了一个定位：“教育是我的职业，研究是我的生命，把教育办得更好是我的人生目标。”实际上，当时“把教育办得更好”就是我作为教育改进者的定位和目标。几十年以来，我始终坚持这样的定位和目标不变，现在觉得这是很重要的。

不同的教育改进者确定的目标可以有所不同，风格、方式、方法、路径、定位、影响范围等都可以不同。多样的教育改进者与多样的成长个体以及多样的教育改进需求在相互选择后匹配，构成多样的教育改进活动。

正因为此，教育改进者的一个重要使命就是不仅自己做好教育改进者，还需要吸引、带动更多的人参与教育改进，成为教育改进者。一次成功的活动，哪怕只能吸引一两个人加入教育改进的行列，其收获也是不可估量的。对于那些已经是教育改进者的人，这样的活动可能会让他们更加坚定地走在这条道路上。而对于那些尚未明确自己定位的人，或者在教育改进的方式方法上尚显稚嫩的人，这样的活动或许能启发他们。如果有人在活动中受到启发并决定成为一名教育改进者，就像我当年受到陶行知的启发一样坚定地成为一名教育改进者并明确自己的定位，或者在教育改进的各个方面变得更加成熟和老练，那么这样的活动对于大家来说收获就非常大。考虑教育改进活动在理论上的收获、知识上的长进，如能在教育改进角色进入、态度坚定、经验丰富、方法纯熟这些方面发生效果，就是很重要的改变。如果参与了很多活动却仍然没有明确教育改进者的定位，或者经过一段时间的活动后仍然没有确立教育改进者的态度，那么收获无疑是有限的。

事实上，做一个教育改进者，并不是都要立下陶行知那样宏大的愿望和高远的理想。理想和目标可以小一点，但小一点也是教育改进者。而作为教育改

① 陶行知：《中国乡村教育之根本改造》，《陶行知全集（第一卷）》，四川教育出版社 1991 年版，第 102 页。

进者，不管怎么样必须要发现当下教育现实的改进空间。如果在认知上觉得已经很满意了，就不可能成为教育改进者。那些只会对自己所面对的教育唱赞歌的人永远不会成为教育改进者，在他们的行为中教育也不会有所改进。必须有不满，而且还要通过调查、体验、提炼，能够准确表达出不满，所表达的不满与事实相符，有逻辑依据。没有发现改进空间的人，就需要提高自己，拓展见识。

有不满而没有勇气表达的人也很难成为教育改进者。表达出不满真的不容易，在特定的社会里要表达出不满就不仅是对事而言，还会涉及具体人、组织、机构。而对于那些只能单面思维的人，别人表达不满就相当于触动了他们的敏感点，这实际上是一件非常困难的事情。能否勇敢地说出自己的不满与个人的见识、能力和勇气密切相关，同时也受到社会环境的影响。许多教育改进者和社会改革者在实践中遇到的问题也往往与此有关。因此，缺乏勇气和正义感的人很难成为一名真正的教育改进者。

二、教育改进有两大类机会

不少人想成为教育改进者，却苦于找不到教育改进的机会。事实上，对教育的不满处就是教育需要改进处，也就是教育改进的机会所在。实际上，所有教育改进者都可以利用的机会有两大类。

（一）在没有达到基准的方面达到基准

第一大类改进是达到基准。基准是多个方面的，包括硬件、软件、学校环境、校园文化与教育教学行为等。基准可以是政府发的有关学校基本标准，也可参考一些专业组织制定的标准，对于价值无涉的内容还可以参考其他国家或地区的相关标准。例如，教育信息化建设中的“三通两平台”①，义务教育条件中的“一无两有”②，“双减”中要求“应教尽教、学足学好、开足开齐”，这些都是一些基准。对照相关基准考察现实状况，发现需要改进、亟待改进、值得改进之处，努力将没有达到基准的方面达到基准。长期没有解决的义务教育均衡问题就是由于大部分学校没有达到相关的基准，家长就能看出明显的差距。在大量的调查当中发现，由于基准较低，很多达到基准的学校依然是问题很多，不能够达到政府基准的学校依然大量存在，例如大班额、超规模学校、

① 三通：宽带网络校校通、优质资源班班通、网络学习空间人人通。两平台：教育资源公共服务平台、教育管理公共服务平台。

② 一无：小学、初中校舍要达到校校无危房。两有：班班有教室，人人有课桌凳。

教师有编不补、不能开足开齐音体美课程，都是需要依据基准改进的内容。

20 世纪 80 年代，在很多地方调查时还能看到不少乡村学校没有厕所，师生都到周边的庄稼地里去大小便，在今天看来有些不可思议。如果以基准看，当时能在学校里建个厕所就是基准。后来将校园围墙、大门、操场、旗杆、水井、厕所列入“六配套”的标准。陶行知当时让很多学生去建学校，就是要求包括学生会做饭、种菜、建厕所之类内容，在这些方面达到基准。

对于深度的教育改进则不能随意选择一个基准进行对照改进，而是要精心挑选合适个体的多样基准。挑选的依据包括基准本身的科学性、合理性，以及基准与自己所面对教育实际的符合程度。

（二）在没有达到相对满意的地方实现满意

第二大类改进是达到满意，“学足学好”就属于这一类。满意是一个主观的概念，没有一个固定的基准，它依赖于学生、家长和教育者的个体感受。所以这方面首先要深入了解并调查各相关方面对教育的直接感受，以评估他们的满意程度。

做满意度调查要避免走形式，不少人做了好多年调查流于空泛。具体、实际、真实的调查结果，与调查问卷写出的未必一致，也就是调查报告不一定是真实的，所以对这种调查也要做改进，才能了解到真实情况。要获取真实的满意度反馈，仅仅依靠简单的问卷调查是远远不够的，要靠参与生活，参与教育实际，在实际当中去体验。如果没有参与实际，没有参与教育生活，就不可能了解到人家对教育是不是真满意，也不可能真实地了解到自己工作的效果。在做教育改进的过程当中，仅仅依赖概念、数据或他人的结论，很难做出准确的判断，必须深入教育实际，深入教育体验，才能准确判断教育的实际效果，进而进行有针对性的改进。

实际的教育改进可同时参考既定的教育基准和教育相关者的满意度进行改进，或者将这两者结合起来改进。

三、学会用教育改进的两大工具：想象和实证

教育不能“唯实证”，唯什么都是要犯一部分错误。但事实正是中国教育当中依然缺少想象和实证，所以必须反复强调这两者是教育改进的两大工具。怎么用它们去改进呢？

首先要就如何办好教育进行充分的想象。充分想象就好比是发动机，是教育改进的动力源泉，是人思想的源泉和营养元素。它就像“进食”装置，能生成思想、创造新价值。

同时要不断运用实证去检验。打个比方，想象与实证的关系就好像一台汽车的发动机和刹车，必须同时发挥两方面的作用，教育才能充满生机活力、健全有效。想象本身能够生成思想，能够创造，能够产生新的价值，如果没有想象，教育改进就如同无源之死水，不可持续，又能往哪儿改呢？就找不到改进的空间，没有改进的动能。而实证恰恰是相当于产品生产的检验室，负责检验教育原料和产品是否合格，教育措施是否有效和符合规律，是否有效促进了成长个体的发展，等等。实证本身还是一个免疫系统，显现出所进行的教育有没有病和毒，有病就要治疗，有毒就要消除，这样教育体系才能更加健全。特别是要消除教育机体内的一些腐败的东西，消除教育的病毒，个体才能健全成长。

那么，如何消除教育机体内的陈腐呢？关键在于实证。例如，教师每天向学生传输各种理念，但这些理念是否真的有道理呢？是否适合当前的实际，就需要通过实证来检验。有些人过度强调习惯的重要性，甚至将一切归因于习惯。然而，习惯本身具有保守性，而未来社会将变得更加多变和不确定，需要更多持自主积极的态度求索与生成，过高看重习惯不利于健全人格形成，难以面对未来的不确定性挑战，这样的误区只有通过实证才能消除。

想象与实证相结合的方法是我经过几十年调查和研究后觉得是中国教育所需的教育改进的特殊方法，这种方法十分有效，也是一般教育改进者最常用的方法。需要强调的是，提倡实证不是“唯实证”，但是要把实证作为一个基本的常用方法，我们的教育中实证方法用得还远远不够。尽管一些学校已经提高了对学位论文的实证要求，但不少人仍然缺乏实证精神。那些长期以来被错误传授的知识和观念必须通过实证来检验，避免它们继续误导人。

四、界定所要进行的教育改进

对教育改进的界定，就是要明确其边界。当前，许多人在谈论教育改进时，往往陷入泛化的理解、表达和实践中，发表这也不好、那也不好的意见，似乎所有方面都需要改进，而且都能被改进。这种态度类似于初学论文写作的学生，认为任何问题都可以撰文探讨，其实这些都是泛化的表现。

任何改进行为所能发挥作用的范围都是有限的，所能解决的问题也是特定的。在泛化的认知基础上采取的泛化行为和改进举措，最多只能获得肤浅、低效的结果，最坏可能是产生未曾预料的后果。所以界定改进是开展教育改进中必须进行的环节，界定包括明确改进对象、目标、过程、措施、效果。因此要真正深化认识，将改进的起点到终点的过程以及可能的意外都想清楚。

经过充分、完整的界定后，教育改进者就必然选择做他最喜欢做也能做得最好的那一件特定的事儿。这就像狼在追捕猎物时会寻找最关键、最致命的攻击点，或者打蛇时要打其七寸。经过界定后的教育改进行为就比未经过界定的教育改进行为更加精准、高效。界定要进行教育改进的问题就是这样一个聚焦过程，不断地去筛选真正的问题所在：它的表征是什么？边界在哪里？程度如何？范围有多大？有哪些关联因素？产生的原因是什么？属于何种性质？需要进行怎样的改进？与周边环境和对象的关系如何？改进的可行性有多大？能否彻底改进？改进某一点后会产生哪些关联影响？改进某一点后关联到什么？……

许多人开始时对改进充满信心，但一段时间后，当感觉难以继续时就会放弃，这通常是因为最初没有做好充分的界定工作。一个常见的现象是，当教育改进者放弃时，最后就是什么也不改进，不想去改进了，一切又都还原。因此，改进者需要事先就要把改进对象充分界定清楚，才能有效可持续地去开展改进。

五、进行改进方案设计

教育改进方案的设计因改进的内容和方式方法的差异而有很大不同。没有必要对简易的改进设计过于复杂的方案，但也需要避免重要的改进因方案设计过于简单而影响改进的进程与效果。所以，对于任何一项教育改进，都需要给予足够的重视，并精心设计方案。

设计教育改进方案之前需要做充分的基础性准备工作，前面所说的教育改进界定就是重要的准备之一。除此之外，还需要做思想理念准备、专业知识与能力准备、改进团队准备、物质与社会条件准备。

改进方案具体包括：①改进缘由。应清楚陈述改进对象存在的问题及其危害成长个体的程度、范围及其影响；了解问题存在的背景和研究现状，以及国内外相同问题的解决方案；明确改进后能在多大程度解决问题，并为成长个体带来什么样的益处。②改进目标，即希望通过改进达到的目标及预期的效果。目标的表述尽可能简要明确。不少人分不清目标与过程、任务之间的差异。目标就是要到达的点，要尽可能聚焦、可检测、量化、明晰。③改进内容或改进对象。需要了解现有的条件和资源，明确用什么样的理论去改进，具体的改进技术、方式和措施，改进的重点难点，各内容点之间的关联，以及改进团队怎么建立，团队的优势与缺陷在哪里，团队成员的角色和权力、责任边界怎么界定。应针对自身的条件扬长避短，做出适合的规划和设计。可以制作一个一目了然的总体框架图。④改进计划。这包括改进方法、技术路线、可行性分析等，最后落实到具体时间安排上，分时间节点列出具体改进的进程安排。⑤预期改进结果。要明确最终会取得什么样的改进产出或效益。

对于任何想要进行的改进，都应设计详尽的方案。列入改进方案的内容最好都能逐步实施，以确保方案具有强大的实际操作性。

六、评价、检验教育改进效果

经过一段时间改进后，需要通过评价检验教育改进的效果。没有评价就会泛滥无归，处于云雾之中，因此这一环节也是确保此前的改进有效的保障。

首先可用自评的方式对自己的改进做评价。评价检验的依据是事先制订的改进方案和参照使用的相关基准，看一看预期目标和预期结果实现了多少，了解改进的达成度。

在评价和检验过程中，还应关注实施过程中遇到的新问题和新发现。事实上新的问题就是继续教育改进的起点。

以我的自我改进人生过程做例子。受陶行知 1921 年调查的影响，我从 1983 年开始去做调查，发现很多问题。但不能对很多问题都去做研究和改进，就挑选其中比较关键、自己又最有可能做得有效的问题去做研究和改进，并在做的过程当中发现新的问题。例如，经过对大学的调查，我个人觉得当时大学存在两个根本性问题：一个是大学的杂乱无章，没有建立现代大学制度；另外一个是丢心失魂，丢掉了大学精神。在此基础上，我确定了博士论文选题，做大学精神的历史研究。后来发现，对改进大学更有可参考性的近现代大学精神史也可以做了，又写了一本《中国近代大学精神史》。经过 1981—2011 年的调查、分析、筛选，我逐渐把自己的目标聚焦到教育改进上面，在 2011 年恢复中华教育改进社。之前我的教育改进目标和方向是弥散的，到 2011 年就集中到教育改进这个大方向，才有了推进教育改进的作为。

因此，教育人在进行改进评价、检验时，应善于从此前的改进中发现新问题，将其作为新的起点，并整体判断改进的进度和效果，明确到底是改进了还是改退了，是改良了还是改劣了，是改优了还是改差了，有没有新的价值产生。同时，教育改进应遵循“不急不息”的原则，既不急功近利，也不停滞不前。

评价、检验教育改进效果可以自己进行，也可以寻求第三方教育评价。通常在自评基础上进行第三方教育评价能够更准确地获得信息，也能更有效地促进后续的教育改进。

整体来说，教育改进是一个连续不断的过程，这个过程有多长呢？可以是一辈子，一件事一件事地做，一个问题一个问题地改进，发现了什么新的问题再做进一步改进；也可以是几代人持续进行。它需要起点，但是没有终点，不急不息，不拘大小，改进一点是一点，但是没有一帆风顺的进程，任何改变都会遇到困难，需要不断克服困难。越是有价值的教育改进遇到的问题会越多，困难会越大。比方说我 2008 年开始策划“20 世纪中国教育家画传”丛书，总共 14 本。当时就是因为在大面积实地调查中发现，很多人做了一辈子教育但是脑子当中没有教育家的概念，或者其概念是错的，为了推进教育家办学，就想通过这套丛书来让更多人了解什么是教育家。2012 年这套书获得国家出版基金资助，出版后不断重印，《叶企孙画传》等 3 本已经版权输出，在加拿大多伦多教育出版社出版，另有 6 本在版权输出过程中。这套丛书完成后，我又根据大量调查，感到中国当下教育的主要问题是行政单打独奏，缺少专业社团的支撑，所以 2013 年开始策划“中国现代教育社团史”丛书，发挥存史、资政作用，2019 年这套 30 本的丛书也获得国家出版基金资助。举这两个例子就是说明，应该不断逐级找到自己的专业改进点，做有价值的事。

从事教育改进的人，可以选择做个人的教育改进，人类历史上牛顿、伽利略做研究都是如此。走在某一领域前列的人，其见识往往超越了他所处的时代，因此很少有人能跟上他们的步伐。如果让见识相对较低的人去评价一个走在更前沿的人，那么后者可能会感到受挫，他们想做的事情也可能因此受阻，实质性的改进难以推进。因此，我觉得想进行个体改进的人就独自去做，想组成一个共同体的人也可以自由组成或参与一个共同体。

第五章

尊重儿童天性，培养理想社会建设者

一个天性已确定的个体怎样成长为理想社会的建设者是集成人学教育必须聚焦的问题。要将尊重天性转化为实践操作，就必须尊重每个人的自然特质、成长规律以及他们的自主选择，服从并服务于个体的个性发展。集成人学教育倡导教育者要在认识个体天性的基础上与个体共同启发、逐步明确发展目标，实现更好的成长。

个体天性的充分发展需要有与之相适应包容度高的观念和认知，以及支持天性成长的社会机制。每个人的天性成长都是独辟蹊径，不能盲目模仿他人，需要明确方向，采用确认-试探方式不断确定最近成长区，逐级探索、前行、验证，获得成长。

个体的成长是其天性与社会环境及他人不断碰撞、相互影响的结果。增强碰撞的有意性、有效性会更有利于天性成长。需要突破重重障碍，才可能实现天性成长，才可能更好地成为理想社会建设者。尽可能减少扭曲频次，降低扭曲程度，避免不必要的扭曲，才能更加充分、完整地实现天性成长。杰出人才的成长往往伴随着更多高效的碰撞和磨砺，使他们具备足够的能量和智慧来参与社群共建共治共享理想社会的建设，个体对社群的善善相报而非互害是个体天性充分成长后创建理想社会的宽敞大道。个体需要有健全的公共理念，基本的公共能力，在公共事务中有效行使权利和担当责任，具备良好的合作、公共交往与互动技能，才能更好地通过共识、传播、组织、示范，在自己的维度、社群与社会的维度、时间的维度获得平衡发展，从而在建设理想社群中建设理想社会。

关键词：天性；理想社会；建设者

卢梭提出“天性为是”，改变了人类历史上主要从建设理想社会看教育的视角。康德因为迷上卢梭的作品，对卢梭的《爱弥儿》如获至宝，以致一向以准时著称的他，唯一的一次不准时就是因为他读《爱弥儿》忘记时间了。他读卢梭如痴如醉，因为卢梭给他提供了一个非常重要的观念，就是要学会尊重人，这一思想表达出卢梭对整个人类的热爱和对他人的一种关怀。

由于普通人并不都十分清楚天性的界限，不确定哪些行为是违背天性的，不遵从天性的情况在现实生活中仍然大量存在。特别是在功利大潮中，为了短期的学业成绩，一些教师与家长一起成为违背孩子天性的主要当事人。一些地方政府为了教育政绩，制定出明显驱使教育管理与评价当事人进行违背儿童天性的教育的政策。信息技术发展起来后，又有不少人以“智慧教育”的名义扼杀儿童的智慧。不管用什么华丽的名称修饰，如果教育是违背儿童天性的，就必然对儿童造成伤害，也就无法走向人间的理想社会。

第一节　尊重天性的操作定义

尊重天性是尊重人的一部分，凡能尊重人的人都必须尊重天性。如果没有尊重天性就不是真正尊重人，所以凡不尊重天性的行为必然出自不尊重人的人。怎样才算尊重天性呢？对此没有严格的操作性定义，所以至今仍众说纷纭。这里试图给出一种操作性界定，当然操作定义需要准确的语义作为基础，在此主要从教育实践出发对什么是尊重天性加以界定。

一、尊重个体的自然特性

天性是指人相对于其文化性、历史性、社会性的自然特性。生命是个体的自然性之一，求生本能是个体自然性的典型表现。由此延展开来，个体的身高、体貌、面相，以及求知欲、好奇心、想象力、注意力、记忆力、智力和各种本能，均属于其自然特性。为确保尊重个体的自然特性，需要为其提供生活、健康和安全等方面的基本保障，满足其生理、心理需求。

从教育视角看，儿童自身体现的自然性是儿童具有学习本能，但其学习能力又有其限制。一方面，每个孩子都有学习潜能、欲望和习得能力；另一方面，每个孩子自然性的学习都有其有限性，并显现出在不同方面的优劣特征。尊重孩子的天性既包括充分发挥孩子的优势潜能，也包括不要强制孩子在自身劣势方面有超出其自然可能性的提升。对于儿童的学习本能已经有众多学者研究，也有各种学说，如中国古人说的“善端”，杜威认为儿童天性中有社交本能（social instinct）、制作本能（instinct of making）、探究本能（instinct of investigation）、艺术本能（art instinct）等，都属于此类学说，不再赘述。

外部绩效的彰显常常成为教育当事人不尊重个体天性的动因。例如，曾有学校试图通过给学生佩戴头环来延长其注意力集中时间，这种做法显然是对儿童自然性的不尊重。使用事先设定的标准，在忽视儿童天性多样性的情况下强化单一标准的考评，忽视儿童发展的未完成性和各方面发展的“关键期”布置学习任务，在教学中教师仅仅使用居高临下、单向灌输的讲授方式进行教学，对孩子学习兴趣的不珍惜、滥用、忽视、抑制而使儿童本身所具有的天分未能充分有效发展，只强调性别平等却忽视了性别差异……诸如此类的做法都属于对儿童自然特性不尊重的常见现象。

儿童天性常是内隐的，尊重天性需要教育人主动、积极地了解具体的儿童天性和他的内心真实，在认识到“儿童是儿童”的前提下，把儿童当儿童，才能算是实现了对每个人自然性的尊重。

尊重个体的自然特性只是文明社会的基本底线，但是在社会本位和群体本位占主流的社会中，还是有人担心这样做会对社会与他人造成伤害。其实尊重个人自然特性与要求个体遵从所在群体的规则和规范是相辅相成的，不仅不矛盾，而且从保障每个个体的平等权利与平等尊重角度看是原则一致的整体。只有尊重每个个体的基本权利，才能确保对群体内所有人基本权利的尊重。应该努力培养每个人的相互尊重意识，以不伤害或损害别人的权利为基准，才能形成尊重个体自然特性的整体社会良性循环。

二、尊重个体身心发展的自然秩序

中国古人讲的循序渐进，不愤不启、不悱不发，不误人时都内含对人身心发展自然秩序的尊重。孔子曾言：“吾十有五而志于学，三十而立，四十而不惑，五十而知天命，六十而耳顺，七十而从心所欲不逾矩。”（《论语·为政》）这段话就是个体发展自然秩序的典型写照。每个儿童身心发展都有其自然秩序，有与其他人不完全一致的节奏，有多方面表象不一的特征。尊重天性的教育要遵循其规律，在次序上不颠倒凌乱；保持与个体发展的节奏一致，不因外在的驱动拔苗助长或错失时机；在各方面发展上，与其自然显现出的特征有效互动，进行有针对性的启发，不急不缓，让教育遵从并及时、有效地服务于儿童的自然成长。

如果说尊重个人的自然性特征主要出于维护个人的基本权利，尊重个人身心发展的自然秩序也属于尊重个人的基本权利。但它更重要的价值是，能够使个体的成长发展更有效、更充分、更健全。因此，它对个体发展与社会兴旺具有更广阔的空间延展性，也具有更大的意义。

受多种因素影响与条件限制，尊重个体发展的自然秩序遇到不少障碍，主要存在的问题有：3 岁前受功利驱动进行过度、过早的开发；幼儿园阶段的游戏总量不足，自主游戏比例过低；小学阶段本是孩子亲近自然的关键时期，但其接触自然的机会却日益减少，自主学习时间空间被挤压；初中阶段是认识、了解社会的关键期，不少孩子却被禁锢在题海中，导致题海没志，本应生成的志向和认识社会的能力因错失良机难以形成；高中阶段青年人的朝气被赶考的强化训练淹没，高中阶段各方面的发展目标被窄化或让位于考试分数；大学阶段是个体激情和创造力发挥的高峰,但由于前期成长过程中的种种限制和问题，以及大学的教学、评价与管理过于苛刻，使得许多大学更像是培训班，而非真正适合大学生的生活和学习环境。各个阶段之间缺少适当衔接，这些都明显不符合个体自然的身心发展历程与秩序，使得个体完整有序的生命被人为地割裂开来。

心理学已从各个不同方面研究并阐明了个体身心发展的过程，总体上依然是一般性、普遍性描述较多，教育人需要将它们作为参考资源而不是所面对个体的实际成长秩序，具体的个体的成长秩序只能来自对该个体的观察、实证调查和符合实际的推演。这一环节被许多教育人忽视了，甚至仍有不少教育人心中有的只是教科书，只是考试成绩，根本不顾及所面对个体的身心发展秩序、过程、状态及相关的细节，也就谈不上对其身心发展自然秩序的尊重。

是否尊重了个体的自然发展秩序，可以通过教育措施实施前的预判来评估。受过教育学专业训练的教育人多少具有这方面的基本常识，应尽可能依据个体发展秩序与知识逻辑系统秩序安排好教育教学程序，减少所采取的措施对个体发展秩序的干扰。是否尊重了个体的自然发展秩序，也可通过对某一教育措施实施后的反馈来评估，一旦发现问题便加以纠正，重新编排教育教学秩序。这是尊重个体发展自然秩序的两个关键环节。

对某一个体的自然发展秩序的某一阶段或某一方面的认识出现不确定性时，如果弄清其秩序对教育进程和效果十分必要，可以采取更为积极的措施——通过开展适当的活动加以预测试，即通过对预测试活动结果的观察分析，从而对该个体的自然发展秩序做出更为准确的判定。

事实上个体的教育绝不仅限于教室中的教学，它应该涵盖个体的所有生活情境，包括在大自然里的活动、社会中的交往，以及在各种情境中出现的预期与非预期的表现。因此，能够对教育活动是否尊重个体身心成长秩序做出判定的信息也是多种多样的，要相信个体的体验才是真实的、可信的、完整的、有意义的。获得更加充足的信息才能做出更符合真实状况的判断，才能保障儿童自然发展秩序得到更好的尊重。

在不能深入、细致、具体了解所面对个体的自然发展秩序的情况下，对发展秩序的积极尊重显然是不可能实现的。如果教育人知道自己无法实现对个体自然发展秩序的积极尊重，那么退而求其次，坚守住对个体自然发展秩序的消极尊重也是不可多得的选择。消极尊重就是不做明显违逆个体自然发展秩序的事，比如在幼儿园给孩子讲政治道理，到大学才去教他们如何与人相处，都是明显违背个体自然发展秩序的教育现象。

三、尊重个人的自主选择

正常未受到伤害或抑制的个体都有自己的思想、主张和表达，自主的选择常常是其天性的自然外显，尊重个人的自主选择便是间接尊重天性。

个体的选择本身不属于天性，个体的选择与天性之间的关系不完全等同；认为孩子太小，没有明确的选择意识和可选择能力；被扭曲、压制过的个体，即便在形式上的自主选择中也常常很难真实表达自己；孩子自己进行的选择常常不符合成年人的意愿……上述种种理由成为不少人反对尊重个体自主选择的借口，于是有人对尊重个人的自主选择不以为然。

实质上，尊重个体自主选择，首先是对其选择权利的尊重，其次是对其总体和长远发展更有利的选择。没有人从出生就具备高超的选择能力，赋予孩子自主权，让他们学会在社会允许的范围内独立做决定，独立地解决自己所遇到的各种问题，通过经历积累经验和教训，就会提升选择能力。越早给孩子自主选择权，他就能越早学会选择，吃亏就越少，收益就越大。

每个个体在选择中都会出错，但从社会整体和人生全程看，每个个体自身都是个稳态系统，都具有根据自身条件与能力及感知到的外在情境变化随时调整自己的倾向和能力。不同人稳态系统的特征、功能又不相同，其应变取向与能力又不相同，因此不同个体遇到某种相同情况会有不同的选择，得到不同的结果。教育人应该对他们都予以相应的尊重。外人的选择总有可能因难以对系统的某一方面考虑周全而不适宜，自主选择的不适宜则会通过个体稳态系统的调节随时达到新的平衡。

教育人在尊重受教育者自主选择的同时，当然可以也应该提醒每个人要对自己的行为负责，包括要接纳自己的自然特征，认可自己的选择，在一定时间段坚守自己的选择，保持自己的个性，改善自己的选择品质，容纳并尊重别人与自己不同的特性，以及精准识别并充分利用他人为自己的选择提供的各种资源，尤其是信息资源。

在不受暗示的情况下，儿童的自主选择就会更加贴近他的天性，并主要受其天性中兴趣和能力的影响；外在的影响与要求越多，即便仍旧让孩子自主选择，其选择与天性之间的相关性越小。所以在整体尚未形成尊重儿童自主选择的环境里，年龄越大的孩子，他们的选择与天性的关联就越小。比如学业压力很大的中学生选择上更多的培训班，选择放假仍坚持上课，这种选择可能并非出自其天性，而是为了实现考更高分数、进入更好学校的期盼。

强调尊重个体自主选择的原则，并不意味着忽视个体能否选择的现实的原则。若孩子从小事事由父母包办、代做决定，养成凡事由父母为他拿主意的意识与习惯，成为“妈宝男”“妈宝女”，目标感、责任感就会薄弱。在这种情况下，尊重其选择不仅不可行，意义也大打折扣。在孩子对外界认知水平与能力较低的时候，完全由孩子做选择可能导致成长低效、养成任性、不能慎重选择、选择难以持久。有些孩子在选择之初对选项并不十分了解，在所选择的方向上试过一段时间后，才发现原来并非自己爱好所在。这时，就需要教育人及时提醒并帮助他们调整选择。

要解决儿童无法自主选择的问题，关键在于坚持尊重儿童自主选择的原则，并督促他们对自己的选择负责。对于简易、重复性的选择，可直接由成年当事人做决定；对于适当难度的选择，可以完全交给孩子自己处理；而对于难度和复杂性较高的选择，则应由成年人与孩子一起分析、协商并作出决定。这样可以不断增强儿童的选择能力和技巧，丰富他们自主选择的经验和方法。

四、教育行为服从并服务个体发展个性

尊重天性是教育人的职责与义务。教育人不应试图为实现某些外在功利或主观幻想的目标而进行“转基因”式的教育；不应过分强调教育的外在目标，以免迫使成长中的个体压制、改变或拔高其天性中的某一成分；也不应对个体的能力进行贬低或抱有过高的期望。教育人的教育行为应服从于个体自然成长的逻辑、顺序、态势、取向，并致力于促进个体的充分发展，帮助其达到自身能够达到的峰值，成为最出色的自己。

教育人在和成长个体形成教育关系后，需要在人格平等的交往中逐渐相互明晰彼此的边界，包括成长个体应享有的权利、应得到的尊重、应承担的责任，

以及如何在这些方面实现动态平衡。如果上述各方面仅有单方主观的意识，不只很难发挥效力，还可能在师生、亲子及成年人与未成年人之间引发误会、冲突和责任缺失。因此，强调相互明晰边界有助于形成相互督促、和谐成长、充分成长的互促机制。

建立互促机制后，无需强制孩子学习特定内容，而是在互促过程中尊重孩子的个人意愿。无论孩子选择学习什么，家长和教育人都给予支持、鼓励、指导、帮助。在孩子自主选择的学习和成长过程中，教育人的主要职责是督促、提醒、提供资源，而不是改变方向。只有当孩子长期不做选择，或出现明显的颓废时，教育人才需要在互促中发现个体新的生长点，以激发其新的成长动力。

教育服务个体发展个性的目标是使个体天性获得充分发展，而教育人的教育服务不是个体生活的全部，只是其中一部分。因此，教育人需要精准把握以下两个方面：一方面要充分运用、发挥狭义教育以外的资源和力量，以促进个体天性的成长；另一方面又要防备、限制、阻止可能对个体的天性成长造成诱惑、压制、阻碍、伤害的社会因素。对于前者，需要在深入理解个体与教育原理的基础上，不断精进地探索；对于后者，则需要对社会各方面进行准确分析，及时发现并识别那些看似促进个体发展，但在条件变化后可能抑制或阻碍个体成长的因素。教育人需要为成长个体探明成长助力所在，扫清那些非专业人士难以察觉的障碍，才可能真正服务于个体的发展需求。

遵从天性的教育不是无的放矢，而是要摒弃当下普遍使用的以先验方式确立个体发展目标，或仅仅由教育者单方面确立教育目标的做法。相反，它需要在认识个体天性基础上，根据认识程度深浅来不断明确目标，还需要教育人与成长个体共同启发和明确这些目标。成长个体对自己成长的目标感、责任感既并非与生俱来，也不是在某个特定年龄就会自动出现，而是需要教育人在成长个体长期的生活经历和不同的情境体验中，与成长个体共同生成。教育人或其父母应该启发成长个体对生活中能够理解的事物、目标、责任进行判断、做出选择，逐渐生成引领自己成长的目标和责任感。

遵从天性的教育服务也不是追求完满。儿童的天性本来就是不完美的，可能兴趣不稳定、毅力差。追求完美不仅难以实现，还可能成为正常成长的制约或牵制。在自己的认识和能力范围内进行选择，才是更为现实的路径。随着成长个体的认识和能力发展到新的水平上，他们可以改变、校正或重新选择，教育人有必要提醒成长个体要对自己的选择承担责任，让他们的追求与自己的认识和能力相匹配。明确追求自己的目标要付出辛苦和汗水，选择和追求本身就是自己的责任，这样的个体才能成为有担当的人。

培养成长个体独立负责的品质是教育人服从、服务于个体发展应该追求的境界。教育人不应让自己成为个体必须依靠的人，而应指导其在自己的选择中认识自己的责任并发现、发挥自己的力量。在提供教育服务的同时需要常说“由你自己决定”“你自己看着办”“你能干好的”。

要让孩子像自然界中的物种一样自由生长，而非将其置于温室之中，隔绝风雨和挫折。尊重个体的天性和选择，无论采取什么样的教育方式和措施，都要以其天性为首要考虑。教育人的责任就是在顺应、基于个体天性的前提下，逐渐培养其毅力、责任感等有助于实现目标的品质，尽可能减少直至消除对个体一切行动听指挥的操纵、控制、欣赏，避免用分数、名次、权力、荣誉束缚他们，让其真正拥有独立、自由、权利和尊重的成长环境。

简言之，天性就是一个人本来的样子，是一颗蕴含生命力的种子原本的特征，它有着自己的发展使命和成长方式。尊重天性，意味着要让个体在成长过程中充分展现和发扬其与生俱来的优秀品质。这并非纵容懒惰或逃避责任的借口，也不是对未成年人不加任何引导的放任自流；而是在与他们保持人格平等的基础上，以专业先知者身份陪他们一起走上探索成长之路。

第二节　天性成长的条件与路径

相关教育历史文献显示，实现天性成长是自卢梭以来教育人心中的理想，但通向理想的道路却充满坎坷。人类对天性成长的认识和实践以波浪式向前推进，总的趋势是经济社会发展水平越高，对个体天性中创造力成长的需求也越高。教育学人看到天性成长的价值在不断快速增长，社会也为人的天性成长创造了越来越多、越来越好的条件。然而，主观价值和客观利益也对天性成长形成了越来越大的障碍与挤压，教育人和成长个体需要在权衡各种力量的基础上，通过权衡、判定、选择确定自己在多大程度上能实现天性成长。

如果外部环境没有给天性成长提供适合的条件，天性成长就难以实现。在现实中，能够充分实现天性成长的个体比例相对还是较低，但也正因如此，才值得进一步追求和探索。众多人未能实现天性成长的原因极为复杂、多样，有客观的条件与环境因素，有社会的体制机制因素，也有主观的价值倾向或选择失误。其中，较为常见的问题是不具备必要的条件或未能找到正确的路径。为了能够让更多的人实现天性成长，就必须在这些方面进行更加深入的探究。

一、适合天性成长的观念与认知

人类有文献记载的数千年历史已经证实，人的天性中有合群性，这一点毋庸置疑，不需要再做更多的求证。群体的观念和认知对个体的天性发展发生着多重且复杂的效应。

在群体中，个体是群体的组成，个体的天性也能得到充分发挥；个体的个性不能在孤立的环境中成长发挥，必须在群体和社会环境中才能得到充分有效的成长与发挥；群体的观念在以个体本位与群体或社会本位为轴线的不同区位，对个体的天性成长就持不同观点，并会产生不同的影响。当下阻碍与反对个体天性成长的主要因素有观念上的障碍和社会体制机制的限制。

在观念层面，适合天性成长的观念包括两方面。

一是天性成长对他人和整个社会的发展都是有益的，而不是有害的，整体效应是利远远大于弊，有不可替代的重要价值。

社会中有一些人，特别是掌握话语权的人，有时会担忧其他个体的天性成长会损害他人或整个群体的利益，实则是担心对自己的优势话语权形成挑战。这种担忧类似于过去对女性天足的偏见，其标准并非基于女性或全体的利益，而是基于男性优势确定的。如果作为社会优势人群具有这种观念，那么这种观念就会因更容易传播而得到广泛认同，并在社会中产生深远影响。认为天性成长有害与认为天足不雅在逻辑上是相同的，也是基于少数优势人群的判定。然而，平等对待每个个体时，天性成长就是对每个个体和社会发展都更为有利的选择，但可能对试图维护自身优势和利益的人群形成挑战，这也是天性成长在历史上遇到障碍的原因。

在社会发展进程日益加快，越来越需要人的创造才能发挥的时候，也越来越需要人的天性充分发展。只有当人的天性得到有效成长和发挥时，其创造才能才可能得以充分展现，甚至达到巅峰状态。如果一个群体里的人只能学点外部注入的知识或已经普及的技能，没有人或仅有很小比例的人能够经过天性的充分发展进入到创造境界，那么这个群体就很难涌现出杰出的顶尖人才，这样的社会在政治、经济、文化以及社会发展的各个方面都只能停留在较低水平。同理，一个社会中，天性成长的人比例越高，创造力就能发挥得越充分，配合适当的社会管理与评价体制，这样的社会就能实现更加快速的发展。

二是天性成长对个体自身的发展利大于弊，具有特殊价值。由于在比较长的时间里教育更接近于教化，在这种教育观里更加看重的是“外灼”社会规范与知识体系，以服从、听话、考高分为评价教育效果的标准，贬低甚至污名化天性的正常成长和充分、有效发挥，视之为洪水猛兽。相应地，教育教学内容、方式方法、管理、评价也更加注重外在知识对个体的灌输，忽视、挤压个体内在天性的发挥与发展，因此长期以来传统教育限制了个体天性的有效和充分发展。

只需从社会中挑选若干个体，对他们的天性发展与其才能、社会贡献进行比较分析，便不难发现：天性得到更充分发展的人，尽管在一定程度上受到旧有的阻碍天性成长发展的社会机制的限制，但总体上他们的才能发展得更充分，对生活理解更通达，更接近幸福，对社会的贡献度也更高。而且，随着年龄的增长，他们的天性发展得越来越好；而那些天性未得到发展的人，在生活、职业等各方面都会受到限制，其中一些人甚至会被社会化内卷。

过度偏向群体本位与社会本位的观念体系需要从更有利于天性成长的立场出发加以矫正。然而，决定特定社会观念体系的因素包括历史、政治、经济、文化等，很难仅仅为了实现更多人的天性成长而改变。这是教育学人和成长个体面临的两难选择。但无需因此失去信心，因为社会更多成员的天性成长已经并越来越成为推动社会快速健康发展的原初动力。借助社会向文明进步的强大动力，实现个体天性成长的需求和动力将越来越大，相应的条件也会因此变得越来越好。

二、适合天性成长的社会机制

在一段相当长的时间里，社会体制与机制是所在社会人群体观念的产物。

在比较长的历史中，与教育相关的观念已经将教育当作改变身份、追求做人上人的工具与途径，这种观念经过千余年已经渗透进社会体制的各个方面，社会已经设置了与之相配套的社会评价、晋升机制与体制，以及下位的教育管理、评价和教学体制。在有层级的社会中，这些体制在一定程度上仍然发挥着社会分层的功能，成为比观念更难以逾越的障碍，阻碍了个体天性的成长。

尽管制度化学校在未成年人教育普及方面发挥了巨大作用，但其内嵌的逻辑和规则更侧重于让所有人按照相同的方式成长和发展，依据相同的规范、标准、程序对所有个体进行教学、评价、管理、筛选便成为广泛的学校模式。虽然这种模式可能为个体的天性成长提供了一定条件，但真正实现天性成长的人比例很小。许多杰出人物，如爱迪生、比尔·盖茨、乔布斯和马斯克，都因学校规范体系与他们的天性成长相冲突而选择离开学校教育。在中国，2000 年后义务教育辍学的高发群体在初中二年级后，其中一个重要原因就是学校规范、评价标准、筛选方式与一些学生的天性成长格格不入，特别是某些男生较女生更难以在外部压力下改变天性。这些都说明，需要改进当下的教育管理、评价、教学等，或者开发出一种全新的教育体系来满足个体的天性成长需求。无论走哪条路，都需要相当长的过程来破除阻碍天性获得充分成长的社会及教育体制机制障碍。

在教育管理、评价、教学上建立更加适合天性成长的体制机制需要从以下基础着手，稳步推进。

首先，需要在全社会范围内形成共识，即天性成长是每个个体的基本权利。这种认知所有人都需要，对每个人也都应该如此看待，以此作为实现天性成长的认知条件。这种认知不仅应深入人心，更应体现在各种体制机制中。例如，学校课程应尽可能减少与具体学生天性成长无关的内容，评价标准应优先考虑个体天性优先的权重，管理规则、程序和实施过程都需要尽可能尊重个体的天性。同时，应在与个体直接相关的体制机制各环节设置多种选择，以满足不同个体的天性成长需求。诸如"下课不能到操场""春游消失了"等限制个体天性成长的做法，一旦发现就应立即消除。

其次，需要明确个体与其周边人的责权边界，摆脱人际关系及其责权的模糊状态。在许多人和体制机制中，由于缺乏"我"与"我们"、"你"与"你们"的明确区分，常常以"我们"与"你们"要求"我"和"你"，却又未经过具体的"我"和"你"的确认。这导致人与人之间、师生之间、家校之间、学校与行政部门之间，以及不同区域和级别的行政部门之间的责权边界模糊。在这种环境下，个体的天性和权利边界也变得模糊，相关当事人难以明确尊重天性的边界。相关人员即使想要尊重学生的天性，也难以把握清晰的界限。这可能导致他们更倾向于偏袒家庭背景优越的学生，或任由其扩大和滥用权利，从而侵犯了家庭背景较弱学生的基本权利。对不尊重孩子基本权利的人也很难追究责任，最终的状况就是儿童权利普遍不受尊重，这样的体制机制就不可能有利于个体的天性成长。当然，这一改进过程可能首先需要越来越多的个体对自己成长与发展的责权边界有清晰的认识，然后再逐步推进体制与机制的改进，促进社会与个体权利发展的互动，通过权利观念的不断觉醒与改进推动权利体系和权利保护机制的逐步完善。

再次，应不断扩大与深化社会的平等，并在此基础上改进原有体制机制。在层级差距明显的社会中，底层个体常因压力过大、束缚过多而难以实现天性的自然发展；社会上层则可能因生活优越、无忧无虑、缺乏挑战也难以实现天性成长；社会中层则很可能在与上下层的对比中强化了对人上人的追求，也难以真正走上天性成长之路。在现实中，不少天资聪明的留守儿童由爷爷奶奶照顾，上到初中之后普遍不爱学习，偷偷摸摸在网吧里打游戏，甚至辍学，很多人认为是孩子笨，不是读书的命。这是典型的公共社会服务不均等中客观现实与主观意识相互作用产生的后果，对于这些孩子来说，天性成长就成为奢望。

在义务教育普及的背景下，作为公共产品的提供方，政府有责任确保教育资源在各学校间的均衡分配，实现教育公平，并在微观的学校班级中保障每个学生平等享受公共产品范围内的教育资源。其中最为关键的是消除体制机制中严重违背学生天性的单一标准评价，如仅依据考试的分数给学生配置多少、优劣不同的教育资源，并以此为基础给学生贴上名校或非名校的标签，进而提供不平等的工作机会。这样的循环链条与机制对个体的天性成长构成了越来越大的压力，天性成长的机会越来越少。不切断这根链条，不改变这样的体制，即便外部社会对天性成长的需求越来越高，现实中个体天性成长的可能性依然只会越来越少。

最后，确保教育的体系处于开放状态。个体天性的多样性决定着他们不可能在一个封闭的体系里获得真正有效、充分的成长；同一个体成长的复杂性和多变性也意味着，在单一、封闭的环境中其天性不可能得到发展所需要的充分和必要条件。对众多成长案例的研究也证明，个体经历是否多样、丰富、开放，决定着其天性成长的程度。

教育及社会体制机制的开放应涵盖多个层面：办学主体的多样性、评价主体的多元化、评价标准的灵活性，以及个体成长路径的广泛选择。这一开放性需向上延伸至政府政策层面，向下渗透到学校办学理念及内部机构设置。缺乏这种全方位开放的体制机制，个体天性的成长可能会受到某些环节的阻碍，越来越多的个体天性成长就难以切实保障。当然，体制机制的开放反映了思想观念的开放，需要有相应的开放意识和观念伴随它的运行才能产生良好的效果。

体制机制的开放对于个体天性成长的重要功能是保障个体的自主选择。比如，某些大学限制学生在学期间转专业，这正是体制机制不开放阻碍天性成长的典型。天性成长与既定的社会体制机制设置源自两个不同的系统，唯有双方均保持开放，才能实现自由的双向选择。只要社会与教育体制机制处于不开放或半开放状态，个体就难以在成长过程中自主选择，就难以满足天性成长发展的需要。

在社会与教育体制与机制不开放的环境里，也会有极少数天性成长程度较高的个体，但那毕竟是个案。为了满足社会对杰出人才的大量需求而追求个体天性成长，就必须明确目的，有针对性地依据个体天性成长的实际需要，系统改善社会与教育的体制机制。

前述观念与体制的讨论都是基于整体视角，但不同个体天性成长还需要满足其独特的条件。所以，明了个体天性成长的条件，探索个体天性成长的条件也必不可少。

三、天性个体的群体关联与适应性

个体的天性成长并非孤立进行，而是在所属的群体中得以发展，必须满足群体的需求并获得其接纳与认可。因此，个体天性的成长与群体紧密相连，二者之间的关系直接影响着个体天性的发展状态。

每个人都具有一定的合群性，这种合群性的状态与个体的个性特征、周围人群的个性特征、所处社会的状况息息相关。在一定范围内，这三者能够相互适应与协调，这种状态就适合个体的天性成长；超越一定范围，三者之间就可能出现摩擦、对抗，甚至演变为激烈的斗争或隔离，就不利于个体天性成长，甚至个体天性在其中无法得到成长。在这方面，需要阐明几个问题。

（一）个体天性只能在群体中成长

不妨做个假定，将100名刚出生的孩子放在一起，尽可能为其创设一个封闭的纯然天性成长的环境。他们仅进行内部交流，不与社会上其他的人交往，也不接触社会文化、风俗、制度。他们在一起会形成什么样的社会？第一种可能是形成一个弱肉强食、遵从纯动物性丛林法则的血性社会。第二种可能是形成一种比外界社会更纯真的良好社会，人与人之间没有勾心斗角和恶意。第三种可能是发展出一个智力水平不高，但人际关系纯真、和善的社会。

上述假定出现的可能性还会有更多种，在现实中不可能实行，但在人类历史上似乎一直有人试图朝着纯然天性方向努力。唐代思想家柳宗元便在《种树郭橐驼传》[①]中讲述了一段培植树木的艺人“顺木之天，以致其性焉尔”的实例，具体来说就是“其本欲舒，其培欲平，其土欲故，其筑欲密。既然已，勿动勿虑，去不复顾。其莳也，若子；其置也，若弃；则其天者全而其性得矣。故吾不害其长而已，非有能硕茂之也；不抑耗其实而已，非有能蚤而蕃之也”，这事实上是柳宗元本人追求人的天性成长诉求的表达。他还通过老艺人说出违逆天性的做法：“他植者则不然，根拳而土易，其培之也若不过焉，则不及焉。苟有能反是者，则又爱之太恩，忧之太勤，旦视而暮抚，已去而复顾，甚者爪其肤以验其生枯，摇其本以观其疏密，而木之性日以离矣。虽曰爱之，其实害之；虽曰忧之，其实仇之，故不我若也。吾又何能为哉！”又以“以子之道，移之官理，可乎？”将它推展到官民关系，最后用“吾问养树，得养人术”点题，表达柳宗元遵从天性培养人的教育观。

再将上述假定稍作改变，将200个新出生的孩子分两组，分别交给主张顺应天性和主张教化灌输的人来教育，到成年（18岁）再评估他们的成长与发展状况。这样会有比前一种假定方式更多可确定的特征。可以预见，前一组孩子可能天性获得更加充分的发展，不同孩子天性之间的差距、差异也可能表现得更加充分，有若干孩子因天性得到充分发展而成为杰出的人，另一些比较一般，或有一些最终比较差；后一组孩子的天性也能在一定程度上得到发展，但大多数发展得不充分，可能所有的孩子在一般知识、能力方面都能达到某一水平，但是他们中难有杰出的人，自主和应变能力不足。

若将上述假定的条件再加以改变，两组抚养教育孩子的教育人团队：一组

---

① 柳宗元：《种树郭橐驼传》，《柳宗元集（第二册）》，中华书局1979年版，第473—474页。

主张遵从天性；另一组主张教化灌输。将 200 个新出生的孩子分两组，由父母自主选择决定将孩子交给哪一组，两组的人数不限，依据父母们的选择自然生成。这样做的第一次结果是两组孩子的数量，其反映了父母们的教育观念；第二次的结果依然是在孩子 18 岁的时候评估孩子的发展状况。

上述三种不同假定初步展现出个体天性成长与相关各方面的内在关联。实际当中，个体的天性成长与各方面存在极为复杂的关联，以现有学校教育的一个班级为例，为了使所有班级成员的成长尽可能体现和遵从天性：首先，不能用同一个标准判定孩子是否“优秀”,而是需要在认识到每个孩子天性的基础上，依据其独特天性发展状况做判定，比如小草的种子无法培育成参天大树，也不能要求小鸭子飞上蓝天。其次，主要采用引导、护养、激发的方法，使每个学生的天性得以正常发展。权衡各方面发展对人成长价值的大小，努力保证每个孩子的天性获得最大限度的发展，促使其与外部社会已经设定的真、善、美衔接。再者，在班级管理中更多使用学生的自主治理而非只有“管”，人为设置“管”与“服”的架构，引发强与弱、大与小的“权势”之争，难以形成师生间的教育合力。

在遵从天性的班级管理中，关键在于教师依据学生多样的天性，与不同学生在成长目的上达成一致，而非教师单方设定所有学生的教育目的。在班级中，每个学生都可以根据自己的个性选择担任特定的角色，养成个性品质，激发主动成长，实现自我管理，使班级中人人有事做、事事有人做。有兴趣的学生还可以参与班级事务的统筹和管理，协调学生之间、师生之间以及班级与学校各部门之间的关系。通过定期进行评估、激励、相互赏识，可以提高全体班级成员的参与度，培养其责任心、合作意识与能力。在这个过程中，学生发现问题、解决问题、协调沟通各方面关系的能力在其天性基础上获得有效发展。通过学生社团等方式开展各类活动，不仅可以展示学生的才艺，还能让每个参与的学生在活动中更好地了解自己的特长和爱好，获得同学及他人的认可、关注和悦纳，从而增强自信心、自主性、自豪感。这样，个体的天性将在发展的过程中与所处的社会形成和谐、融洽的良性关系。

（二）个体天性的群体适应性

由于不同个体的天性是多样的，多样性的个体天性在群体适应性方面各不相同，有高低之差，也有特征差异，还存在针对不同群体、不同社会的亲和差别。社会心理学等学科对此有很多深入细致的研究，这里简述几种现象。

一是人的天性群体适应在个体生命周期内的不同阶段是发展变化的。通常在童年时期以前是群体适应性最强的，随着年龄、群体交往感受、见识的增长，一部分人适应性越来越强，一部分人适应性越来越弱，还有一部分人越来越不愿意适应，尤其是到知天命之年后，不再追求左右逢源，而是遵循自己内心取向。

二是从不同维度来看，群体适应性也存在差异。一般来说，男性的天性群体适应性低于女性；人际交往频繁的人比交往少的人更具适应性；性格外向的人通常比内向的人更善于适应群体；能够进行自我反省的人比不能进行自我反省的人更能适应群体；能够用理性控制自己情绪的人比情绪易失控的人更擅长群体适应；修养、智慧和思想水平高的人在群体适应性方面也通常表现得更为出色。然而，为了适应而适应对任何人都是负担，过度适应与早熟往往损失自己的道德品质，也不是个体天性成长的上选与良好环境。简而言之，个体内心对他人地位的认知在很大程度上影响着其群体适应性，越是低调适应性就越好，越是高调适应性就越低。但超越限度或基本事实的过于低调往往又显得不太合群，不仅与天性不符，也难以获得较高的群体适应性。

三是天性成长中有个具有普遍性的难题，就是一个人越成熟、内心越清醒、越强大，其群体适应性越低，群体就可能成为其天性继续充分成长的阻力。为了获得更好的天性成长，他就会变得越来越孤独，少有人能够认识他的杰出价值，无人可以认识他、帮助他、关怀他，他的人生目标与价值就更加难以实现。

这种人通常展现出以下特质：首先是内心坚韧，善于独立思考，享受独处，性格较为内向，能见常人所未见，成为所擅长领域的先驱。其次是内心无比清醒，明辨真伪、是非、善恶，对事物的观察穿透力在时间、空间、实质性等方面都远超过身边的人，不愿苟同见识与能力远低于自己的人以获得归属感和认同感，对于自己的目标和行动路径有清晰的认识，并能果断地付诸实践，有时因此成为时代的先驱。再者是自主成长、自我提升能力很强，能充分利用各种资源和机会学习，不愿将过多的时间用在频繁的聚会、应酬中，专注于阅读、思考和学习，尤其在独处时获得更深刻的成长，日积月累，与周围人的差距逐渐拉大。最后是勇于做出选择，对于不适合自己的圈子会果断退出，拒绝牵强的适应，更愿遵循内心的意愿和价值取向，不愿为了提高适应性而逼迫自己变得普通。

在实现人天性成长的过程中，个体的群体适应性可以作为一个测量指标，但不能作为评价优劣的指标。需明确的是，个体的群体适应性是相对于个体所处的人群而言，具有相对性。同一个人在一个相对包容性的人群中与他在一个封闭、排斥性的人群中的群体适应性也会有所不同。所以，必须同时研究人群对个体天性的容纳状况。

（三）群体对个体天性的容纳性

自古以来，群体对个体天性的容纳程度一直是制约当时个体天性成长发展水平的主要因素。

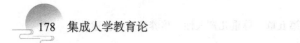

在人类社会的早期阶段，为了生存，人们需要确立一种既符合自身能力又能被群体接受的态度，比如中国古人使用没有代际分别的“孝”来表达人际间的友善态度。当社会有了纵向结构后，个体社会地位出现层级差异，做人上人有了社会结构的基础，便产生了做人上人的思想观念。在所有个体都想做人上人的群体中，人际压力不断增加，使得人际态度产生了新的变化，人与人之间的容纳便成为越来越复杂的问题，纵向人际关系受到“忠”的规范，横向人际关系受到“义”的约束。

社会层级的有限性、社会资源的有限性使得个体向社会上层的流动与教育和人的成长耦合起来，成为人上人的观念与每个人的现实处境交合，任何一个人天性成长所引发的能力提升都会影响到其他个体，整体上形成群体成员对其他个体天性成长的担忧，于是阻碍与难以包容便自然滋生。

常常出现的有三种倾向：一是对与自己相比显弱或低调的个体的忽视、无视，不愿看到他的天性成长超越、冒犯自己；二是对比自己强的人心生妒忌，试图通过诋毁和贬低来凸显自己；三是不顾个体先天多样带来的后天多样性，要求别人用自己的刻板标准评价他人，包括对道德条律和能力要求，看到别人与自己的刻板标准不一就这也不是那也不对。当然这种刻板标准在不少的情况下有其政治、经济、文化与社会基础，如“独尊儒术”时期对人提出的各种要求。

受这三种倾向的影响，个体的主观性往往会扭曲客观事实和标准。在社会的不同区域，或者不同行业、职业的群体中，这三种倾向的表现程度各不相同。实证调查显示，在上述三种倾向严重的群体、地区和行业中，杰出人才的涌现变得尤为困难；而在评价标准相对客观，人际关系相对简单、淳朴的群体里，或在新兴的技术领域尚无相应的刻板标准可循，由于人的天性能够获得更好的成长机会，就容易涌现出更多的杰出人才。

可见，需要每个社会成员不断提高自己对他人天性成长的包容度，才有可能提升群体对个体天性成长的包容性。

首先，应当在每个人心中牢固树立平等与尊重的意识。平等对待所有人，尊重各种不同天性和能力状态的人。既要尊重比自己强的人，也要尊重比自己弱的人，还需要尊重与自己观点不同的人，尤其是尊重与自己观点对立的人和存在利益冲突的人。在不同人之间建立平等的互信关系，减轻人与人之间的压力，逐步减少直至消除等级观念和歧视，才能更加有利于大多数人天性的成长与发挥。

其次，保持人的率真和纯粹。尽可能排除成长个体身边充斥的各种虚伪、圆滑、世故及“力争不吃亏”的明哲保身等处世法则，努力减少甚至消除各种潜规则的影响。让明规则成为公器，潜规则失去市场，争先恐后、创造性的无耻受到鄙夷。努力成为正直、正派和有道义的人，维护他人尊严，确保天性成长者不因为天性成长而开罪他人，被边缘化，躺中伪善之枪。

最后，扩大每个人的包容度。天性的多样性决定了天性成长的个体必然是多样的。不少人由于认知容量太小，难以接受面前出现的各种不同的人，不能接受天性成长者的过度成功，特别是当这种成功就发生在自己的身边，触动到自身利益时；他们也不能接受天性成长者的挫折与失败，似乎失败者所做的一切都是徒劳、错误的；还无法理解或接受风险，往往以鸵鸟心态对待自己的天性成长与发展，观察、评判别人的天性成长与发展。

值得注意的是，上述品质并非一经鉴定就能永恒不变，而是需要在对待每个人、每件事上不断验证。现实中，太多的人在对待某一件事或某一个人时能表现出包容和大度，但在对待另一件事或另一个人时却可能展现出截然不同甚至相反的特征与态度。只有当上述品质成为一个人屡试不爽的常态、稳态，才有可能形成能为天性成长提供良好环境的群体，建立有利于天性成长的地域、行业或学术环境。

当群体中的个体具备了上述品质，也只是为形成包容个体天性成长的群体奠定了基础，并不意味着一个包容个体天性成长的群体就已经形成。那些见到老人跌倒不出手扶一把的人并非都不具有帮助别人的基本道德品质，而是受到周围人群的影响，担心他人的评价和议论，从而失去了独立的判断和行动能力。在群体中常有一种无形的力量，使得个体为了攀比、跟风或追求归属感、现实利益，而放弃自己的意愿、目标和道德准则。这种“羊群效应”往往淹没了个体的真实意愿，也消解了其天性成长的诉求与行动。所以，要形成对天性成长包容度高的群体，还需要有社会整体氛围的支持和相关机制的建立。

一个人要实现自己的天性成长，不可能不顾及周围的人对自己的态度和状况，而且不少人的天性成长就是在所处群体中形成的一股潮流中实现的。应审慎分析自己与所处群体的关系，恰当处理人际交往、群体活动和独处的平衡，没有必要为自己不合群而自卑，没有必要为了合群而稀里糊涂做决定、采取从众行动。那些一生都在拼命融入群体的人，最有可能丢失天性真实的自己，也未必能被别人认为真的是自己人。

（四）个体所处社会的对天性的接纳状况

社会对个体天性的接纳，主要指社会的文化、组织、机构、体制机制对个体天性成长的接纳程度。这是一个巨大而幽深的系统，类似于一座设有多重关卡的庞大建筑，每个关卡都会对进入者进行筛选，这些关卡的通过率可以反映出该社会对天性的接纳程度和特征。

现实中有众多例子表明社会对天性成长者的不接纳。不少机构在招聘职员时倾向招收热情大方的性格外向者，他们仅是天性成长者中的一部分，还不排除其中一些人可能只是为了应聘成功而伪装成外向性格。可能性格外向的人在销售和交往工作中可能表现出色,但在深层思考方面未必优于一些性格内向者。不少公司老板都不希望自己的员工是过于聪明、独立思考的能人，因为他们想法多，对工作有独特的见解，老板们更倾向于那些热血沸腾、指哪打哪、执行力极强的执行者。

事实上在制度化学校已经普及的当今，未成年人在家庭中环境相对宽松。除了少数严苛或条件严重不足的家庭，大多数普通家庭对年幼个体的天性成长影响有限。学校作为未成年人进入社会大“建筑”的第一道关口，对个体天性成长起着极为关键的作用。由于一些学校设置不当、评价标准与方式单一、管理不尊重个体的基本权利与选择，成为消磨未成年人天性最严重的社会机构之一。不少未成年人的天性几乎被摧毁殆尽，成为完全被动的标准件或工具人。

不同学校对个体天性的接纳程度不同。在尊重天性的学校中，学生会拥有充足的自主时间和空间，能够自由选择学习方式和活动，享受充分的自由讨论和思考。若学生的自主时间、空间以及表达和活动机会被削减，这样的环境就不适合天性的成长。在长期缺乏天性成长机会的学校里，师生不被管理就觉得难受；习惯于讲授听课，对讨论、辩论产生恐惧感；希望得到标准答案，不知道标准答案就以为没学到什么；习惯于一天到晚忙碌，遇到闲暇便觉得无聊、恐慌。

鉴于学校环境可能对天性成长构成阻碍，甚至带来伤害，所有人和社会机构都应该在自己力所能及的范围内做些努力，为儿童开辟“天性成长通道”。政府应改进学校管理与评价，尽快建立多元自主的评价体系；学校应保障教师教学自主权，为学生提供更多的自主时间和空间；教师应改进教学方式方法，设计更多开放式的教学活动，让学生从被动接受转为主动学习；学生自己也要尽可能见缝插针，寻找可能发挥与发展自己天性的机会。

天性成长的个体可能生成各不相同的世界观、人生观、价值观，如果所处社会或学校对个体的三观要求标准化、单一化，或者在不同时段频繁要求个体改变三观，或者无视个体的人生体验与思考强制嫁接三观，这将对天性成长构成限制，并可能导致社会中“假人”的增加。天性成长者往往难以接受违背既有常识的行动，不愿过需要出卖灵魂的生活。

天性成长者自然带有天性中的锋芒，在社会接纳有限的环境里，个体不得不学会一定的隐忍和妥协，但不同人隐忍和妥协的程度不一样。如果一个社会里带有锋芒的人减少，显示这个社会对天性成长的包容程度较低。特定社会对天性成长个体的接纳程度是相对稳定不变的，即便有人想改变也需要一个缓慢的过程。只有当地区和行业的发展因对天性成长者的不同接纳程度而受到影响时，这样的环境才可能较快速地提高其对天性成长者的接纳度。

依据天性成长的逻辑，个体的天性是客观存在，各种社会设置都是人为的，带有更多主观性。前者是根据或根本，后者是次生的，是可以改变的，在人与社会需要时就应不断改进。人为的社会设置不应破坏、阻碍人的天性正常成长；若人的天性被破坏，他们作为坏的社会成员又可能败坏社会，进而形成恶性循环。在这样的情景中，即便有良好的校舍和教育设施，有较多的教育经费投入，也不会有好的教育，也难以培养出健全的理想社会建设者。

在人类发展的历史过程中，个体天性对社会发展的重要性曾经不高，所以产生的社会意识、文化、规则、制度受其他因素影响比较多，依据个体天性考虑的成分比较少。人类社会越来越向高度发达阶段前行，越来越需要激发和释放人的天性中所蕴含的创造力，越来越需要实现天性成长。为此，就需要更加重视个体天性，更多依据个体天性改进社会意识、文化、规则、制度，在综合考虑各种因素的过程中提升个体天性发展的作用，减少直至消除社会设置中对人天性成长的障碍。

四、每个人的天性成长都是独辟蹊径

每个人的人生开启后，探索实现天性成长的路径就变得至关重要。如果不遵从天性成长，就可以预设通用的路径和程序，甚至让一群人乃至所有人都按部就班、整齐划一地向前走。当今一些教育的设置正是如此，大量个体已有的成长也是追随模仿、步人后尘、如出一辙。但是，由于每个人的天性不同，统一的安排既不可持续，也难以取得良好效果。天性成长无法预先设定好路径和程序，也不能简单模仿前人或跟随他人。因此，从这个意义上说，每个人的天性成长都是独辟蹊径。这里说的独辟蹊径，不只是自己开辟一条路，还应包括独创一种风格、一种速度、一种节奏、一种新的方式方法，到达一种新的境界和高度。

尽管天性成长的路径无法预先设定，但这并不意味着它是神秘莫测的，无规律可循，无规则可遵，无方法可选，不能因此无所作为，脚踏西瓜皮滑到哪里算哪里。在认识到每个人的天性成长都是独特旅程的基础上，每个人都应积极了解自己的天性，并主动探索适合自己的成长之路。

（一）时刻保持清晰的方向感

方向是大方位，而天性成长的路径是针对某个方向的具体轨迹。方向的确定比路径的确定更容易，变化更少，具有更大的可确定性。因此，成长个体以及服务个体成长的教育人首先要确保个体的教育与发展方向与其天性一致的，没有偏离。方向不对，功夫全废。

而现实中，确保方向不偏离于个体天性也绝非易事。新生婴儿如同没有标签的种子，其天性表征不明显、不稳定、不充分。为确定个体天性成长的方向，可参考以下三方面的证据：一是分析孩子的家族天性表征，尽管其与孩子的天性并非完全对应，但是有遗传规律可循，使用时可对其做比较全面系统的分析，在确定方向而非具体的路径上具有比较高的信度和参考价值。二是孩子当下的天性表征，主要观察了解孩子的兴趣、爱好及各方面活动的效率、能力，通过积累并分析这些信息，了解成长个体各方面的优劣强弱，就能逐渐辨清方向。三是关注孩子生活环境中发生的什么事对其影响最大、吸引力最强，能左右其成长与发展方向。

在实际中，上述证据可能并不完备或平衡，需要个体时刻保持清晰的方向感，一旦有新的认知和社会变化就及时校准方向。尤其是在个体能够自主选择方向时，需要积累一套适合自己的方向确定证据与方法系统，以便随时校准方向。这个过程需要延续终身。

（二）采用确认-试探方式不断确定最近成长区

因为对自身缺乏准确的认知，不少人走到半途才蓦然发现终点不是自己想去的地方。但时光不能停留倒转，接下来只能在不情愿和悔恨中痛苦踟蹰而行。

在明确方向且符合天性的情况下，应通过各种方式、信息了解个体当下的成长发展状态，确认最近成长区。个体的天性成长路径肯定是位于成长方向与最近成长区叠加区域内的一条曲线。

在最近成长区内，通常很难一次就确定自己的成长路径，但由于区域相对较小，可以通过反复多次的试探与确认，反复验证并对比各种可能性，最终在综合考虑多种因素后，选择最适合自己的发展路径。每当完成一个成长阶段并到达新的节点时，都需要重新确认新的最近成长区。用这种方式在成长的每个节点上不断向前探索，多点连成一线，就能相对适当地确定自己的成长路径。这种方法的好处在于，能有效避免较长距离的成长路径出现大的失误、曲折和反复。它把可能发生的成长路径错误限定在一个成长区的范围内，从而总体上节省时间和精力成本。

（三）进行阶段分析辨别

在最近成长区内选择的是较短的路径，所了解和确认的都是与成长发展相关的近距离对象。运用这种方式确定成长路径，可能犯只见树木、不见森林，因小局误判大势的错误。所以，在完成一个阶段的成长后，还需要进行相对长远阶段的分析与辨别，将过去与未来结合进行完整的审视。在这一过程中，还可以通过定期分析纠错，这也是提高路径选择能力的机会。

通常个体的天性成长可分为以下阶段。

婴儿期（0—1 岁）：主要靠父母或相关教育专业人对孩子的成长状态和兴奋点进行了解，为婴儿提供有安全感的陪伴和适当游戏环境，为后续成长提供全面、完整的认知基础信息。若父母在孩子未满周岁前离开，可能对孩子天性的基础信息认知造成缺失。

幼儿期（2—3 岁）：随着生活自理能力的提升，孩子的天性特征更加显现。监护人或教育者需要更深入地了解孩子的天性，并帮助他们进行成长路径的选择。不同孩子天性发展的程度存在差异，成年人应该创造条件、鼓励支持孩子自主选择，并从中获得自主力量的展示机会，为此后孩子自主选择成长路径打下态度和能力基础。同时，成年人应该以包容而非苛刻的态度来引导孩子，帮助他们养成自信、包容和理解他人的品质。对孩子选择中的失误，可通过提供证据加以纠正，但不应让孩子因成长路径选择而产生罪错感。

儿童早期（4—6 岁）：大多数儿童进入到幼儿园，进入自主性发展的关键期，开始与更多的小伙伴和幼儿教师交往。他们对外界充满好奇，有各种各样且不稳定的想法和幻想。他们希望与自己相关的每件事都能自己决定，但认知、判断、选择能力尚不足。这个阶段可能成为孩子是否天性成长的分水岭。若家长和教师管得严苛，时间和空间都被安排得很满，就可能成为天性不能获得正常成长的孩子，也就谈不上路径选择。若孩子有足够的自主活动时间与空间，自主认知、游戏活动、选择的能力就能得到正常发展。教师和监护人应提供适当的辅助、引导，让孩子在好奇心驱使下进行各种尝试和探索，尽量少否定和压制，还可引导孩子定期总结自己。

儿童中期（7—12 岁）：正常情况下，孩子对自己成长路径的自主探索在这一阶段处于积极活跃期。他们的自主探索意识和能力都在快速提升和成长，但随着学业的加重，不少孩子的自主安排时间、空间及活动内容都在减少。这可能导致孩子主动性降低、被动性增加，甚至性格开始由开放转向内向、自信降低或出现抑郁等心理问题。因此，教师和监护人需要有意识地引导或维护孩子的自主探索精神，尊重他们的自主选择，并随着他们年龄和能力的提升而逐渐放手，而不是越来越收紧。现实中不少教师和监护人正是逆着这一阶段儿童天性成长的趋势进行教育，还常拿别的孩子天性中的长项与自己孩子天性中的短处相比较，使得儿童自主探索成长路径的机会、意识、能力出现下滑，这可能会对孩子的天性成长造成深层伤害。

青少年期（13—21 岁）：在这个阶段，孩子已经进入完全或基本自主探索成长路径的阶段。他们的心智逐渐趋于成熟，开始从宏大和遥远的方面思考自己的人生，但对当下的具体路径考虑得不够细致和周全。教育人和监护人能做的是引导儿童细化、具体化自己的成长路径，使它变得可行、易行。这段时间孩子可能会出现逆反和反抗的行为，从天性成长的角度来看，这可以被视为天性对非天性的一次反弹。那些前期一直遵从天性成长的孩子通常不会出现强烈的逆反表现，前期对天性压制比较多的孩子通常逆反得更严重，而从小就一直不给自主机会的孩子一般也不会产生逆反。逆反之后有两种结果，一种是逆反成为天性成长改善与重新获得的机会，从此更好地进入天性成长过程；另一种是逆反引来更强的压制，使孩子的自信进一步丢失，从而进入更加不利的天性丧失的成长过程。

上面所述各个阶段可以一直列举至成年，从三十而立直至百岁。各阶段在天性成长路径探索上都会有其特征，具体到个体如何确认自己的成长路径则是更为复杂和细化的过程。教育人需要依据各阶段个体的能力及相关特征，决定采取什么样的策略帮助个体逐渐学会寻找、确定自己独特的成长路径，学会分析、判别成长途径的优劣，从而不断提高其成长路径选择的能力，改进选择策略。

（四）增强机缘识别与选择能力，善抓机缘

天性成长的外部条件常常决定着天性成长是否能获得有效的社会支持。个体的天性成长路径不是虚悬的，而是处在社会现实中，自然界与社会中的各种存在是个体天性成长的路径之基或路边景物。天性本身是个体天性能走什么路、以什么方式和速度走这条路、在这条路上能走多远的内在条件，个体所处的自然与社会环境则是个体所面对的外部环境，类似于是高山还是平原，是沧海还是桑田，是丛林还是滩涂，是严冬还是盛夏，该耕耘还是去收获。个体的天性成长路径需要在内外两大类因素之间寻求恰当的组合与机缘。

机缘具有时机特征。假如父子两人的天性完全一致，由于父子两人所处的时空不同，其天性成长路径也不可能相同。因此，可以参考他人的经验，但绝不能简单模仿或照搬，而应积极探索各自的路径。所以，在天性成长过程中要随缘，不能不顾所处环境条件，仅凭自己主观意志进行规划；也不能只看自己的天性，不顾外部时机强行踏上不合适的路径；还不能将随缘理解为随大流，不去做任何探索。

人生充满不确定性和戏剧性。每个人的一生其实都是一场没有剧本的演出，边演绎边完善剧本，由不得你事先全部规划，又不能完全无规划。又好比

面临一座不知道全貌的山，曾有无数人攀登过，却没有现成的路，起点是成长个体的生，终点是成长个体的死，从起点到终点有无数路径，每到拐点便是自己从未经过的歧路与正路交汇处，每个人要依据自己的体能和天性能量确定如何选择。如果识别与选择能力强，就可以减少兜兜转转忙忙碌碌，否则可能一生都在原地徘徊。天性成长原本就是普通的人生，会遇到一个又一个偶然的机缘，但偶然的总和又是必然。能否善于识别并抓住机缘，与个体的天性相关，而选择哪条路径又与自己的天性能在多大程度上经受艰难困苦、撕心裂肺、不平与不公等直接相关。每个人可以在平坦与险峻之间选择，选择了路径也就在一定程度上选择了终点，不同路径到达的是不同终点。

在成长的过程中，善识与抓住机缘可以成为成长的重要资本，有此能力或能力较强则可以获得更好的成长发展；无此能力或能力较弱则可能所选的路径走不通，天性被埋没，失去了在未来成长途中进一步发挥天性的机会，或者对继续探索天性心生厌倦，自我放逐，成为时代的落伍者。

天性成长的路径选择是多次进行、终身不断进行的过程，不要局限于就学阶段，不能只看短期效果，不能过于功利。最高的衡量标准就是人是否成为了人，成为天性得到尽可能充分发展的人。

第三节　天性人与社会的碰撞及相互生成

个体的天性成长不完全是自然成长，一是因为个体的主观意识和意志参与其中，是有意成长，“有意”为人的成长拓展出更大的空间，也为人的成长不充分提供了可能；二是由于这种成长需要通过与社会的不断互动、碰撞后生成，甚至在许多情况下是相互影响、共同生成的。

与树木、花草等无需参与社会的生命体纯粹、自然的成长方式不同，人的社会属性决定了其天性成长不可能脱离社会和他人而存在。从内容看，人的天性成长包括情感的成长、思想的成长、精神的成长、心灵的成长、经验的成长，这些成长都不能离开社会，需要在社会活动与生活体验过程中逐渐实现。从方式看，人的成长离不开人际交往，人际交往是人成长的基本需求，个体天性成长不能以相互孤立、封闭、互不往来的方式进行。从过程看，成长需要个人的选择，天性成长显然比不遵从天性的成长更注重尊重个人的选择，而个人的选择需要在社会环境中进行，需要有多个选项，缺乏社会和他人的参照，选择将无从谈起。从特征看，天性成长是人有意识的成长，不是无意识、潜意识、无目的的成长，也不是由自然完全左右与控制的成长，不是动物和植物那种完全不需要意识参与就能完成的成长。从人际关系看，每个个体的天性成长与其他个体存在相对性、相互性和利害关系，其中一些成长资源的利用具有排他性，张三获取了李四就不能得到。

正是意识到天性成长的这些社会性特征，人的天性成长才有了更强的动力。每个个体在内在驱动与外在驱动的合力作用下愿意付出努力，甚至与其他人一起努力，不努力就不上进，就不能与所处的社会更好相处。

一、天性成长是个体与社会不断碰撞的艰难探索

个体遵从天性成长，相对于其自身可能是一种理想状态，相对于其他个体或类别可能是一种限制、机会占用或危险。因此，这种成长方式较其他方式，其过程往往更为艰难。就如同狼依照其天性长成以后，可能是一匹优秀的狼，它所具备的凶狠本性，不仅对狼群中的其他狼构成限制和挑战，同时也会对整个生物链产生影响。一匹优秀的狼的成长，会给它的群体及周边环境带来显著的变化，它所遇到的艰难与挑战也会比普通的狼大很多。

人类个体的天性成长亦复如是。若想实现天性成长，同样会遇到一定程度上的压制，并且相较于改变或提升天性中的某一部分，将面临更大的挑战和危险。

（一）天性成长的内部艰难

从个体内部而言，天性成长面临自我认知、天性运用、路径探索、智能协调、道德与良心等多方面的难题，需要一一求解。

尽可能准确的自我认知是实现天性成长的基础。通常智力较高者自我认知也较好，智力较低者自我认知较差，从这一点上说智力较高者具有更优越的实现天性成长的条件。但即便是他们，要达到深刻的自我了解也绝非易事。没有准确的自我认知就很难实现天性成长，几乎每个人都需要在没有充足自我认知的情况下去进行天性成长。不少人的家庭背景、所拥有的权力和地位，都可能成为形成准确自我认知的障碍，进而加大天性成长的难度。

在多大程度上运用自己的天性也是一个难点。比如，独立思考是人类个体的天性，而“独立思考是一种苦刑，还有某种危险性，所以许多人不愿承担它”[①]；如完全不独立思考，不只是不能实现天性成长，没有能力去担当和创造，还有可能难以保障自己的平安、健康，成为被驱使或欺骗者。人的天性各方面的运用都存在类似的两难困境。那些遵从天性成长的人对自然与社会的奥秘、对真

① 何怀宏：《良心论：传统良知的社会转化》，上海三联书店 1994 年版，序言第 2 页。

理有探索的本能，但当真理的探索之路显得漫长且无果，而生活的压力又迫在眉睫时，他就可能选择放弃天性成长方式。

由于天性成长都是独辟蹊径，它的难度、风险与成本都会比模仿成长、标准化成长、跟随成长要高。这种成长方式有可能为个体带来超出常人的收益，也可能让其背负沉重的负担，具有不确定性。天性成长之所以还有追求的价值，就在于：一是它能最大限度地激发人的创造潜能，使个体的优势得到充分发挥，聚集起来就能使所处社会进入到人类文明的新境界，这是模仿成长、标准化成长、跟随成长永远无法实现的；二是它能避免个体在模仿成长、标准化成长、跟随成长中因为失去自己的特色和竞争优势，也能避免由于被设置的教育目标、标准不符合社会对人的需求而造成的大量个体生命的低价值重复和浪费。所以，尽管面临诸多挑战，但随着社会的进步和教育的改革，越来越多的人将认识到天性成长的价值，并勇敢地追求它。

天性成长是个体多方面同时进行的成长，如果其中一方面难以与其他方面协调，就可能影响到整个天性成长；如果仅有某一方面的发展处于优势，其他方面难以与之协调，也很难具有可持续性。比如，在仅看考试成绩的教育评价环境中的孩子，可能考试成绩很高，但由于其他智能未得到可能与之协调的发展，最终可能与天性成长无缘。

在道德与良心层面，已有社会就有传统的道德与良知范畴与规范，它们不会自动转化为与遵从天性成长相适应的伦理，必须经过面向现代社会的深度改造和转化。这一过程往往进展缓慢，常常滞后于个体天性成长对伦理更新的渴求。传统的道德良知基于等级精英意识，天性成长需要基于平等，在这种转换过程中或转换尚未实现时，追求天性成长的个体往往需要承担超出其负荷的道德与良心责任。当一个社会更多倾向依赖传统资源加以治理的时候，传统资源与人类新探明的真理之间的鸿沟会使个体天性成长所需承担的道德风险大大增高，牛顿、伽利略都曾面对这种巨大风险，需要面对众多旧伦理维护者喋喋不休甚至极为尖锐的指责和凶残的对待。追求天性成长的个体内心的道德压力就会增大，需要在各种极端伦理观念之间蜿蜒前行。

道德善恶需要基于事实的真伪。当天性成长者遇到认不清真伪却自以为善良的人们，身处善良而又糊涂的人太多的环境中，身处智力不差却习惯因循守旧、懒惰怯懦、拒绝思考与天性成长的人群中，身处清明的理性稀缺的社会环境中，往往会陷入道德的困境，步履维艰。

事实上，天性成长者内心的道德压力并非因为他们缺乏道德底线，而是他们的道德底线和辨别能力高于标准化、模式化的群体，能理解更多因素变化条件下的道德律。那些标准化、模式化的群体往往固守陈规，甚至为了达到目的不择手段，以底线低为强势，去压制那些道德标准更高的人。这些压制者坚信自己的正确性而毫无压力，反而是那些道德标准高、天性得到充分发展的人，更加敏锐地感受到道德价值和规则的崩塌，他们因坚守道德底线而无法与标准化人群为伍，内心充满纠结。

（二）天性成长可能面临利益得失

探究并发现真理，用真理创造人类幸福，这天性成长的境界和使命。这样的事业未必有明确的雇主，也很难确定薪酬标准，还需承担比稳定职业更高的风险。所以天性成长者常常面临着自身利益难以维护、社会又无相应的机制保障的窘境。反倒是那些明确以追求利益为目标，对真理与天性以若明若暗、人云亦云的态度处之的人不会有多大利益损失的风险，收益满满。

个体成长本身都需要付出代价，一些父母对孩子的教育投入也是不惜一切代价，常常还是抱有获取更多回报的期望。在选择天性成长的过程中，往往需要舍弃一些原有的东西，甚至包括已经拥有的某些利益，因为不抛弃这些就可能阻碍天性成长。比如，维护社会等级恰恰能更好地保护某些既得利益个体的利益，而寻求更加平等是实现天性成长的前提，寻求平等才能更好实现更多人的天性成长。当追求天性成长成为某既得利益个体的追求时，他追求得越积极彻底，自身利益损失的就越多。但如果不追求天性成长，他所处的社会、国家、民族就可能面临更多的挑战，就可能更加落后，甚至无法进入新的文明状态，不能提升文明水平。此时，天性成长者往往会选择超越个人利益，这也意味着他们可能会面临利益损失的风险。

不同的天性成长者之间以何种方式协调也可能成为利益的风险点。如果能建立一种平等、协商、契约、合作的关系，则能在较大程度上保障不同天性成长者的利益。如果在一个区域内有超越现实条件与规则的组织或个人设置高于一切的目标，并强求该区域内所有人力与资源用于达到这一目标，要求整个过程的目标、手段、方式方法均是单一的，这将不利于个体的天性成长。不承认每一个人有自己的天性和专长的领域，不承认个体行为与思想的独立自主，不承认个体发挥社会作用时可以自设目标和自选方式与路径，不承认个体自己的选择更可能成为最有效发挥其社会效能的选择，个体的天性成长就无用武之地，甚至受到敌视、摧残。这才是为数众多的天性成长者可能面临的最大利益损失。

在天性成长者稀少的社会环境中，天性成长者更容易面临被淘汰、压制或边缘化的风险，因而难以充分发挥作用，其利益受到伤害的可能性远远大于天性成长者众多的社会。在众多天性成长者的社会中，至少可以有更多人共同发声、维护权益，共同推进相关规则的制定、完善，以保障自身利益。天性成长者利益损失在很大程度上与他们对利益的在意程度相关。他们的关注焦点通常不在于利益，对个人利益的在意程度较低，并且在人际交往中也遵循“君子之交淡如水”的原则。因此，当他们与那些高度关注个人利益的人共事时，往往容易成为利益受损的一方。正因为此，天性充分成长、品格完善的人通常难于在所处社会中居于领导地位，也难以成为最大利益的获取者。在社会生活中，最在意权力的人更可能获取权力，最在意利益者更可能获得利益，而这两方面都不是天性成长者最在意的。天性成长者通常更在意对真理的追求和对理想社会的创造，在意自主和尊严，不至于裹挟众人服从自己，也难以违背自己的认知服从他人，不会存心扩大自己的权力以实现自己的目标，也不会为了最大化个人利益而采取手段，因为他们的人生目标和道德良知不允许他们这样做，于是他们常常被排除在权力和利益的圈子之外。

（三）天性成长可能面临人性与社会规范的冲突

天性成长基于人人平等，自然不能也无需对他人与环境持倨傲的态度。然而，已有的社会规范可能对所有人都是倨傲的，天性成长者不认同则不服从的处世原则必然使自身进入人性与社会规范不可避免的冲突。

从古至今，任何一种社会制度和规范都难以完美适应每个人的最佳成长，但事实上存在差别巨大的状态：适合的人数多还是不适合的人数多？更适合哪一种人的成长而不适合哪一种人的成长？适合的那部分人对社会发展效能高，还是阻挡了对社会发展效能高的人群成长？

毫无疑问，人类文明早期的发展在很大程度上受益于当时某些个体天性的充分成长，以致今人考古发现前人智慧的作品仍自叹弗如。随着社会规范的增多，对天性成长的限制也就越来越多，直到两者直接接触、交叉，发生相违、冲突。正因如此，不同地区的发展状况因其规范对个体天性成长的接纳程度而异。包容与适合天性成长的地区更活跃，发展得更快；对天性成长难以包容又不能与时俱进改进既有规范的地区，则由于所在区域个体天性难以成长和发挥作用，相对更落后。

在多数情况下，成长个体难以与现有的社会制度和规范抗衡。以教育评价为例，仅仅基于考试分数的评价方式、计划性的招生体制以及总分录取模式已成为既定规范。各省的招生办据此制定招生计划，按计划方式招生，划定统一分数线。为了落实招生计划，就需要控制招生资源的流动与变换，限制各种形式的“高考移民”，拥有并使用广泛的自由裁量权。由于招生办的行政机构性质，其无法使用专业的评价体系，因此难以顾及具体个体的成长方式。天性成长的多样性与统一的考试标准和总分排名格格不入，控制了分数就是控制了需要享用教育资源的人的命运，受到伤害的必定是天性成长者。

天性成长的个体倾向于人格独立，不希望处于组织严密的人群中。而“常有一种危险，个人独立性的增加将降低它的社会能力。让一个人更加依靠自己，也许因此使他更加自以为是，脱离群众，冷酷无情在和别人关系方面麻木不仁，以至生出真能独善其身的幻想——这是一种莫名的疯狂，世界上大部分本可挽救的苦难，都是由于这种疯狂所致”[①]。如果他所在的是一个人数众多、组织严密、个性同质的群体，即便他小心翼翼，也可能因为自然表露的天性与既有的规范不一，或因天性突出而显得未实现天性成长众人的平庸，从而成为众矢之的。一个人的天性成长越充分，认知辨别能力越高，理智越强，他的观点和趣味就越独立，越多样化，并超越众人所见，也就越不易认同统一的判定标准、目标和行为方式，越容易冲撞高度划一的看法、意志以及在此基础上形成的社会规范。

天性成长者对外在规范生成的基本态度是不认同则不服从，而在一些社会中，服从几乎是一切规范的基础。譬如，从小就希望孩子做个事事听话的乖宝宝，“听话，好好读书，其他事儿不用管”常常是家庭与社会对未成年人共识程度最高的要求。在某些情况下，服从还可能成为霸凌。天性成长个体更倾向于率真地听从内心，以内心的爱、智慧、勇气和善良检验外在的规范，确认是否应该服从。

在这一过程中，自然有一部分外部规范与天性个体的内心诉求并无冲突，也有一部分规范则可能与天性个体的内心期望相违，甚至针锋相对。有时规范本身是善意的，如好好学习，刻苦认真，当这些规范强调得过分或密度过高的时候就可能成为天性成长的魔咒，不知不觉可能变成束缚未成年人思维和行为的枷锁，阻碍他们接触多元思想、独立思考、换位观察、提出问题、质疑权威。

天性成长的艰难远超过上文所述，且还有很多的其他因素阻碍个体的天性成长。但不能因为艰难、阻碍就远离、抛弃，因为只有经过天性成长，人才能变得更加完善、充实和实现自我，更好地创造与他人共享的幸福生活，推动整个社会文明水平的提升。

二、天性成长的案例及其分析

天性成长的案例自古以来就零星出现，但受限于当时人们的认知水平，这

---

① 吕达、刘立德、邹海燕主编，王承绪译：《杜威教育文集（第 2 卷）》，人民教育出版社 2008 年版，第 47 页。

些案例并未从人的成长和教育的角度进行深入的表述和总结。为了进一步讨论这个问题，下面列举几个真实的案例（真实姓名已隐去）。

案例 1

G 先生，1931 年生，未成年前只有短期的学校教育经历，并没有获得完整的学历，但他对文史有着天生的热爱。这种热爱引导他走上了独立思考的道路，成为一个真正的知识分子。他一直进行着一项浩大的工程：中国现代学术史研究。他主编的一套 20 多卷的丛书因故中断，未能出齐。他又主编了一本 300 万字的关于中国现代社会科学家的大辞典，同时就 20 世纪中国社会人文学术的渊源、流派、师承、环境诸问题写了许多文章。G 先生没有接受过系统的专业教育，但积累了大量的研究资料，其书房就像一座 20 世纪中国学者的资料库。他的作品虽然并非完美，但作为一个天性成长的案例，他的自学成才之路令人钦佩。如果他能接受与其天性相符的专业教育，并拥有更好的社会条件，对社会的贡献无疑会更大。

案例 2

葡萄牙球星 C 罗，生于 1985 年 2 月 5 日，自幼便展现出足球天赋。他的足球生涯始于马德拉国民足球俱乐部（10 岁），后转会至葡萄牙体育（13 岁）、曼联（18 岁）和尤文图斯（30 岁）等俱乐部，荣誉接踵而至。C 罗的成长是典型的天性成长，与其他人不同的是，他几乎在每个成长阶段都能充分发挥自己的优势潜能，并得到了社会及各方的支持。

案例 3

L 先生，1981 年生于浙江温州。成长环境并不优越，父母忙于经商，很少顾家，初二就独自带着妹妹生活。在这种环境下他开始痴迷游戏。尽管在中考临近时，他曾在家庭压力下选择下矿工作，但最终于 19 岁考入了南京邮电大学。在大学期间，他更加沉迷于游戏，并展现出了这方面的天赋。他曾是星际传奇战队一员，代表江苏迎战韩国。毕业后先进入浙江电信当软件工程师，仅仅 1 年后就离职前往上海创业，投身于蓬勃发展的游戏产业。他创立的游族网络成功开发出了多款热门游戏，业务量飙升。公司于 2010 年启动“全球化布局”，并于 2014 年上市。他本人后来也进入中国顶级富豪行列。然而，L 先生的直爽性格也引发了不少争议。他对曾立下汗马功劳的亲密合作者出言不逊，甚至降低其年薪，最终遭人投毒而治疗无效。尽管如此，可以肯定的是 L 显然较身边的众多同龄人获得更充分的天性成长，他在游戏领域的成功充分展示了他的才华和天赋。

案例 4

H 先生，1936 年生，2 岁时父亲病逝，靠母亲打零工生活、读书。H 很用功，书读得不错，还爱上了画画。后来因为生活压力太大，选择参军。在部队里，他有幸参与修建烈士纪念碑，与众多美术生、艺术家一同工作，对艺术的热情与天赋在此期间得以显现，转业后被分配去做美术老师。后来，渴望进一步深造的 H 先生报考了央美附中，尽管他的初中教育并不完整。在一位老师的鼓励下，他决定直接挑战中央美院的高考。经过 21 天的紧张备考，他在极度疲惫的状态下完成了考试。然而，过度的劳累导致他出现了假盲症状，一度陷入绝望。幸运的是，视力恢复后，他收到了中央美院的录取通知书，毕业后还留校当了助教。1963—1972 年，他被人陷害，遭受了严重的政治迫害和身体摧残，甚至被人挑断了手筋，还曾入狱、险些丧命，但正是这段经历让他更加坚定了活下去的信念。1972 年重获自由后，H 先生虽然面临无数困难，但他仍然坚持绘画。他用狗毛做成笔，捡来纸片画画，甚至在裤子上练习。他的坚持终于得到了回报，他的作品受到了认可，并印成了画集《山花烂漫》。1979 年，他在北京举办了个人画展，轰动全国。第二年，他的作品更是在美国 21 个城市巡回展出。2005 年，他的作品被选定为 2008 年奥运会的吉祥物。他还创作了不少经典雕塑，得奖无数。经历了充满愤怒、屈辱、伤感的年代，画作却充满了童心，明澈、真纯、浩荡，全是阳光。这是一个天性成长遭遇严重挤压后更加奇异迸发的案例。

案例 5

C 先生于 1964 年出生，自 1973 年开始广泛阅读各类书籍。利用家乡做鞭炮时在全国各地收集的旧书资源，他在 1978 年前已自由阅读了大量书籍。恢复高考后，他凭成绩进入初中三年级的好班学习，但繁忙的学业使他无暇阅读课外书籍。1979 年考入重点高中，后因高考物理成绩优异而考入大学物理系。入学后，C 先生对教育问题产生了浓厚兴趣，并深感自己初中至高中阶段的教育与天性相悖。因此，他决定追求自己的兴趣并致力于教育研究。毕业后他从事教育研究工作，在大量调查中发现天性成长的重要性。他淡泊名利，潜心于研究如何把教育办得更好，尽可能发表自己研究的真实成果。C 先生的努力和专注得到了社会的广泛认可。2010 年后获得多项社会认可的荣誉，到 2020 年在教育研究的若干领域获得社会认可，出版著作 500 余万字。这个案例显示，当事人在某些阶段接近天性成长，某个阶段远离天性成长，两种不同阶段成长的效果存在明显差异。

天性成长的每个案例都是独特的，难以穷尽枚举。上述的例子仅是进一步讨论的基础。个体的天性成长究竟由哪些因素决定，哪些社会因素可能发生关键作用，需要破除哪些社会障碍，个体在遇到障碍的时候如何应对，这些问题都值得深入探讨。

（一）个体始终如一追求自觉自主的天性成长是首要条件

如果孩子从小就被教育要“好好听话”，在家听父母的，到学校听老师的，外出听长辈和领导的，服从为上，那么其天性中的自由活力、自主动力和创造欲望就不可避免地在形式和精神上受到禁锢。由这种个体组成的社会文明，就会长久停滞在幼稚蒙昧状态。

很多人从小乖乖听话，视分数为命根。他们毕业后往往非常在意别人，特别是顶头上司的话，同时也很在意自己的年度业绩。他们可能会获得快速的升迁，但这并不意味着他们真的具备很强的适应社会的能力，更不意味着他们拥有创新创造的能力。当他们的顶头上司出现变动，或者面对需要创新的情境时，由于分析判别能力的限制，他们可能会无所适从，甚至成为进步的严重阻碍。曾经的高分学生和金牌得主很少能成为真正优秀的科学家，因为真正的科学家和思想家不是亦步亦趋地服从、跟随他人，而是必须独自面对困境，激发自身天性中的创造力，自主创新，找到前人未曾想象，甚至都未曾指引过的新路径。

对于那些已经养成“总是服从”习惯的人，永远都无法实现真正的天性成长。他们可能到了青春期不会交朋友，遇到人际交往中的变化不知道如何应对，缺乏自由、自主的思考。遇到难题的时候不是想着如何改变策略求解，寻找打破障碍的机会，而是试图寻求权威给出的现成答案。这种人即便天性中的智力比较好，也会变得懒惰和愚蠢。

总是服从的个体在一时一事上也许能够取得暂时的安全和成功，甚至可能拿到强者分配的红利，获得天性成长难以获得的收益。但是带来的恶果也是显而易见的，于个人来说不知变通，在变化的社会里难以找到并实现个人的价值，可能连既有的也会失去，包括通过服从获得的收益。对于社会来说，天性未能成长起来的人必然缺乏自主创新的活力，无法自我突破和升级，从而陷入内卷，导致退缩甚至更糟糕的状况。

天性中的个人秉性需要通过个人努力才能得以发挥。每个人的天性成长与发挥都会遇到千难万阻。只有当一个人在夹缝中仍在求索自己天性成长与发挥的空间，才有可能使得自己的天性获得更加充分的成长和发挥。

（二）家庭适度关爱是天性成长的第一外部条件

家庭在个体成长的各个阶段都对其天性发展产生深远影响。儿童在父母的关爱和鼓励，以及朋友们的支持下，能够勇敢地展现自己的天性。然而，若在成长过程中缺乏这些关爱和支持，或是身处一个不宽容、不自由的环境，不理解甚至不知道什么是自由和自主，就很难突破自我禁锢展露自己的天性，天性就无机会成长。

成年后，家庭背景依然对个体的天性成长发挥多种重要作用。首先，可能作为一个衣食无忧的安全港湾，为自己的天性成长和发挥提供最基本的物质、精神和信念、信仰的支持。其次，可能提供一些价值和文化的资源，即便在一个赤贫的家庭里，也能从文化基因上提供类似于正直、批判的种子。从这种家庭走出的孩子，可能接受的教育越多或年纪越大，就越缺乏批判性思维；也可能在自己知识、经验、智慧的不断积累中形成更坚定的正直与更加深刻、全面、系统的批判，进入不惑之年之后天性越来越回归，成为“两头真”的人。最后，家庭中坚定不移的爱能为个体天性成长与发挥过程中遭遇挫折时提供强大而持久的支持。即便施爱者已经离开人世，这种爱的力量仍能强劲发挥，甚至其作用可能远高于亲人在世时。

然而，家庭也可能成为个体天性成长的阻碍。比如有些家庭很势利、规矩太多，父母对别人跪拜，又要求孩子对自己五体投地服从，全心地服从权威，矮化自我，仰视古人，鄙视身边的人。在多数情况下这种家庭不利于儿童天性成长，更不利于个体所在整个社会的未来。但是，这种家庭的孩子如果能够接触到诸如追求平等、尊重和包容等的新文化，可能对原生家庭文化进行深刻反思，从而走上自我成长的道路。在现实生活中，能进行这种批判、转换的个体总量是较少的，它需要当事人的勇气，需要在转换过程中找到真正的朋友，需要社会提供自由呼吸和思考的氛围，需要醒悟到不忍谋杀自己的自由灵魂。

家庭环境与儿童的天性成长之间的关系并不总是明确的。虽说“穷人的孩子早当家”，但早熟并不等同于天性的良好成长。“自古雄才多磨难，纨绔子弟少伟男”虽反映了一种普遍现象，却并非确凿的统计数据。实际上，统计数据表明，仅有少数天资聪慧的孩子在贫困家庭中因渴望改变现状而更加刻苦，从而实现了天性的良好成长，孔子、陶行知都是这类案例。不少来自贫困家庭的孩子，即便天资聪颖并享受了特殊的教育优待，但因家庭期望值不高、父母视野不宽、文化资源缺少、家庭观念中的限制约束过多，他们的天性成长仍然面临挑战。那些天赋平平的寒门子弟，若父母自己也不爱学习，很难投入充足的时间和精力关注孩子成长，自己劳苦，反倒可能溺爱孩子，使其养成好逸恶劳的习性，这类孩子往往对学习缺乏兴趣，也难以有良好的成长。

而那些家庭环境优越的孩子通常拥有热爱学习、期待成长的父母，他们吃苦耐劳、有明确的人生规划，自身天性获得了较好成长，可能这些正是他们家庭条件好的原因。这样的家庭环境为孩子提供了天性成长的良好示范和氛围，他们更重视子女教育，采用更为恰当的教育方式，也愿意在子女教育上投入更多资源。但这类家庭遇到的难题是孩子生活富足，成长动力不足。

简而言之，家庭是儿童天性成长与外界碰撞的第一道圈，而且是一道多功能圈，对儿童天性成长发挥着极为复杂、多样、持久的作用。在这道圈里，保护童言无忌是最基本的天性成长条件。

（三）个体要辨别、选择、转化、利用社会中天性成长的各种阻力和助力

相较于家庭主要倾向于保护个体，个体进入社会后的天性成长则伴随着更多的潜在风险。这一表述包含几层含义：

第一，社会中存在着许多阻碍个体成长的强大势力，它们以显性或隐性的方式围绕在个体周围，一旦某些因素被触发，就可能限制、阻碍甚至摧毁个体的天性成长。

第二，社会中也蕴藏着各种机遇，有助于个体的成长。如果成长个体探索的路径长，不断挑战自己，不断适应变化的社会，就有可能碰到更多更好的机遇。有些机遇或许是无意中碰到的，但更多的则需要个体有意识地去寻找和发掘，提高自己的鉴别能力是关键。

第三，某个对象或情境对个体来说是阻碍还是机遇，并非固定不变，需要个体判别、辨认，以适当方式接触。其中有些可能是永久的障碍，有些可能此时是阻碍、彼时又成为机遇，关键看个体与其相遇的时机和方式是否恰当。对于判断为阻碍的对象，个体还可以尝试通过分析和了解，找到将其转化为机遇的方法，从而促进自己的天性成长。

虽然社会不可能为每一个体提供专门的成长保障，但随着社会文明程度的提升，可以通过设置各种社会机制来为所有个体提供更加基本的保护，以更好地保障其天性成长。事实上，越来越多的发明创造出现，就是越来越多人的天性成长受到比之前更好保护的整体效果。对个体，尤其是对未成年人基本权利的立法保护就是其中的措施之一。但是这种保护总体而言是低水平的，且在不同国家和地区存在显著差异。由于底线保护的针对性和效能有限，所以具体到某个个体的天性成长，仍然面临诸多挑战。

学校教育是个体天性成长的关键性外部条件，而事实上它对个体天性成

长的作用两极性明显，从促进到阻碍、摧毁都存在。随着教育的普及程度提高，学校教育的效能可能比社会其他因素更强大。在促进方面，它可能促进某个个体天性成长水平超越未受到相应教育的很多倍；在阻碍方面，它可能毫无觉察地让人远离天性成长，走上一辈子也难以回归天性的不归路；在摧毁方面，它的效能同样可能高出其他社会因素数倍，且这种影响可能隐蔽而深远，令人难以察觉。

莫言曾坦言："我曾经半开玩笑、半认真地说，因为我读书比较少，所以我的想象力发达。如果我读上三十年的书成了硕士、博士，可能想象力要大打折扣。这个听起来是在调侃，实际上我觉得还是有一定道理的。"[①]这里的"读书少"实际上并非读书少，而是指上学的时间短。与此相同情况的案例还有不少，都显示出学校教育对天性成长的磨蚀、阻碍与摧毁作用惊人的强大。

大中小学的社团对于个体天性成长至关重要。许多学校提供了丰富的社团和活动选择，学生并不缺乏探索的机会，但唯成绩论的评价体系使很多聪明优秀的学生为了迎合这样的标准，把大量的时间花在专业学习和成绩提高上，没有去探索自己真正喜欢什么，缺乏对社会和人生更深刻的思考。他们的个性、创造力和领导力没有得到很好的培养，也缺乏为社会做贡献的清晰的人生规划，面对现实时甚至会不知所措，十分迷茫。

中国古代学人常用士、君子精神激发自己在社会中成长。一个在社会中获得天性充分成长的人通常需要实现三个超越：一是超越地域的限制，无论他长期居住在哪里，他的成长所发生的社会影响是没有地域界限的；二是超越职业限制，无论他做什么职业、任什么职务，他的成长影响是超出他那个职业的，对所有行业都会发生影响；三是年龄和时间的限制，年逾花甲可以与童少沟通融合，作古千年仍能影响当今。天性充分成长者往往集学养、风骨、阅历、德望于一身，成为一方水土和一众人群的精神象征，不管其境遇如何，都能受到有见识的人士的认可与敬重。

上述分析显示，个体的天性成长需要突破自主性建立、家庭保障及包括学校教育在内的整体社会环境的人性化等重重障碍。每个环节的障碍不仅仅是一两个，也不仅仅是一两次，不可能在什么时候可以宣告所有的障碍都通过了，而是在成长过程的各阶段都可能以不规则、不定期、不定点、没有明确先兆的方式出现。只有当个体把这三重环节都打通后，才可能实现天性成长，才可能更好地成为理想社会建设者，将自己的天性潜能充分运用于建设理想社会。

为了便于参考改进，在此列出影响个体天性成长的因素分析，详见表 5-1。

---

① 刘慧：《专访莫言：超现实的想象力源自何处》，《北京晚报》2012 年 10 月 12 日第 27 版。

表 5-1　个体天性成长的影响因素分析

类别	具体因素	对天性成长可能影响	其他说明
个体	自我认知、反省	是基础，越清晰越有利	与年龄、知识水平相关
	自主性-服从	自主性强是天性成长的必要条件	以与他人的平等、对他人的尊重为前提条件
	志性	天性可持续成长的动力和策略依据	15—20 岁是志性生成的敏感期、关键期、最佳期
	自我建构与探索能力	能力越强成长越迅速、成效越大	与对社会的认知、机缘识别相关
	韧性、勤奋	天性成长不是自然天成，需要不断自我磨砺	最终成长结果是自然天性与勤奋之积
家庭	遗传	天性成长的先天条件	通常无法改变
	安全、关爱	个体天性成长的后盾，动力之一	一般家庭均具备，幼年更需要
	自由-规矩	尽量扩大自由，减少不必要的规矩，有利于天性成长	监护人与孩子一起建立规则的效果优于父母单方面定规矩
	家庭价值、文化	发生关键性的影响，长期作用	崇尚平等、民主、科学、创造的家庭更有利于孩子天性成长
	视野、期望值	与天性成长有较强的相关，狭窄视野与低期望值可能限制成长路径，构成天花板；过高期望则构成难以承受的压力	家庭视野、期望值为个体成长提供可能性，并非现实性
	家庭社会经济背景	非关键性物质、社会资源基础，在于当事人如何利用	在其他方面相同的情况下，更好的社会经济背景被恰当利用就有优势
社会	个体权利保障	基本保障	个体天性成长属于基本权利
	包容度	关键性人际环境，包容度越高越有利于天性成长	单一取向与标准常常成为包容性低的原因
	个体-社会本位	关键性价值影响	在尊重个体基本权利基础上实现社会目标更有利于个体天性成长
	社会治理模式	关键性社会体制机制影响，专业领域的自治尤为重要	权力过于集中的社会常常不利于个体天性成长
	社会文明程度	关键性社会环境，文明程度越高越有利于个体天性成长	同一时间世界不同区域的文明水平不均衡，这是造成不同区域个体天性成长差距的重要因素

三、天性人与所接触人群的相互选择与改变

决定个体天性成长状况更为关键的因素是与个体相关的人。人是个体成长

所处环境中最具有激活效能，最具有相互影响力，最具有可变换性的因素，是天性成长中最大的变数。

2010 年我启动“20 世纪中国教育家画传”丛书时，采取了由教育史专业人员海选 20 世纪中国教育家的办法，最后选出王国维、蔡元培、张伯苓、黄炎培、胡适、陶行知、叶企孙等 15 人。令人意想不到的是，这 15 位教育家生前大都是直接交往过的好友，或者有学缘、业缘等之类的关系。这 15 位教育家也是 20 世纪中国天性成长程度较高的人，各有自己的独特思想理念和办学行为，有自己建设理想社会的目标设定与行动。

由此推展开来，人在天性成长过程中是结伴前行的。结伴的内在机理是什么？他们之间是怎样相互选择、激励与改变的？以下从三个方面展开讨论。

（一）相互选择与改变的类型

不同个体在天性成长过程中结伴而行的原因、方式、特征、过程各不相同，如果从这些方面一一加以分类当然能够叙述得更加详尽，也可能会烦琐，这里使用相对简洁的综合分类加以分析。

1. 分层选择与激励

社会中的人客观上存在层级，天性成长过程中也会出现层级现象。同一层级的个体相互选择、相互激励、相互改变的概率远高于不同层级间的个体，这不仅是因为他们在物理、心理距离和时间上更接近，还因为同一层级的个体之间具有更好的相互接受性。

个体在天性成长过程中所处的层级是由多种因素构成的，包括家庭背景、社会地位、智力、学业与工作表现、个人能力等。这些因素都可能影响个体进入某一层级。观察大量个体的人生历程，我们会发现，个体的成长过程是一个动态变化的过程，他们在不同时间段可能处于不同的层级，而且同一层级的个体在成长过程中还可能出现新的层级的分化。这种分层选择与激励的动态变化是由个体的天性和后天的自主成长状态共同决定的。

个体在天性成长过程中所处的层级是由多种因素构成的，包括家庭背景、社会地位、智力、学业与工作表现、个人效能、学缘、业缘、时间间距等，这些因素都可能影响个体进入某一层级。如果以 60 年作为一个时间周期对大量人的人生历程加以考察，不难发现，一个人的成长过程不同时段处于不同层级，处于同一层级的若干个体在成长过程中还会出现层级分化。

在成长的早期阶段，个体的层级主要由家庭背景、社会地位等外部因素决定。随着年龄增加，个人智力、价值取向、学业及工作表现、社会交往、勤奋程度等会在更大程度上决定其层级，也在更大程度上决定着天性成长的个体间的相互选择与激励。通常个体的层级在 40 岁之前变化较大较频繁，40 岁之后相对稳定。个体社会地位的改变可能对其层级产生影响，变化可能是朝两个方向，其中一种可能是“墙上挂相，挂得越高，显得越小”，内在天性层级不高的人社会地位越高越暴露出其层级低的真相。

尽管同一层级的个体间相互选择、激励和改变的概率更大，但并不意味着不同层级之间就没有这样的机会。例如，学生对老师的追随及公众对杰出人物的崇拜和模仿，都是不同层级间的相互激励与改变，尽管这种影响往往是单向的。

同层之间的交往和激励往往具有竞争性，尤其是进入学校后直到职业成熟期的这一阶段。这种竞争性使得这一阶段的选择与激励更加复杂和丰富，也可能更多地受到功利因素的影响。

从个体成长的角度来看，未成年或未成熟的个体更倾向于选择向上层交往和互动；而成年或成熟的个体则更多地选择同层级的交往和激励，同时保留向上层的选择，并拓展向下层的选择；老年或很难有更高层的成熟个体只能向下层选择、激励、互动和改变。在天性成长的每个阶段，了解各层交往的价值、特点很有必要。此外，根据自身的情况保持适度的忘年交、跨层交往与激励，对个体天性的成长和完善也是非常有益的。

2. 潮流选择与激励

历史上不少人的天性成长都是在所处时代的一股潮流中进行的。陈独秀、胡适等在新文化运动中成长、成就了自己，也助成众多新文化运动参与者的天性得到成长；蒋梦麟、陶行知等在新教育运动中成长、成就了其天性，同样使得众多新教育运动参与者获得天性成长的机会。历史上天性成长者大都与当时相应的社会潮流相伴随。

在同一潮流中会有众多个体，他们在潮流中形成相互选择、激励、互动和改变的关系，这个过程及其内在关联十分复杂，有些人成为领袖，有些人成为骨干，有些人则成为一般成员。有的人走在中流，有的人漂流在上面，有的人只能处在潮流浸漫的水草边的静流位置栖身。即便有些人天天与中流个体或领袖相见，但天性往往决定着其一辈子也入不了中流。

不少人在各种潮流中只是盲目地角逐出人头地的角色，常常过于急功近利，不仅使得自己的生活走进死胡同，也必然导致自己的天性难以获得适当的成长环境。特定的角色需要特定的条件和特定的过程，天性仅是决定因素之一。在潮流中找到适合自己天性成长的环境并充分有效地发展、发挥天性，才是更佳的选择。

一个人在潮流中所处的位置，一定程度上受教育的影响，但更主要的是由他的天性、态度、天性成长状况以及与周围人群的相处状态所决定。如何使个体的天性与他所遇到的潮流相协调，如何在潮流中选择合适的天性成长者相互激励与改变，如何找到一个既适合自己又能促进天性成长的定位，如何在潮流中使天性获得更为充分的成长，这些是每个人天性成长中需要不断破解的个性化难题，没有标准答案。

古往今来，在潮流中因选择与激励不当而丧失性命的人不在少数，更多的人因为不当的选择和激励而未能让自己的天性得到成长，或者失去了普通的成长机会。所以，面对潮流，选择不能不谨慎，交往不能不小心。交往是人的基本需要之一，未成年阶段交往的欲望更强烈，往往不假思索见潮流即涌入，发现方向不对时则可能已很难抽身，此后的人生只能随波逐流，无法实现天性成长。

通常所说的与时俱进，只是对所有人的一个基本要求。即便如此，仍有很多人难以达到这个标准。这个标准对于天性成长者在潮流中的选择是适用的。此外，还可以总结出一些适用于一般个体天性成长的原则，比如要积极主动赶潮流而不宜随大流，对潮流有预见性而不寻流逐末，要做激流浛客而不被潮流裹挟，尽可能让自己成长为中流一壶而非静流滴水。当然，最根本的原则还是要根据自己的天性和成长需求来做出选择。

3. 价值选择与激励

价值取向相同的人相互选择、引为同道，聚集在一起，是一种常见的天性成长方式。这种选择和激励在原理上属于相似吸引的作用。事实上，除非一方选择服从，否则不存在两个人有完全相同的价值取向，一般是同中有异的人相互吸引、选择。价值取向相同的人与不同的人在一起对天性成长各有利弊，仅是利弊表现的方式不同而已。

如能共同遵守相互认可的规则，保持人与人之间的平等相待，价值取向相异的人共处更常态、更持久、更平衡，这也是更有利于天性充分成长、发挥的人际环境。价值取向相同的人在一起可能产生同向极端化，将相同的价值取向强调到超越事实或必要的极端程度；或者因为微观上的歧义而产生激烈争斗；还有可能因为利益关联而产生欺压，为了维护相同价值取向中最强势的那个人而采取强制措施对待其他人。这些都可能直接影响到其中个体的天性成长。

通常，层次较低的人群倾向于选择与自己价值取向相同的人群进行交往和激励，并通过这样的方式来积聚力量。层次较高的人或许也有这种倾向，但他们不会将此作为追求，而是会以开放的态度与各种价值取向的人进行平等、开放、坦诚的交往。在牛顿、爱因斯坦等人身上都可以看到这种特点。

由于价值本身是主观性的，天性更多带有客观事实性。如果所选择的价值狭隘，则可能限制个体天性的充分发挥。人在天性成长的过程中对价值的判定、选择都可能发生变化，以价值为基础的互动激励群体可能对其中的所有人的认知、思维、判断产生一定的影响，这种影响在一定程度上可以为个体天性成长提供资源，但也可能与个体的自主性和独立性产生矛盾。

正因如此，个体不必避讳在某个成长阶段具有特定的价值选择倾向和需求，但同时要清醒地认识到，融入相同价值取向的群体对自己天性的成长既有利也有弊。要避免以价值替代真理与事实的现象在自己的成长中发生，不要将与自己所持价值取向不同的人完全屏蔽，与他们的交流和碰撞恰恰有利于自己的天性成长。

4. 目标或任务选择与激励

为了实现共同的目标，人们会在某个特定时间段内聚集在一起，进行群体交流和碰撞。从交往的角度看，这种选择与激励是交往主体围绕交往内容展开的交往活动。

广义上说，学校内的学生与用人单位的职工之间的关系，便体现了这种选择与激励。大多数人需要选择学校就读，选择机构就业，因此这样的选择具有普遍性，且与每个人的切身利益息息相关。然而，在个人就学或就业的过程中，虽然选择可能与学校或单位的某些人员相关，但选择的对象并非具体的人，而是那个学校、岗位或机构。因此，与其中的人的交往具有间接性和随机性。许多人在自己的学校或工作单位中，可能与某些人建立了深厚的交流与碰撞关系，而与另一些人即使长时间共处也未曾有过交往与碰撞，相互间的成长影响微乎其微。

通常就学比就业对个体成长的影响可能更大。在求学这个总目标下，每个人有自己的学习目标，不同人之间的差异比较大。杨振宁与邓稼先便因同学关系而相互激励终身，却在人生路径选择上显出反差，类似的例子不胜枚举。相比之下，在工作岗位上，同一机构的不同职工的工作目标更为统一。即便如此，不同人依然可以有各自不同的天性成长路径，有各自不同的选择和碰撞，实现各自的成长。所以，每个人如何实现天性成长依然具有较大的自主性。

在追求目标与激励的人群中，寻求与他人的优势互补和特长磨砺发展是与天性成长更为吻合的选择。优势互补意味着不同个体可以发挥各自的长处，共同应对目标实践中的各种挑战。特长磨砺发展就是不一味追求在各方面与别人比拼，而是各扬其长，这样就有更多在某一方面突出甚至杰出的人，从而提升整个社会的杰出人才比例。

从用人单位的角度来看，员工的天性成长状况各不相同。有的人成长得好，有的人则不尽如人意，受到多重复杂因素的影响。因此，每个人都需要对微观的成长环境有深入细致的了解，以寻找适合自己的天性成长机会，甚至创造适合自己的天性成长条件。同时，学校、用人单位和社会也应在实现自身目标的基础上，为更多人的天性成长创造有利条件。这本身有利于具体目标的快速便捷实现，也有利于所在社会的兴盛。

5. 背景选择与激励

拥有相同或不同的背景，会构成人们之间的相互选择、激励与碰撞，这同样是人类天性成长的重要方式。以浙江乡谊为背景，蒋梦麟、鲁迅的成长与蔡元培就存在着重要的内在联系。

北京的一所知名小学开设了一所分校。校本部的孩子家庭条件较好，分校则主要面向外地来京务工人员的子女。原本，校本部的孩子们多对分校的同学们抱有轻视。为了改变这一现状，校长在运动会上特意安排本部与分校的孩子们一同报名、比赛并共同计算成绩。出乎意料的是，多数运动项目的优胜者都是分校的孩子们，这让校本部的学生们刮目相看，甚至有些同学开始主动与分校的同学们交朋友。这是一个典型的背景选择与激励的例证。

这里所说的背景极为多样，例如家庭、年龄、个性、品质、肤色、性别、经历、经济状况、社会地位等均可构成背景。而且背景具有相对性，它是相对于聚焦对象而言，不仅背景随对象移动而变化，有时对象也可以转换为背景。比如两个在体育赛场上相遇的对手，当时他们关注的对象是比赛成绩；若干年后他们在某一专业领域发展得不相上下，关注点转向谁能在这一专业领域争先，体育比赛成绩与经历就已成为背景。

在个人的天性成长与所处群体的选择和激励中，个体可能因为背景的相似而更倾向于选择彼此，也可能因为背景的巨大差异而选择对方。这两种方式的共通之处在于都是对等选择——人们通常都喜欢那些喜欢自己的人，相互激励，各自朝着符合各自天性的方向发展。

个性、品质是常常不被关注的天性成长背景。在群体中，常常因为个性独特相互和谐，或因个性不同而形成互补，而过于相似的强烈个性则可能导致冲突；在品质上，真诚和谦虚的人更容易和谐相处，而虚伪和高傲的人则难以相处。对于个人的天性成长而言，选择与何种背景的人交往是至关重要的，古代孟母三迁便是深知此理。

人成长过程的相互选择、激励与改变可能同时具有上述几类的特征。面对不同类型的选择与激励时，需要根据相关的各种因素来制定自己的策略，以实现更好的成长。

（二）在成长中对相互选择和改变的利用

依据对大量个体天性成长案例的文献分析，从成长个体与所处群体的关系状态看，可分为双螺旋模式、结伴模式、对手模式。个体可以自主选择一种模式，也可以在进入一种模式后选择自己的天性成长策略。

1. 双螺旋模式

建立个体成长发展的“双螺旋结构”将会对个体的成长发挥显著的影响。双螺旋即自己内心的良师与自己的优势能力发展相互配对，螺旋式地推进个体的不断成长和发展。一是成长个体在内心中确立良师，长期甚至终身以他为师，如胡适、陶行知以杜威为师，柏拉图以苏格拉底为师，康德以卢梭为师等。二是明确并有效发展自己的优势潜能，并使良师与自己的优势潜能方向的知识、能力发展相耦合，相互牵引，不断生成新的人生成长目标，推进个体终身不断成长提升。

在双螺旋模式中，良师可以是个体在现实生活中接触、结识、体验到的，也可以是历史人物。这两种选择各有特点，但功能相同。选择历史人物为师可能更加持久稳定，但缺乏互动性和鲜活感。选择现实中的良师则可以获得符合自己实际需求、针对性强的教益，可以随时问对。当然，这样做也存在一定的风险，比如发现所选择的良师并不符合预期，甚至可能因犯罪而入狱，这可能导致双螺旋中的一根中断。现实中不少人正是因此而觉得人生没意义，此后无所谓了，天性成长不再继续。

尽管如此，现实中的良师仍然是更为普遍的来源。现实中能够遇到良师无疑是一种幸运。良师在个体的天性成长中发挥着至关重要的作用。他们会偏爱、保护和包容有个性、有思想、有能力的学生，为个体的天性成长创造更有利的环境。同时，良师还会在关键时刻用自己的道德人格为个体提供有效的帮助。

在教育人的教育实践中，可以充分、有效地运用双螺旋结构来培养成长个体。具体方式是：邀请历史上的良师回到当下的生活和教育场域中，引导成长个体在公认的良师中选择适合自己的人作为成长发展的引领者与陪伴者，形成亦师亦友的关系。通过阅读历史文献与他们进行对话，从培养兴趣和确立志向入手，让教育和各领域先贤们的智慧、知识、经验成为成长个体前行的重要资源，以解决人生成长发展中的各种问题，助力健全发展。

2. 结伴模式

结伴成长源远流长，其形式既可以是因兴趣、爱好相同或情趣相投而自由结伴，也可以是由于工作、学习的编班排组而形成的团队结伴。团队结伴基础上也可以形成自由结伴。怎样在团队或自由结伴基础上获得良好的成长，提高结伴的成长效能，才是在成长中相互选择和改变的关键。

结伴成长具有阶段性和层级性。在初始阶段或较低层级，结伴的范围可能较为广泛，成员间的成长需求大致相同或相似。越是到成长的高级阶段或进入尖端领域，结伴的范围越来越小。尤其对于杰出人才而言，他们在这个阶段可能会感到难以寻觅到志同道合的伙伴，甚至会产生越来越强烈的孤独感，陷入“千里难寻是朋友”和“识人无数，知音无几”的境遇。认识到结伴成长的这些阶段性特征，应以坦然的心态去面对和接受。

对每一个成长中的个体而言，应根据自身的性格、爱好、经历和职业等因素，确定如何利用结伴模式来促进自身成长。通常应遵循以下原则：①应尽可能包容各式各样的人，不刻意排斥任何人，做到“五湖四海”。②应倾向于与比自己在某些方面有长处、更优秀的人结伴，以汲取成长的营养，即“结长容短”。虽然与那些在各方面表现不如自己的人结伴可能会带给他们更大的成长收益，但依据“谦受益，满招损”的道理，自己若能合理定位和有效倾听，同样也能从中受益。③应保持“清醒判定”，避免陷入愚昧、低俗的纠缠之中。不能迁就结伴、臭味相投、狼狈为奸，否则其结果不是走向成长与光明，而是迈向堕落与罪恶。多个朋友不再意味着多条成长路，而是多一种变得愚昧的可能，多一个犯罪机会，多一条上吊的绳索，多一份判罪的证据。

在天性成长过程中，结伴不是一成不变的。可以保留那些有价值的结伴关系，也需要及时结交新伴。新结伴的需求和标准也需要随着时间和需要进行更新，只有常结常新才能更有效地服务于个体的天性充分成长。总体上，一般人随着成长阶段更倾向选择对未来可能发挥作用的向后结伴发展，结伴数量会经历逐渐增加、到达峰值、逐渐减少的过程。不同个体在这三个阶段的时长各不相同，天性成长越充分、天性中的社会性越强的人，其峰值时长会越往长。

在成长的中后阶段，随着个体社会地位的提高和人际关系的复杂化，结伴的复杂性和潜在危险性也随之增加，可能对个体的天性成长造成越来越大的危害。因此，需要降低结伴中的功利性、保持理性、提高鉴别能力并合理处理情感问题，以有效降低风险并确保结伴关系有利于个人成长。

3. 对手模式

生物界中存在大量因对手强大而促进自身成长的例子。在人类的发展历程中，人的不少聪明才智和能力的提升，也是由于其他物种或自然灾害的挑战而不断被激发的。个体成长同样会受到对手的显著影响，以对手的方式相处是个体天性成长中常见的与所处群体的关系模式。

成长的对手是个含义较广的概念，涵盖了比赛、竞赛、岗位竞争、考试、研究领域等各种情境下的对手，也包括政治、军事、利益方面的对手。只要个体参与或不由自主置身其中，对手关系就会作用于个体的成长。比如，两位新入职到同一个机构的人，一位有硕士学位，另一位有博士学位，起点有差别，但都可能将对方视为潜意识里的对手，期望在未来的工作中超越对方，以获得上级的好评和晋升机会。

在学校里，同桌或班级内成绩相当的学生之间也存在竞争关系。这种竞争促使学生们想方设法激发自己的潜力，以成为更好的自己。有人认为，没有对手的成长是难以充分发挥潜能的成长，但不会选择对手的成长也同样难以发挥自己的潜能。在成长过程中，每个人都能从对手那里学习到很多，通过与对手的竞争和一次次较量来提高自己的能力。

在与对手竞争的同时，如何让各种对手都能接受自己而不至于将自己置于死地，这是个体与所在群体相处的一门艺术。通常，人们会将自己可爱的一面展示给他人，与对手的交往也是如此。一个不受欢迎、不被接受的对手，不仅难以获得适合自己成长的人际环境，而且在做事时可能会遇到比正常情况更多的障碍。这可能给自己带来极大的焦虑和不安，甚至影响日常生活，从而为良好的天性成长平添障碍。

在与对手相处时，需要分析为什么自己不被接受。这既是一个大问题，也是一个极具个性化的难题。解决大问题需要各方共同遵守公平、正义的底线，遵循尊重、平等、共同成长的原则；而在个性化方面，则需要对对手和自己进行深刻、全面、细致的分析。如果不弄清这些问题，或不遵循共同的原则，就可能阻碍自己未来的天性成长。通常，在与对手竞争中，不必彰显仗剑行天下的孤傲，没有必要渲染自己巨人般的存在，不用显示自己气场强大或不可一世。在竞争中要遵守规则，谨慎获取睿智者的认可，并尽可能避免博取非专业、低识别能力人群笨拙的喝彩，以免让有见识的人侧目而视，不敬你，不服你，不信你，不睬你。

与对手相处时，保持友善、和谐和良性互动是自身天性获得良好成长的前提。即使面对政治或军事对手，也应保持人性，不必心怀仇恨或怒气冲冲，更不应故意伤害对手的心灵，同时仇恨多个人更是不可取。

上述三种模式中，后两种属于自然形成的模式，已经用得比较多，使用不规范的情况也比较普遍，在一定程度上影响了使用效率。双螺旋模式属于基于大量案例分析探索出来的新模式，效能比较高，但使用相对较少，具有在更广范围内充分运用的巨大潜力。

（三）相互选择与改变可能进入的误区

所有的选择都基于当时的判定。如果判定错了，接下来的选择就可能进入误区，在天性成长过程中个体对人群选择可能的误区主要有四种。

1. 进入人与事不协调的误区

天性成长本身是人与事耦合在一起的，将一对人与人、人与事进行组合会出现四种情况，其中一种情况是两个人是协调的，或某个人与某个群体在选择上处于协调、平衡状态，但不同个体所做的事是有差异的。这种差异又有两种情况：一是两个人在做同一件事的不同部分，属于分工合作，其目标和任务是一致的；二是两人所做的事可能相互冲突，甚至截然相反。

比如，两个人都想改进教育，一个人主张严格按照统一标准考试，另一个人则倡导让学生发展各自的兴趣。这两个都有教育抱负的天性成长者最终很难走到一起。再比如在研究生就业时，一个人建议研究生把就业目光投向西部欠发达地区，那里最缺人，很容易找到工作，可以发挥自己的作用；另一个人认为年轻人去那里可能在物质和精神层面都得不到满足，因为那里专业成长与发挥机会一般较少，关系的重要性大于人的才能和能力，不如直接到发达地区找一家能锻炼人的专业水平较高的机构工作。现实中，更多的研究生倾向于后者。

正因为此，个体成长中认识和选择人的时候，既要观察、了解人本身，又要观察其所从事的活动、工作方式及其工作水平，以寻求在更多维度上的协调、平衡与激励。

2. 进入“知明忽暗”的误区

几乎所有的人和事都具有明暗两面，甚至更多面，而且这些方面还在不断变化中。成长个体在所处的人群中，可能只看到鲜花掌声，看不到明枪暗箭；只看见自己爱看的，看不见自己不爱看的；或者只看见自己不爱看的，看不见自己爱看的；只看见频繁出现但并不重要的现象，却忽略了那些出现频率低但极其重要的表现。这些偏见都可能导致在选择交往对象时陷入误区。

成长中的个体需要时刻更新自己的认知，不断明确自己的定位，包括自己是谁、来自哪里、将去何方，需要与什么样的人交往、结伴，需要寻找什么样的竞争对手，需要回避和远离哪种人。在这样一个清晰框架下选择具体、合适的人，排拒那些不合适的人。不要在成功中迷失自己，对迎面来的鲜花要作分析辨别；同样不要在挫折中迷失自己，要在困难险峻中寻求成长狭缝。

3. 进入不被理解的误区

如果一个人在某个领域真正走在前沿，他更可能不被他人理解，特别是难以被身边的人所理解。随着他走得更前沿，不理解他的人可能会越来越多。这种不被理解可能会带来孤独感，此时他可能会选择与身边的人和睦相处而牺牲自己的天性和探索精神；或者他可能选择承受并理解别人的不理解，以及由此产生的孤独或对立；还有一种方式是看到远方和未来有自己新的支持者和受益者，坚定地继续走自己的路。

根据人的智力分布，大约只有 5%的人属于智商超群者。优秀的人往往不被他所处的人群所理解，而且更有可能被那 95%的人中掌握更大权力的人依据他们持守的“常理”或“规矩”处分或惩罚。优秀个体的成长本身就比一般人更接近天性成长，他们依靠的是一般人可能不具备的专业知识、技能和职业素养。由于能见人所未见，这往往使他们在众人面前留下独断专行和不拘小节的印象，干任何事都不打折扣，对原则严格执行，也就越容易受到众人的攻击。

4. 进入一味高攀的误区

有些人只愿意与比自己地位高的人交往，竭尽全力挤进所谓的高端社交圈，同时排斥那些他们认为是低等、不值得交往的人。然而，无论多么高端或杰出的人际圈子，如果不适合自己，即使强行融入，也只能满足一时的虚荣心，或许能带来某些成长，真实感受依旧是不适、尴尬甚至痛苦。很多聚会、碰撞根本没有意义，只有那些真正心有灵犀的人在成长中的碰撞才可能高能量、高效力，实现共赢。如果人与人之间存在层次、价值、关注等差距，再怎么联络也生不出真情，对成长的价值也不大。

在个体成长过程中，在不少节点怎样选择很难做出简单的对错之分，但确实存在何种选择更有利于个体天性成长和发挥的差别。这种利弊在事后分析比较容易看清，在选择之前却难以判断，即便在专业的教育人支持下也有很大的难度，于是不少人放弃选择，也就失去了选择能力提升的机会。为了实现天性的充分成长，个体必须抓住每一个选择的机会来锻炼和提升自己的选择能力。在这个过程中无法保证不犯错误，但可以减少犯错误的次数，从而实现更好的成长。

诗人苏轼曾说“此身安处是吾乡”，追求天性成长的人也应该注重自己所处人群是否让自己感到心安，或者寻求与能让自己心安的人相处，在一个可以妥当安放心灵的群体中成长自己。在这样的人际环境里，人与人之间平和相处，宽容，自由，不需要拍案而起，不需要愤怒，以真理与幸福为追求，不论事业大小、成就有多大，或者是否成为英雄。

四、天性扭曲的可能与现实

个体的天性成长就如同破土春笋，出土后能长成什么样的形态，天性仅是基础，与他所处的社会是否提供其实现的条件有更大的相关，个体的天性被社会改变、扭曲或整个淹没，是大概率现象。回望历史长河，虽然人口众多，但能够实现天性成长的个体寥寥无几。这一事实揭示了绝大多数人的天性在成长过程中遭到了扭曲，还有不少人根本就没有成长起来。因此，天性扭曲是每一个追求天性成长的人必须正视的问题。只有对它形成更加深刻、全面的认识，才能更有把握地避免或减少天性的扭曲和淹没。

追求天性的充分成长，往往体现了对理想的追求，它是天性中先天或自然动力的迸发。然而，社会环境或条件对个体天性的塑造与改变是一个无法回避的现实。这种外部力量既可能成为助力，也可能成为阻力。只有深入了解这两方面的因素，我们才有望在复杂多变的社会环境中，更有效地促进天性的成长。社会条件与环境对个体天性成长的影响错综复杂，虽然无法一一列举，但我们可以探讨其中几个主要的例子。

通常追求天性充分成长是对理想的追求，而社会环境或条件对个体天性的改变甚至扭曲是不可回避的现实存在，它对个体天性成长的助力与阻力并存。只有对这两方面都有充分的了解，才有可能在真实的环境中更充分、有效地促进天性的成长。社会条件与环境可能对个体天性成长的改变与扭曲千变万化，在此不能穷尽列述，仅列主要数例。

（一）真伪扭曲

自人类文化产生以来，人的认知与行为便在不断求“真”与主观所为的“伪”两大范畴之中。真与伪往往以连续一体的面貌呈现，两者的边界取决于人的认知水平，因此很难划定一个明确的边界。天性成长个体常常以求真为己任，而他求得的“真”所能证实的“伪”可能正是其他某些群体极力要维护的固有意识，是不能直接表达出来的，说出来就可能使维护者感到不能忍受的残忍、刺激、犀利，感到求真者伤着了自己。

此时，天性成长者面临着两种选择：要么坚守自己已确认的“真”，得罪众多的人，遭到受刺激一方的围堵、压制而不能继续成长，甚至不能继续生存下去；要么委曲求全，在一定程度上偏向“伪”，以求得中和，这便是天性成长中的真伪扭曲的基本过程。

但现实中的真伪扭曲比上面陈述的要复杂得多，方式、内容更加多种多样，更具有隐蔽性。从卫护生命出发对受伤害事实的求真、调查、呼吁也受限制，不能做规范的统计和专业的调查与分析；事实与真话不能全说，有些真实的东西，未必能够示人；以真的标准衡量，人类历史上的思想家很少；以不全真的标准衡量，很多人都被称为“思想家”；有些求真的想法对于他所处的群体可能过于激进、可怕。面对这样的真伪，有时个体的真伪扭曲过程可能会长达数十年，甚至耗尽一生的精力与年华。

（二）贫富扭曲

每个人无法选择自己的出生家庭环境，也难以完全掌控人生中的财富与贫穷。一般而言，仅用家庭收入和父母身份来作为判定个体天性成长的证据是不够的，不仅是对个体自尊和人格的伤害，也向全社会传递了一种势利、扭曲、充满偏见的价值观。但个体的贫富状况是他天性成长的资源与条件，确实在一定范围和程度上决定着他的天性成长状态。

通常，越是贫困的人越在意别人是否伤害了自己的自尊心，他们的成长在很大程度上受到自尊心的驱动，也会受到自尊心的束缚与扭曲。他们尤其难以接受将自己的成长问题与家庭经济状况、个人智力、父母素养等因素相联系。尽管这些因素并非决定性的，但其与个人成长之间确实存在一定的关联。完全否认这种内在关联，可能会走向另一个极端的扭曲。

不可否认，天性的充分成长确实需要一定的经济条件作为支撑。但现实常常是，钱多未必就能获得天性充分成长，钱少也未必就不能获得天性的充分成长。如果个体有清醒的追求天性成长的意识，那么无论贫富，他们都能找到适合自己的成长路径，无需过于看重外部经济条件对成长的影响。

对于那些家庭条件不佳且缺乏进取心，甚至自甘堕落的人来说，贫富对他们的天性成长确实可能产生显著的限制和扭曲。如果能有明智的教育人以智慧和艺术的方式进行矫正，触动其灵魂，或许能引发他们深刻的变化。

对于那些家庭条件优渥的人，他们可能会因此而产生自满和缺乏动力的天性成长自满性扭曲。孔子曾言自己出身卑微，“入太庙，每事问”（《论语・八佾》），这样的经历反而使得他的天性成长因此受益。相反，那些只知享受家庭服务、从不为他人服务的人，由于对社会底层的感知较少，可能会养成眼高手低的习惯。受到这类扭曲的个体在天性成长过程中遇到的问题会更多，难度也更大。

因此，教育者肩负着更大的责任，将那些过于功利、拜金的成长个体从扭曲中解救出来，让他们抛下贫富的包袱，更轻松地踏上天性成长的旅程。

（三）强弱扭曲

任何时代，社会群体中总会存在强弱差异，个体的天性成长需要在这样的环境中进行。当社会规则明晰、生态良好时，强弱扭曲出现会少一点，却不能完全消除；如果社会还处在遵从丛林法则的状态，强弱扭曲就会成为频繁且严重的问题。

通常人们理解的强弱扭曲是强者对弱者的压迫，这确实是一种常见形态，无需过多阐述。但实际上，弱者也有可能扭曲强者。例如，一个穷人向富人借钱，虽然约定了还款时间，但到了约定时间穷人并未还款，而富人也没有催促。穷人可能认为富人财富丰厚，对这点钱并不在意，因此出于自身利益考虑选择拖延不还，甚至在穷人中传播这种行为。随之，越来越多的穷人以各种借口向那位富人借钱，富人最终难以应对，不得不更改或取消借款规则。这种情况下，众多穷人反而会指责富人缺乏爱心。在人的成长过程中，类似的扭曲也屡见不鲜。一个原本正直的人可能会被周围的人扭曲而变得貌似不再正直，一个原本聪明的人可能不得不装傻，一个内心清楚的人可能不得不装糊涂，甚至“难得糊涂”成为某些人的座右铭，而另一种人可能仗着“我是光脚的我怕谁”的心态得寸进尺。

在一些欠发达地区，常以当地欠发达为由降低对外地人的尊重，忽视对前往该地区工作或进行商贸的人的政策、制度方面的权益保护。这种做法可能会对那些到该地区工作的优秀专业人员构成一种令人不快的强弱扭曲，长此以往，将难以维持该地区的良性互动和可持续发展。

面对强弱扭曲的情境，成长个体要么换个环境，要么寻求降低扭曲程度的方式方法。在大多数情况下，更换环境并不现实，寻求减少自己的扭曲是比较现实的选择。这是个千古难题，需要每个人根据自身情况去寻找解决方案。这本身就是天性成长所需解决难题的一部分。

（四）公私扭曲

社会中不同个体在公私观上有较大的差异，这里的公私包括公益与私利，也包括公德与私德，包括从物质到精神的各领域。公私观以及行为表现不同的个体在一起，可能出现挤压与扭曲。

在中国，传统文化中的公私之辨常常与政治文化相互纠缠，所以自称公者未必真为公，被称为公者有更大的可能是公，仍可能因为称其为公者的私心，使所称含有假。自称私者有更大的可能为私，也未必真为私，反而有可能为真公、大公之人；被称为私者有较大可能为私，若所称者视野过于狭隘，仍有可能所称为假。

由于在公与私及其关系问题上，主要是从政治文化的角度进行伦理和价值判断，并由此导致了在公私关系问题上的严重扭曲。身处其中的人难免受到这种扭曲的影响，进而对人的成长造成障碍。

公私观与公私关系最常见和典型的扭曲是假公济私，外表是公，内心是私；说的话是公，做的事是私；形是公，实是私；公开是公，私下是私；短期看是公，长时间看是私。利用公权营私又是更为典型、恶劣的假公济私。有些人在特殊环境下掩饰了一辈子，扭曲了一辈子，可能死后多年才出现反转，原来认为公者其实是深私暗私，原来认为是私者乃真正坦然大公。

天性成长者更接近坦然大公，常常因为不愿意放弃自己的个性、天性、独立性而被人认为自私。这种公私观事实上是不尊重天性、违背天性的公私观，持这种公私观的人往往仅从道德、政治、经济等单一维度确立公私标准，缺少人性维度，罔顾以人为本。

因此，减少直至消除个体成长中的公私扭曲，需要建立基于以人为本的多维度的公私观，以寻求最大的社会公平、正义、和谐为目标，正确认识和处理公私关系，从而为天性成长创造适合的环境。

（五）行列扭曲

在现代社会，几乎每个人都会有个职业，即所谓入行。在某一行中，又有职级之类的序列。个体所处的行列是他与社会人群形成关系、发挥作用的重要架构。

个体天性成长与行列的相关，起始于个体进入专业学习，比如进入的是职业高中还是普通高中，进入的是哪一层级的学校。在大学阶段，这种关系变得更为紧密。尽管很多大学生的专业与工作并不完全对口，但专业和大学的选择仍然对个体的长远发展产生着深远且重要的影响。

当个体的职业与他的天性、优势潜能一致或接近的时候，被扭曲的可能性与程度将会降低，但仍然不能完全排除扭曲的可能性。在现实生活中，职业与天性、优势潜能不一致的情况还相当普遍。这往往与个体在选择专业时未能准确判断自己的优势潜能有关，或者出于功利选择了自认为更有“钱途”或更有发展前景的行业，待进入该行业后的体验与效果可能并不如预期。有些人或许在入学时还为自己的热门专业选择而庆幸，但到毕业时却已经遭遇了就业难的问题，这必然会导致行列扭曲。

序列的扭曲也常常被忽视。一些人可能从一开始工作就未能在关键岗位进行锻炼，步步落后，步步错位。例如，随着研究生教育规模的不断扩大，很多研究生在毕业时面临就业难的问题，很难找到与自己专业和优势潜能相匹配的工作岗位，在职业生涯中会遭遇较大的风险，可能直接导致他在未来面临行列扭曲。

进入职业行列之后，真正的扭曲过程才开始。不同行业之间存在巨大的差距，通常越是老旧的行业，论资排辈氛围越浓，扭曲感可能较为隐蔽，但事实上其扭曲程度并不低。越是新兴的专业行业，个体间的差异对比更为明显，序列差距较大，扭曲感可能更为直观，但整体扭曲程度比老旧的行业低。

同行评议是专业程度较高的行业中已经成熟的制度。缺乏规范和规则的同行评议对人的成长发展会产生深刻且普遍的扭曲。规范的同行评议可以在一定程度上减少行列扭曲，降低其程度，但仍然难以完全消除。在建立了规范的同行评议制度的情况下，行列扭曲产生的机会与程度取决于该专业领域有无相对独立性，有无专业权力的相互制衡、检验、监督和合理的运行规则。如果存在“唯”的观念、组织及运作方式，行列扭曲就会比较普遍且严重。破“唯”才能减少扭曲。

在行业内建立规范的第三方评价，并使其能正常运行，也是减少行列扭曲的方式。第三方机构通过同行专家匿名评审、无利益相关的前沿专家实名评审来显示公正，也可通过该行业相关机构如专业出版机构或通过学术刊物的选用情况等进行更为客观、公正的评估，从而有效减少行列扭曲。

即便外部环境和机遇对个体的天性成长不利，依然有人能够在不利环境或错失的时机中降低自己的行列扭曲，寻找到发展的机会，获得很好的成长。虽然换岗位、换职业成为一些人改变或调节行列扭曲的方式，但未必对每个人都奏效。当然，相应的行业、用人机构和社会也需要调整、改进自身，因为这不仅能减少员工的行列扭曲，因也有利于用人机构、行业乃至社会的良性可持续发展。

（六）趣味扭曲

人与人之间趣味相投是既正常又普遍的现象。不同的趣味相投的人在一起，对参与其中的人的成长可能产生不同的影响，有可能是正向激励，也可能是严重的阻碍，或仅是被消费者；有些人在某个阶段起到正向激励的作用，而在另一个阶段可能转变为不利或严重的阻碍，或经历过严重阻碍后转向正向激励。不同人在人生的不同阶段因为趣味产生的扭曲形态各异。

从个性上看，趣味相投的人通常具有相似的特性，或是对周边事物的处事态度非常相似。他们不仅会因为同一件事产生同样的喜怒哀乐，而且在很多兴趣方面都显得极为相近，但在能力方面可能是梯级分布或构成互补。个体成长具有阶段性和周期性，当个体成长的阶段与趣味相投群体的发展阶段相吻合时，扭曲现象就会相对较少；而当两者不一致时，就会产生较多且程度较严重的趣味扭曲。

通常，兴趣相投的人在一起相处会更加轻松自在，因为彼此都深知对方，就会很有默契，减少沟通与了解的时间与精力成本，成长的外部压力相对减小，从而更有利于天性成长。个体间因志趣相投产生的友谊、亲密感和默契还能成为成长的新动力，无需花费太多精力去迎合对方，减少尊严与信任问题的出现。在这样的群体中生活和工作，被扭曲程度自然就会降低。

趣味本身确实有高低之分。较低层次的趣味凭感觉就能相投，没有或只有较短的筛选过程。而那些需要经历个人体验、认知和逻辑不断检验的趣味相投，则属于较高层次。例如，为追求真理、做真实自己的趣味相投与仅仅因为喜好打牌的趣味相投显然是不同的，前者是可能只有少数人才能达到的境界，而后者则是普通人都能参与的。

趣味与情感有较大的相关，趣味扭曲也有较大的可能是因为情感相投而产生。依据理性与逻辑，某个个体可能十分清晰自己如何选择、如何成长；但受到情感的影响，他可能无法依据理性做出选择，从而影响到天性成长，构成扭曲。所以，比较理性且能够用理性驾驭情感的人，成长过程中发生趣味扭曲的情况就会减少；情感或情绪失控的人发生趣味扭曲的可能性会大大增加，其扭曲的程度也会更高，甚至可能一直处于趣味扭曲的状态之中。

即便在情趣相投的群体中，不同个体的理性与情绪的成分比例也各不相同，表现出的特征也不尽相同。这些差异本身也可能成为情趣扭曲的诱因，并在群体发展的不同阶段发挥不同的作用。例如，无法确保情趣相投的群体中的所有人在所有事情上都能找到共同的笑点和泪点。当一个人大笑时，另一个人可能只是出于礼貌而赔笑，这其中就包含了扭曲的成分。

正常情况下，无人愿意迁就他人而委屈自己，这样就不会有扭曲。现实中，即使不完全赞同别人，出于尊重而给予积极回应也是合乎情理的。然而，当要求所有人必须表现出一致的情感反应，同悲同喜，甚至还要比拼赞同程度高低，这就进入了趣味扭曲的范畴。

从更广义的角度来看，爱是博大的情趣。在爱的基础上，每个人的情趣都可能发生转变。在不少天性获得充分成长和发挥的人身上，可以看到爱对他们的成长所起到的巨大推动作用。选择与兴趣一致的人相处，仅仅是他们基于爱做出的具体表现。然而，在这样的人际环境中，个体需要警惕自己受到“温水煮青蛙”式的扭曲。

（七）定位扭曲

每个人的言行都基于特定的定位，个体的成长也必然有其定位。恰当的定位有利于他的天性充分成长；不恰当的定位则不利于个体天性成长，甚至可能成为成长的严重阻碍。

在一些学生身上，常发现有将校长和老师身份代入的现象。由于在平常的教育教学中，学生们已经形成成年人定位，甚至是校长定位、教师定位。这样的定位显然与孩子真实的身份、能力、成长需要都未必一致，也对孩子的成长构成不可避免的扭曲。

个体定位扭曲可以分为自动定位扭曲和被动定位扭曲。自动定位扭曲主要指受外界因素影响，对自己的天性、使命和社会角色等产生错误认知，从而引发的成长扭曲。比如，未成年人没有童年定位，少年老成，缺乏自信，这些都可能导致自动定位扭曲。被动定位扭曲的情况也有多种，因为天性表露被人称为“坏孩子”，或因为工作岗位安排不当、社会观念对某个人或某类人的歧视等，都可能引发被动定位扭曲。

还有一种情况是被动定位扭曲与自动定位扭曲相互交织。比如，某个学生因为有一次与老师的冲突而被同学们不友好对待，于是采取各种令人反感的行为来表达内心的抗拒。这种情况下，他有可能在身边他人的共同“感化”下不再令人反感，却对未来迷茫，选择丢失自我，从而难以再依循天性成长。从长远来看，不少定位扭曲都存在被动与自动相互影响、叠加、积累的现象。

在文化上，“思不出其位”的观念常常能塑造出定位扭曲的人。这里的“位”可能被界定得过于狭隘，尤其是在个人基本思考权利被挤压的社会，个体对“位”的理解随着年龄增长逐渐变得狭小、固定，越来越进入“各人自扫门前雪，莫管他人瓦上霜”的狭隘观念中。扭曲变得越来越严重，使得个体越来越难以依照自己的天性成长。

不少人进入成年阶段，越来越显现出“屁股决定脑袋”的特征。他们可能从事着并不喜欢但社会认可度较高的工作，整日盘算着如何保住自己的地位、如何增加自身或小团体的利益，而对真理、正义和社会责任漠不关心。他们习惯了伪装和逢迎，偶尔冷静下来时会感到内心的空虚。

热衷于成功是定位扭曲的另一种表现。成功就是一个指向未来预设好的“位”，是一个未知的又是绝对的目标，人们为了实现它常常不择手段，甚至牺牲自己的天性和本真。待到人生进入一定阶段，才发现原来追求的成功不过是一场空。这就像是爬山，从山下仰望时觉得山顶无比迷人，但真正到达山顶后却发现景色并不如想象中那么美，甚至可能迷失了最初的目标。原来这只是一次远程的定位扭曲罢了。

每个人的天性就好比是一对翅膀，定位扭曲就像是失去了方位感，即使翅膀再有力量也难以飞得最好最远，还可能浪费、扭曲自己的天性，飞到一个无法驾驭的地方。

（八）组织扭曲

组织是个体与所处群体相处常见的形式。狭义地说，组织就是指人们为实现一定的目标形成的组合。个体常常为了获得更多的他人支持，形成更大的合力而加入组织；加入组织后又发现组织内的人与人、组织与个体存在着相互激励、制约或束缚的关系。当束缚发展到一定程度时就构成了扭曲。

组织扭曲通常可能对个体的人生目标、价值取向、行为、人格、道德品质、才能发挥和思想等各方面产生各种各样的影响。个体在进入组织后，往往倾向于尽可能扩大自己的影响力，获得更多他人的助力，并限制他人的影响力。这样的倾向会受到组织规则以及组织中其他成员，尤其是位于更高位阶和拥有更大权力的个体的影响。组织内部的相互作用与影响极为复杂且变化无常。个体所处组织的规模越大，影响越复杂，对个体成长产生扭曲的可能性就越大。

组织本身有规范与非规范的差异，包括规范的严格程度、性质和规范方式的差异。非规范的松散组织通常情况下也会对人形成扭曲，但由于约束力小，个体在感到扭曲时就可能退出。越是规范、严密、严格的组织越容易对人的成长发展产生长期难以改变和退出的扭曲。在感到扭曲时，个体往往难以通过退出或其他方式来中断或消除这种扭曲，以致扭曲状态持续下去。

现代社会生活中，不少个体同时身处多个组织之中，而每个组织都是按照一定的目的、任务和形式组成的社会集团，拥有独特的规则体系。身处多个组织的个体常常因为无法同时满足多个组织的目的、完成多重任务、遵守不同的规则而陷入多重扭曲的状态。所以，个体需要全面评估加入组织的利弊，深入了解组织的性质、结构和规则，精心挑选，谨慎加入组织。避免同时参与过多的组织是预防自己遭遇或被组织多重扭曲的重要措施。

但组织已成为社会的细胞和基本单元。社会的不断变化可能使个体更加频繁地在不同组织间进入、退出、变换、重叠和交叉，这增加了组织扭曲的可能性与频次。对历史上天性成长杰出个案的研究表明，随着社会阅历的丰富，他们越是到中年越倾向于非组织化的生活方式，以获得更符合天性的发展。而从社会发展的趋势看，整个社会越来越趋向高度组织化。在这样的趋势下，降低或减少组织扭曲一方面在于改进组织内的规则、结构及相关的设置；另一方面需要靠个体纯洁参与组织的动机，深刻认识、谨慎选择组织，提高与组织内其他个体交往的技巧与艺术，校正自己与组织及其成员的关系。

组织扭曲常见的是个人与个人以及个人与组织的边界扭曲。这里的边界包括责任、权力、利益等各方面的边界。通常组织越成熟这些边界越明确，但是再明确，也难以避免由于组织成员个体的个性化原因而对边界进行挪移。因此，最终的实际边界是组织规则与具体个体个性间互相挤压或妥协的结果，这是一种无法完全消除个性化的边界。个性化有可能成为扭曲的一个因素，组织内个体的骄横、自卑与袖手旁观都是组织扭曲所表现出的不同结果。

相对于个人，组织总是强大的。组织有可能按照其需求扭曲其内部的成员，甚至可能对组织外的人施加扭曲影响。因此，在最大程度和最广范围内，组织扭曲主要表现为组织对个体的扭曲。长时间的扭曲可能会导致个体变得恶俗、冷漠，失去人格和道德底线，最终可能形成社会的毒瘤。

个体天性成长过程中遇到的扭曲远不止上述所列，实际的成长过程不可能完全没有扭曲，能够做到的就是尽可能减少扭曲的频次，降低扭曲的程度，避免不必要的扭曲，更加充分、完整地实现天性成长。

五、天性人与已有社会碰撞及生成的分析

在上海蔡元培故居陈列馆墙上的一幅版画中，有一段题为“蔡元培先生与上海的不解之缘”的介绍文字：“上海是他从事反清革命活动的根据地，广泛人脉的结缘地，也是他晚年从事反帝爱国斗争的主要活动地。光是蔡元培出国以前所读西学书籍，大多数都出自上海。在吸收了新学说、新思想以后，蔡元培个人自主的自觉性大为增强，遇事独立思考、自我做主的倾向益发明显。此外，担任北京大学校长期间，蔡元培启用的相当一批人都与上海密切相关，他在上海从事教育活动的实践经历，为北大改革奠定了重要基础，某种意义上可以说是将上海的新人、新风气、新文化引入北京。”这段话事实上讲了蔡元培天性成长与他所接触的社会之间的一些内在关联与碰撞。

对人成长中的碰撞做一简要界定：“碰撞”是指个体间及个体与所处环境的相互作用。在某一个体的自然、文化、观念、意识、知识、技能等方面的特征与他人或社会的已有状况不相同时，碰撞表现为冲突和融合的过程。经过碰撞后，个体的能量、观念、技能方面的成长状况将发生改变。个体经过与社会的多次碰撞、融合之后，天性中有社会性的嵌入，社会性中充满多形态的天性。这一过程极为复杂，可以从以下方面开展讨论。

（一）杰出的人成长都经历过高效能碰撞

在个体的成长过程中，人与人之间，以及个体与社会的各种元素（如意识、规则、文化等）之间的碰撞频繁发生。这些碰撞可分为有意和无意两种。有意碰撞就是至少碰撞的一方是有意的，带有目的和倾向性；无意碰撞即碰撞的双方都是无意的，纯属偶然发生的。

在相互选择机制的作用下，一般智力比较高的个体间发生有意碰撞的可能性大大增加，碰撞效能也比较高。碰撞的频次和效能会直接影响后续碰撞的发生和效果。一般来说，发生过有意碰撞且效能比较高的个体，与新个体发生更高效能碰撞的概率大大增加；发生过有意碰撞但效能比较低的个体，未来产生高效能碰撞的概率大大降低；发生过无意碰撞且效能较低的个体，难以与其他个体发生效能较高的碰撞，且这种碰撞也不会对其成才产生太大的效益。

正因为此，能够进行自主、有意碰撞的人，更有可能产生高效能的碰撞，从而实现快速高效的成长。这就是人们常说的“机会总是青睐有准备的人”。从宏观角度看，那些经历无意、低效碰撞的个体往往成长较慢，难以成为杰出人才。而那些经历过有意、高效能碰撞的个体，则更容易形成杰出人才的小群体，他们通过不断的高效能碰撞，共同创造出惊艳的人类文明成果。

现实中，杰出人才往往更容易与同样杰出的人交往，他们之间的碰撞往往以“不打不相识”为起点，双方都能从高效能的碰撞中获益。一般两个智力、知识水平相差过大的人很难产生高效能碰撞，即便一方有意也难以产生高效能碰撞；两个智能、知识水平较低的人也能发生碰撞，也可能互有收益，但效能也不会高。

杰出的人才不在乎碰撞中的个人得失，他们更在意的是从众多的失败中找到那一次正确的、有效能的碰撞。他们知道，提高做正确事情的概率需要找到适当时机与一流专业人才进行碰撞。杰出者的成功很大程度上来自于找到真正有天分的优秀人才，并与他们进行坦诚、高效能的碰撞。

与庸俗的人在意别人的奉承不同，杰出人才更在意通过碰撞发现自己的不足，而且一定要知道得非常清楚、精准、到位，明了为什么，并据此进行改进。虽然碰撞会带来痛苦和噪声，但杰出人才会将其视为成长的必经之路。他们乐于与才华横溢的伙伴进行碰撞，通过这种交锋使自己变得更优秀。他们知道，只有经过这种相互碰撞、摩擦和砥砺，才能让普通的“石头”变得璀璨夺目。一个希望自己的天性充分发挥出来、实现理想的人，自然乐意与一群才华横溢的伙伴相互碰撞，用语言、思想、意识、意志、技能等进行交锋，结果是碰撞双方都变得更优秀、更杰出。

杰出人的天性成长需要以建设理想社会为目标。评价杰出人才的碰撞不仅要看个体的杰出程度，更要看他们能为理想社会的建设做出何种贡献。自主、有意、精准、高效能的碰撞能够充分发挥人的天性，使人成为杰出的人才。对于普通人来说，充分利用无意碰撞的机会，提高自主碰撞的意愿和比率，增强碰撞的有意性、精准度和效能，是成长的重要途径。成长之初，效能不高的碰撞对个体成长发生的作用可能只是失之毫厘，到了个体成长的中后期便差之千里。

（二）个体在逐级与外界发生的碰撞中成长

个体成长过程中主要先后与家庭、学校、社会逐级发生碰撞，下面以个案加以说明。

夏鼐成长案例①

1910年，夏鼐出生于浙江温州市区仓桥街的一个富商家庭。自幼，他便拥有良好的学习条件，展现出非凡的天赋。1920年初考入浙江省立第十师范学校附属小学的春季班三年级，显示他在家中或私塾就读的学力已达三年级水平。

① 案例内容素材来源于：王世民：《夏鼐传稿》，社会科学文献出版社2020年版。

1924年夏，他小学尚未毕业就提前半年报考浙江省立第十中学（今温州中学）初中部。1930年暑假，他由光华大学附属中学高中部毕业，同时被南京的中央大学和北平的燕京大学录取，最终选择前往燕京大学社会学系就读。次年9月，他成功考取清华大学二年级插班生，并转入历史学系。1934年，他从清华大学历史系毕业，获得文学士学位。1935年春，他在河南安阳参加殷墟发掘，随后赴英国伦敦大学留学，并获得埃及考古学博士学位。1940年，他在埃及开罗博物馆从事研究工作。求学过程中留下了一系列“神迹”：在光华附中学业成绩曾高居年级第一；大学时作“魏晋南北朝史”课程论文得到了陈寅恪先生的高度赞扬；在参加公费留学考试时，他的成绩被梅贻琦校长誉为“历年之冠”；在伦敦大学期间，他的博士论文《埃及古珠考》被誉为20世纪埃及学的杰作，被预测“至少有六十年的命运”。

夏鼐成长中的老师也是硕学众多，中小学老师有后来的复旦大学教授周予同、华东师范大学副校长廖世承、书法界名流马公愚。在清华大学就读期间，他受业于陈寅恪、钱穆、蒋廷黻等史学大家。在英伦留学时，他得到了惠勒教授的田野考古真传，并曾向埃及学权威皮特里教授求教。在中央研究院历史语言研究所工作期间，他受到了傅斯年、李济、梁思永等人的提携。与他交游的同辈学友有吴晗、季羡林、钱锺书、向达等人。

夏鼐以坚定的性格和执着的学术追求著称，他不盲从于学校的安排与导师的规制。在中学期间，他就曾订正吕思勉先生对“茹毛饮血”的误解；在燕京大学就读一年后，他决定离开风景优美的燕园，转投心仪已久的清华大学，由社会学转攻历史学；在伦敦大学留学时，他为了能够掌握田野考古技术，谢绝了叶慈教授的挽留而转赴埃及学系；对于郭沫若、吴晗发掘明永乐帝长陵的提议，他也在完成定陵发掘任务之后，秉笔上书国务院禁绝此类发掘项目。这些都显示夏鼐是一位性格执着坚定的学者。

夏鼐读书注重“读经典”“读当代”，力主将自然科学手段引入到考古发掘与研究中，在他的大力推动下，碳十四测年法被运用于中国考古界。他还致力于考古学与科技史的研究，并始终关注国际学术的最新动态与前沿，成为与国际学术动态保持同步的中国考古学者。在夏鼐自存本《考古学论文集》扉页背面用毛笔抄录王国维先生的话：“异日发明光大我国之学术者，必在兼通世界学术之人，而不在一孔之陋儒。”这句话是他用以自勉的学术座右铭，显示出他以“兼通世界学术”为人生目标。

自 1941 在中央博物院筹备处任专门委员后，他有多次转换岗位机会。他先后在中央研究院历史语言研究所等机构工作，到甘肃省兰州各地对新石器时代、青铜时代、汉代至唐代的遗址和墓葬进行调查发掘，是中国田野考古奠基人之一。他通过甘肃阳洼湾墓葬的发掘，第一次从地层学上确认仰韶文化的年代早于齐家文化，从而纠正了原来关于甘肃远古文化分期问题的错误判断。在河南辉县的发掘中，他第一次发现了早于殷墟的商文化遗迹。在郑州的调查中，他确认了二里冈遗址为又一处早于殷墟的重要商代遗迹。天赋超群的夏鼐，毕生保持了勤勉刻苦、严谨自律的治学习惯和学者风范，无论负笈求学，还是考古荒野，乃至旅途颠沛、卧病治疗之时，他都手不释卷，不曾懈怠，直到生命的最后一刻。

1974—1985年，他先后被选为英国学术院通讯院士、德意志考古研究所通讯院士、瑞典皇家文学历史考古科学院外籍院士、美国科学院外籍院士、第三世界科学院院士、意大利中东远东研究所通讯院士，再加上中国科学院院士的身份，被尊称为“七国院士”。

夏鼐的成长案例清晰地勾勒出他所经历的家庭、学校、社会三级碰撞的轮廓。他在富足的家庭环境中并未娇生惯养，让天性中的兴趣、爱好、才能和自主性得到了充分的发挥。在学校中，他展现出强烈的独立性和自主性，不遵常规，敢作敢当。步入社会后，他在工作岗位上持续学习，不忌讳挑战权威，多有创新之举，成为天性成长较为充分的典型例证。

这个例证所展示的个体成长需要经历家庭、学校、社会三级碰撞的观点，值得进一步深入具体讨论。

（三）个体在家庭中的碰撞与生成分析

个体是否有效实现与家庭的碰撞，或者说个体在家庭碰撞这一级是否能够使得天性成长获得尽可能良好的效果，是个体和家庭共同发挥作用的结果。不妨先以碰撞与生成不理想的“妈宝男”“妈宝女”为例进行深入分析。

在家庭教育中，未成年人与家庭未能发生充分有效的碰撞就会出现独立人格缺失的“妈宝男”。“妈宝男”指那些对母亲（有时包括双亲）无条件顺从，总是认为母亲是对的，以母亲为中心的男性或男孩儿（包括以母亲或父亲为中心的女孩，即“妈宝女”）。他们缺乏主见和独立性，自信心不足，甚至存在人际交往障碍，不能与父母之外的其他人建立稳定、健康和亲密的关系。这源于家庭教育中过分强调听话和感恩，忽视了孩子独立人格的培养，未能以尊重、关爱和理解为前提形成亲子关系。他们缺乏独立思考和解决问题的能力，在独立性、自我意识、自信心、责任心、主动性等方面薄弱，在与人交往、处理自身和外界关系时困难重重，缺乏可持续发展的动力和活力，难以自主确立人生目标。

家庭是个体成长的第一站，个体需要经历多次系统的家庭碰撞。这一过程如何发生，对个体的影响如何，直接关系到个体未来的发展。

从个体天性健康成长的角度看，个体在家庭中的碰撞需要生成如下五方面的成长基础。

1. 健全的人格

人格是一个复杂的心理学概念，简言之，人格是个体在对人、对事、对己等方面的社会适应中行为上的内部倾向性和心理特征。陶行知曾说要建起人格防和人格长城，并指出其基础在于家庭。适度、恰当的碰撞能促进个体人格的不断健全和完善。健全人格包括独立的自我意识、积极的自我认知、对他人和社会的理性认知，以及良好的人际关系。人格健全的个体，能够依据实际情况确立合适的人生目标，并选择可行的路径实现目标，能抓住机遇进行高效碰撞以提升自己，努力向自身天性和社会未来共同指引的方向成长。

2. 独立性逐渐成长

个体自脱离母体起，便开始逐步发展独立自主性。从两岁开始，孩子的自我意识逐渐觉醒，独立意识也随之萌发。与家庭成员的碰撞对于增强个体的独立自主性至关重要，有助于他们在成长阶段实现自立。

父母应从内心真正认可孩子，即使他们经验和能力尚显不足，也是具有独立人格的个体。父母养育的归宿是孩子走向独立，独立人格不是“高配”而是“标配”。溺爱、过度保护和严苛管束都可能阻碍孩子真实碰撞的发生，增加他们的压力，并限制其独立性的发展。尊重孩子的选择权，让他们真实体验选择中的挫折与失败，是培养独立自主能力的关键。在遵守社会与家庭规则的同时，给予孩子充分的自由与自主，就有助于在确保各方面平衡的基础上增强孩子的独立自主意识和能力。

在孩子未入园前，给予他们与家庭外部人员，尤其是同龄伙伴的交往机会，对其独立性的成长尤为重要。自助与他助、主动与被动、自给自足与衣食到手之间的碰撞，都与独立自主性密切相关。家庭教育中，不应以安全和保护为由过度减少孩子碰撞的机会，而应创造条件提高碰撞的效能。

3. 增强平等观念和拓展包容心

恃强凌弱、自信不足等性格弱点，可通过与他人的互动碰撞得到改善，直至形成平等待人的态度。父母应秉持尊重与平等的基本原则与孩子相处，过强的尊卑意识不利于真实碰撞的发生，也难以碰撞出有平等观念的孩子。在与人相处中的碰撞才会使人意识到以礼待人、平等相处、相互尊重的重要，才会意识到要寻求让自己和他人都愉悦的方式生活。

狭隘、偏激、自私等问题也能通过合适的碰撞得到缓解，进而培养出宽容包容的性格。越是宽容的人，越不必回避碰撞，因为他与人碰撞的感受是温柔、甜蜜的，碰撞后双方的心里会觉得温暖，心态格局就会进一步宽大。越是心胸狭窄的人越害怕与他人碰撞，因为与他人碰撞是痛苦的，于是可能因躲避必要的碰撞而错过成长的机会。在一个家庭里，碰撞是不可避免的，若成员间能相互宽容、体谅，碰撞将变得愉快，孩子也能从中学会宽容与体谅，形成更宽广的心胸。

当然，在一些家庭中，由于父母素养和其他原因，碰撞可能导致对立和紧张，助长孩子等级观念生成，甚至影响孩子的心理健康。在家庭中，父母需要从孩子小时候就预防这种情况的发生。

4. 责任意识与能力

在家庭中的有效碰撞才能碰醒孩子的责任意识，未能在家庭中经过有效碰撞的孩子常常不会维护自己的权利，也难以生成责任意识。父母在教育过程中，需警惕两种阻碍碰撞发生的越界行为：亲密越界和责权越界。

亲密越界就是认为孩子是自己的，超越了人际交往中应有的规则和界限。随着孩子年龄的增长，这一界限逐渐清晰，但父母可能未能及时适应这种变化，无意中侵犯了孩子的个人空间，造成孩子感到被冒犯和抵触，从而阻碍了责任感的形成。若孩子尚未形成自我意识，则可能产生对父母的过度依赖，同样不利于责任感的培养。

责权越界则是指父母未能根据孩子的成长状况，及时调整与孩子之间的责任与权利界限。父母往往过于保护孩子，剥夺了他们承担责任的机会，同时又侵犯了孩子的权利，使孩子难以独立决策和行动。人们在与外界交往时通常注重界限，但家庭成员间的界限却常被忽视，这同样阻碍了有效互动和责任感的培养。

明确孩子在家庭中的角色和责任，并非意味着亲子关系的疏远，而是基于平等与尊重原则，让家庭成员各尽其职。通过与孩子建立规则，引导他们走进真实生活，逐渐承担起家庭责任，有助于孩子建立内在的秩序感，充分发挥天性，并提升他们的动手能力、思考能力和解决问题的能力。而拥有责任感的孩子在担当责任的过程中，能够不断提升自己的履行责任的能力。

5. 助推持续学习

碰撞能让个体感受到自身智能的不足，进而激发学习需求。这种碰撞不断发生，学习需求也会随之持续更新，从家庭延伸到学校、社会。虽然家庭的主要职能不是知识学习，也很难有足够的资源和能力支撑孩子学习，但它却是孩子能力持续成长的起点，父母和家庭成员是孩子学习的陪伴者。若父母没有给予孩子碰撞的体验，仅以经验来规劝、限制甚至打击孩子，或采取收回爱、冷漠等方式，孩子的学习动力和可持续性将会受到严重打击。

个体在家庭中的碰撞可能出现的问题包括：①未能发生有效碰撞。孩子的质疑问难，不完全遵从成年人要求进行的试探、行动都属于有效碰撞。将孩子当作“小皇帝”，或者要求孩子绝对服从，限制孩子与同伴的游戏等都会大大减少孩子与父母间的有效碰撞。父母不要只在意“为孩子牺牲”，还应该注重孩子能不能获得成长收获。父母应建立明确的界限，保持适当距离，适当放手，与孩子形成有效碰撞的养育过程也是亲子双方共同成长的幸福旅程。②碰撞的时间、空间局限。交往受限的孩子，或是与父母家人一起生活时间少、沟通不畅的留守儿童，或被过度安排、没有自主活动时间的孩子，他们的碰撞时间、空间可能受到限制。这类孩子可能产生两类不同的结果：一类是因为碰撞不充分从而成长不充分，成长受到阻碍；另一类是由于感到碰撞饥渴，有更高的碰撞意识，更加善于寻找碰撞机会，主动碰撞，珍惜、利用每一次碰撞的机会，最终成长得特别好。③碰撞的效能较低。即便家庭成员间碰撞不断，但若效能不高，对孩子的成长贡献也有限。在这样家庭生活的孩子走向社会也会与他人正常碰撞，但由于缺少“反求诸已”的意识和能力，主动碰撞少，被动碰撞多；碰撞意识不强，不善于寻求和利用碰撞机会，碰撞的效能依然是比较低的，也难以获得较好的成长。

如果父母经常用“不行”“不可以”之类的禁止、否定或命令性的话来教育孩子，势必导致孩子更加消极，难以生成主动与他人碰撞的欲望。纵使孩子有自我意识的觉醒和渴望独立的想法，也会因为这种家庭中父母的态度而放弃自己应有的“权利”，听之任之，在需要自己独立判断、选择和处理的问题时显得毫无主见、唯唯诺诺。

孩子在家庭中充分有效的碰撞还缺少观念基础，特别在少子化的时代，不少家庭成员，尤其是父母很难理解为何一定让孩子在家庭中产生碰撞。然而，从未来必须面对社会各种碰撞的角度来看，孩子需要在家庭中开启碰撞的首局，由此才能进入人生运行的第一级轨道。虽然父母不能决定孩子如何碰撞、碰撞的结果如何，但有责任更新那些阻碍孩子积极主动、有意识、有效碰撞的旧有观念与做法，尽可能使家庭中的碰撞能更有效地促进孩子天性的成长与发展。

（四）个体在学校中的碰撞与生成分析

随着学校教育的普及，从幼儿园到研究生成为越来越多的人必须经历的人生过程。学校是个体人生的第二级轨道，或者说是人成长的第二级碰撞。

在学校内，碰撞的主体扩展至学生、教师及与学校相关的各方人士，学生在学校里还会与校园文化、课程、学校规章制度、教育教学方式、管理、评价等环境中的多种因素相互碰撞，其复杂性和多样性远超家庭环境。

宏观整体上，在学校的碰撞与家庭碰撞相比，存在几个显著的区别：①家庭为终身场域，并在孩子幼年为唯一场域；学校仅是有限时段个体成长发生碰撞的场域之一。在这段时间个体依然还可能同时与家庭成员发生碰撞，与社会其他成员发生碰撞，或在几方发生连环碰撞，由此产生的碰撞过程以及对成长产生的效果都更为复杂，既有可能更有效，也可能更无效，比如“5+2=0”，或者是更为复杂的多级碰撞，在未来相当长的时期后才能见到效果。②在家庭与社会碰撞的内容与领域宽广，学校内虽然碰撞对象与频次较家庭增加，与碰撞相关的媒介相对集中、单一，主要集中在与教育教学紧密相关的课程内容、教学方式和评价机制上，远少于家庭和社会中可能涉及的碰撞对象和媒介广泛与多样（不矛盾）。③学校内的碰撞与家庭和社会相比有考试评价的介入所发挥的作用。在考试评价中获得更好成绩成为一些人有意碰撞的动力和选择方向。受其影响，可能导致本应发生的碰撞被忽视，错失机会，或使得考试评价范围内的碰撞因压力变得扭曲。这两种情况对个体的正常成长都不利，显示出学校教育在个体成长中的局限性，故有必要创造更多机会，让个体在家庭和社会环境中经历充足的碰撞，以实现更为均衡和全面的发展。

因此，校外碰撞的发生率及其效能成为评估个体成长的重要参考，高频率和高效能的校外碰撞往往与个体的良好成长密切相关。但并非所有校外碰撞较少的个体都无法实现优秀，因为其潜能和优势可能不需要大量的外部碰撞就能得以展现。

教学方式在很大程度上影响到学校内的学生碰撞发生状况。辩论往往促进高效的思想碰撞，而满堂灌的教学方式则大大减少这种碰撞，抑制学生主动思考和质疑的能力，甚至导致某些学生产生“讨论恐惧”。

长期接受满堂灌教学的学生对课堂讨论感到恐惧。讨论式教学鼓励学生基于提前布置的阅读材料自由提问、深入分析，批判性地思考和吸收前人的观点。在讨论式教学中，学生不仅向老师学习，而且在阅读时向阅读材料的作者学习，在讨论过程中与同学交流、思想碰撞并互相学习。显然，讨论式教学能显著提升碰撞的机会和效能，促进学生成长。满堂灌一般仅限于学生与教师的单向交流，而缺乏碰撞的学生往往缺乏自信和主动性。

在讨论中，学生与教师拥有平等的提问和质疑权利，通过提问、表达、阅读和听取他人意见，形成循环互动，从而激发主动碰撞的意识。而习惯获取标准答案的学生感到讨论和互相提问始终没有直接给出一个想要的答案，还积累了越来越多没有解答的问题，可能会感到困惑和压力。

为克服讨论恐惧，学生首先需要增强自我意识，敢于表达个人观点，并增强批判性思维能力，善于在大量阅读基础上将自己的阅读与体验、经验相互印证，从而发现并找到真问题、关键问题，并试图通过讨论获得更完整的思路，就能更自觉更主动更积极地参与讨论。同时，应分清所掌握的哪些证据可以证实或者证伪他人的观点，以严谨的逻辑和清晰的概念与他人平等沟通，避免沟通中的歧义，提高碰撞的效能。

讨论恐惧仅是众多不利于个体在学校环境中进行充分、有效、高效能碰撞的一个案例。事实上，学校环境中还存在其他不利于学生正常碰撞特别是高效碰撞发生的因素。简要列举如下：①把人作为群体或集体的一部分，而非独立的个体。这种观念往往导致学校教育过于注重集体而非个体的成长，甚至可能认为碰撞会破坏群体稳定而加以阻止。然而，人本质上是独立的个体，需要通过与他人的有效碰撞来实现更全面的成长。②群体化的教育过于强调集体性和个体间的紧密性。当个体间的紧密程度超过适度范围时，过度强调人际间的顺从会抑制碰撞的发生，不利于个体的健康、充分成长。自然人之间、父母与子女、教师与学生、学生与学生都需要保持适当间距与相互尊重才能更好成长。③以工业革命为基础的学校教育倾向于实施标准化、统一化、集约化的教育，相对忽视个体的独特性和通过碰撞成长的可能性。这种教育方式虽然保障了基本教育权利，但未能充分关注教育的个体化、个性化、多样性和针对性，导致教育成果趋于平均化，难以培养出个体天性中潜在的杰出特质。④学校教育体系的法律、政策、管理、评价、教育教学等也对学生的个体差异有不同程度的关注，并强调因材施教等，但表述相对原则、抽象，对其中具体、关键性、普遍性成长环节的碰撞涉及还不够，所以教育在为个体成长创设适合碰撞的条件方面仍有很长的路要走。

为了改进学校环境，还需要廓清个体与集体在个体成长发展中发挥作用的内在关联和差别。马克思先后就此发表观点认为“任何人类历史的第一个前提，无疑是有生命的个人存在”[①]，“人们的社会历史始终只是他们的个体发展的历史”[②]，“每个人的自由发展是一切人的自由发展的条件”[③]，“只有在集体中，个人才能获得全面发展其才能的手段，也就是说，只有在集体中才能有个人自由”[④]。简而言之，每个个体都是站在前人已经建立的群体平台上，而每个个

① 马克思、恩格斯著，中共中央马克思恩格斯列宁斯大林著作编译局译：《马克思恩格斯全集（第三卷）》，人民出版社 1960 年版，第 23 页。

② 马克思、恩格斯著，中共中央马克思恩格斯列宁斯大林著作编译局译：《马克思恩格斯选集（第四卷）》，人民出版社 1972 年版，第 321 页。

③ 马克思、恩格斯著，中共中央马克思恩格斯列宁斯大林著作编译局译：《马克思恩格斯选集（第一卷）》，人民出版社 1972 年版，第 273 页。

④ 马克思、恩格斯著，中共中央马克思恩格斯列宁斯大林著作编译局译：《马克思恩格斯全集（第三卷）》，人民出版社 1960 年版，第 84 页。

体的发展过程又需要再走一次个体化发展的程序。维果茨基将它表述为："在儿童的发展中，所有的高级心理机能都两次登台：第一次是作为集体活动、社会活动，即作为心理间技能；第二次是作为个体活动，作为儿童的内部思维方式，作为内部心理机能。"[①]学校教育更多地需要为儿童第二次登台服务。

碰撞是个体成长中必须经历的过程，学校教育不能淹没、回避、忽视它，只有经过碰撞，个体对外界存在的感知才能更高效地内化于心，外化于行。知识、经验和能量不同个体的相遇，就如同所带电量不同的云层相遇，能瞬间释放巨大能量，从而促进个体的成长和跃迁。

在学校教育中营造利于碰撞的环境至关重要，这有助于更多个体的天性经过足够有效的碰撞后获得更充分的发展，从而整体提高学校教育精英化的比例和水平。为此学校需要进行的改进有：①有效控制学校与班级规模，进行小班教学，使得师生、学生之间有更多、更深的交往，为碰撞发生创造更多时间和空间。②严格控制相同标准要求的教学内容数量和考核。比如，义务教育阶段相同标准要求的教学内容在比例上不应超过孩子学习时间或内容的60%，且只作合格性考核，确保孩子有足够时间自主学习感兴趣的内容，减少竞争压力。③为每个学生制订个性化的成长发展方案。将每个孩子作为学校工作的基本单位，除课程标准范围内的学习以班级为基本单位外，鼓励学生自主组建社团，促进多样化学习。④改变教育教学评价标准与模式，将学生发生碰撞的频次、效能及整体状况列入评价内容之一。走出仅以考试成绩高低论优劣的思维与评价模式，将与碰撞相关的思考能力、表达能力、理解能力的提高作为评判学习效果的重要指标。建设更加适合个体发展的学校及教育管理与评价体制才能为个体成长提供更好的环境。⑤平常的教育教学要有意为学生积累发生碰撞的条件。比如，鼓励学生质疑、分析、批评，培养动态、多向的交流能力，把学习从静态、单向转变为动态、多向的交流与碰撞，进而促进深度学习发生。为了迎接激烈的碰撞，学习者就会带着更深刻的思考阅读，力图提出深刻、关键性的问题，并努力表达得更清楚、更合逻辑。可见，碰撞让学习的各环节更加紧凑、高效、连贯，学习各环节为即将发生的高效能碰撞服务，自然效率会大大提高。⑥学校要包容想法不一样的人。应鼓励多种观点的交流与碰撞，这样其中的个人更可能理清自己的思路，加深自己的理解，从而激发新的想法，形成不断的成长链，这样的结果就是最好的。

在成员众多的校园中，碰撞往往是一对一的形式，尤其是与学识渊博者的碰撞，能增强碰撞者的自信，并激发新的参与动力。然而，一对多的碰撞亦时有发生：一位学生因不满值日生长期不尽责，撰写批评稿并通过校广播站播出，

① 维果茨基著，余震球选译：《维果茨基教育论著选》，人民教育出版社2005年版，第388页。

引发了与 80 多位同学及两个班辅导员的强烈碰撞。大家指责他损害了集体声誉，他因此承受了诸多责难。尽管如此，此后教室的卫生状况有所改善，大家拥有了更洁净的学习环境。事后，该学生深刻反省，认为此类有益于大多数人的行动值得继续。可见，这次碰撞对他而言是极具冲击力和高效的，但对其他 80 多人而言，效果则不尽相同。

综上分析，在学校中为学生创造适宜的碰撞条件与环境，对培养其创造性和适应力至关重要。许多学生因未能经历有效的学校碰撞，成长过程就此停滞不前。

（五）个体在社会中的碰撞与生成分析

个体进入社会的第三级碰撞更为复杂多变，它既是个体与各种对象和社会环境相碰撞的场域，又是检验碰撞效果、决定个体天性成长实现程度的试金石。

进入到社会后，成长个体所发生的碰撞有以下特点：①不可预期性。碰撞的时间、地点、对象及其结果都难以预知，可能是成长的助推器，也可能是成长的绊脚石。即使在同一碰撞中，结果也可能截然不同，甚至是两极性的，最好的可能是自己的成长因此而跃迁，极端情况下甚至关乎个体的存亡。因此，个体在社会中应谨慎对待每一次碰撞。②碰撞的对象复杂多样。社会中的碰撞对象比家庭和学校更为多元，他们可能品质高尚，也可能道德沦丧；可能学识渊博，也可能心术不正……这些对象的内在品质与外部表现往往不一致，因此个体在碰撞前应事先对碰撞的人和事做一番了解、认知和研究。③碰撞的可选择性增大。应该看到社会碰撞有不可预期性的一面，又要看到社会是比家庭和学校更宽广的场域，有多条路径可供选择。个体可在较大程度上操作谋划，可以选择与什么人碰撞，不与什么人碰撞。这种选择需要事先有长远、深刻的观察，因为前面的选择可能会影响后续的碰撞，到了碰撞临近的特定情况下就很难甚至无法选择。

进入社会后，许多名牌大学毕业生和家庭条件优越的人，因在社会碰撞中遭遇障碍而未能充分成长发展。相反，一些出身低微的人却通过多次碰撞，在成长和社会选择中脱颖而出。因此，面对社会碰撞，个体不应过分依赖自己的资本和过去，而应关注当前状况和未来可能，深入分析碰撞过程中的周期性特征和各种影响因素，特别要看清这些因素在碰撞的不同阶段会有什么变化、发挥什么作用，以做出明智的决策。

社会本身是一个多层次、多行业、多领域的结构体，先于个体存在。个体在社会中的互动，实则是与既有社会结构的碰撞。这些碰撞汇聚起来，可能催生新的社会形态。社会具有多面性，个体以何种方式、角度和速度与之碰撞，都会对应地产生不同的结果，对个体成长产生不同影响。

相对于庞大的社会结构，任何个体都显得微小。若选择直接、高速的碰撞方式，个体可能面临的不是成长而是挫败。因此，个体应根据自身能力、见识和社会认同度，选择适合的碰撞方式。能力弱、见识浅、认同度低的个体，应更加谨慎，选择小角度、慢速度的碰撞，若采用大角度、高速度与其他个体和社会碰撞，大概率则是以卵击石，可能受到严重伤害、失去自信等，总体上得不偿失；小概率能获得巨大的成长效能，这种小概率事件在历史上也确有其例。

然而，社会正是由无数个体组成的，个体间的碰撞推动社会的进步和文明的发展。高效的碰撞有助于社会快速发展，而缺乏碰撞或碰撞被抑制的社会则可能发展滞后。因此，任何个体都不应因力量微小而回避社会碰撞，否则将对社会发展造成不利影响。

此外，社会中还存在组织和权力机构，它们具有强制力和权威性。这些机构出错，会对个体和社会产生损害性冲击和破坏性后果。此时如果还有人明知不可而为之，刻意选择与之碰撞，这样的人是勇敢、高尚的，即便碰撞导致自身的毁灭，这样的碰撞也具有深远的个人与社会价值。

一种极端情况是国家犯罪出现，会对公民权益产生几乎不可挽救的损害。由于个体与国家、国家行为主体处于绝对不可能对等的地位，国家、国家行为主体对个体权益的侵害将对个体产生不可挽救、不可抵抗的影响。国家行为具有效仿性，对于具体国家行为对象的任何国家犯罪行为，非常容易地被其他国家行为主体复制和效仿而成为普遍性的国家行为，从而演变成为一种常态性质的国家犯罪行为①。在此情境下，个体或群体间的碰撞现象时有发生，导致社会秩序混乱、人民生活在恐惧之中，进而可能引发大规模不当行为和犯罪。在这种情况下，个体如何选择与社会碰撞，不仅考验智慧，更是对正义、道德、精神和勇气的考验。不同人完全可以依据自己的理想和实际能力选择适合的方式参与社会碰撞。

简而言之，社会的良治与个体主动、有策略地参与社会碰撞是个体成长的两个关键。为了更充分、健康地成长，个体首先就要选择一个更适合自己成长、更可能发生高效碰撞的社会生活环境，即宏观上选择良治水平高、尊重天性发展的社会环境，或让自身的碰撞和成长带有社会改进的价值与功能，在乱治环境中进行高效能碰撞，去实现良治；微观上选择适合自己的行业、层级、领域，这属于准备社会碰撞的第一步。

第二步，在进行社会碰撞前，个体应精心选择碰撞对象，尽可能进行有准备的碰撞。优先选择态度友善、逻辑清晰、学识渊博或能与自己互补的人碰撞，

---

① 蒋福财：《国家犯罪学》，中国时代出版社 2012 年版。

避免与无理取闹、心胸狭窄的人纠缠。同时，选择值得投入时间和精力的主题和对象，确保碰撞具有社会改进价值。面对不想碰撞的对象时，应保持冷静，利用智慧和能力尽可能提高碰撞的有效性，使碰撞的双方受益。

第三步，在与不同对象碰撞时，个体应选择恰当的方式和方法。对德高望重的人，为探求真理可以进行碰撞，但要保持谦和；对那些追着向你碰撞的人也需要平等相待，不可自认为真理在握。平等相碰，双方都能获得更充分的收益，故理性是碰撞中必须坚守的底线，欺诈则可能会带来危险。

此外，个体还需考虑自己的个性和年龄特征，在了解碰撞对象、评估碰撞效果、准备应对碰撞中需要注意分析。

（六）个体在社会中的碰撞与生成模式

生命在运动，个体成长本身也是一种运动，以连续不断碰撞的方式运动。碰撞运动就是生命的开始、持续、繁衍、消失的轮回。碰撞让生命个体不断前行，直至生命的终结。碰撞在个体成长中的作用主要体现在能量传递与转换、个体位置的替换等方面，所以有必要对此加以分析。

先看看人成长的碰撞有哪些表现形态与特征。

1）主动碰撞与被动碰撞。主动与被动是相对的。碰撞中双方可能一方主动、一方被动，也可能双方同样的主动与被动，在分析碰撞时需要区分。表现为主动还是被动与个体的人生历程阶段以及整体状态相关。

2）高位势碰撞与低位势碰撞。在两个位势客观上不平等的个体间的碰撞，存在高位势与低位势的差异。比如一位大学生在某个问题上要与该领域的知名教授碰撞，就显然存在高低位势之差。通常，低位势碰撞者更积极、主动，在碰撞中受益更大，高位势者也不乏心怀仁爱、乐于忘年童心的人。

3）追击碰撞。在同一个方向上，后者比前者成长的速度快，两者在接近阶段发生的碰撞，或在某个问题上发生的碰撞就是追击碰撞。这种碰撞总体发生的比率不是很高，但在中年以前或在青年人与中年人、中年人与老年人之间还是常见的。

4）对冲碰撞。碰撞双方以直线或接近直线相向进行的碰撞，双方的速度决定着碰撞的冲击力和效果。如果双方都是高速，则双方都可能受到损伤，不排除一方从中受益；如果双方速度有高低差，高速的一方则可能占巧，低速的一方则会受到更大伤害；如果双方都是慢速或各自以可承受的速度相撞，双方都可能从碰撞中受益。

5）斜角碰撞。理论上，除追击碰撞与对冲碰撞之外的各种角度的碰撞都可称为斜角碰撞，其中包括两个成长与发展方向垂直或接近垂直的个体之间的碰撞，尽管概率很小，依然有可能发生。斜角大小差异很大，比如跨越 5°到 175°的差异，所以现实中个体间大量发生的是斜角碰撞，以什么样的角度碰撞与碰撞的效果之间相互关联，碰撞者所处的位置常常是选择角度的初始条件。碰撞角度与效果之间的巨大差异为人在成长过程中的碰撞策略选择提供了广阔的区间。

6）轨道碰撞与无轨道碰撞。在同一轨道上（如岗位聘用、职称晋升、岗位晋升、评奖等）的相互碰撞属于轨道碰撞，不在同一轨道上则属于无轨道碰撞。轨道碰撞总量较少，但对其中的人的成长发展十分关键，因为在任何一个轨道上都可能获得一定条件；在碰撞的频次与机会受限的情况下，往往碰撞前的机会获取和碰撞过程本身都比较残忍。

7）有效碰撞与无效碰撞。碰撞的有效性主要相对于碰撞的双方而言。碰撞是否有效不只与碰撞过程相关，还与碰撞发生前双方的态度和准备情况相关。期待碰撞、主动碰撞、对碰撞做了积极准备的人，碰撞所带来的效果就更好。当然，可能双方都有高期待并进行了积极、充分的准备，就都能收效较高。此外，不同观念对“有效”的评价也不相同，如果用功利性太强的标准就可能更在意当下所得，非功利性的评价更注重长远价值与效果。

8）弹性碰撞与非弹性碰撞。弹性碰撞是理想中的两个刚体之间的碰撞，过程中有机械能损失、无动能损失，碰撞后形变恢复，不产生热量和声音。但真正的弹性碰撞仅见于分子、原子等微观粒子间。个体成长过程中的碰撞不可能成为完全弹性碰撞，完全的弹性碰撞对个体成长也很难发挥效能。非弹性碰撞则涉及碰撞过程中机械能和动能或多或少的损失。个体成长中的碰撞多为非弹性碰撞，甚至可能是完全非弹性碰撞。这类碰撞虽会导致能量损失，但对个体成长而言具有不可替代的价值。个体可以通过其他方式获取能量，却不可能以其他方式获得完全非弹性碰撞对成长所能发挥的作用。

通过碰撞来解读和认知个体的成长发展方式，探索个体成长规律的驱动力，可以看出个体间有效碰撞和有效连接之间的平衡，展示出特定个体对“我从哪来，我是谁，我将要去哪”的回应逻辑。为了更好地利用碰撞获得成长，就必须深入认识、适应、筹划自己的碰撞，为此需要：

1. 从生命发展角度系统规划自己的碰撞

生命在运动和碰撞中演进。人类通过与其他物种的不断碰撞而站在了生物链的顶端，这绝非偶然，而是基于碰撞生成的逻辑。碰撞为有序的逻辑产生创造了可能，一种有序的逻辑组合产生后，每经历一次碰撞都会衍生出新的逻辑，新碰撞不断产生，新的逻辑组合形式就会在原有逻辑基础上叠加或更新。碰撞打破旧稳态，创造新稳态，不断加强人与人之间乃至整个社会的新的有效连接。这样的过程在人类社会中不断循环延续，个体成长遇到的碰撞仅仅是自然的多样性、碰撞多样性的一种表现形式。

每个个体都是人类生命体系的一部分，个体的碰撞是人类生命体系碰撞的个体实现。未充分碰撞的个体未能充分履行人类生命体系赋予的功能和职责。个体客观上代表了其所在体系的逻辑组合，是体系加强自身逻辑连接强度和复制产生自身逻辑的新个体。若碰撞产生的逻辑组合连接能量较弱，则可能被其他碰撞冲击而形成新的逻辑组合。因此，体系内的个体需要不断进行有效碰撞，以加强逻辑连接，维持体系的存续。

个体应根据对生命体系的认同、责任感、逻辑和期望，确定对碰撞的态度，并基于过往碰撞的效能和情况，规划未来的碰撞选择，将碰撞与成长紧密结合，避免盲目和鲁莽。

2. 在职责与规则范围内恰当设置碰撞

在个体的成长中，每次有效碰撞都会依据碰撞结果在一定方向上复制、强化或更新自身的逻辑，加强与自己选定个体的逻辑连接，直到连接的时间足够长，力量足够大，能量得以充足。

然而，个体的成长资源是有限的，包括时间、能量和精力。这意味着个体不可能漫无目的地与所有人和事物都发生碰撞，而是需要依据一定的原则和标准来筛选碰撞的对象和目标。个体需要追求的是那些能够带来真正成长和进步的碰撞，那些能够让自己在有限的资源下获得最大效益的碰撞。在个体成长的初期，尤其是在6岁以前，个体往往难以有意识地为自己策划碰撞，那时的碰撞更多是基于本能和直觉；一般15岁以后的个体才具备为自己精心准备、规划和设计碰撞的能力。实际当中，受各方面条件限制，不少个体一辈子也不知道准备、规划和设计碰撞，使得自己天性中巨大的能量与空间未能得到有效发挥。

不幸的是，个体的有效碰撞往往会引发群体内的竞争。为了在竞争中胜出，就会有更多的因素作用于个体的碰撞，宏观上会形成平衡机制对碰撞加以制衡，微观上会形成触及个体职责与规则的体系。至少在个体进入成年以后，其碰撞的规划宜在职责和规则范围内设置。在职责方面，个体需要清晰地认识到自己在社会中的角色和使命，确保自己的碰撞不会偏离自己的职责范围。通过对自己职责的明确和坚守，个体可以更加专注地投入到那些对自己和他人都有意义的碰撞中去。在规则方面，无论是个体间的约定还是社会公认的行为准则，个体都应该遵守。规则是社会秩序的基石，也是个体成长的保障。通过遵守规则，个体可以确保自己的碰撞不会侵犯他人的权益，也不会破坏社会的和谐与稳定。当个体碰撞的效能越高，成长越充分的时候，规则发挥的作用越大，违反规则付出的代价也越大。遵守规则、恰当设置自己的碰撞是所有期望从碰撞中获得成效的人自始至终应该坚守的底线。

3. 深入了解碰撞特征，合理规划自身碰撞

许多个体面对碰撞时感到迷茫，这往往源于对碰撞的基本常识缺乏认识。碰撞的发生需要两个个体参数相近、动能充足、时空接近，且在方向和路径上存在交会的可能性。个体可能在脑子里主观想象碰撞，但现实的碰撞不会依想象那样发生。

要使碰撞有效，时机选择至关重要。例如，学生选择导师的碰撞只在特定时间窗口内可能发生，过早或过晚都不可能发生。追击碰撞发生的时机就更是稀少，需要双方同处在特定条件下才可能发生，很多时候是可遇不可求，而且追击碰撞较大的可能是完全非弹性碰撞，如学生追随自己心仪的导师。

要提高碰撞效能就需要精准碰撞，有意识控制即将进行的碰撞，尽量达到自身想要的结果。要提高碰撞的精准性和有效性需要靠逻辑能力，因为碰撞的结果本身是逻辑的展示，要想预知结果就必须靠当事人的逻辑能力。个体的成长本身就是一个不断增强逻辑性的过程。

为了有利于成长，就需要减少无效碰撞，保存能量，确保在遭遇无效碰撞后仍有能力和机会进行下一次有效碰撞。例如，低位势碰撞对年轻个体来说能量消耗较大，正如生物界中高等级动物捕食低等级动物，而非同级相残。

要使碰撞更有利于成长，就必须降低碰撞损失。比如，年轻个体要进行低位势碰撞所需能量一定高于高位势碰撞，正如生物界中一般是高等级动物捕食低等级动物，而非同级相残。

个体的碰撞和被碰撞次数受自身能量、时间等条件和因素的限制，碰撞后的逻辑链形成后又会对新的碰撞构成限制，所以有一些碰撞具有排他性、抢夺性。一次高效碰撞可能淘汰多次低效能碰撞，或使其他条件相似的个体失去碰撞机会。这就使得碰撞的机遇选择和规划对个体的成长极为重要，未能重视的个体就很难实现充分成长。

在社会现实中，个体间的碰撞也可能发展为群体间的碰撞，进入更为复杂的过程和局面，考验着个体成长。群体内的个体相互刺激，成为形成群体碰撞的原始动力，而群体碰撞在很多时候受情绪左右，导致非理性的狂热，使人误以为人数即力量。这种状态可能导致集体无意识，甚至对个体产生束缚。个体在这种情境下可能失去自我主导能力，因此必须审慎判断，自主决定是否参与。

总之，充分的碰撞是个体天性成长的关键，也是融入社会、成为理想社会建设者的必经之路。这一过程充满挑战，如同横亘在成长者面前的大河。唯有凭借个人的能力和智慧，勇敢地寻找路径游向对岸，才能证明自己的成熟与成长、能量与智慧，才能更好地参与理想社会建设。

第四节　共建共治联合社群，共享理想社会

个体参与社会的过程事实上从一出生就开始了，只是在个体成长的不同时段，其角色、所发挥作用的方式、向前行进的状况各不相同，受到众多助力推进与阻力障碍。常常发生的情况是，个体成长、上进、参与社会的路被堵住了，出现这种情况有两大类原因：一是社会的原因，这一类将在下一章讨论；二是个体自身及其成长方式所引发的，本节先就此类情况加以讨论。

一、个体生活范围内的联合社群

个体的成长不是孤立的，不是为成长而成长，如何才能避免盲目成长，到一定时期才意识到自己此前脱离社会的“疯长”无用武之地，无法在理想社会建设中找到自己的合适定位，怎样实现天性成长和参与社会建设的无缝衔接，怎样维系社会在个体成长中的可持续作用，这是此前教育学关注不够的问题。

在讨论之前，必须界定“联合社群”的概念。它不是一个客观存在的规范的社会组织，也没有规范的结构与明确的目的，只是与某个个体成长相关的关键当事人的集合。尽管这个集合中的人物之间可能没有直接联系，甚至从未见过面，但他们在个体成长和融入社会的过程中发挥着重要作用，有时还是相互协同地发挥作用。例如，一个人的母亲和导师虽然可能互不相识，但同属该个体成长过程中的联合社群，对其成长产生深远影响。

个体在成长过程中融入社会，并非抽象过程，而是在生活接触范围内逐渐形成密切程度相异的各种社群，民间常用“人脉”来形容类似的存在。这些社群数量众多，功能多样，对个体成长能产生多方面影响。以下探讨几种对成长作用显著的社群。

（一）想象力社群

每个人都有与生俱来的想象力，它能够将古今中外的人们连接成独特的社群。由于想象力能概括世界上的一切，这类社群对个体成长及其与社会的融合发挥的作用最为广阔、作用力最强大、作用时间最持久，使得现代人能与老子、苏格拉底等先哲在精神世界中相遇。

想象力所构建的社群更偏向于思想层面。想象力的无限与多变，又使得社群中的个体具有更大的可变性，更充足的发展与发挥空间。在现实生活中，有些人的想象力并未得到充分发展，他们因不思想、不能思想、不会思想、不敢思想而无法进入想象力社群。古今中外的杰出人物虽未曾谋面，却通过后来者

的想象力，共处一个社群。想象者由此汲取先人的智慧与见识，以此为资源，促进自身的成长与社会的融合。

能否进入这类想象力社群，既与个体的天赋有关，更取决于他们是否拥有强烈的好奇心。并非所有人都能通过想象与先贤们产生精神共鸣。那些过于看重知识而缺乏独立思考能力的人，未必能和先贤进入同一个社群。只有那些追求知识，并希望用知识创造理想社会、推动人类文明不断进步的人，才有可能通过想象与先贤们进入同一个社群。

在这类社群中，既有已离世的历史人物，也有在世的现代人。这样的结构不仅有助于育人功能的发挥，更是人类历史连续提升的有效方式。它让当代人能够站在前人的肩膀上成长，天性得到更充分的发展，从而创造出更加丰富灿烂的人类文明。然而，进入这类社群的人们也面临着先世性与现世性的差异与矛盾。他们会在无意中进行比较，试图将先世中美好的存在带入现世，这有时可能会与当下的一些存在产生冲突。这是每一个进入这类社群的个体必须面对的成长难题，个体也将在不断破解这些难题的过程中获得成长。

在想象力社群中，个体可通过自己对外界的认识而产生好奇，对已有思想和文化产生反应。他们可以进入人类的思想库来验证自己的好奇心，进一步发挥想象，并最终通过自己的理解、选择、实行实现自身和社会建设的双提升。这就是自我学习能力的培养与理想社会建设的完美结合。个体的好奇心，孩子自然的天性就以这种方式参与到对社会的认识与建设之中。在童年和少年阶段，孩子们通过玩乐来丰富想象力，认识世界。随着年龄的增加和想象力社群的扩大，该社群对个体的成长所产生的社会影响逐渐增强，社会建设的效果也日益显现。越是独立思考能力强的个体越能在想象力社群中如鱼得水，成为和谐发展的人。个体的成长与社会的建设由此融为一体，他们从成长的个体转变为理想社会的建设者。

（二）情感社群

这类社群多与血缘、亲缘或爱情相关，也可能涉及更高层次的情感与情操，或由更为朴素的人际情感所联结。其中，爱情是这种社群中一种特殊而深化的情感表现。除了极少数情况下存在单向的情感，大多数情感都是双向互动的，因此情感性社群主要在当世人之间形成。

由于每个正常人都有情感需求，并在成长过程中需要情感的滋养，情感性社群在个体成长中扮演着至关重要的角色。它能为个体带来持久的归属感，这种情感既可以转化为推动人成长的动力，也可能成为裹挟人成长的阻力，左右人成长的方向。

当情感与理性达到平衡时，情感社群就能对个体成长产生正常且积极的影响；当情感与理性发生冲突时，情感社群对个体成长的作用就变得复杂多变。特别是当情感主要转化为情绪时，随着情绪成分的增加，其对个体成长的潜在危害也会随之增大。

在互联网时代，有些人通过网络聚集大量粉丝，甚至组织线下活动来增强彼此的联系和情感共鸣。但这些社群往往缺乏理性，难以控制情感的泛滥，有时会无视事实，冲破规则。更有甚者，为了商业利益，利用情感作为工具来笼络粉丝，从而实现更大的利益。这种圈粉方式与个体成长的本质渐行渐远，甚至可能束缚个体的成长。

（三）成长结伴社群

诸如同学，兴趣、爱好相同的人们，以钻研某种学问，学习某项技能，具备某种能力为主要目的的社群，每个人在其中关注的是自己的自我成长。

这类社群可能在组织结构比较明晰的学校、班级基础之上形成社团，但二者又不完全等同。一些人离开学校多年了，与原学校的关系越来越淡，但同学间依然是发生影响的社群，有些甚至能维系一生。在这类社群中，经验丰富者或权威人士的影响较大，成员间可能通过间接方式交流，或通过读书会、沙龙等活动体现社群凝聚力。

以兴趣结伴是成长结伴社群的典型特征，兴趣点可以非常专业，也可以是跑步、健身等日常活动。这类社群通常超脱于利益之外，但也不排除在某些时期会涉及利益。与想象力社群可能十分广博不同，兴趣社群的范围越小，越能满足个体需求，尤其是频繁互动、相互熟识的小社群，对成员成长的作用更为独特高效。一个组织能力强、善于引导话题和组织活动的骨干成员，能让兴趣社群更加活跃、长久。尽管成员兴趣可能会变化，导致他们离开一个社群后加入另一个，但这类社群在个体成长中的作用并不会因此减弱。

成长结伴社群的成员相对稳定，也可能有少量更新。随着成员成长，社群呈现出连续性与阶段性的特征。不同社群间存在明显的层次差异，从入门到高深不等。若成员间学习效率或水平差异显著，社群可能会迅速分化、重组。一些成长结伴社群的成员可能很多，特别是在一些潮流中出现的这类社群可能人数很多，但随着学习内容的深入，成员数量会逐渐减少，因此进入成长高深境界的人，总是发现伴行者寡。

（四）信息社群

这类社群是基于信息的提供、需求与使用而形成的。随着信息流量的不断增长，它在个人成长和社会发展中的作用日益凸显。

信息社群中包含信息提供者、信息传播者和信息需求者三种角色，这三者在特定情境下可能相互转换，并在社群中共同成长。在信息社群中，那些提供高可信度信息的成员会获得更高的地位，反之则可能被忽视或淘汰。同样，信息传播者和需求者若传播失真或需求减少，也可能面临被社群淘汰的风险。

原创信息对社群成员至关重要，同时，信息本身也是个体成长的重要资源，关键在于信息能否被充分利用。研究表明，某些信息甚至能改变一个人的人生轨迹，如某将军当初是因为一条信息而参军，某科学家当初是因为一条信息而对某个问题产生好奇并深入钻研。信息的时效性使得及时获取和发布信息在信息社群中尤为重要，个体必须时刻保持关注，以便及时获取信息。

（五）物质需求社群

物质需求社群是为满足个体成长的物质基础需求而形成的社群，涉及生产、工作、消费、福利等相关领域，构成相对简单且普遍。这类社群种类繁多，包括以赚钱为目的的渠道群、商家群、项目群等，还有因购买特定品牌商品而形成的消费群；或美容、健身、家装、电商等行业群，大家主要的目的就是行业资源、资讯、人脉。这类社群的核心目标是维持和满足个体的物质需求。

这类社群成员多为消费者、生产者、销售者或求职者，他们之间的联系并非必然，成员可以通过市场或其他渠道灵活更换。因此，这类社群的成员交往可能并不深入或活跃，缺乏明确的中心或结构。付费与消费成为成员间的重要纽带，付费意愿和能力强的成员更受欢迎。这类社群类似于商场中的临时聚集，成员间无需深交，也难以产生深度互动。

这类社群常因成员关注的对象变化而变化，资源状况在其中发挥着最重要的作用。信息的数量与质量对社群发展具有重要影响，成员们关注行业的一手资讯、经营方法、项目动态和资源对接。一旦需求消失，社群也会随之解散，例如追逐学区房的社群可能因学区房价值下降而自然解散。

尽管这类社群以物质需求为主，但对个体成长仍具有一定作用。若社群存在不良行为，如买卖假货或欺诈行为，将直接影响成员的物质生活品质，甚至对个体的品德、价值观、人际交往态度和社会观念产生负面影响。

（六）面对面社群

面对面社群主要由空间相近的人组成，但空间上的接近并不必然导致交往，正所谓“无缘对面不相识”。费孝通在《乡土中国》中将中国乡土社会与西方社会进行对比，称乡土社会为“面对面的社群”[①]。如今，这样的社群存在

① 费孝通著，韩格理、王政译：《乡土中国》（汉英对照），外语教学与研究出版社 2012 年版，第 19 页。

于乡村，也存在于城市。随着交通和通信的进步，面对面社群的范围实则有所扩大，且由于人际交往的日益频繁，其特征也经历了诸多变化。因此，社群成员间的关系和特点可能与费先生所描述的乡村面对面社群有所不同。

面对面社群往往缺乏历史和过程感，成员间的接触多为一瞬。尽管它对个体成长的影响不如想象力社群和成长结伴社群显著，且其中一些接触仅成为短暂的记忆，但每个人都生活在与社群成员不断交往的环境中，使得它在个体成长中具有基础性、必要性、普遍性。因此，其日常作用不容忽视。

每个个体都同时身处多个社群之中，个体借助社群参与社会建设，亦在社群内进行社会建设，在社群中成长。社群对于个体而言，犹如广义的学校与工厂，是个体展示才华的舞台，也是其天性得以充分发展的土壤。社群在个体成长与社会作用发挥中起着举足轻重的作用。然而，许多社群并不具备完整的个体成长功能，也缺乏明确的育人的目的。因此，个体需要积极利用社群资源，同时避免过度依赖社群，以便更好地从狭义学校走进社会建设。

在现实生活中，社群对个体成长及社会化的影响复杂多样，其中两种典型效果为社群提升效应和社群塌陷。社群提升效应指的是个体因加入社群而获得显著进步，能够更快地成长，更有效地发挥才能，并对社会建设作出显著贡献。相对而言，社群塌陷则是个体因社群环境的不利影响而遭遇成长阻碍和社会作用发挥受到压制。在社群塌陷的情况下，社群目标与个体成长目标可能不一致，或者社群未能有效融入社会建设，导致个体难以通过社群发挥应有的作用。

鉴于此，个体在成长过程中应精心挑选想象力社群、情感社群、成长结伴社群和信息社群，而面对面社群和物质社群则无需过多挑选。个体需要深入了解同类社群间的微妙差异，根据自身成长需求和阶段性特征作出明智选择，而不能仅知其表面就贸然加入。

社群作为社会的基础构成单元，其质量直接影响社会的整体状况。良性社群比例高的社会更趋近于理想状态，而恶性社群的增多则会阻碍良民的进步，甚至破坏社会秩序。在社群内部，如果个体不能相善其群，个体又怎么可能独善其身？个体与社群间的善善相报是个体天性充分发展后创建理想社会的平坦大道；相反，一群不能相互善待对方的人组成的社群，唯一的可能就是走向互害，个体成长发展得再好也难以建成理想社会。

二、成长于共建共治共享中

个体不是在成长发展到一定程度的某个瞬间进入别人已经建好的理想社会，也不是等成长就绪了再进入先行确定好的社会。事实上，从新生命降生的时刻起，个体与社会就进入共建共治共享的过程。个体在成长的同时，也参与着社会的共建共治共享，在参与中成长。

然而，在旧的教育观念中，未成年人似乎只需“两耳不闻窗外事”地成长，无需参与社会建设与治理。这种观点强调，他们只需学习知识和训练技能，接受、忍受或享受社会现状，而不能或借口没有能力去参与改进。这种观念与集成人学的教育观背道而驰。若个体错过了解社会、参与社会的最佳期、敏感期、关键期，就可能造成个体成长与社会发展的脱节和双重损失。

共建共治共享是个体与他所生活的社会关系的客观事实。无论持什么样的观念，只要生活在某个社会中，就是该社会公共事务的一员，都在客观上参与了社会的建设和治理，并承受着社会的利弊。个体了解和认识到这个基本事实后，应积极主动地参与共建共治共享，避免消极地被裹挟其中。

对于个体的成长而言，共建共治共享不仅能更充分地利用社会资源，提供更多成长和发展的机会，还能更充分地发挥个体成长所带来的能力，以更好地促进社会的建设和治理，并在参与社会中增强对各种社会现象的辨别能力，这本身就是重要的成长。更多的人参与社会治理，不仅提升了社会的民主水平，也是社会发挥所有成员聪明才智、更加快速有效发展的必要基础。

个体可以通过多种方式、多渠道参与共建共治共享。最常见的方式是自然参与，即无需刻意安排，只要到场、表态并以自己的方式行动，就是参与。个体也可以通过参与社会组织的方式来参与社会治理，但这并非唯一途径。特别是对社会公共产品的享用，个体无需通过参与社会组织就能享用，若只有通过参与某个组织才能享用，这样的制度安排可能会成为特权形成的基础。

相对于排斥某一部分人参与或者单方专有的管理，共建共治共享是社会治理更为优选的方式，但它本身并非理想目标。因为良好的共建共治共享与拙劣的共建共治共享之间存在着巨大的差异。造成这种差异的原因之一就是其中的个体的成长发展状况，个体对参与共建共治共享的态度；同时，还与所在社会共建共治共享的规则如何直接相关。

对于个体成长而言，能否进入良性的共建共治共享关键在于以下四方面。

（一）健全的公共理念

平等、服务是构建良好共建共治共享的基石，而等级观念常是造成共建共治共享障碍和出现各种问题的原因。由于个人的观念并不外显，即便不少人口头赞同平等，内心却并非真诚拥护和践行平等。这种观念差异导致不同观念的人们难以在平等的基础上实现共建共治共享。

市场是共建共治共享的制度基础，是否具有健全的市场观念又是检验一个人公共理念能否适应共建共治共享的试剂。在面对利益相关者对公共事务的参与时，选择通过市场走向开放、平等、包容，还是借助公权或私权来实现控制、专有，这依然体现了个人的应对理念。要推动共建共治共享，需要选择市场的方式，因为只有法制健全的市场才是双方平等基础上的自主选择。

（二）基本的公共能力

在共建共治共享的过程中，个体之间在这方面的能力差异往往会成为障碍。因此，每个人都需要具备基本的公共事务处理能力，这是实现良好共建共治共享的重要基础。共同参与社会建设，包括社会事业、社会法治以及社会力量建设，都需要个体具备一定的能力基础。在社会权利制度、财政制度、分配制度、社保制度的建设中，政府和法律的作用不可或缺，同时也需要个人依据相应程序参与各方面建设。在这个过程中，基本的公共能力显得尤为重要。当然，这种能力是通过参与公共活动不断锻炼、发展和提升的，只有更多地参与活动，才能逐步培养出这些基本能力。

（三）在公共事务中有效行使权利和担当责任

共建共治共享以公共治理理念为基础，它代表了一种公众广泛接受的、用于妥善处理公私责任与权利关系的方式。治理与管理不同，治理更注重在公共事务中融入利益相关者的参与、互动与协商等民主元素。共建共治共享的假定就是每个人都是当事人，每个人都有表达、参与、决策的权利，遇事不能抱着“事不关己，高高挂起”的态度，而是既要有效行使自己的权利，又能担当自己的责任，并通过行为塑造社会认可的健全人格。

在文明社会中，人们不仅追求物质生活的丰富，还期待在民主、法治、公平、正义、安全及环境保护等方面取得持续进步。改进社会参与本身是生活需求的一部分，也是成长需求的一部分，共建共治共享能够更好地满足这些需求，相应地也需要更多的人更有效地提升行使权力和承担责任的能力。

确立公私权均衡的关系是保障个人在公共事务中有效行使权力和担当责任的基础。如果这个基础不好，个体就需要积极参与改进，与政府及相关部门确定原则，合理有效地控制公共部门规模，促进社会组织健康发展，激发个体参与社会建设的能力和活力。

（四）良好的合作、公共交往与互动

共建共治共享不是空悬的理念，它是由众多的合作、交往、互动组成。这些活动往往具有连续性，要求个体展现更大的主动性和社会责任感。参与权是宪法赋予公民的基本权利，政府应给予更多信任、支持和助力，创造合适的环境，推进社会治理的真正社会化。

共建共治共享需要从身边的事开始做起，实现自己的事情民主管、自己的事情协商办。应建立符合所在人群的自治制度，自主制定规则，通过民主选举、民主决策、民主管理、民主监督，保障每个人的共治参与权利。

共享意味着共同享有政治、经济和社会福利等方面的共建共治成果。从宏观角度看，它为个体成长提供了更充分的条件和动力；从微观角度看，家庭、城乡、地区和群体之间的共享仍存在差距和障碍，需要个体通过合作来缩小和消除。保障弱势群体能够共享社会发展成果，确保幼有所育、学有所教、劳有所得、病有所医、老有所养、住有所居、弱有所扶，这本身是个体良性成长的环境，也是个体良性成长的过程。

个体在共建共治共享中成长，同时又参与共建共治共享。这两者越是高度和谐、有效统一，就越能更有效地服务于个体天性的充分成长和理想社会的建设。

三、在建设理想社群中建设理想社会

构建理想社会需从打造身边的理想社群着手。随着越来越多社群的优化，社会就会变得越来越理想。个体通过天性充分成长建设好与自己相关的各个社群，并通过理想社群建设更大范围内的理想社会，就是个体建设理想社会的常态过程。

个体在参与建设理想社会的过程中，所选择的起点只能是成长为理想的自己。理想的自己往往是独一无二的，具备独特的个性、才能、知识和经验。若这种独特性在社会中具有价值且能持续发展，则将赋予个体更强的社会影响力和竞争力，使其更加具备在建设理想社群和理想社会中发挥更大作用的条件。

因此，个体的良性发展是双重构建的镜像过程：一方面，要规划自己的成长路径，最大限度地发掘和强化个人的天性品质和能力；另一方面，要构想基于自己体验和逻辑判定的理想社会，将自我融入其中，并通过实践不断调整和完善这一构想。构建且有意识地构建独特的自己，主要通过实践、思考和选择来实现。个体在双重建构中通常所能迈出的第一步就是与他人和谐共处，发挥自己对理想社会建设的影响。以下方面的成长对周围人具有不可替代的影响：①对真理的执着追求、终身追求，体现在细微处的不懈追求。②对公平正义的追求，为弱势群体发声并提供行动支持。③掌握专业领域的知识和技能，成为行业专家。个体的专业技能越扎实，在这个领域的不可替代性就越高，影响力就越大。④培养跨领域的解决问题的能力、创新思维、判断与决策能力、批判性思维、沟通技巧和开放心态等。⑤具备更高层面的通用学习能力，包括独特的学习方法，持续不断地学习、思考、融会贯通，对各领域都具有较强的学习能力，不断更新知识。

通过不断在上述方面进行自我改进和提升，个体就有了更好的条件去影响别人，影响自己身边的社群，促进其变得更加明智、清晰、理想。

个人在社群中的价值、地位与其不可替代性紧密相关。个人在社群中的影响力与其参与的时长和地位有关，与其工作时长与工作量有关，但更关键的是个体对社群的改进做了多少不可替代性的事，发挥了多少不可替代性的作用。如果一个人在社群中所做的是任何人都能做的事，毫无新意，那么他对理想社群建设的贡献将是有限的。

例如，某个社群成员虽然文化不高，却拥有广泛的人脉和丰富的解决问题的方法。他在社群中身兼数职，待人谦卑热情，公司里曾经有过专门的秘书、综合协调人员，最终都没能做长久，因为没人能轻易替代他。即便是处理琐碎事务，他也能提出多种解决方案，并总能选出最佳方案，从未出过任何差错。他总结了在社群中变得无可替代的两种策略：一是承担别人无法完成或不愿接受的任务；二是将那些看似简单的工作做到极致，追求卓越。

个体影响身边社群的最佳方式，并非通过高人一等、掌控权力或以武力要挟来实现，而是要与他人保持平等，并通过以下方式产生积极影响：①共识。获得社群成员的认同，进而推动社群改进。一旦在社群内达成共识，便可采取行动实现共同目标。这种影响力甚至能超越社群边界，对更广泛的社群和个体产生影响，直至在理想社会建设中发挥更大的作用。②传播。积极分享关于理想社群、社会和个体成长的理念，激励更多成员自我改进，进而推动社群和社会的进步。③组织。此处的组织并非指建立正式的组织架构，而是指策划并开展社群成员感兴趣的活动，通过这些活动共同建设理想的社群和社会。④示范。例如，展示专注、持之以恒、自省、好奇心、自信和谦卑等个人品质，避免固执己见，为其他社群成员树立良好的榜样。同时，应警惕并避免自身的不良行为成为负面示范。

现实中存在许多以利益为纽带的社群，这样的社群及其成员有潜力构建理想的社群，并为理想社会的建设作出贡献，因为理想社会不可能是贫困的。但过度追求利益可能陷入功利主义的泥潭，不仅阻碍个体的健康成长，还可能对社群及其成员造成束缚，进而影响理想社群和理想社会的构建。

理想社会是不断发展的，理想社群的建设以及个体成长都需要与时俱进。只有抓住机遇，才能有效发挥自己在理想社会建设中的作用；那些因循守旧、墨守成规的人，尽管他们可能按时上下班、完成任务，但最终可能会变得在社群中可有可无，甚至被时代所淘汰。

简而言之，个体在成长中需要在个人的维度、社群与社会的维度、时间的维度同时寻求平衡发展，这样才可能更有效地成长为理想社会的建设者。在个人的维度，应该努力使天性得到充分甚至极致的发展，发现并培养自己的独特才能。个体不能满足于达到优秀的水平，而要将天性发展到在所在社群无可替代的程度，并持续学习、成长、创造新价值，发现并解决新问题，将不理想的情况转化为理想的状态，这样才能实现自己相对于他人、社群、社会的最高价值，也就实现了自己的最高价值。

第六章

建设良性成长共同体养成健全人

社会设置怎样的条件才能养成健全的人是集成人学教育关注的另一方面问题，与每个个体直接关联的共同体需要足够良性才能养成健全的人。人作为一个完整的在世界中存在的自调节系统，需要个体成长共同体满足个体各种成长发展需求。

健全人的成长需要良性的共同体环境，它取决于个体与共同体的特性及其互动效果。个体可以选择和调整共同体对自己的影响，同时，社会上的多种主体也可以对共同体对个体成长的影响进行限定。认识到共同体的多样性、多效性和多功能性，然后通过辨别、选择和利用共同体为自己的成长服务。

良性共同体应遵循共同的底线：尊重个体保有共同体不能进入的领地，不能超越上限占用个体的时间，不能超越边界催熟个体，不能突破个体的意义框架，不能强行用大数据突破个体的小数据认识方式，不能限制个体的思维范围与方式。良性共同体是个性化的，特征是价值人性、成员平等、小规模、自然寿命、存在短板，个体需要在成长过程中依据需要自主、谨慎选择与利用。

共同体需要尽可能消除个体成长的社会障碍，尊重个体的基本权利，重视程序，分散并平衡权力，减缓压力，明晰责权，发现个人，发展新人，个体在共同体内实现相互发现。

个体应积极参与共同体的建设，并在平等、共生、包容和保护弱势的原则下，实现自我建立与共同体建立。在共同体中持续不断地共建与选择，是个体实现充分、健全成长的艰难但现实的路径。

关键词：良性共同体；成长；健全人

人在世界中如何存在、如何成长？怎样的环境才能养成健全的人？从社会设置与改进的角度研究教育，不可能回避这些问题。从集成人学的视角看，教育是个体能量在环境中的积累，可表达为：

$$E=K\cdot C\cdot P \quad (\text{Ⅲ})$$

其中，E 为分析研究对象个体的教育；P 为个体能量；C 为个体所处的环境；K 为不同社会所具有的教育品质系数，从而形成对个体教育全要素的考察。一般的教育学研究仅仅将教育以外的各种因素列为教育的“环境”而加以悬置，不再进行深入研究，也不去进行积极主动建设，很少从培养健全人的角度探究需要建立怎样的共同体。这种局面导致教育与社会相互脱节，难以发挥出综合、整体及互动的效应，进而影响了健全人格的培养，以致社会中存在着许多发展不健全的个体。

第一节　共同体的操作定义

深入研究显示，个体成长环境中的因素并非全部产生影响，且其效应也不均等。实际上，只有部分因素在不同时间、以不同方式、从各种角度对个体成长发挥作用，其中一些与个体成长高度相关，可能产生正面或负面的影响。这里所使用的“共同体”概念，与卢梭、杜威等人的定义有所不同，它特指与个体成长发展紧密相关的人和组织的集合。鉴于其涵盖范围广泛且复杂，这里主要聚焦那些高度相关的人和组织的集合体，且不单纯探讨共同体的分类，而是从人的成长角度出发，研究共同体对个体成长的具体作用。为此，需要对共同体进行操作性定义。

一、个体成长相遇的人群集合

个体的成长历程宛如梭织穿梭，一生中会穿越多个不同的人群集合。这些穿越过的人群集合，在特定时期构成了个体的成长共同体，有的甚至会持续性地陪伴个体成长。

成长共同体不仅包括广受研究的“学习共同体”，其范畴实际更为广泛。通常所说的学习共同体，其实只是成长共同体中的一个狭义概念。它指的是由学习者（如学生）和助学者（如教师、家长等）共同构建的组织，拥有明确的学习目标和任务，组织性强，学习过程相近或相同，有时甚至被狭义地理解为仅涉及认知学习的共同体。完整的学习共同体自然涵盖互动式学习、人际沟通、交流和分享等多样化学习活动。成长共同体还包含那些虽无共同目的、任务或组织，但在客观上对个体成长产生相互影响、促进或制约作用的人群集合。只要这些集合与个体成长轨迹相遇甚至相切，即可视为该个体的成长共同体。

实际上，在个体成长过程中，能真正形成学习共同体的并不多见，例如学校、班级、可以进行人际心理相容与沟通的小社群、在学习中发挥群体动力作用的兴趣小组等，它们主要通过社会强化和信息交流来促进个体学习与成长，并满足学习者的自尊和归属需求。在学习共同体中，成员们遵循共同规则，拥有相似或一致的价值取向和偏好。学习者对共同体的归属感、认同感及从其他成员处获得的尊重，都会激发他们更积极地参与共同体活动，维持持续的学习行为，从而产生共同体内的凝聚力。共同体成员间的交流合作、共同学习、信息共享以及多角度问题探讨，都会促使他们自我反思与重构，形成共同体内成员的共构效应。

对个体成长产生显著影响的，往往是那些具有相遇关系的共同体。这类共同体的复杂性和多样性远超传统的学习共同体。它们可能包含不学习或反学习的社群，可能是私密的小团体或庞大的社群，可能是松散的人群或高度组织的党派，可能代表主流文化也可能属于亚文化……它们的存续时间各异，个体在其中的角色和参与度也各不相同。

有一首儿歌讲述了小和尚下山化斋的故事。老和尚警告小和尚要避开山下的女人，因为她们像老虎一样危险。然而，小和尚在游历过程中发现，这些“老虎”并不可怕，反而很可爱。老和尚告诫徒弟这样的“老虎”最为厉害，小和尚吓得急忙逃走，心中却已留下了深刻的印象。

还有传说一个女人发愁过不了河，因为她穿着整齐干净的鞋袜。和尚师徒俩看见了，师傅把她背起来，到了对岸才放下。走了两里路，徒弟终于忍不住问：“你不是常常告诫我远离女人吗？为什么刚才你要背她？”师傅白了他一眼：“我已经放下了，你还放不下？”

一辆在美国开行的客车上有两个华人，相互素不相识，却因旅行认识了，在心中相互认可了，也算一个相遇共同体。

一次交通事故引来围观人群，大家互不相识，也没有心理准备，事故责任一方的蛮横态度引发了围观者的愤怒，该人群属于暂时没有目标的相遇共同体，围观者之间、围观者与被围观对象之间难以成为影响相互利益的存在，可是，这样的共同体还是在短时间形成了。

两个劫匪冲上一辆大客车抢劫，乘客们协同做出种种努力制服了匪徒，这些乘客的相遇共同体就形成了。

上述例证都说明了相遇关系的社群在个体成长中的重要作用。这些作用可能是积极的，也可能是消极的，或者具有其他方向和效果。然而，长期以来，人们对学习共同体的研究较多，却忽视了相遇共同体在个体成长中的影响。事实上，相遇共同体对个体成长所发挥的作用不容忽视，在很多情况下可能大于，甚至远大于学习共同体。

二、对个体成长发生实际相互作用的人群集合

即使个体在客观上并未与某个群体直接相遇，该群体仍可能对个体的成长产生实际影响。例如，现代社会的某个人虽然与三国时期的人物没有直接交集，但如果他通过阅读或媒体了解到三国时期的故事，其成长过程便会受到潜移默化的影响。同样，当一个人沉浸在某种幻想中，幻想中的人物和情节也会对他的成长产生作用，尽管他们并未在现实中相遇。

此类情况不胜枚举。古希腊的学园虽已不复存在，但其影响力却持续至今，对后世学者的成长产生着深远影响。历史上各种学派的思想，即使学派本身已经消亡，其理念仍然对后来的学者产生着影响。个体在现实生活中能够直接接触到的学习小组、班级或学校等群体是有限的，然而个体成长所受的影响却远远超出了这些直接接触的共同体，个体成长所需的资源也远超过这些直接接触群体所能提供的。许多未曾相遇的社群，也会通过各种方式对个体的成长产生影响。例如，中国女排曾夺得世界“五连冠”，虽然直接与她们相遇的人不多，但受她们精神和毅力影响的人数却远超过直接接触的人数。

由此可见，古今中外都存在大量个体间虽未直接相遇，却对个体成长产生重要影响的人群集合。这些影响通过文字记载、实物或其他形式的信息传播得以实现。互联网使得相关信息的传播更加广泛、深入和感人，因此我们需要从个体成长的角度出发，规范相关信息的生成和传播。实际上，古代史家在撰写历史时，就会考虑如何更好地符合社会道德准则，维护社会道德体系和传统，以促进后人的健康成长，避免产生诲淫诲盗的恶果。

然而，现代信息技术使得每个人都可能成为信息的发布者。许多人不会考虑自己发布的信息将如何影响他人的成长，也不会从他人成长的角度和标准来决定如何编辑和发布信息。此外，相同的信息和人群集合在不同情境下对不同

个体产生的影响也是不同的。若要求每个社会成员都成为教育型的人，都发出积极有用的教育信息，既不需要，也可能产生社会成员单一化的新的社会问题，最终不是优化而是恶化了个体成长的社会与共同体环境，限制了个体遵从天性的成长发展。

从整体上看，无论措施多么严格，已有文献信息中仍存在大量不真实、带有偏见的记述。这些内容可能掩盖真善美，宣扬假恶丑，或偏离正直、迎合低俗，以各种方式传播可能对个体成长产生扭曲的信息。这些信息串联起各种人群组合，深刻地影响着个体的成长发展。即使个体没有直接参与某个共同体，也可能受到其影响。个体与共同体之间的关系可分为想象参与和想象旁观两种。

想象参与即在意念中将自己当作认同却不能直接参与的古代、未来或远方的某个共同体中的一员，并按照它的理念、目标、规则要求自己，自动按想象行动，规范自己的思想、言行。想象参与以一种相对封闭的方式对个体成长的各个方面发挥影响，如孔子念念不忘的“克己复礼”，恢复周礼在很大程度上确定了孔子的价值取向、言行规范、道德操守。在人类社会历史中，想象参与事实在很大程度上决定着后代对前世的传承。几乎每个个体身上都存在不同程度的想象参与，且知识文化程度越高的人，想象参与的成分越高、范围越广。

想象旁观即在了解古今中外某些共同体基础上，以超然态度观察、分析其优劣，选择、吸纳、消化后作为自己成长的资源。只有那些自主性较高，独立性较强的个体才会进行想象旁观。想象旁观是一种更为开放的对待各种社会共同体的态度，但它并非绝对的。个体可能对某些共同体采用想象参与的方式，对另一些则采用想象旁观的方式，或在这两种状态之间转换。

通常，一个人能够同时或延时想象参与的共同体数量有限，甚至有些人终身只想象参与一个共同体，而同时或延时想象旁观的共同体则可能很多。有些人只有想象参与的共同体，没有能力或不愿接受想象旁观的共同体；有些人在成长过程中则兼有两者，各种共同体的数量与内在关系决定了个体的成长状态；还有一些人卓尔不群，他们抛弃或没有想象参与的共同体，但拥有众多想象旁观的共同体。这三种选择反映了人的成长处于不同层级：第一种通常处于初级状态，只需一定的体验感知和思考能力就能达到，观念比较固化；第二种发展水平更高，需要在多种共同体中选择和区分；第三种则需要敏锐的思维和广博、精深的阅读，修炼得更加深厚广博才能实现。

未来共同体是想象参与中常出现的共同体，对个体成长具有特殊作用。尽管它尚不存在且未来也未必真的出现，但对很多个体的成长影响是客观存在的，有时影响还十分强大。因此，教育者不能忽视其作用，而需要深入了解并有效发挥、适当规范其作用。由于其发挥作用的方式极其个性化且效力强大，并指向未来，因此更不能被忽视。例如，“我有一个梦”这样的理念就激发了众多人的内在潜能，引发个体对社会发展产生了巨大的影响。

未来共同体与历史上的共同体在特定条件下都可能引发现实中的人组建新的共同体，从而对个体成长发展产生更为复杂的作用。如果新的共同体组织化，个体在其中扮演不同角色，这些角色在成长过程中的影响会叠加并汇聚成新的影响，最终在个体身上显现出多重影响的叠加效果。

三、个体置身其中的排他性人群集合

在成长过程中，个体会通过自觉和自主的选择进入某些人群集合。例如，与特定的人建立深厚的感情，进而成为恋人、组建家庭，共同分享生活、荣誉和命运。此外，个体还可能会选择加入党团或进入具有特殊要求的社交圈子，这些都属于具有排他性的人群集合。还有一类人群集合则是个体自出生起便无法选择的，例如家庭成员。

在社会学中，“共同体”一词最初便蕴含了过程性、特定背景或身份条件的意味，它可分为血缘共同体、地缘共同体和精神共同体。社会学者滕尼斯认为，“血缘共同体作为行为的统一体发展为和分离为地缘共同体，地缘共同体直接表现为居住在一起，而地缘共同体又发展为精神共同体，作为在相同的方向上和意义上的纯粹的相互作用和支配”①。

在个体所追求或所处的共同体中，许多是基于利益而组建的。由于利益的有限性，这些群体往往具有封闭性和排他性。一般而言，共同体都在一定程度上涉及利益，这些利益可以是经济、政治、文化、名誉或精神上的。人无法完全摆脱这些利益，但也不能走入儒家所宣扬的“君子喻于义，小人喻于利”的“义利分”胡同。维护自身正当权益是必要的，然而，若通过共同体过度追求或争夺利益，则可能违反社会道德和法律，对个体的正常成长造成误导、驱使或束缚。

在个体所追求或所处的共同体中，排他性还可能源于权力。权力结构本身具有排他性和封闭性，进入其中的个体需要经过一定的筛选程序。这一过程对个体的成长发展产生影响，为能进入其中的个体设定了标准、成长路径以及可能涉及的价值、意志、文化和能力等多方面的特征。

强大的共同体若利用自身优势获取不当利益，剥夺共同体以外人员的权益，或扩大自身权力而削弱外部人员权力，一旦这种行为逾越公平公正的界限，该共同体及其成员便会沦为社会之恶。相反，弱小共同体捍卫其成员的正当利益，则体现了社会之善。不同共同体之间缔结契约维护社会公平公正则是大善，

---

① 裴迪南·滕尼斯著，林荣远译：《共同体与社会：纯粹社会学的基本概念》，商务印书馆 1999 年版，第 65 页。

这样的社会环境和共同体生态为个体的健康成长提供了必要条件。

个体对排他性人群集合的追随可分为体内追求和体外追求。体内追求指的是个体虽已身处共同体之中，但其成长与追求仍在继续。由于共同体内部存在权位、利益、观念和能力上的差异，个体成长不仅持续进行，同时共同体对个体的需求也在不断变化。这两者在共同体内部相互作用，既为个体成长提供了空间，也施加了一定的限制。因此，体内追求是一个永无止境的过程。体外追求则是指那些渴望权力和利益的个体，寻求加入能获取更大权力和更多利益的共同体。这种追求在人类社会中始终存在，成长中的个体很难完全置身事外。然而，现实中确有人超越对权力和利益的渴求，追求一种超然物外的生活态度。

将排他性共同体单独列出，是因为它常常成为个体成长中不可回避的重要因素。每个个体都有自己的切身利益，普遍存在的社会层级及其权利分配制度都是它的客观体现。卢梭比较早意识到这一类共同体的存在，并希望通过社会契约维护不同共同体及成员间的公正。他认为，社会契约一旦缔结，“就意味着每个人把自己的全部权利都转让给由人民结合成的集体，因此个人服从集体的‘公意’，也就是服从自己，人民则是这个政治共同体的主权者”[①]。

简而言之，几乎任何个体的成长都处于特定权力和利益共同体之中。这个共同体可能是“人民结合成的集体”，是合法政府，也可能是暴政者当权，共同体的性质和特征在很大程度上决定了其中个体的成长状况，以及个体成长如何为共同体所用。不同共同体又会依据其性质特征组成板块，从而组成了世界。因此，从全球视角来看，每个个体的成长都是特定板块中特定共同体中的个体成长。认识和准确定位这一关系，是准确定义自己成长的重要维度。

通俗地讲，共同体就是由一定数量的人，为了追求各自的利益而协同行动组成的具有更高效的动作能力群体。从人的成长角度来看，成长共同体就是个体为了追求各自的天性充分成长而协同行动组成的更高效、更充分成长的群体组合。成长共同体可能在认识和主观目的上更强调共同体对个体成长的功能、要求，它不仅限于学校，还包括与个体成长相关的各种组织和团体。不同共同体因组织功能和成长效能的差异而迥异，除了特定的组织、团体，个体可以根据自己的需求和团体的效能选择加入或退出。

对于个体成长而言，共同体扮演着“工具”、媒介和过程的角色。在特定情境下，共同体可能助力个体成长，如变速箱、增压阀般增强个体的力量。个体加入共同体后对其成长的作用是两极的：一极是个体的力量可能因为共同体变得更强大，共同体一直是潜在的力的象征，随着所加入共同体的人数增多，个体在其中所能发挥的能力也在累加，空间可能性也随之加大；另一极是随着

① 让-雅克·卢梭著，何兆武译：《社会契约论》，天津人民出版社 2014 年版，第 20 页。

共同体人数的上升，个体的思维与智慧可能受到限制，特别是在组织性强的共同体中，决策往往由少数人提出并作出，导致大多数成员的天性成长受限。这也许是历史上杰出人物如牛顿、爱因斯坦在其成长阶段所属共同体较少的原因。

一个有天性的个体降生到社会中，客观上是一颗带有各种潜能的种子播种在各不相同的共同体中。共同体是个体成长的土壤、水分、空气、阳光，共同体的优劣决定着种子的生长状况。希望这颗种子怎样生长不能只是要求对种子下怎样的功夫，还需要改良环境与条件。

每个具有天赋的个体都如同带有潜能的种子，播撒在各式各样的共同体中。因此，共同体不仅要关注种子的培养，还要为个体成长提供土壤、水分、空气和阳光，条件优劣直接影响种子的成长状况。我们还需致力于改良土壤、水分、空气、阳光，这是集成人学教育对教育完整理解的重要组成，也是教育改进需要下功夫的关键领域。

第二节　健全人成长需要的良性共同体特征

仅以学生个体为对象的教育是不完整的，社会共同体是教育的重要组成部分，也是教育工作的范围和对象。仅仅将个体当作教育对象，没有将共同体作为教育工作的对象，必然导致对教育问题的归因以偏概全，视野偏狭，对象孤立，措施失当，效能不足，用力不均衡，各主体间不平衡，最终难以有效解决问题，实现教育的个体成长与社会发展的目标。

在共同体内部，成员间的交流是维系其存在的基石。个体在交流中可能会找到成长的答案，也可能会经历意想不到的变化，这些变化有时甚至是复杂多变的。共同体的质量及其对个体成长的作用方式，受到多重因素的影响，如成员背景的差异性、目标的聚焦程度、思想的独立性与顺从性、思维的严谨性、成员间的相互了解程度、内部动力的离散与凝聚状态、成员情感的稳定性、利益统筹能力、权力边界的清晰度，以及当权者行为的受制约程度等。这些因素以复杂的因果关系共同决定着共同体的品质，也决定着共同体对其内部个体的成长发挥什么样的作用，如何发挥作用。

一、共同体对个体成长的影响辨析

讨论这一问题还是得从共同体对未成年人的挤压现象说起。由于需要进行考试分数的比拼，中国学生普遍被认为基础扎实，勤奋刻苦，学习能力强，但是进大学以后就发生变化，自主性不够，难以自主生成新的人生目标，成年后很难在高端学术领域展现出中小学时期的卓越表现。追溯到中小学，繁重的学业压力挤占了学生几乎所有的时间和空间，导致他们缺乏自主学习的机会，难以体验学习活动带来的精神愉悦和内心平静，他们主要不是依靠内在激励产生的兴趣爱好驱动学习。这显示出对提高考分有效的方式方法对人的天性成长未必是有效的。

深入分析后发现，学习逐渐变成了师生日常生活中的一项例行任务：教师授课为了谋生，学生上学则更多是为了通过考试获得高分以进入更好的学校，校长角色更像是企业总经理或行政官员。那种能唤醒学生潜能和使命感的教育还远远不够。

造成这种现状的原因众多，其中不当的管理与评价机制是主要问题。这里重点探讨与个体成长密切相关的共同体所起的作用。一些大力倡导建立学习共同体的人过分强调共同体对个体学习的积极作用，却忽视了其对人的全面发展的整体性和多样性影响。他们可能关注了微观共同体在学习过程中的作用，但却未足够重视中观和宏观共同体在个体成长中的重要性。实际上，共同体对个体成长发展的作用远比当下提倡在学习过程中建立共同体的人们所看到的要复杂得多。

（一）共同体对个体成长的作用取决于共同体的性质、结构和特征

由于人成长中遇到的共同体多种多样，不同的共同体对个体施加不同的影响，最终的结果是各种共同体作用效果的叠加。

在考虑到个体差异的同时，不可忽视不同的共同体对个体成长的作用，一对同卵双胞胎，若分别生活在一个封闭愚昧的共同体和一个开放明智的共同体中，他们的成长结果将截然不同。在以做人上人为价值取向、等级森严、人身依附关系复杂、处事圆滑世故、缺乏逻辑思考、只讲立场不问是非的共同体中的个体，与在平等尊重、求真务实、坦诚相处、独立思考、开放包容、表达自由、是非分明、遵守规则的共同体内生活的个体显然不同。这种影响对大多数个体而言是潜移默化的，只有那些具备深刻反省能力的人才能有更清晰的感知。

尽管很难找到一个统一的标准将人世间存在的各个共同体划分为良性和恶性，但客观上众多的共同体确实有优劣良莠之分，每个人可以依据自己的体验、了解和价值取向加以区分。可以明确的是，良性共同体在价值取向上是求真、求善、求美的，那些存伪、隐恶、藏丑的共同体自然难以称得上良性。

从结构上来看，共同体成员间的平等、包容和保持适度距离是良性结构的特点。相反，那些具有高度纵向结构、错综复杂的潜规则、长时间固化以及个

人空间被过度挤占的共同体更可能趋向于恶性。

共同体的内外特征复杂多样，对其判定也相应复杂。通常，越是优秀、良性的共同体，越能从整体出发，强调个体品德与能力的不断完善；而越是低层次的共同体，越倾向于从个体和社会的局部角度，以单一的标准对个体提出极端、功利的要求。良性共同体通常不受任何利益驱使，不贪图功利，成员间发自内心地相互尊重和接纳，愿意共同探索更广阔的世界，共同营造属于大家的精神家园、思想乐园和灵魂归宿。在这样的共同体中，个体致力于自身的成长，并获得归属感、价值观和尊严感的满足。

（二）成长个体可以在一定范围选择和改变共同体对自己的影响

共同体对个体的影响并非简单的物理叠加或化学生成，而是基于个体的自主性、智力、分辨和选择能力进行个性化组合。这种组合会随个体的智力、能力和成熟度等因素的变化而调整。特别是，由于人具有肉体和精神双重性，每个人可以根据自己对这两重特征在自己身上与内心重要性的主观设定，选择、调节不同共同体对自己的影响。

成长个体、教师及家长都可以根据对自身成长的益处和价值判断，选择身边的共同体。对于某些已形成的影响，如个体认为不良或不利，也可通过自主方式消除。

那些不允许成员深入了解、选择和消除其影响的共同体，往往显示出非良性特征，个体在成长中应谨慎选择加入，并对这类共同体的影响保持警惕。越是优秀的教育机构或共同体越乐意接受成员的自主选择，并在成员选择中看到自己的改进空间并不断完善自身，越是能够从历史、哲学、科学等看似“无用”的方面对成长个体发生影响。而优秀的个体也更倾向于利用这些“无用”之学来完善自我，而非仅追求实用的谋生技巧或利益。

（三）社会各主体可限定共同体对个体成长的影响

政府、教育机构等当事人可依据教育的应然性，通过法律、政策、规范以及各种教育手段和方式来调整共同体对个体成长的影响。比如，当一些共同体过于强化知识训练，就需要减轻个体的负担，增强社会和人生伦理方面的教育；当一些共同体过于功利化、短视化的时候，就应发挥道德伦理的超越性作用，避免不当教育或培训对个体天性成长的伤害。

对于那些以教育为目的、承担教育责任、履行教育职能或具有教育功能的共同体，必须提升其教育的专业性，并严格遵守人的成长发展规律，避免以短期知识灌输量作为唯一的评价标准。古希腊哲学家苏格拉底提出了“产婆术”

的教育理念，通过教育还原和发挥个体的天性。个体之所以接受教育就是为了寻找“原我”以不断完善自身，教育的目的在于唤醒而不是塑造，知识是学生在思考和实践的过程中逐渐自我领悟到的。

社会各主体对共同体的限定作用会产生多样化的效应，这些效应可能有利于个体的成长，也可能对个体成长的外在环境产生负面影响。当某个社会主体将共同体视为实现自身目标的工具时，就可能会借助共同体来影响个体的成长，但这种影响可能更多地服务于该主体的利益，而非个体的成长需求。因此，认识到这样的内在关联，就需要在选择加入某个共同体或接受某个共同体的影响时，对该共同体的内外关联进行深入、全面的了解。

很多共同体尽管在个体出生前就已存在，但这并不意味着个体在共同体面前就低人一等或处于被动地位。从本质上说，个体才是原本和目的，是共同体的天然主体；共同体则是次生的，仅是个体实现人生目标的一种外力和手段。而在实际中，共同体往往有着比个体更强大的力量或权势，没有认清与个体关系的实质，没有意识到自身的责任，没有将自身定位为个体成长的助力，所以仍然有一些人将共同体赋予其他目的并凌驾于个体之上，希望共同体主导个体，个体成为共同体的工具，这实际上是对个体的强制或绑架。

共同体当然也有自己的目标，这些目标源于其内部成员的认同和选择，而非部分人对其他人的强加。共同体内不同个体之间的观念交融或矛盾，不仅是共同体目标形成的必经过程，也促进了个体和共同体成员的成长。如果个体直觉感受到自己与其他共同体成员之间存在某种无形的隔阂，虽然彼此可以相视，但心中却有一堵无形的墙，那么这可能意味着该个体并不适合这个共同体。在这种情况下，自觉离开可能是对各方都最合适的选择。

（四）共同体可能成为个体进入社会的通道，也可能恰恰是障碍

调查显示，现在不少已到而立之年的青年人无意寻找伴侣成家。他们中很多人原生家庭存在父母不和、婚姻不愉快，因此害怕再次陷入和父母类似的关系冲突中。这种情况在任何一个共同体中都可能发生。

人一生穿越或有关联的共同体很多，可能发挥的作用或进入社会的通道看似很多，但其实真正能选择或可行的不过几种而已，其中的关键在于明确自己来到世间的使命。在个体所遇的共同体中，只有少数能够激发其天性中的潜能，帮助其发现内心的特殊使命和注定要做的事情。一旦个体找到这条适合自己的道路，其成长之路便真正开始。然而，很多时候，个体热切追求的共同体，恰恰可能将其引入歧途。

共同体对个体成长的阻碍还在于，任何学校、家庭或共同体都是有限的。

它们会以自身的有限性束缚与之相关的个体成长。即使在某个特定时期，它们对个体成长起到了独特、积极和有效的作用，但在下一个阶段，它们可能成为个体成长的真正限制和挑战。尤其是在决定自己未来将成为什么样的人这一关键问题上，个体必须自主选择，不能受到共同体的影响、麻痹或局限而从众、回避或忽略这一重要决策。现实中，许多家长忙于为孩子选择学校、老师和提供条件，而教师则只关注教授知识和提高分数。这些做法实际上放弃了家长和教师更重要的教育责任——促进个体成长，成为共同体麻痹、阻碍个体成长的现实例证。

（五）共同体是包含其成员在内发出的各种力的合力

共同体内的每个成员都是一个发力源，每个人都发出自己的力。每个人在对他人发生影响的同时，又受到他人的影响。

从文化角度看，不同成员可能因为文化而聚，共同体往往因成员间的共同信念、价值观及生活方式而形成。在共同体的演进中，每个成员不仅推动共同体的成长与变革，自身也在不断成长并孕育出新文化。新文化对旧文化的冲击体现在每个成员身上，这种冲击同时也是成员个体力量的体现。然而，由于成员们的成长路径和目标各异，每个人发出力的大小与方向各不相同，每个人接受力的作用也不相同。这些多元、多向的力量在共同体内部交织作用，影响着每一个成员。

显然，共同体的内外力量是相互作用的。共同体虽然能在一定程度上屏蔽、缓冲或折射外部力量，并对内部力量有所限制，但无法完全隔绝外部影响或长期抑制内部力量。从个体成长的角度看，共同体对内外力量的限制超过一定限度就会发生质性变化，不利于个体的成长。

综上所述，我们应超越对共同体的单一认知、过度溢美、一味追求，深刻理解其多样性、多效性和工具性，以及其对个人成长的多种作用，然后再去分辨、选择、利用它为自己的成长服务。实际上，一旦成长个体认识到自己未来将成为什么样的人，就会从内心激发出无穷的动力去努力实现自己的目标，就会自觉地选择或放弃某些共同体。相对于这种内生性的目标和驱动力，任何共同体都只是成长过程中的一个选项。不同共同体的重要性和必要性各不相同，但内在的目标和动力总是比外部强制更加有力，且是每个人成长须臾不可或缺的，它才是决定个体如何与共同体相处的内在依据。

个体与共同体的关系是不断面对各种问题、冲突、和解、利用的过程。个体在共同体中的角色也是不断变化的，适时地为了维系关系和理解共情而努力是必要的，应充分利用共同体内的资源成长自己，但不要将任何共同体视为自己生活中不可缺少的存在，因为个体与共同体永远不可能完全等同。就像孵出的鸟儿不会永远背着蛋壳一样，成长的个体也不必永远停留在某个共同体中。

二、良性共同体的底线

良性共同体不存在一个通用模式，它们本身就是多样的，而且优劣也需要相对于不同个体做判定。某个共同体可能对某人有益，而对另一人则可能有害。同一共同体可能同时产生正面和负面影响。因此，难以找到普遍适用的标准来判定共同体的良性与否。然而，我们可以确定的是，良性共同体都遵循六条共同底线。

（一）个体保有共同体不能进入的领地

共同体应尊重其中的每一个生命个体。个体与共同体之间并非没有界限，个体在共同体中需要保有自己的底线和隐私，并应学会独处，耐受孤独，在孤独中持续成长。通常，越成熟的个体越能独处。若共同体要求个体完全放弃自己的底线和隐私，那么共同体的性质将由良性转为恶性。所以，个体与共同体之间需要保持并保护好边界，保持适度的距离，具体的边界在哪里，距离多少，与外在的情境相关，更多取决于个体的感受与共同体的特征，以及个体与共同体之间的关系状况。

个体与个体之间也有界限，以保持舒适与自在。维护这种界限不仅是为了保护个体权利，也是为了维护共同体的和谐。明确并尊重界限有助于各司其职，各行其是，各限其权，提高效率，并减少误解和不必要的冲突。

那些高估自身能力或权力的共同体，或误认为自己全能的共同体，更容易跨越或打破与个体之间的界限，从而更容易突破底线，失去其良性，甚至转变为恶性共同体。上下级关系、师生关系、管理方与被管理方以及深厚的爱护关系等，常常成为个体与共同体之间界限被跨越的诱因。共同体成员也应注意尊重他人的界限，“侵犯‘边界’的行为通常不是有意做出的，而更多的是出于一种无知。有时候，过分随意地对待他人及其权利和要求，就会导致侵犯‘边界’的行为，这是对他们个人及其权利的不尊重，可以说是‘无视他们’”[①]。

为确保个体与共同体之间的界限不被打破，这一界限应由双方而非单方确定。从宏观角度看，法律可能不会为个体与共同体之间确立界限，但法律对自然人权利保护的相关条款为个体与共同体之间确定界限提供了法律基准，也划定了可依据的底线。

---

① 乔治·戴德著，李菲译：《自我边界》，江苏凤凰文艺出版社 2019 年版，第 198 页。

（二）共同体不能超越上限占用个体的时间

现实中，越来越多的孩子不能从教育中享受到快乐，不快乐的时间一再提前，童年逐渐消失，主要原因就在于学校、培训机构、家庭过度占用了孩子的时间，使得他们自主活动的时间被严重挤压，导致自主性丧失。

不同年龄段个体的自主活动时间界限会有所变化，不同个体对自主活动时间的需求也不相同。调查显示，在扣除睡眠、饮食等必需时间后，义务教育阶段孩子的规定课程占用时间最多不应超过剩余时间的60%，其余40%的时间应留给孩子自由安排，简称为时间的“四六底线”。随着年龄增加和自主性发展，个体需要越来越多的自主活动时间才能充分发展其自主性和创造性。

尽管《中华人民共和国未成年人保护法》第十六条（六）明确“保障未成年人休息、娱乐和体育锻炼的时间，引导未成年人进行有益身心健康的活动”，现实中未成年人的休息和娱乐时间仍难以保证，受学业和过量培训影响，他们的睡眠时间常常不足。学生在学习过程中，被安排的学习时间过长，自主活动时间严重不足，导致许多未成年人形成被动型人格。此外，成年人时间被过度占用的情况也普遍存在，教师教学自主权因此得不到保障，自主性因此难以有效发挥。这种情况不仅阻碍了个体的自主成长，也制约了社会创新能力的提升。

（三）共同体不能超越边界催熟个体的未生成

许多共同体所拥有的特质，个体在成长过程中也会逐渐发展出来，只是这些特质在个体中尚未成熟或需求较低而潜能未被激发。然而，有些共同体或个人会急切地用自身已成熟的特质去催熟个体尚未发展的部分。

由于统一的评价标准，全面发展在一些地方实施中演变成为平均发展或片面发展，这个过程催熟了太多个体某些尚未到成熟时机的方面，也就抑制了另一些可能成长发展得更加充分、杰出的方面。整体效应是未能依据个体成长发展的天性自然循序成长，各方面的发展不协调，最终获得的是非自然成长的苦涩之果。

在教育领域，催熟表现为唯考试论教学，强行灌输知识点，并通过强化训练要求学生牢记标准答案。不超越此边界的教学方式注重启发，可提出各种各样的问题引导学生阅读、观察、发现、思考、辩论、体验、领悟和写作，自己得出结论，在此过程中逐步掌握发现问题、提出问题、思考问题、寻找资料，以及得出结论的技巧、方法和知识。从理念、方法与评价上彻底改变才可避免强行催熟。

未来世界更需要具备自主生成能力的人才。超越边界催熟个体会限制其生成性和生成能力的成长空间，束缚其思想和思维，导致创新意识丧失，并引发厌学、不愿思考、动手能力差等成长问题。因此，任何其他人都不要轻易突破成长个体已成性与未成性之间的底线，让它遵循生理成熟与认知发展的顺序自然、自主、自觉成熟。

（四）共同体不能突破个体的意义框架

个体的信仰、价值观和人生目标，都是基于其独特的经历和认知构建的，难以被强制改变。共同体不应试图拆解、植入或颠覆个体已建立或能自主建立的人生意义框架。即便在某个特定时段共同体的操作见效了，它对个体和社会留下的不良影响仍有可能随时发生。

教育不是将人培养成“物”“器”“才”或其他任何工具，而是养成健全的人——具有生活技能、专业特长，人格健全、善与人处，还有参与公共事务的责任感、意识和能力的健全人。也就是说，教育本身具有超然、非功利的特性，在此基础上不同个体的自主生成的意义架构自然是多样的。

然而，当学校制度和评价体系过于强调功利性，将教育视为解决升学、就业和成才问题的工具时，客观上就在强制一部分人接受这样的意义设定，使教育更加呈现出相当显著的工具性、功利性特征。因此，学生们都希望通过教育获得一些“有用”的知识、技能，希望能够通过激烈竞争的考试进入更好的学校，比拼着上研究生读博士，增强自己在就业市场上的竞争力，进而获得更高的社会地位和更多的物质财富。这正是当前教育面临的问题：突破了个体意义的多样性原生态，陷入单一化不良生态的困境。

突破个体自主生成的意义框架后，如果谁办的教育不能让他们实现这些功利目标，他们便会毫不犹豫地相信“读书无用论”而抛弃多样性的正常教育，培训因此而火热，成为另一个尾大不掉的教育体系。承认人的自我，相信人性的基本良知，意识到每个人独特的潜能，给予每个人真正的尊重，尽量保护每个个体自我的原貌，帮助每位学生找到独特的自我，发展其个性，这样，他们才能以独一无二的自我进入大学和社会，满足社会的多样性需求，实现个人和社会的整体意义。

（五）共同体不能强行用大数据突破个体小数据认识方式的防线

人类认知主要依赖小数据，而当下兴起的人工智能则通过大数据来获得认知。信息技术的发展正在挤压人类的传统认知方式，这种突破人类认知防线的危险正逐渐显现，必须理性面对并加强防范。

人类以小数据方式认知虽然效率较低且可能出错，但很难出现系统性错误；而人工智能以大数据方式认知，虽然高效，但一旦出错往往是系统性的。没有人类千百年的认知积累作为基础，人工智能的高效认知就如同无源之水。当前社会中有一种趋势，试图用人工智能的思维方式来解决儿童的认知问题或加速其认知进程，这可能成为以大数据的认知方式突破小数据认知方式底线的力量。

相关共同体应坚守这一底线。人类通过千百年遗传获得的认知方式不可能被发展不足百年的人工智能所取代，也难以用人工智能的认知方式来改造人类已形成的脑回路认知。尽管在特定任务上人工智能可能更高效，但这两种认知方式并不在同一层级上。只有人工智能需要深入研究并模仿人类的认知特点，而没有必要也不可能将人类的认知方式简单强制改为大数据方式。人工智能运用大数据获得的结果可以作为人类进一步认知的参考或印证，但不能要求人类都通过大数据方式进行学习和认知。这条可称为认知方式底线。

（六）共同体不能限制个体的思维范围与方式

“思不出位”是一种传统观念。一些共同体常以各种规则和要求限制其成员的思维对象、内容和方式，从而跨越了底线而成为非良性共同体。

天性个体的思维具有发散性，他们不仅无法回避真实的问题，而且在不断搜寻并思考真实问题。他们具有强烈的类比思维，为归纳和演绎提供了丰富的素材。他们善于识别，能在不同情境下自然地采取恰当的行动。他们具备批判和审辨的能力，并将这些能力融入思维过程中。他们自然而然地遵循逻辑与规则，同时保持人文与科学的平衡，专业与人文的协调，真与美的和谐，以及文化信仰与数理实证的融合，避免任何一方面的偏废。

现实中出现的诸多问题，往往可以追溯到个体思维的不健全。如果共同体限制了个体的思维范围与方式，就必然在其成员身上造成思维缺陷。给成长个体自主思考的空间和条件就是最有效的培养,限制个体思维就是最残酷的戕害。因此，在学校里自由选课，尤其在大学里自由选课是基本要求，不能将其当成大学炫耀人文精神和奢想的诱人之处。做不到这一点，就不能真正称之为大学。

只有当个体的思维获得不受限制的、符合天性的充分发展，才有条件获得超验的体验，才有可能超越一般日常观察上升到哲学理念层次，才有机会进入到创新境界。

一般未成年人比成年人能更灵敏地察觉共同体的不良性。然而，由于他们在共同体中的角色与其他成员不平等，他们的声音和表达经常被成年人忽视。这导致共同体在恶性发展的过程中仍照常运行，缺乏改进的动力和迹象，并继续对其成员的人格发展产生不良影响。良性共同体内虽然也会有冲突，但各方会积极沟通、讨论和回应，避免出现冷漠和冷暴力。共同体与个体之间能否共同成长，是判定其是否良性的最朴素标准。

三、个性化的良性共同体

良性共同体的相对性意味着，并非所有共同体都能对每个个体产生积极影响。所以，对于个体的成长而言，个性化的良性共同体才是现实的、更具有普遍价值的、对个体成长有效的共同体，值得进一步深入探讨。

（一）个性化良性共同体的构成原理

1. 共同体与其成员的关系决定良性是否存在及其多少

个性化良性共同体的基本假定是共同体来源于个体，服务于个体，满足个体成长与发展需求，致力于提升个体的幸福感、尊严和全面发展。与此相反，若共同体以自身为目的，将个体视为工具，忽视其体验和感受，或让少数人凌驾于多数人之上，那么这样的共同体便背离了其初衷。

2. 共同体成员在共同体中的付出与收益比是共同体良性程度的外显

个性化良性共同体的目标、行为及选择均应基于个体的意愿。共同体与成员之间应保持紧密、亲和的关系，并随着个体需求的改变而调整。共同体的发起和终止应依据成员的选择。若共同体要求成员为其增势而付出，必须得到成员的真诚认可并通过相应程序，否则可能导致共同体性质的恶化。

3. 共同体的规则健全与遵守状况显示共同体良性的保障水平

良性共同体为维持其良性，需建立有效的自我维持机制。这要求个体与共同体共同认同良性共同体的构建原理，并在活动与交往中形成共同体成员高度认同的共同价值，生成符合成员意愿、得到严格遵守的规则。然而，个体在遵守这些与原理相符的规则时可能会遇到困难，因此需通过深化理解、建立监督机制来处理成员间及成员与共同体间的关系。缺乏监督机制将引发混乱，甚至导致共同体性质恶变。即便建立了常规监督，也需不断变换角色并定期更新。更大的挑战在于，当共同体相关成员不遵守规则，且缺乏有效监督和成员表达机制时，良性共同体的效能将逐渐下滑，与初衷背道而驰，最终可能滋生恶性因素，导致共同体性质转变。

4. 共同体的强度需要以成员的独立性为基石

共同体密度的提高可以增强其强度和势能，从而对内对外施加更大的影响力。但同时，这也使得共同体在受到外部压力时反应更为剧烈，甚至可能因轻微的外力触发而“爆炸”，做出异常举动。因此，为提高力量而增加密度是有风险的，它在强化共同体的同时，也提升了其潜在的危险性。

凝聚力不足的共同体密度低下，难以胜任重大任务。而一个高密度、强大力量的共同体，若不能承担起相应的重大责任，将是极为危险的。对于人数众多、能力强大的共同体来说，如果缺乏明确的方向、责任和才能，成员间的民主也可能被操纵。在这种情况下，成员的思想独立性显得尤为重要。

（二）个性化良性共同体的特征

个性化的良性共同体虽无固定模式，却具备一些共通特征，在此择要列举若干。

1）价值人性。良性共同体的价值取向多元，但须在人性需求、人性光辉、人性力量的范畴内，由成员自主选择，不违反人性原则。成员的观念、价值和社会背景均可影响共同体的价值取向，只要这些取向不违背人性，便属于良性范畴。

2）成员平等。共同体成员间的平等、尊重和包容，是维系良性人际关系的前提。在共同体内，成员因身份、年龄、经历和职责不同而担任不同角色。平等意指人格上的平等，并非消除所有差异。在相互理解的基础上相互尊重是基本条件，同时，共同体内的成员不必也不可能千人一面，保持对不同成员的包容性也是良性共同体的重要特征。

3）小规模。成员的增加、规模的扩大会提升共同体的势能和社会影响力，但也会降低每个成员的关注度，削弱其个性化程度，每个成员在共同体中的比重、诉求表达的通畅性以及意愿的体现程度都可能会减少。因此，为保持个性化，应控制适度规模。现实中，个性化的良性共同体多为小规模。过度追求规模扩大，忽视共同体的结构、功能和运行状况，将损害共同体品质，不利于个体成长。

4）自然寿命，避免过度追求延续。共同体发展到一定时间，成员和共同体都会对过往的存在产生留恋，自然会产生自我延续与发展的愿望。这种追求在适当范围与限度内不会影响共同体的品质，但过度追求会降低成员体验，增加维持成本，损害良性成分，甚至给社会带来负担。良性共同体应顺应自然，有价值则存，无价值则止。个体对共同体也应持自然态度，不留恋失去价值或过时的共同体，避免无意义的挽救，更不能容忍危害性增长的共同体长期存在。这样可减少社会成本，节约资源，让社会和个体都受益于共同体，而非受其累害。

5）存在共同短板。即便良性共同体也不是方方面面都优良，共同体常常因为成员同质化，成员有相同的优势，也有共同的劣势和短板。几乎每个共同体都有共同短板现象。例如，高分班级可能普遍近视，运动能力差。这种特征在不同共同体中表现各异，影响共同体处理某一方面问题的能力。

外部环境也常导致众多共同体有相同短板，如“不能输在起跑线上”的观念导致儿童早期智力开发过热，使很多孩子失去快乐，心理问题与反社会行为增多，成为多类共同体的通病。解决这类共同短板问题需要在全社会范围内进行观念更新，对教育评价和教育管理改进。

简而言之，判定是否个性化的良性共同体，既要看其对个体成长的作用和需求满足度，也要看其整体社会效果。

（三）个性化良性共同体的选择与利用

个体参与共同体的目的多元，若仅以成长为唯一追求，则显得过于功利，可能引发新问题。将个体成长与共同体过度捆绑显得教条，因为个体成长的核心在于天性发展，而外部环境仅是辅助条件。个体与共同体的关系具有机缘性，加入某个共同体并不保证一定能更好地成长。即使其他成员在共同体内获得显著成长，某些个体可能仍无法受益；或者个体可能在某阶段得到发展，而在另一阶段受到压抑或伤害；或者个体在共同体中的成长获益远远小于在其中受到的压制、伤害。

因此，个人应在对共同体特性有深入全面了解的基础上，选择适合自己的与共同体相处的方式。个体应依据个人标准和体验来选择加入或离开共同体的时机。加入共同体并非目标，而是实现目标的途径。重要的是不被共同体的局部感受所迷惑，要清晰认知自己的人生目标。

共同体与个体的相互作用及其效果复杂且多样，有些影响甚至具有延时性。个体在选择面前的或可能遇到的共同体时，需谨慎考虑，并非简单地追求良性共同体或回避恶性共同体，而应避免盲目从众。即便是良性共同体也可能对个体产生负面影响，恶性共同体也可能含有对个人成长有益的因素，因此不能人云亦云，随大流。无论良性还是恶性，只有深刻全面地了解共同体，才可能用其利、避其害。

在共同体内，多数成员对少数成员的沉默、围观或其他形式的暴力、伤害是常见现象，有时背后还有复杂的前因或人为煽动。这种情况对各方都不利，但因符合部分成员意愿而时有发生。与此相类似的现象不少，显示个体对共同体的态度以及个体对共同体成员的态度本身是选择和利用共同体的重要组成部分和因素。

共同体一旦形成，便会积聚自身的势能，这种势能与成员数量、组织严密性、共同信念及历史背景等紧密相关。在势能强大的共同体内，个体自然处于弱势。同时，势能强大的共同体也更容易产生运用其势能的强烈动机，无论是对外还是对内。这种势能的运用对成员来说利弊兼有，且影响各异。此时，成员如何看待自身得失，并据此作出选择，便体现了其智慧以及与共同体相处的能力、技巧。

尽管个体具有能动性，共同体不能全然决定个人命运，却能在无形中深远地影响个体一生。因此，每个人相遇或面对共同体，选择须谨慎。

第三节　从发现个人到发展新人

由于共同体的价值取向、性质、结构和定位各不相同，个体在不同共同体中的位置存在显著差异。在同一共同体内部，不同个体所处的位置也各有不同。共同体的类型会影响其内部个体的位置差异：包容性好的共同体中，个体更为平等、自主和自由；而排拒性强的共同体中，个体在纵向差距、权力大小、自主空间、自由程度等方面差异明显。

不同共同体间的巨大差异导致了共同体与个体关系的多样性。在某些共同体中，个体权利无法得到保障，自主性受到压制，这阻碍了他们的正常和充分成长。许多天资出众的个体因此未能充分展现其潜力，这种情况在社会中并不罕见。例如，辛弃疾虽以霍去病为楷模，立志成为卫国将军，并屡建战功，但却因频繁调任、数次起落而壮志难酬，最终只留下不得志的诗词供后人遐想。也有一些个体因得到共同体的支持和有利条件，获得了更充分的发展机会。相对于社会的需要与个体的期望，总体上这种情况出现的概率相对较小。

如何促使个体在共同体中获得正常、充分和有效的成长，使其从小概率事件转变为更大概率事件，是一个值得关注和讨论的问题。几乎所有个体在共同体中都处于受益或受害两种极端状态之间，或可能同时受益和受害。这种状态会随着时间、个体成长和外部环境的变化而变化。因此，个体如何根据这些变化做出选择显得尤为重要。

一、尽可能消除个体成长的社会障碍

社会中阻碍个体成长的共同体因素多重并存，交互作用。

以家庭为例，虽然无条件的爱至关重要，但爱的方式和程度若不当，也可能成为孩子成长的绊脚石。例如，过多的拒绝；过分强调权威，要求孩子无条

件服从；父母在管教上态度不一致；过度限制孩子自由表达思想和感受；过度保护，阻碍孩子接触自然和社会；过度怜悯，影响孩子自身能力的发挥；期望过高，让孩子觉得难以达到；过分看重物质，偏转孩子的成长方向；家中常无秩序、充满争吵和不和睦。这些家庭环境都可能对孩子的人格和成长造成不良影响。

学校、用人单位等社会基层组织的管理和评价制度是否恰当，也是个体成长的重要影响因素。较好的管理和评价制度能促进更多人充分成长，实现人尽其才；相反，不良的制度则会磨蚀人的天性，使其原本的勇气、好奇心和探索精神逐渐消失，甚至不得不干脆躺平。在这种环境下，几乎所有人的成长都会受到不同程度的阻碍。

同时，我们不能忽视宏观社会环境对个体成长的影响。社会的政治、经济、价值取向、法律、政策、权力结构等多方面因素都会作用于个体成长。这种影响会渗透到各个共同体中，进而对个体产生深远影响。例如，一个不重视创新的时代会压制所有人的创造性发展，而一个过于功利的社会环境则可能损害真正有创造天赋的人才。

因此，为了促进个体的全面成长，我们需要从多个层面入手，尽可能消除这些社会障碍。

1. 不尊重个体的基本权利

不尊重个体的基本权利及其衍生问题，都可能成为个体成长的障碍。比如，过度强调群体利益与个体权利的对立，而不去寻找两者现实中的结合点；或以维护群体的利益为借口损害个体的利益，而不权衡二者的轻重缓急；再或以少数人对群体利益与个体利益的判定为标准，而非基于大众的体验、检验和协商达成的共识，这些做法均可能对个体成长构成障碍。

2. 不重视程序原则

程序是社会平衡、公平、公正的基础。程序规范能够使个体获得合法的平等与自由。在出现矛盾与问题时，个体坚守程序能够在维护公共利益的同时保障个人利益，从而避免因权势差异导致的人际关系紧张或人身依附等阻碍正常发展的情况。重视程序的前提是尊重事实和证据，逐步走向法治，摒弃主观性和情绪化的人治，以最大限度地减少个人成长的障碍。

3. 权力过度集中

权力过度集中是导致当前热议的“内卷”现象的根本原因。当权力过度集中时，就会以当权者的标准和意志为准绳，导致大多数处于权力边缘的人围绕权力中心进行无实质意义的消耗，而非真正的成长。这种现象表现为低水平的重复，难以取得新的突破；看似精益求精，但因目标任务的价值难以判定、优劣难以区分，无法实现真正的精益求精。此外，个体在按部就班中难以自主应对变化，只能埋头苦干而非乐在其中，内心却日渐疲惫。个体的才能只能在有限的内部范围内施展，难以通过市场让其思想、能力和作品在更广泛的社会范围内发挥作用；工作方向是向内收敛的，缺乏向外发散的思维。简而言之，权力过度集中必然导致以权力中心为内核的内卷现象。

4. 在不平衡状态下压力巨大

在平衡的社会状态下，无论是静态还是动态，社会都展现出更高的圆融性、包容性与和谐性。不同阶层之间互补、互助、互谅，而非相互冲突。人与人之间有更多的君子之交，个体因社会相对公平正义而受益。

而在不平衡的状态下，系统内个体受益的方面可能转变为受害。这种状态下，争斗、纠葛、人身攻击和尊严伤害屡见不鲜，人际压力剧增。人的成长受到复杂人际关系的干扰和纠缠，难以全身心投入自我成长。尤其天资卓越者，受到的伤害更深。社会上甚至出现品德、能力较低者欺辱、围攻高品德、高能力者的现象，这样的现象在历史上常常与战争相间，消耗了大量精英人才，也削弱了当时社会发展的活力。

5. 责权混乱

责权混乱常表现为责权利不一致、不平衡，掌权者无需负责，而需负责者却无权。为免责，人们被动地进行大量无效、重复的工作，仅为求得心理安慰和免责借口。明知操作无效，但为执行上级指令、达到考核标准或其他目的，仍无休止地进行无效学习和研究。形式主义盛行，耗费巨大人力物力以完成固定动作，以期在出事时免责，无事时作为业绩凭证。个体成长的精力和动力因此消耗在无效的免责应付和考核追求上，社会前进方向不明，个体难以有效为社会进步发力。

在人类社会逐步迈向更高文明的历史进程中，消除个体成长障碍是社会系统改进和重构的关键。尽管历史文献多聚焦于政治、军事、经济和科学，很少从人的充分成长角度记录，但这并不意味着个体成长状况不重要。相反，它是社会进一步发展的动力源泉。随着文明水平的提升，其重要性日益凸显，在区域和社会竞争中扮演越来越重要的角色。随着信息化和交通的便捷，成长环境更好的地区将吸引更多英才，推动经济社会更快发展。这种循环将迅速拉大地区发展差距，迫使各地反思自身的管理与评价，为消除人的成长障碍、创造更有利于人充分成长的环境采取有效措施。没有意识到这些问题，不重视这方面改进的地区必将被其他地区抛在后面，被发展潮流抛在后面。

当然，消除个体成长发展障碍的问题无法在此详尽讨论，但一定要明确它是集成人学教育不可忽视的重要论题。

二、在共同体中相互发现

一个良性发展的共同体一定会不断挖掘并发挥成员的优势潜能，这样才能走向兴旺。如果要求成员长期进行低水平的模仿和复制，限制活动内容使其单一化，或者用单一标准来评价和要求成员，又或者过于注重外在形式的花样翻新，而忽视实质效果，这些做法都不会促进成员间的相互发现，反而会导致相互挤压、盲目看齐、自我审查和自我较劲。这不仅耗费大量时间，消磨成员的热情和意志力，而且无法创造新的价值和工具，甚至会导致对差异的恐惧，降低包容性，最终使共同体和成员一起走向衰败。

共同体内部的相互发现，源于个体对自我认知的困难远大于对他人的认知。通过相互发现，可以实现更快速、准确、客观和全面的自我认知，从而加速并精确地进行自我建构和自我实现。共同体为这一过程提供了便利的人员条件，但在很多情况下，这些条件并未被有意识地充分利用，因此未能发现其巨大的空间和效能。

（一）相互发现的路径与方法

1. 在比较中发现

在共同体中，当不同个体在相近的环境下进行相同活动或学习时，比较就自然发生。这种比较能够揭示出每个人天赋与努力的差异，从而凸显出个人的优势潜能或明显的智能短板。然而，由于共同体成员可能缺乏个体心理与能力的专业知识，对某些显现出个体优势的现象不敏感。因此，提高成员间的相互发现意识，并普及有关个体才智的常识，是提升发现效率的关键。

2. 在合作中发现

共同体中的合作，只有充分发挥每个成员的长处，才能达到最佳效果。经过一段时间的协作，各成员的能力强弱会变得显而易见。然而，这仅仅是一种基础层面的发现。更高效的发现方式取决于合作角色的分配。相较于由权威指定角色，轮换岗位能大幅提高个体优势被发现的概率。当然在轮换岗位的过程中，一些人的智能短板也会更清楚地显示出来。更进一步，如果允许共同体成员自由选择角色，并通过比较和评价他们在所选角色中的表现，就能更有效地发现成员各自的优势潜能。

在合作中更好地发现优势潜能需要两个基础性条件：一是个体自身善于选

择，有较强的选择意识和能力，不断选择适合自己优势方向和智能发展状态的事，这就需要个体从小锻炼提升选择能力与技巧，如在幼儿园自主选择游戏角色；二是共同体或更大的社会组织机构为个体提供自由选择，并对选择的效能进行及时、客观、准确评价的体制机制。

3. 在互补时发现

在完成某一任务、实现某一目标的过程中，高个子与矮个子可以互补，青年人与老年人可以互补，智能差异的人则可以在更广范围更深领域互补。这种互补不仅使得每个人的优势潜能得到更多展现和锻炼的机会，还有助于这些潜能的进一步发展。所以，互补无疑是一种有效的发现个人优势才智的方式。

除了横向的类别互补，还有纵向的层级互补。例如，在大学环境中，只有一流的教授，没有一流的助手，同样难以办出一流的学校，甚至可能造成人力资源的浪费，并阻碍某些人的充分成长。所以在层级互补过程中，会有较高比例存在伯乐发现千里马的情况。

（二）发现判定原则

发现他人，从他人中发现自己需要遵循一定的原则。

1. 标准多样原则：鼓励求异，而非仅仅求同

若仅以自己的标准去评判他人，往往会只见他人之短。现实中，一些机构推行的单一标准考试与管理制度限制了成员的自由和成长空间。为追求高分或业绩考核，人们常被迫在狭小范围内努力，在无价值之事上过分求精，或因无法辨识有价值之事而盲目行动，甚至在人际关系上玩捉迷藏，这些都束缚了人的自由灵性和创造力。同时，为了排名，考核者常出偏难怪题，管理者设立无谓的严苛规定，看似公正，实则设限过度。长此以往，单一标准高于人，管理制度高于人，烦琐条规高于人，人的创造力受到压制。他们也在找人，但不是发现人的特殊才智,而是找他们可以评价为不符合已经确定并秉持的统一标准，没有严格按照他们所持活动规范活动的人，由此必然进入整个社会创造力的负向循环。

唯有多样化标准和求异思维，才能符合人的天性多样性和社会需求的多样性，从而最大限度地激发和发展人的创造力。

2. 要求适度原则：鼓励选择，而非仅仅听命

在教育语境中，“严格要求”常被视作褒义，却鲜少考虑严格要求的内容是否真正适合被要求者。例如，在选修课讨论中，当学生学习兴趣减弱时，多数教师倾向于设法挽留、补课并严格要求，以期学生学得更多。然而，这种做

法往往适得其反。更合理的做法是在适度要求后，若学生确实不适合，则鼓励他们寻找真正感兴趣的学习内容。无休止地在同一问题上努力而忽视效果，既不利于发现和发展人才，也难以实现社会建设目标。社会应设定适度要求以促进个体成长，而个体则应追求自主选择以实现更有效的发展。将这两者结合是发现和发展人才的最有效机制。任何违背这一原则的社会设置或个人选择，都可能付出高昂成本而收效甚微。在只能听命的共同体中，个体为了自身利益多会选择顺从，但这样做最终可能陷入困境；而那些选择反抗者，虽可能被共同体抛弃，却有可能因此走出困境。

3. 及时调焦原则：用变化而非不变的定位看人

当两人距离较远时，往往更容易看到彼此的优点，但随着距离的拉近，对方的问题和缺点也逐渐显现，甚至原本的优点也可能消失无踪。这种现象并非完全客观，而是受到个体主观认知的影响。若放任这种主观性，个体就难以在共同体内发现他人的优势潜能，反而可能不断积累对对方的不满，最终导致对方在自己眼中一无是处。

为了改变这种相互认知的主观性，个体需要根据实际变化及时调整自己的观察视角。正如古人所说，“士别三日，当刮目相看”，强调的就是要随着时间和情境的变化来重新评价一个人。特别是在三种情况下，更需要调整自己的观察焦距：一是双方目标相同但具有排他性时，如争夺某项冠军；二是双方需求相同但资源有限时，如争抢同一本书；三是双方差距过大，特别是一个相对肤浅的人观察一个相对广博的人，导致观察不全面时。在这些情况下，及时调整观察视角，以更加全面地观察对方。

即使没有上述特殊情况，也要意识到自己的文化视角和观念可能限制了自己的观察范围。因此，个体需要在更深层次上进行自我改进，以调整自己的观察焦距，更好地在共同体中发现他人以及相互发现。

4. 秩序正义原则：确保自然与人为秩序的协调

无论是共同体内部还是外部社会，秩序都是必不可少的。个体的成长也需要在有序的环境中进行。秩序的决定因素包括自然的和人为的两大类。自然因素如个体的天性和宇宙的运行规律，而人为因素则包括人类社会发展过程中形成的礼仪、制度和法规等。

个体在共同体中发现他人时无疑不能违背自然秩序，需要对自然秩序有一定的认知，以做出更符合实际的判断。同时，个体也要认识到人为秩序对认知的影响，毕竟人类对有序社会秩序的诉求占据了人类对秩序追求的绝大部分。个体往往为了稳定性、正当性、合法性需求而忽视了一些基本事实，赋予另一些基本事实更高的价值，这些会影响个体间的相互认知与发现。过于偏重人为秩序而轻视自然秩序是常见的偏见,这可能会成为个体相互认知和发现的障碍。特别是当人为秩序与人的天性所需的自然秩序相违背时，这种障碍尤为明显。

为了避免这种情况，共同体需要在全面考察后考虑修改人为秩序，或采取其他变通措施，以减少对个体成长的阻碍。同时，也要防止为了某个权势个体而轻易改变人为秩序的情况，因为这可能会以牺牲其他人的利益为代价，对社会秩序和整体发展造成损害。

在多数情况下，共同体与人为秩序的关系更为紧密，个体与自然秩序更为亲近，自然秩序与人为秩序的关系常表现为个体与共同体的关系。在相互发现的过程中如何处理好这一对关系便成为遵行秩序和程序正义的现实难点。这受到共同体所在社会的法治状况和共同体自身如何处理与个体关系的影响。因此，遵循自然秩序，对违背自然秩序的人为秩序进行改进，以维护两者的协调，更有利于在共同体中实现相互发现。

三、对确认的优势共同实现发展

共同体成员在某个特定时间所展现的优势潜能，一旦得到确认并在一定范围内为大家所认可，就需要利用一切可能的机会使其得到进一步的培育、发展、改进、使用，以对共同体及整个社会发挥作用。

为了使个体的优势潜能处于有效发挥和成长的状态，共同体应及时有效地提供必要条件。这包括确保个体不断获取新信息，面对新鲜任务和挑战；持续设定新目标、锻炼新技能、产生新思想、发明新工具；并在自主选择的环境中成长，避免信息过度筛选或强制性的内容、目标、路径和方式。共同体应鼓励和推动开放自由的竞争，鼓励发明创造，并建立最少约束的自由机制。同时，共同体成员需要对共同体内的其他成员不伤害别人的各种新行为与活动保持兴趣和积极参与、支持的态度。

共同体还需警惕无效消耗个体才智和青春的情况，如磨平个体锐气、使其虚度光阴，或使共同体中大量的人默默地、不假思考地做无用功等，这些都会浪费资源、降低效率，甚至弱化竞争意识。这类情况在历史上一直在发生，现实中也大量存在，贻误了大量个体的充分成长，消耗了共同体的精气神，使得个体与共同体无法走向共赢，对社会无所贡献，反而可能走向共衰。这类问题往往与共同体的理念、体制设计及其特征有关。

个体的优势潜能用于实现有价值的目标才能对社会发挥最大的效益，也才能实现个体的最大价值。对何为有价值，不同的人有不同的判定和选择，共同体成员之间判定不一是常态，共同体的群体与个体的判定也会不同。在此情景下，尊重每个当事人的判定和选择在总体上是更有效的，尽管当事人的选择有犯错的可能，仍需要将尊重当事人选择作为共同体内必须遵守的准则。因为只有当事人而非其他任何人或组织才能对自己的选择承担全部的责任，只有当事人的切身体验才能成为更可信的依据。个体的犯错也为个体少犯错积累了基础，尊重每个当事人的判定和选择也成为减少群体犯错的前提条件。

在确认目标价值并进行选择后，优势潜能的成长和作用将发挥更高的社会效能。在缺乏价值或价值不大的领域过度投入，与高尚、神圣和先进并无多少关联。共同体应避免对目标不加辨别和证实，要求成员盲目敬业、守纪，从而导致无效消耗。相反，应鼓励成员依据自身体验和判定，在组织设定的价值意义基础上寻求向外突破、创新和创造，以激发共同体内在的向上动力。

对个体确认的优势共同实现发展，需要对共同实现发展可以使用的方式与工具有进一步深刻的认知。

1. 在良性生态中共同实现发展

在共同体中形成良性生态，就是为每位成员创造更佳的成长环境。这一目标的实现涉及两个关键环节：

一是，共同体及其成员应明确目标、制定规则并采取措施，以共建和维护良性生态。良性生态的基石在于认识到成员间的相互依存、相互制约、同等重要。同时，应理解共同体对个体而言虽重要但非必需，个体有权选择离开不合适的共同体，寻求更为良性的共同体。共同体需不断改进自身，以吸引更多成员认同并加入，而非依赖强制手段维持。因此，维护成员间的平等、尊重、互助与交流是良性生态的基石，而消除等级、固化、专有、专用及专权则是维护这一生态的另一重要方面。

二是，共同体与成员应充分利用良性生态以实现共同发展。共同体的价值在于在个体与社会间架起桥梁。成员通过共同体获得更好发展，即是共同体价值的体现。在此过程中，应尊重个体成长的实际需求，以恰当且适度的方式满足这些需求，避免以个体成长为名行强制之实，或对所有个体采取一刀切的措施。

2. 通过资源共享共同实现发展

通过分享实现共同提升和成长是实现共同发展的常用方式。但是共享与分享都需要遵循规则，建立机制并遵循规则是共同体内成员分享与共享的基本条件。

分享与共享机制需要公平，但并非意味着平均分配或无差别对待。公平的核心在于确保每个成员的基本权利平等。由于每个人的成长对资源需求的数量、类别和时机存在差异，因此资源共享应根据个体需求进行，并确保是在个体有需求时提供。应尽可能减少对资源的无效占有或超时分享，并废除基于权位和等级的资源共享方式。

没有规则、有规则却不遵守、突破规则常常成为资源共享与分享的障碍。共同体中的品德较低、能力较低、占有欲较高的人常常成为规则的破坏者，又是难以从共享与分享中获得有效成长的人，所以他们对分享与成长的珍视程度较低。提高他们破坏规则的成本，对他们破坏规则的事实确证后依规给予惩罚，才能在一定程度上维护共同体内的资源分享与共享规则。更为有效的方法是建立有效的共同体成员进入与退出机制，对不遵守规则的成员依规令其退出。

3. 通过互补互促共同实现发展

牛顿曾言，他的成功源于站在巨人的肩膀上。事实上，许多杰出人物都是如此，但他们所选择的“巨人”却各不相同。选择哪位“巨人”，取决于个人的兴趣、爱好、潜能、鉴别力及自我认同。个体所选择的对象一般是在时间上生活、成长于自己之前的人。对于相同时代或接近相同时代的人，就需要以相互错位、互补、互促的方式共同实现发展。

互补，能让共同体中的每个成员的优势得到极致发挥。它意味着“能者多劳”的理念成为一种社会循环机制，在时间、精力、空间和机会上都给予在特定领域有优势的人更多资源。这样就可以构建一个分层、分级的互补互促共同体，满足不同的社会需求。在这样的共同体中，每个人都能发挥自己的长处，而不会因为某方面的短板影响生活质量和能力展现。

对所有个体采用统一标准进行考核，是阻碍互补和共同发展的主要障碍。统一标准的范围越广、要求越高，对共同体成员的成长阻碍就越大。当这种标准超越共同体，成为全社会的要求时，甚至会阻碍整个社会的正常发展。

此外，共同体成员的优势发展和潜能发挥，并不完全取决于工具和措施，而更多地与个体的人性状况有关。只有对人的本性及其个性化特征有更深刻广博的认识，才有可能在更大范围、更高水平、更深程度上实现人的成长发展。

第四节　共建并选择终身共同体

先天条件仅为个人成长的潜力，而后天社会环境则为其实现提供可能。这两者之间的关系，不能简单地以静态比例来衡量。即便个体先天条件极为优越，若后天环境无法提供实现条件，其最终结果仍将为零。随着后天的可实现性增大，先天的可能性与后天可实现性之积才可能逐渐增大。更需警惕的是，若个体在后天环境中遭遇负面因素，即便先天条件优秀，也可能形成负向人格，对个人和社会造成不幸。因此，从宏观社会整体和微观个人两个层面不断提高可实现性，确保个体的可实现性不被污染，减少直至消除负向成分，就是教育尤其需要重视的问题。其中宏观整体的社会改进内容宏阔，不拟在此讨论，这里就微观与中观层面的个体与共同体的建立、治理、选择加以讨论。

一、自我建立与共同体建立

自我建立是两千多年前的古人就已经开始讨论的问题。当然，古人讨论将它放在当时的框架内进行，比如放在理想国与天下大同的框架内讨论。

庄子说，“天地与我并生，而万物与我为一”(《庄子·齐物论》)，强调人可以提升自己的境界以“与天地精神相往来”(《庄子·天下》)；孟子说“亲亲而仁民，仁民而爱物”(《孟子·尽心章句上》)；张载讲“民，吾同胞；物，吾与也”(《西铭》)；佛学讲求众生平等；程颢说“仁者以天地万物为一体”(《河南程氏遗书》卷二上)；王阳明说当看到受到破坏或损害时每一个人都会从内心产生“不忍人之心”“怜恤之心”“顾惜之心”，并把它们视为自己身体的一部分而加以爱护……人所具有的仁爱之心由“爱人”扩展到“爱物”，从而把人与天地万物结合起来。中国古人由此产生对天、天地精神的信仰及对天命的敬畏。儒家利己利人、成己成物、博施广济、仁民爱物；道家强调自然与人是有机的生命统一体，相信物我之间的同体融合，赞美天籁齐物之宽容；佛家普度众生、悲悯天下。人于是看到与自己的生命紧密相连的外在社会与世界，看到人与万物共生、共存、共成长的生命家园。

到了近现代，自我建立则常常被以分析的视角加以讨论，唐君毅在道德自我建立方面的讨论就是例证。他认为自己在三十岁左右时思想就基本定型了，印证了孔子所说的“三十而立”。他的自我建立基于早年在所处环境中生成的悲悯宗教情怀，进入大学后与当时所处社会的科学思潮直接相关，生成了“唯由科学以通哲学，乃为哲学之正途”[①]的观念，立起了他一生带有宗教性的哲学格局。这个例证说明个体的自立与共同体的建立是合二为一的，不同的人可以依据天性有不同的自我建立，也可能以各不相同的方式参与共同体的建立，但任何人的自我建立都必须参与所在社会的某些共同体的建立。

唐君毅对道德自我建立进行了深入剖析，“提出道德生活之本质，为自觉的自己支配自己，以超越现实自我”，揭示“道德自我之尊严性，进而追溯道德自我在宇宙中之地位”，“以精神实在一名……说明现实世界之物质、身体皆为

① 唐君毅：《生命存在与心灵境界》，中国社会科学出版社 2006 年版，第 471 页。

精神之表现，各种道德心理，即通常所谓现实生活之本之饮食男女求名誉等活动，皆为同一精神实在表现之体段，而明其相通，使人知人之一切生活，均可含神圣之意义”。[①]显然，这仅是对道德自我建立的一种阐释，是带有主观理想主义色彩的设想，试图使人生成为一种道德的人生，使世界也成为一种道德心灵观照与统摄下的世界。无疑它又是作者自我参与共同体建立的实际行动。

陶行知曾用“自立立人”阐明了个体自我建立与社会共同体建立之间的关系，并用《自立立人歌》的儿歌形式阐明其逻辑：“滴自己的汗，吃自己的饭，自己的事自己干，靠人、靠天、靠祖上，不算是好汉。滴自己的汗，吃自己的饭，别人的事帮忙干，不救苦来不救难，可算是好汉？滴大众的汗，吃大众的饭，大众的事不肯干，架子摆成老爷样，可算是好汉？大众滴了汗，大众得吃饭，大众的事大众干，若想一个人包办，不算是好汉。”[②]

从前人的思考与论述可见，对理想社会的追求有千万条路径，每个人的自我建立对个体自身和所处社会都十分必要，没有自我建立的人永远难以成人，难以充分成长；没有个体自我建立空间的社会将成为没有筋骨和精神的社会。没有众多成员的自我建立作为基础，就没有共同体建立，更不可能有社会的建立。个体如同流水状不断穿过共同体，不断体验共同体，并受到共同体的塑造，又不断冲刷着共同体；共同体则可能有一部分仅存在于个体生活的某一时段，还有一部分存在的时间远远长于个体的生命周期，所以共同体的建立既可能是一些个体为了一场“歌舞”建起的舞台，也可能是历经千百年的永久建筑，一代代人从中获得天赋的可实现性。

正因为共同体的建立对个体成长至关重要，我们必须对其进行精心设计和谨慎构建。每个共同体有不同个体的参与，因此其当然应是千姿百态的，不应强求一致。

有利于个体天性充分成长的共同体需要遵循以下原则。

1. 平等原则

在人类社会发展过程中，个体与个体间的地位、权利、责任关系决定着自我建立、共同体建立与社会建立之间的关系极为复杂，成为决定个体能否自我建立、能否有效参与共同体建立、能否有效参与社会建立的重要决定条件，也成为个体能否在共同体和社会中获得足够或充分或必要成长条件的决定因素。遵从平等原则对每个个体可能未必是尽善尽美的选择，但总体上它使所有个体都能获得相对充分发展的必要条件。

---

① 唐君毅：《道德自我之建立》，九州出版社 2021 年版，第 1-2 页。

② 陶行知：《陶行知全集（第七卷）》，四川教育出版社 1991 年版，第 208-209 页。

平等可能会限制一部分人的自由，特别是可能会限制智力在均值以上的人充分发展的自由。在构建共同体的过程中，需要精心平衡个体与共同体之间的自由与平等关系，创造在立足点求平等、于出头处争自由的环境，既不以平等过度限制自由，又不以自由冲破平等底线。

2. 共生原则

人类在如何对待同类与不同类上，常常在明晰与迷茫、知晓与无知之间摇摆。总有不同时代的一些个体在没有明白相关原理的情况下就采取行动，它直接影响到人的自我建立和人类社会的建立，有时还对人的建立和社会建立造成长时间难以修复的伤害。

万物皆有其固有的内在价值，这是自然所赋予的，与人类的内在价值同源。然而，万物的价值各不相同，它们之间可能存在相生相克的关系，需要共同体以多样化的方式去认可它们的存在。每个人、每个群体都有独特的特质、需求和利益，它们之间千差万别，可能会导致矛盾、冲突甚至争斗、战争。在处理同类的关系时，如在处理不同种族、民族、肤色、地域、语言、文化、宗教、性别、国家、阶级、阶层、价值、意见的人之间的关系时，共生是总原则。

许多人未能认识到人类是一个同呼吸、共命运的整体，难以建立起人类命运共同体的意识，这限制了人的自我建立。每个人都处于人类命运共同体的不同层次、不同维度之中。只有个体认识到自己在共同体中的层级与定位，才能进行更为恰当的自我建立，更有效地参与到共同体的建设中。

在处理与不同类的关系时，如人与动物、人与自然的关系，我们需要摒弃私欲、贪婪和人类中心主义的思想，对自然资源的取用应有所节制。这样做不仅有助于完善人性，也有利于维护生态平衡。我们应当善待动物、植物及其他类的存在，保持人与自然之间的平衡，重建生命伦理，回归天地万物和谐共生的境界。

3. 包容原则

从人的成长发展特征来看，一些有特殊才能的人在某一领域能力超常，而在其他方面却可能相对迟钝，甚至属于低智低能，人际关系出现各种问题。共同体及其成员对于他们不能够过于苛求，而应根据其实际给予宽容和理解。“彼且为婴儿，亦与之为婴儿”（《庄子·人间世》），个体本身是什么一种状态，就让它保持自然、坦然。人的成长需要安静、专注的环境。社会尤其是共同体要给其中的每个个体提供一个尊重、包容、理解的环境，让他们在少诱惑、少干扰、少噪声的环境当中充分成长，发挥天赋。

包容尤其需要对与自己相异、相反、相对立的人加以包容。一个人的内心越小，所能包容的范围就越小。所以，包容本身需要积累，需要广博的见识，才能更自然、有效地遵循包容原则。

包容当然需要建立在社会的合理性和法制健全的基础上。中国古人追求“穷则独善其身，达则兼济天下”，当富人普遍不在乎担当社会责任、达者不愿意兼济天下的时候，当掌权者还在试图通过垄断将公权私用或转换为私有财富的时候，就已超越包容的边界，需要通过公正、正义协调各方面关系，为个体的良性成长创造良好的环境。

在自我建立与共同体建立中，文化是其中重要的成分，特别是“诚”“仁”“敬”等文化对个体自立和共同体建立都十分重要。“诚”在真实，“仁”在包容，“敬”在自律。在功利尚争的社会里，“诚”“仁”“敬”常常没有受到应有的重视而受到边缘化；当坑蒙拐骗、逢迎吹拍的氛围形成后，虚伪、排拒、自我中心必然成为成员人格中的一部分，个人恩怨与日俱增，又会在共同体中形成不良文化。如此循环，个人的自我建立与共同体的建立就会陷入文化上相互沦陷的恶性循环。

4. 弱项保护原则

共同体中的成员都有其强项和弱项。对成员的弱项进行保护是健全的共同体建设不可缺少的内容,就像社会通过立法保护残疾人和未成年人的权利一样。

在某些领域有特殊才能的人，可能在其他方面表现得较为幼稚、孤傲或木讷，甚至与世隔绝、不谙世故。倘若缺乏适当的保护，他们可能会遭受不公平对待，进而因屡受伤害而性格扭曲，最终有可能成为共同体和社会的破坏者。此类案例不胜枚举。因此，在共同体建设中需要设定原则，保护那些专注于自己兴趣领域、心地善良、诚实守信、不伤害别人也不对别人设防的人，使这些在某些方面有弱点但纯洁、天真且才华横溢的人能够正常生活并发挥专长，确保他们的成长动力和基本权利得到充分保护。

历代会社或其他形式的社群曾经对个体成长发挥不可替代的作用。个体很难不通过身边的共同体建设就直接去建设理想社会；社会的管理者也很难用虚幻的、独揽的、单一的权力将所有个体融为一体。理想社会需要数量众多、种类多样的良性共同体。良性共同体既是理想社会的基础单位，又是个体成长发展的必要环境。共同体的单一性、特权化或过度组织化都可能破坏其良性，从而影响个体的成长，甚至引发社会灾难。

当人与人之间、人与共同体之间仅剩下功用价值时，例如学生依赖名师来提升自己，教师依赖高分学生来提高荣誉，学校依赖优秀学生来提高名次，这种功利性的关系会窄化、扭曲对真理、人性、知识和人格的尊重。在这种情况下，自我建立和共同体建立都会遇到难以逾越的障碍。

随着社会发展进入到需要根据个体成长的需求来建设良性共同体的时候，要减少个体因获得太多不良体验而躺平的情况,共同体就不应将个体视为工具。共同体中的公共权力掌控者要用规则和道德约束自己，确保公权力运行的公开透明，并接受成员监督。同时，共同体成员也不能仅用道德与规则要求自己，还要学会与他人一起遵守规则，能运用规则监督公权操作者。

二、自我治理与共同体治理

对于个体成长而言，所处环境中“劣币驱逐良币”的逆向淘汰现象是最为严重的不良影响。历史上，这种现象长期且普遍存在，它不仅从过程和结果上影响该环境内所有人的成长和发展，还深刻塑造人的为人态度和价值取向。因此，从教育的视角出发，这应被视为最需要治理的社会问题。

简而言之，逆向淘汰是指在特定的社会治理和人际关系背景下，品德、能力、勤奋程度和工作绩效较低的人反而淘汰了各方面相对较优的人。这种“坏的淘汰好的，劣质的淘汰优质的”现象，导致小人淘汰君子，平庸者淘汰杰出者，懒惰者淘汰勤奋者，业绩差的淘汰业绩好的。其整体效果是个体无法得到充分成长，社会陷入低迷不振的状态。

逆淘汰往往发生在强权过强、弱者过弱的社会环境中，当恶人联手、品德良好的人选择袖手旁观时，两者之间的差距过大，难以形成或维持有效的平衡。在这样的社会里，潜规则的作用甚至超过了明规则，弱者只能选择“迎合者生存”的方式生活，以适应所处环境从而避免被淘汰。在不同弱者之间，相对强势的一方因害怕自己的权位与利益受到挑战，会选择利用那些听话的人，同时抛弃、挤压、边缘化那些能力较强、较优秀者。更有甚者，他们以“弱民论”为依据，采取措施限制和打压强权范围内的精英，禁止思想自由，并建立相应的体制机制、政策法规来长期维护逆向淘汰的运行，使社会长期处于沙漠化、暗淡化状态。

作为社会现象，逆向淘汰的存在会使所在社会素质较高的人的生活难于素质较低的人，所有个体均因生长与成长环境较差而素质难以有效提升，素质较低的人的后代在总人口中所占的比例越来越大，精英被愚众裹挟常常难以正常表达、理性思考、有效成长和发挥作用。经过一段时间积累，被淘汰出局的不是素质低反而是素质高的人，相对明智的人被迫选择移民和迁徙，使得该区域的人口总体素质越来越低，从而导致该区域社会的政治、经济、文化、教育等各方面的发展越难以进入良性治理的沙漠化、板结化状态。

与人的成长相关的逆向淘汰现象表现主要有六种。

1）在社会治理中，潜规则效能高于明规则造成逆向淘汰。在社会治理层面，潜规则常常凌驾于明规则之上，使得品德高尚者因小人的暗算而受挫。相反，那些道德标准较低的人却能够轻易超越坚守原则的人。这种环境对真正有才华和道德操守的人造成了冷遇、排挤甚至打击，严重破坏了社会生态。在这样的氛围下，个人难以独善其身，无论是个人的自我提升还是社会的整体进步，都会遭遇重大阻碍。

2）在用人方面，有独立人格和个性、能力较强的人被忽视，形成逆淘汰。平庸、听话、有人身依附倾向之辈青云直上；平等待人、客观看事、独立判断的人常被共同体放逐、到处流浪。平庸但有做人上人观念的人上位后又惧怕使用有才能、有个性的人，继续使用比自己更平庸的人，等而下之，真正有潜力的人才无法得到充分的发挥和成长。如此不断复制逆向淘汰，阻碍个体与社会健全发展。

3）在人与人的关系和价值取向上逆向淘汰。那些重视品格、尊严，追求人生幸福的人，往往被那些不讲原则却善于搞关系的人所淘汰。谦和、平等待人的人常被视为“缺乏魄力”或“能力不足”，甚至被贴上“软弱”和“办事不力”的标签。而那些霸道、蛮横，缺乏思想和修养却行动力强，甚至无视他人权益的人，却常常能够占据上风。在这种价值取向下，许多人为了个人利益而集结在强势者周围，而那些尊重他人权利的人却被边缘化。

4）不同类型与行业的人际关系出现逆向淘汰。这主要源于不同行业社会地位的变化。某些行业利用公权自我膨胀，抬高自身地位，导致会钻营的人取代会干事的人。这种逆向淘汰在一些领域形成“铁帽子王”，压制其他行业从业者的权力和地位，损害其利益，进而对关键行业人才的成长和作用发挥形成逆向淘汰，导致真正的一流人才和社会精英被怠慢和消耗。这种逆向淘汰就会抑制人的天性成长和社会各行业的发展，形成恶性循环。

5）在人与物的关系上，人越来越被物质驱使、掩埋、淘汰。逆向淘汰的拓展就是以物汰人。在某些人眼中，财富成为支配他人的工具，有钱就能雇人、指使人。在许多应以人为本的领域，金钱被过分看重，甚至用于伪造业绩，导致优秀人才无法施展才华、尖端技术难问世。这些都阻碍人的全面发展和社会的良性进步。另外，学术和行政领域也存在以物汰人的现象，如利用资源和权力组成学术包工队或建造政绩工程，这些行为都只是让少数当权者受益，却让普通民众承担成本和代价，消耗社会财富，成为社会的隐患。

6）在虚实关系上，以虚汰实。那些擅长言辞、善于作秀的人往往比实干家更受青睐。有实际业绩的人不如善于宣传的人受重视。担当实干者面临重重困难，而空谈者虽未解决实际问题，却能顺利升迁。说真话可能遭人嫌弃、得罪人，甚至受到打压；而说假话却能推卸责任、掩盖问题。这种逆向淘汰不仅败坏了社会风气，还降低了社会的整体信任度。

以实现所有个体充分、全面发展，有效施展才能，并创造新价值为目标，我们应着手开展自我与社会治理，逐步减少乃至消除逆向淘汰现象。其核心理念在于从人治向法治转变，从主观臆断向科学、专业评价转变，真正实现权利平等。然而，要真正落实这些理念，难度颇大。

在自我治理层面，我们应选择法治，不仅自身要避免利用逆向淘汰谋取私利，更要防范自身成为逆向淘汰的受害者。要养成不懈质疑、包容异见、笃行担责的人格，努力消除自己身上可能遗留的与逆向淘汰相关的思维。一旦发现自己遭受逆向淘汰，应勇敢、及时地运用法律武器，遵守规则来维护自身权益。此时，维护个人权利即是捍卫共同体内所有人的共同权利。

在共同体治理方面，关键在于构建透明、公开的制度环境，确保权力在阳光下运行，真正将权力置于制度的约束之中。应推行真正的民主治理，使每个成员都能有效监督公权力。对公权力可能滋生的腐败必须及时曝光，不留“暗门”，不开“天窗”，不留“隐身衣”，不做“隐身人”，用制度和规则管权、管事、管人，尽可能地铲除潜规则滋生的土壤，运用一切合法手段和程序，使逆向淘汰无处藏身。

在共同体治理方面，需要建立公正、客观、科学的评价制度，并切实监督实施。优劣评价不再依赖于主观臆断或权力者的意志，而是根据明确的标准和实证依据来确定。贪、庸、昏、伪能够被识破，谄媚之术、浮夸之风丧失用武之地，求真、为善、务实、清廉的人才能经过评价脱颖而出。

在共同体治理方面，同行评议与第三方评价相结合被广泛认为是较为理想的模式。实施同行评议时，关键在于精确界定同行的范围。例如，不能简单地将所有从事物理学研究的人员视为同行，而应选择被评价对象所在小领域的前沿专家进行评议，以确保准确性。同时，通过第三方评价来增强评议的客观性。为了提高同行评议的可靠性，公开评议比匿名更为可取。将评审意见和评审者一并公开，可以促使评审专家更加严谨、认真地对待评议工作，因为他们会意识到自己的评议意见将在公众视野中接受检验，从而影响自己的声誉。然而，在程序上需要恰当把握公开同行评议意见的时间点。在整体设计上，既要确保同行评议过程中的权力制衡与均衡，又要与第三方评价之间形成权力制衡与平衡。要确保每个环节都有明确的责任人，特别是在同行评议时，应重视“人”的因素。评审者眼中不能只有“成果”，而应通过成果看到一个人的成长、学术努力、发展潜力以及对其所在领域发展的重要性。

在共同体治理方面，能够及时发现逆向淘汰，并加以纠正，惩戒通过逆向淘汰获益者，补偿在逆向淘汰中的受害者。铲除逆向淘汰在共同体内产生的土壤。

法治是人类社会经过五千多年选择，在各方面显得较优的治理模式，本体的自我治理和共同体的治理必须顺应这一趋势和选择。在法治社会，公权行为主体都必须根据法律规定、法律原则、法律精神来进行治理，不能超越法律，不能违法，使权小于法，法律对于权力行为的规范、指引、约束是绝对的。法治应当成为希望获得更加充分、健全成长的个体与共同体进行治理的价值、文化、制度和行为准则，甚至是信仰，才有可能在更广大的范围、可持续地建立良性共同体，助力更多人实现充分且全面的成长发展。

宏观的法治环境对个体成长的作用是具体的教育教学过程无法替代实现的。这是需要在教育范畴讨论自我治理与共同体治理的必要性所在。我们应向所有个体开放资源配置，给教育当事人足够的自主选择权，让市场在非公共资源配置中起决定性作用，为多主体适度竞争方式配置资源提供法治保障。

共建共治共享是个体治理与共同体治理的理想境界，达到这一境界的前提是自我治理与共同体治理的基础良好，有序有效，让治理成效更多、更好、更公平地惠及每一个个体。

三、终身不辍的共建与选择

教育社会学者长期困惑的问题是，一个人的充分、健全成长需要良好的共同体，社会上很难寻找到良好的共同体，于是个体难以得到充分、健全的成长。集成人学对此的求解是，每个人都应参与到良性共同体的构建中，并依据个人判断选择加入自己认可的良性共同体，同时远离那些不够良性的共同体。良性共同体通过共建而存在，个体通过分享与选择而获得充分、健全的成长条件，从而形成动态供需平衡的筛选机制。

一个更加适合个体充分、健全成长的环境需要每个人的参与和共建，也需要通过个体的选择形成对不良共同体的淘汰机制。选择对于个体而言是成长机制，对共同体而言是更新机制，两种作用共同发生影响才能更有效地实现个体所向往的理想社会，也才能获得更加充分、健全的成长。

每个个体都需要积极参与共建理想社会，但在这样的参与中，他不是蒙面拉磨的驴，也不是仅凭本能行动的工蜂。相反，他需要清晰地认识到自己在共建什么、共建的进展如何，以及如何更有效地参与共建，从而打造更符合自己理想的共同体和社会。这个过程是终身的，但并不意味着个体一生只能参与一个共同体的建设。当他意识到当前参与的共同体建设与自己的理想不符时，便可以重新作出选择。

个体在共建过程中需要选择，因为共建存在极限。共同体的规模和满足度都有限，个体成长需求在其中能得到的满足程度并非一成不变。首先，个体成长具有阶段性，需求也随之变化。所参与的共同体可能随个体需求转变而变，也可能保持不变，或变化节奏与个体不同步。此时，选择成为个体的必需。其次，随着个体认知水平的变化，共同体内成员的认知水平变化不会完全一致。对建设怎样的共同体、如何建设共同体的判断，与个体的认知水平相关。当某个个体的认知水平与共同体内多数成员不在同一层级时，选择也成为必然。最后，个体与共同体成员在理念、价值等方面的差异也是选择的动因。

参与共建与选择共同体是个体成长过程中的常态，尤其在快速成长阶段，交替频次更高。共建的过程就是个体成长积累的过程，选择的过程就是个体成长跃迁的过程。共建促进个体成长与相互了解，共同体是成员的公共产品，供大家共同享用，并在其中共同成长。选择则是共同体成员差异性的外现，是成员在认识到与原有共同体差异较大时进入新共同体的过程。

对共同体而言，创造可供个体选择的条件和灵活机制，保障个体选择的基本权利是共建共同体的内容。对于个体而言，增强选择意识，提高鉴别和选择能力，准确把握选择机遇，才能确保终身不辍地进行共建与选择。

但是在现实中，依然有众多因素阻碍个体在共同体中的选择与共建，不妨以一个案例说明：

> 一位单亲父亲，孩子一出生就辞去了原任的企业高管职务，靠种田捡破烂，全职陪伴孩子。17 年里每天菜不重样，一切以儿子为中心。儿子聪明、阳光、帅气，一直是学霸。父亲因此成为当地家长圈里的红人，很多人追看他所开的育儿公众号，其中有他写的育儿经验和真实纪实。父亲还为孩子建立一个成长博物馆。儿子也很争气，考上了美国某大学。半年后，传来一个噩耗，一向以优秀示人的儿子在美国学校中自杀身亡。

这个悲剧的多重原因中，重要的一点是孩子在家庭共同体的建设中缺乏选择权、缺少自主参与，完全受父亲操控。俗话说“造物所忌，曰刻曰巧”，在家庭这个共同体中尤其如此。父亲将孩子的成长暴露在众人面前，使孩子长期处于被安排的状态，缺乏自我意识，难以正常成长。虽然父亲看似以孩子为中心，但无意中却将孩子当作了工具，导致亲子依恋的缺失。孩子看起来可以自己做决定，但实际上自主性发展几乎为零。由此形成的危机在每个阶段都无法化解，最终让孩子因为无法对共同体进行选择或未能养成选择能力而难以挣脱悲剧人生。再看看那些学业优秀的小学、中学、大学生们，这类处境都程度不同地存在。这个案例充分说明了在共同体中给个体“留白”“守拙”“选择”的重要性。

对历史上个体成长状况的分析表明，共同体的选择率和选择方式与个体的成长状态直接相关。在其他条件相近的情况下，长期无选择的个体难以成长，选择少的个体成长有限，而选择多且恰当的个体则能成长得更好。

建设个体成长的良性共同体既复杂又现实，不能仅通过理论论证来实现，而是需要众多人亲身参与、体验和选择。这需要确立共赢的目标、建立责任共担的机制、形成价值共识、产生情感共鸣、养成共生的生态，并提供共享的利益,使其成员自觉感受到它是一个与自己命运攸关的成长共同体和命运共同体。这类共同体应该是开放的而非孤立的，不设门槛地接纳新成员，并对离开的成员不设任何约束。它倡导合作并可以适度竞争，但不是基于某个单一标准的比拼或对抗。

个体的共建与选择需要终身不懈地进行。由于共同体的开放性和选择性，它才能充满活力并保持足够的良性发展动力、机会和条件，从而避免被淘汰。

第七章

集成人学教育理论新视野

集成人学能融入众多新的理论和教育事实，展示出并为教育提供新的理论、方法资源。

博弈论展现出教育中多主体博弈事实，考虑与教育相关的多主体责任与权利之间的平衡和可持续性，给教育发展与决策装上保险、缓冲筛，协助个体形成更好的成长策略，有助于构建更加公平、公正、均衡、高质、高效、亲民、可持续发展的公共教育体系。成长论为校正违反规律、忽视成长提供了理论依据。用理性和常识来认识、评判、对待人的成长，充分认识成长的特征，才能为更好的成长奠定基础。教育必须在成长基础上进行，尊重而不是干扰、阻碍成长，并自觉运用成长论改进教育。因素分析通过对多因多果的偶然组合的复杂教育关系进行降阶简化处理，识别出其中的关键变量，提炼出少数几个体现本质特征的核心要素，实现稳固、扎实的集成，为集成人学教育奠定坚实的基础。教育的本质具有超越性需要，超越论引发人对自身生活彻底、纯粹的思考，增强自我理解和批判与反思能力，深刻、完整地诠释和实施教育，促使与教育相关的各门学问走向集成，培养能够提出重大问题的人才，而非仅仅是工具人。

镜像在教育中存在已久，以多种形式影响着人的成长和教育，它的独特作用尚未形成系统理论。成长个体要学会自主选择镜像，并有效运用镜像的原理、原则和方法来促进自身成长。

关键词：博弈；成长；因素分析；超越；镜像

从集成人学看教育，诠释教育，就会发现可以使用的理论资源远不止传统的教育学、心理学、教学法之类分立的学科。凡涉及人的所有理论和学问都可应用于教育，但是这些理论数量繁众，很难一一加以枚举，在此选择几个超出原有观念框架的例证加以论述。

第一节　教育博弈论

博弈论源于 1944 年数学家冯·诺依曼与经济学家摩根斯坦合著的《博弈论与经济行为》，它应用于教学和儿童游戏的时间相对较长，应用于教育学理和政策研究的时间相对较短，虽然已经有不少人在研究中使用，但总体上尚处于起步阶段。

一、与博弈论相关的教育事实

与博弈论相关的教育事实很多，仅列举几例。

案例 1

过 度 教 育

一个本科生即可胜任的职位因大量研究生的竞争，最终由博士生获得，这导致其他求职者只能寻找更低层次的岗位，进而提升了整体的就业成本。

此例中所有参与学历比拼的人都是博弈的直接参与者，大学扩招政策制定者、高校、用人机构、学生家庭是这场博弈的间接参与方，博弈涉及整个社会的几乎各个方面和人群。对学历的过分追求可能导致学历筛选功能失效、教育投入增加、回报降低和延迟，以及生活压力的上升。同时，高学历人口的剧增对社会各个方面产生了广泛影响。这场博弈最终使得大多数参与博弈的主体所得为负和，扩招政策下的高校、用人单位和学生分别从自身的最优策略出发试图获得正和，却在整体上、长时段由于“学历饱和”与“过度教育”产生了相对负和。为改善这一状况，需要更加理性地看待学历，重新评估其价值，并强调个人能力与职位的匹配，同时减少外部因素对学校教育的过度干预。

案例 2

教育剧场效应

教育中的剧场效应事实上是教育中的从众现象。大家都在一个剧场里看戏，当一位观众站起观戏时，为了不被遮挡，周围观众也纷纷效仿，最终导致全场站立观戏。尽管付出了更多体力，但观戏效果并未明显提升。虽然大家都更累了，但不会有人选择先坐下来，因为坐下来就啥也看不到。相反，还会有人开始站在椅子上，引发更多的人也站在椅子上看戏，由此愈来愈增加成本、破坏秩序，没有得到持久的收益，遵守秩序的人则成为受害者。

同样地，在教育领域，校外培训、作业负担加重等现象也呈现出类似的剧场效应，导致教育成本上升、秩序紊乱，而那些坚守秩序的人反而成为受害者。要解决教育的剧场效应问题，需要剧场秩序维护者——剧场管理员真正负起责任，在第一个人站起来的时候就请他遵守秩序坐下来。

案例 3

舆 论 裹 挟

曾经有段微电影，讲述一位很敬业的美国老师，遇到一个无心学业的学生，做算术题的时候写出的算式是：2+2=22。为了纠正该学生的差错，老师想了很多方法告诉学生：2+2=4。经过多次这位学生也没有改正，教师则仍然想各种方法纠正。后来这件事被媒体报道出来，有人说这孩子 2+2=22 的算式很有创意，教师反复纠正扼杀了孩子的批判性思维和创造力，于是舆论一边倒，这位老师被上诉到法庭，受到压力的学校对该老师进行了处罚。由此影响到如何评价教育和教师工作，影响到众多师生。

这段微电影显然是对美国教育过于自由散漫的嘲讽。类似的例子虽然未必如此典型，却还有很多。很多教育事件产生的舆论，比如学生对教师体罚的反击、家庭与学校之间的边界划定、不同年代或不同地域教育观念的差异等，本身就是教育价值和观念之间的博弈，这种博弈在一定程度上扭曲了教育的客观性与真诚。谁是这场博弈的赢家，是一个错综复杂的问题。

案例 4

课堂生态变化

某校有位 20 年教龄的优秀教师遇到了新问题，原来他的教学业绩一向优秀、深受学生欢迎，在新的考核下成了“后进教师”，无法与年轻的新手相比。原来这所学校由于教师人手不够，便请来几位年轻的代理教师，他们没有什么教学经验、技巧，但是很在意所教学生的考试成绩，每次上课不讲解，前 10 分钟带学生划重点，后 30 分钟要求学生一个个将所画的重点内容背下来，人人过关，背不下来的学生接着到办公室背，再背不下就找家长。一个学期后，代理教师所教学生的考试成绩遥遥领先于原来那位优秀教师，学校领导对代理教师刮目相看，批评原来的优秀教师是“假内行”，要求他向代理教师学习“先进经验”。于是课堂里不再有讲解、讨论、练习，有的只是划重点、背诵、默写之类。一段时间后，各班的成绩又回到了代理教师到校之前的排序，但课堂已经不是原来的课堂了，学生更累了，厌学的更多了。此事为教育博弈论提供了难得的例证。

案例 5

超级中学效应

自 20 世纪末以来，各地涌现出一些超级中学。为了支持这些学校，政府投入资金并提供政策倾斜。这些学校采取封闭管理、集中补课、集中训练和跨区域掐尖招生等手段。一段时间后，当地原本具有特色的学校被超级中学所掩盖。随着升学率的提高和招生规模的扩大，超级中学对周边的优质生源和师资产生了虹吸效应，并通过“借读生”“分校招生”“补习生”的高昂学费获得丰厚回报，然后再用雄厚的资金继续吸引更大范围的高分生源和优秀师资，形成办学规模扩大+垄断尖子生+资金链回报+声誉提升的轮回效应。这种扩张和垄断最终导致周边中学陷入困境，教育生态恶化。同时，超级中学所在地区的学生求学成本上升，求学之路更加艰难。最终，这些超级中学也可能陷入边缘化的境地。

无需过多举例便能清晰地看到，教育中存在众多多方博弈的情况。若忽视博弈论的分析，决策时可能会顾此失彼，导致利益分配不均，难以周全。现实中，人们的责权意识和诉求各不相同，若不从博弈的角度出发，可能会出现部分人过度追求权力，而另一些人的基本权利却得不到应有保障。这种失衡或许能短暂地让某些人获益，但最终每个人都会受害。

博弈论在教育中的应用，就如同为教育的发展与决策加上了一层保险和缓冲。它有助于平衡教育相关各方的责与权，确保可持续性，全面考量各主体的投入与收益，兼顾长期成本与回报，并深入考虑不同主体的特性和需求。同时，博弈论也关照不同主体的特征和需求,关注个体的内在成长与外部环境的联系，考虑短期状况与长期发展的相互影响，以及局部变化对整体的潜在效应。

简而言之，个体的健全成长与教育的健全可持续发展需要博弈论。

二、教育博弈理论阐述

教育博弈论是研究各教育主体如何分析教育形势并制定相应策略的学问。与经济学、国际关系中的博弈论相似，它也包含以下核心要素：

1）局中人。教育博弈往往涉及多个参与者，形成“多人博弈”而非仅限于“两人博弈”。这些参与者的特性和需求差异显著，并非都遵循理性决策。

2）策略。每个局中人都会选择实际可行、完整且经过全局筹划的行动方案。这些策略可能是数量有限的“有限博弈”，也可能是多样化的“无限博弈”。部分局中人的策略可能明确，而另一些可能尚不明确，甚至有些局中人可能是在不知不觉中卷入博弈。

3）得失，即一局博弈结束时的结果。博弈结束时，每个局中人的得失不仅取决于其自身的策略选择，还与所有局中人的策略组合相关。在教育博弈中，这种“得失”通常表现为所有局中人策略组合的函数，即支付（payoff）函数。教育的支付函数受法律、政府政策、体制机制的影响，但个体局中人仍有一定的调整空间。值得注意的是，教育博弈的得失不能仅凭一次考试或升学来判断，而应基于整个生命周期的成效来评估。

4）博弈结果以及相关量处于稳定值的博弈均衡。在教育中，均衡包括在供求关系中享受特定教育的条件，符合此条件的人都能享受特定的教育；满足了特定条件，教育机构就能就能供给局中人特定的教育，此时特定的教育供求达到了均衡；区域内的教育均衡常常是特定教育（比如义务教育）在博弈中实现均衡的前提条件。

教育中常见的博弈不是明局，而是暗局，没有人公开声称这是一场博弈，但实际上存在真实的博弈。局中人往往不能完全知道局中究竟有多少人或多少博弈方，都是些什么人。教育不是一般的多人博弈，以中国每年一千万左右的出生人口计，在同一标准的考试中，每个受教育的当事人参与博弈的局中至少有一千多万直接参与者，各种间接参与者可能数以亿计，而且每个局中人的背景存在巨大差别。所以，通常在教育博弈过程中，无论对方或他方的策略选择如何，当事人一方都会选择某个确定的支配性策略，比如免试就近进入义务教育学校，这个选择的策略就是最优的纳什均衡策略。

博弈论常假设参与者会理性地最大化自身利益，但教育博弈的参与者在很多情况下并非理性的，比如大量未成年学生既非理性，又无明显的最大化利益追求，更无成熟的策略。但是，在这些未成年人背后的父母或其他人可能会更理性地追求利益，有时甚至将孩子作为博弈的工具，无视他们的童年特征、体验、感受和需求。还有那些怀有某种教育信念和价值的人也是博弈中不可忽视的力量。当局中人在一定程度上成为工具后，博弈的性质、特征、策略、得失、结果、均衡等都会受其影响而发生极为复杂的变化，这也是教育博弈论与其他领域博弈论应用的主要区别。

博弈论中的完全理性假设在教育领域并不总是适用。除了学生，许多父母也缺乏足够的理性，因此教育博弈中常缺乏这种共同理性。此外，博弈论中关于参与者对环境和他人行为有正确预期和信念的假设,在教育领域也难以实现。因此,在应用博弈论于教育领域时,必须认识到教育博弈的存在及其非规范性,从而制定出更合适的策略。

从博弈类型来看，教育博弈多属于非合作博弈，因为参与者之间通常没有约束性协议。同时，由于行动顺序不严格，除严格依规范进行的各类竞赛外，大多数教育博弈属于静态博弈。加之大多数教育博弈的参与者对其他参与者的特征、策略空间及收益函数信息的了解程度是不完全的，它又属于不完全信息博弈。总的来说，大多数教育博弈是非合作、不完全信息的静态博弈，接近于贝叶斯纳什均衡。此外，教育博弈在人的一生中持续进行，类似于无限博弈，而非一考定终身的有限博弈。从表现形式上看，教育博弈既具有一般型（战略型）特征，也具有展开型特征，且由于逻辑基础不同，它更多属于演化博弈而非传统博弈。

对于普通教育当事人，纳什均衡具有广泛的适用性。在一组策略组合中，当其他参与者不改变策略时，某个参与者的当前策略即为最优。在纳什均衡点上，每一个理性的参与者都不会有单独改变策略的冲动。

教育决策者和其他教育当事人在运用博弈论时，需从多个视角出发，结合具体情况，运用数学和逻辑学的方法来分析事物的运作规律。他们应更加灵活地运用这些方法，善于利用各种有利条件，为做出更好的决策服务，以更有效地处理各方教育参与者之间的竞争与利益冲突。政府部门尤其需要运用博弈论分析各种情况，建设更加公平、公正、均衡、高质、高效、亲民的公共教育体系。

博弈论在教育领域的最大价值在于它打破了单一主体的思维模式和单方面的教育决策方式。在可预见的未来，不同的教育参与者将博弈论应用于自身或所在组织、环境的教育策略时，其掌握程度、熟练度和有效性将存在显著差异。善于运用博弈论的教育参与者可能会获得比不擅长此道者更大的优势，这种情况有可能导致因教育博弈的成败而形成新的社会分层。

然而，需要明确的是，博弈论高手并不等同于精致的利己主义者。尽管精致的利己主义者可能擅长博弈，但不能因为博弈论更有利于具有利己倾向的人就排斥或禁止对它的使用。相反，我们应该看到博弈论的应用能够让更多人洞察与教育相关的各种事实、关联、逻辑、规律、原则和原理，从而推动建立新的规章制度和法律体系，确保教育在新的水平上办得更好。

三、教育博弈论的应用

博弈论可以为教育中的学生、教师、家长、教育研究者、教育决策者等多样的主体使用，有以下可使用的策略。

1）边缘策略。通过可信的威胁使对方没有退路，从而按预设的方案行动，同时留有出路，防止困兽犹斗，确保以最小的成本获得最大的收益。这一策略在师生、亲子、家校关系处理上可以广泛使用。比如对学生进行惩戒，必须根据学生的实际把握好度，这个度需要通过博弈思考和实践体验获得，并需要实践检验。

2）正和策略。双方博弈必有胜负的情况下，若胜方为+1，负方为–1，则和为零；双赢则为正和，双输则为负和。比如，某次考生作弊未被当场发现，考生与监考老师都受到处罚，结果即为负和。教育教学中如何避免零和与负和，尽量获得正和，有很大空间需要探索。

3）避开囚徒困境。囚徒困境的经典案例是两个被隔离的囚徒面临的选择。若两人均不坦白，则各判半年；若一人坦白而另一人不坦白，则坦白者释放，不坦白者判十年；若两人都坦白，则各判两年。现实中的囚徒困境可能并不如此典型，但在教育活动中仍屡见不鲜。比如：在进行集体教育时，教师需权衡集体受益与个体受害之间的关系；当教师对违规学生进行过度处罚时，是否能对其他学生产生“杀鸡儆猴”的教育效果变得不确定，这可能导致最终结果为零和甚至负和；一些教师要求班干部给老师打同学的小报告，常常使学生们陷入囚徒困境而难以自拔。

博弈论在教育领域的应用范围相当广泛。例如，在游戏、竞赛等竞技性活动中，博弈论的应用已相对成熟，这些属于完全信息动态博弈的范畴，此处不赘述。

在制定涉及多方利益的教育政策时，可以引入博弈论来论证各种可能性和必要性，并结合教育学理规律，为决策提供全面且周到的方法论诠释。例如，依据当地的具体情况决定是否拆并学校，是否实施“初中进城”政策；一些地方为了应对舆论进行推卸责任的所谓“改革”，为了应对上级的追责而不断发文；通过提高考试分值来引导学生参与体育锻炼，造成体育应试，甚至让学生对某些体育项目产生终身厌恶。在诸如此类的情境下，政府与学校、校长与教师、家长与学校之间将如何博弈，其结果又如何，对这些问题进行预先研判，显然比事后追责更为主动。

在个体成长的微观领域，博弈论有更加广阔的应用空间。缺乏博弈论指导的教育，就像为不同需求的孩子提供单一的菜谱，不管学生的口味、兴趣、身体承受力，所有人都得全面地吃、吃得干干净净，毫无策略和得失意识。

用博弈论分析，就能深入剖析。比如师生之间，如果学生不满就压服，表面似乎解决了问题，结果则可能出现负和；将对学生同等要求的教育评价体系理解为全面发展，不能容纳“偏才”“怪才”或存在“短板”的学生，那么这种平均发展的做法可能导致整体平庸，像华罗庚这样的天才也可能被淘汰。个体的身体的技巧、语言能力、逻辑思维、推理能力存在差异，某一方面的天才可能由于在另一方面测试不过关而被淘汰，面对各种评价应当采取怎样的策略？面对孩子天赋的差异、发展的多样性以及变化的无限性，家庭、学校如何有效应对？企图用固定模式培养孩子，无疑是对其多样性和变化性的扼杀。

如果教育本身就是问题，它如何解决问题？这个问题不可能以单一主体的方式解决，博弈论则给出了多主体参与解决的模式。“减负”便是个典型例证；实施情况是在学校、孩子、家长、培训机构之间形成博弈，因为高考、中考的压力始终存在，且激烈程度有增无减。若学校不能提供足够的考试训练，学生及学生家长就只能到市场上找课外培训机构解决。这类改革措施便是缺少博弈论考量的举措，其结果就是不断产生负和，增加整个社会的教育成本。

再说剧场效应，谁是剧场效应的制造者？通过博弈论的分析辨别，才可能弄清某一具体剧场效应的产生与发展过程，进而在关键环节采取有效措施，以解决剧场效应所带来的问题。

有些人理想化地认为，教育不应是各方利益的博弈场，于是他们试图将教育及其对象置于一个无利益博弈的真空环境中。然而，这样培养出的学生虽掌握了专业技能，但可能因不懂得如何社交、如何获取实习机会而难以踏入实际工作岗位。现实中，一些来自农村的孩子在进入城市的大学后，可能会因视野的差距而感到压力巨大，这种差距源自他们的出身和文化资本（如见识、趣味、辨别力与判断力等）的欠缺。现实可行的路径是正视差距、利益、固化、内卷、躺平等各种现象，然后以博弈的视角进行分析、研判，并设置公共产品政策杠杆。需要避免陷入过度、不当、负和的竞争，也要防止筛选功能与培养功能脱节，或是仅围绕筛选进行训练，从而确保教育内在的育人逻辑不被侵蚀或边缘化。教育的博弈不只发生在不同个体之间，还发生在不同家庭、不同学校、不同区域、不同家族、不同社群、不同国家之间。多重诉求、多重张力，各种博弈交织在一起的关系和效果极为复杂、微妙。博弈论在教育上的应用才刚刚开始，前景极为广阔、深奥。

第二节　成　长　论

成长论早已有人提出，但因人们过分关注教育而忽视成长，导致成长在教育领域被严重忽视和边缘化。因此，人们只知教育而不知成长，误认为教育能替代成长。用强制教育压制自然自主成长的做法，已对许多人造成了难以消除的不良影响。所以，当下急需进一步阐明成长论，重视成长论，让更多人在了解成长的基础上选择适合且有效的教育方式。

前不久，北京某大学的家教群里，有家长列出了自己 12 岁孩子的丰富成就：组队参加全国创新思维比赛，获三等奖；机器人及编程的多级证书，科技创新大赛三等奖，专业学习 Python 一年……还有运动、绘画、学习成绩排名及参与课外班的情况。希望家教老师协助实现的目标是形成积极向上的三观，分列了近期目标、短期目标、中期目标等详细的每次每科考分要求……

类似情况的家长在北京并非个例，全国各地这种现象更为普遍。他们从小就为孩子设定了冲进北大、清华的目标，并细化每年的考分要求。若校内无法实现，便会寻求培训班或家教来确保尽可能成功。然而，稍有成长常识的人便能看出，这些目标之间可能存在冲突，孩子的时间被完全填满，毫无自主空间，完全忽视了儿童的成长需求。

这种做法在各地已屡见不鲜，它基于一种假设：只要成年人设计出一个“完美程序”和目标，就能将孩子教育成理想模样。但这样的做法本身不但无助于成长，反倒可能绑架了儿童的成长。

更令人吃惊的是，不仅在家长中有这样的倾向，在教师、学校、教育管理与评价等过程中同样存在只管教育、忽视儿童成长、不问具体儿童成长的问题。调查显示这一现象极为普遍，为此，有必要清晰、系统地阐明儿童成长，让更多人认识到儿童成长是一切教育能发挥效果的基础和前提。认识到成长的状况和规律，才能谈得上教育。

一、成长的界定

成长即生长（growing），是个体在不受任何外部设定的有目的教育条件下的自然生长状态。在此，将成长作为一种实验假定，它是儿童的纯自然生长。

（一）成长首先是一种状态

这种状态是个体自在自主的，在这种状态下个体与外界有物质、能量、信息、意识等各种自然状态下的交往与交换，但没有受到特定目的的诱导、束缚、控制、强化训练。成长并非如“狼孩”的极端例子所示那般在真空或隔绝环境中发生，个体在社会中正常交往，通过个人体验与感悟形成自己的认知、情感、态度、思考、价值取向，只是尽量不涉及有目的的教育。

现实中，由于教育已渗透到胎教、早教和幼教，纯粹的成长状态可能难觅，但在理论研究中设定这种状态具有不可替代的特殊价值，在此设定存在完全纯真的理想的成长状态的个体作为研究的假定对象。

（二）成长又是一种过程

传统观念认为成长只发生在个体成熟之前，成长指向成熟，是个体长大、成人的过程，通常用它泛指事物摆脱稚嫩、走向成熟、不断变得成熟稳重的变化过程。在集成人学教育观念里，成长是伴随个体终身的过程，是不断激发内在活力、不断焕发青春的过程，但是它的目标并不是指向某种已经确定的成熟。成长有方向性，现实中的个体可能成长为零或为负数，也不意味着成长仅指成熟前的阶段。成长与达到某一绝对点的成功或达标完全不同，体现为个体在价值上不断地增值。成功与成长的过程区别在于：前者有终点，后者无终点；前者主要是外在驱动利用内在动力的过程，后者主要是内在驱动利用外在条件的过程；前者到达一定节点就不可持续，不可能继续生成新的过程，后者在生命存续期一直处于可持续、可成长，不断生成的过程，甚至在生命终结后还可以像苏格拉底那样保持其价值的延续与成长。

（三）成长是一种特性和能力

成长是人类祖先进化过程中积蓄在个体身上的特性和能量的释放。就如同树的成长、花的开放，人能依据内在自然特性在感知、体验、经验、思想、精神、心灵等方面生长。只有人类能在思想、精神和心灵上超越肉体成长。当外部条件具备时，这些成长的特性和能力便显现出来。能够成功或达标的个体未必能实现真正的成长，而具备成长特性的个体则能在条件成熟时实现特定目标，并持续成功。相对于某个绝对标准，个体在某个时刻可能达标困难、成功无望，但其成长特性和能力仍可推动其自我成长。相信成长的力量，个体就能在新环境中不断自我更新；条件不足时，部分能力会等待时机自然发展。成长的特性可通过志向、梦想等表现，引领个体超越局限，借助思维与想象走出自己的物理视界，走进自己想象不到的境界，并为后代的成长创造条件和机会。

（四）成长还是一种生态

成长是一种生态，主要指个体与他周边的个体共处成长的状态。缺乏良好成长环境时，个体的成长就难以实现。不良环境阻碍成长，而良好环境则促进成长。自在自主是成长的必要条件，控制束缚会破坏成长的良性生态。因此，成长常常不只表现为个体的成长，而是在良性成长生态下的共生成长。

作为生态的成长具有成长个体想象不到的广阔空间，但个体的成长空间不是事先就给定的。它源于个体潜能与外在条件的和谐结合，以及个体内心的冲动、激情与外在情境的互动。任何一方面的缺失都可能阻碍成长。例如，园艺师给新结的梨子插入一根钢针，此后这个梨子就不能正常生长了。同样，对成长个体内部的不当干扰也会阻碍其成长。另外，成长个体外部需要更大的空间，社会就需要及时调整，给个体位置和大小合适的空间。即使面临艰难困苦，也是成长的一部分，可能激发更多梦想和生命力，而生态系统也会相应调整以支持个体成长。

简言之，成长是个体有现实依据和需求的理想状态。虽然完全纯真的成长是个设定，但追求和接近成长则是几乎所有人都可以达到的境界。

二、成长理论

成长论就是追求和实现成长的理论。在当前教育环境下，尽管有诸多旨在维护个体成长的实践，如“减负”等措施，然而学生的负担却似乎尚未真正减轻。究其原因，这些措施缺乏理论根基，未能在与成长个体相关的各方之间达成共识，且缺乏系统性、针对性和有效性。因此，对成长理论进行深入、系统的研究显得尤为重要。

（一）成长态度论

以什么样的态度对待成长是成长理论的第一个模块。若仅仅将孩子视作工具，或是按照成人主观意愿塑造的雕塑，试图通过预设模式来塑造他们，就必然不能以正确的态度对待成长，必然违背人的成长规律。成长态度论包括以下三方面。

1. 确认成长的存在

当前，包括一些长期从事教育工作的人在内，人们往往只关注教育而忽视了成长。他们承认教育的存在，却对成长视而不见；看重教育的作用，却轻视成长的重要性。因此，成长论的首要任务是让更多人认识到，个体成长是一个相对独立的存在，它不完全依赖于教育，而更多地取决于个体的先天遗传和后天生活环境。事实上，每个孩子的发展都需要经历一个自然、无外界干扰的成长过程。只有在这样的正常成长过程中，教育才能发挥其应有的良好效果。若成长过程受到干扰，过多的教育干预、过高的标准、沉重的负担，以及过多的限制和安排，都可能对孩子造成伤害。

2. 维护成长的状态

维护成长的本质是维护成长的良好环境不受侵害，使成长及与之相关的教育免受功利控制，让成长个体受到爱的滋养，免受仇恨操控；赤诚面向真理，免受华丽言辞蛊惑；以平常心面对社会，平等对待他人，避免形成畸形的人生观和世界观。

维护成长状态不只是态度，要见诸行动。每个人身边都有个体在成长，每个人都不能做出挤压、干扰、伤害别的个体成长的事；同时，在看到有个体的成长受到威胁、挤压、干扰、伤害的时候，要致力于设法维护其成长；在发现相关的社会设置存在干扰、伤害个体成长的作用时，要设法表达、改进；在看到不利于个体成长的环境因素存在时，要以行动消除不利于成长的因素，创设有利于个体成长的良性生态。

3. 尊重成长的规律

尊重成长规律，首先要尊重个体成长样态多样性。每一种样态都是个体多样性的一部分，不能以主观好恶分割和取舍；被分割或取舍的个体将可能因为自然整体性消失而导致人性的整体性消失，成长难以为继。在人类漫长的进化过程中，不同的人有各自的存在方式、价值和意义。只要他们遵守共同的法律和道德准则，就应得到普遍的尊重。无人有权无端对他人进行人格歧视和价值贬损，也不能以道德高尚等概念来否定他人的生存价值，或以标准化的成长过程来限制他人的成长。

尊重成长规律，需要尊重个体成长过程的差异性。正是这些差异使得不同个体的成长过程各具特色，也赋予了每个人在成长道路上的自由选择权。这种多样性有助于形成社会的互补性、相互需求和资源需求的错位，而非排异、贬斥和资源争夺，从而可能构建和谐的命运共同体。

尊重成长规律，需要尊重个体成长中任何自然发生的事，避免简单地对成长的某一表征进行善恶、高下、长短、美丑、贵贱的评判。不应从人造的概念出发来限制成长的自然趋势，也不应将完整的世界和个体进行人为的切割，或诱导个体进行自我纠缠和搏斗。

教育对成长尤其需要确认其存在，维护其状态，尊重其规律，用理性和常识来认识、评判、对待人的成长。如此的教育才能发现具体个体的潜力，扩展人的自由生存与发展空间，而不是任意切割、控制、抑制人的心灵世界，窄化和封闭人的生存与发展空间。成长意味着通过教育“做自己”，表达对人生和社会的爱，成就与众不同的人生价值。成长本身就具有积极向上、自我激励、追求卓越的特征，因此教育尊重成长是顺应激发，而不是极端化，不是压制或扬汤止沸，不能让“为善”过度转变为“伪善”，破坏成长的自然和谐与整体性。

（二）成长特征论

成长是个体自觉积蓄能量去实现自己所确立的人生目标的过程，理应是所有人一生中的主题。成长作为一种存在必然有其特征，清晰阐述成长特征是成长论得以确立的基础。不同人的成长呈现出多样性特征，难以一一细述。所有个体的成长都展现出一些共性特征，列述如下。

1. 自主而非他主

一个人的成长与他受的教育不同，完全需要自主，不能他主。个体的成长在很大程度上是自然的过程。当个体的自我意识发展到足够成熟的时候，便能感知到自己的成长，便能依据感知引导自己成长的方向。因此，一个宽松、非竞争性的环境对个体的成长至关重要，它可以有效保护个体的好奇心、探究欲和创造力，让其自然成长。外部所施加的其他人的主观意愿、刚性要求，与其他人的相互比拼，只能干扰正常的成长，很难给予有效的帮助。

当然，强调个体成长的自主性，并不排除亲友的关注和互动。准确而深入的观察可以为个体成长提供宝贵建议，但这一切都应遵循个体自主的原则。

2. 异步而非同步

不同个体的成长节奏几乎不可能完全一致。尽管公共教育体系倾向于按照年级和统一标准来考核学生，导致教育体系内普遍追求同步成长，但这种做法往往忽视了每个学生自然的成长节奏。在过度强调同步的环境下，那些未达到统一标准的孩子可能会被视为“掉队者”，并因此承受更大的压力，而不是认为他的发展节奏就是这样的。这种对自然成长不同步的个体的过度同步性的要求，形成对个体成长的绑架。

遵循异步成长不意味着对学业标准要求的否定，而是要求在遵循依据成长进行教育的原则下，看到个体成长的异步性，并采取不同的教育策略。

3. 过程性而非瞬时性

成长是个过程，是个体多维度的积累，而非某个瞬时完成的。与静态的“状态”相比，成长更像是从一种状态过渡到另一种状态的动态演变。如果说状态是一张静态“照片”，成长就是一段动态“录像”。

成长是一种内涵的提升。在成长的不同阶段，人们会面临不同的挑战和梯度。仅仅在同一层次上重复相似的任务，并不能带来真正的成长。有些人虽然在不同岗位上忙碌了几十年，却未必经历了实质性的成长；而有些人则可能通过一次深刻的经历就获得显著的进步。潜在的成长需要借助兴趣、爱好的培养，通过实际事务的磨炼，以及不断的学习和提升，才能让内在的特质通过外在行动展现出来，从而实现价值的提升。这种外在价值的提升，反过来又会促进和印证个体内在的成长，如智慧、才华和能力的提升。然而，成长并非一蹴而就，对成长的期待若缺乏实际行动，往往只会落空。

4. 非标准性

一个人的不成长是标准的，成长则是非标准的。例如，一个人的思维如果长时间没有进步，他可能会陷入狭隘、偏执的观念中，其观点和看法可能变得标准化、单向性和同质化，甚至自以为是。一旦他的思维变得更加敏锐、通透、宽容、多元，就意味着启动成长，离开标准成为非标准状态。

即便同卵双胞胎的成长也不存在相同的标准。在成长的任何阶段，个体都不是标准件。足够的生物多样性和人类多样性对于种族的生存和发展至关重要。因此，成长没有常规，判定成长没有普适的标准。尽管我们可以客观地测量孩子的某些身体指标，如身高、体重等，但内心、能力和状态的成长却因其非标准性而难以测量。如果在某个时期个体确实取得了成长，那么这种成长应该通过比较成长前后的多维变量来评判，而非简单地依赖一维的标准来衡量。由于初始状态的差异和成长过程中的多维变化，标准化的思维显然无法全面描述成长的复杂性。

5. 量子性

量子性是指儿童的成长具有量子性特征，即成长是由基本单元构成的，且每个单元都是“时空一体性”中不可分割的部分。当一个单元的成长实现以后，这个单元内的所有内容的成长均已实现；当一个单元的成长未能实现时，必然是由于单元内的某一部分成长尚未完成。这种成长的量子性是宇宙万物的量子性在儿童身上的体现。成长中的量子性决定着对待儿童成长需要有量子思维，对儿童成长的认知不能过于追求舍弃某些条件的局部精确，比如仅仅追随学业成绩而不顾成长整体性，在认知上难以了解成长的全貌，在教育行为上则会导致对正常成长的干扰与破坏。

成长的量子性显示个体成长在方式上是量子化、跳跃性、不连续、可叠加的，是多种可能性的集合，具有不确定性、混沌性，而不是某种单一的确定状态。随着成长进入不同层次会呈现不同的现象，其因果联系异常复杂，是多因多果的偶然性组合，而非简单的一一对应。在某一个维度和层次上看似矛盾的现象、规律，放在更高的维度和层次上就可以并存、互补，得到合理的解释。

成长的量子性又是个体对宇宙具有“参与性”或“构造性”的体现。宇宙不是绝对的“客观现象”，不能脱离人类活动来评价宇宙现象，人作为观察者总是处于决定性的地位。人的意念需要消耗物质，也可能改变某些物质的形态。例如，在人体细胞持续更替的过程中，生气、欣喜等不同情绪可能诱发不同的基因变异，从而影响个体的健康状况，甚至影响到其中枢神经系统的拓扑结构。任何现象的呈现都与个体的观察有关，在人们对外界现象进行观察、评价和操作的时候，都是在一定“边界”的广度与深度上进行的，逾越了这个“边界”将出现悖论。

6. 整体性

成长的整体性意味着当个体的思维有成长，与思维相关的行为、语言各方面都随之成长；语言成长了，与语言相关的交往、人际技巧、思维也会随之成长，不能将其割裂开来。忽略和否定成长的整体性，使得一些人在教育上对学生面面出击、面面考核、面面围堵，片面追求“全方面”“标准化”“高效率”，反倒在对人的本质和人性的理解、对儿童天性的理解上支离破碎。

成长的整体性要求教育人对教育（包括“教化”“教养”“教学”）的理解要基于整体性的成长、对学习概念的理解，对教学关系和师生关系的理解，对学校教育模式的理解，对教育制度的理解，对认识过程的理解，对阅读和练习的理解，对教育考核、考试、评价的理解，对智慧与知识、心脑、身心关系的理解，对社会化与自然化关系的理解等，都需要有全面的理解，避免陷入片面和深刻的误解之中。

7. 终身性

成长的终身性改变了长期以来形成的成长仅在个体成熟前存在的误解。成长贯穿于生命存续的所有时段。认识到这一点，个体成长的时长、空间范围和深度都大大增加，个体充分成长的可能性也就大大增加。

对一位持终身成长观念的人与一位持成熟成长观念的人进行比较，他们在中年以后的成长状况存在显著差异。这种比较揭示了个体成长状况受其能力和天赋的影响，更受到自身对成长的理解和观念的影响。换句话说，个体以何种模式追求成长对其成长状况具有显著影响。同样地，父母、老师及其他关联人是否以终身成长的眼光看待成长者，也会直接影响其成长过程。

综上所述，只有充分认识并理解成长的特征，才能为更好的成长奠定认知基础。

（三）成长操作论

成长过程是自然的，教育则带有更大的人为性。当下人们已经在教育上夸大或过度使用数字技术等手段，伤害了个体的成长。这并不意味着在要求人们遵循成长自然性的基础上，就没有认识成长的特征和规律，根据实际和规律规划成长、维护成长、促进成长的空间了。现实中，人们正是通过有限的人为干预，在不同个体间造成了显著的成长差异。“外部手术”所产生的效果永远无法与改变成长策略相比，还没有改变成长策略安全。

真正的学习变革并非仅仅是将互联网、人工智能等技术应用于教育，“标志学习革命的关键词包括能力发展、自主学习、个性化学习、认知诊断、审辨式思维、成长、增值等”[①]。如何实现成长，控制或操作个体及其环境中的哪些因素才能更充分地成长，这是成长操作论探究的主要内容。

1. 目标牵引成长

人的成长是在一系列目标的引领下实现的。提升自我学习与操作能力，制订适合自己的成长方案是改进成长的关键。而制订方案的核心在于确立符合自己未来一段时间内的成长目标。许多成功人士都曾通过设定合适目标来引领自己的成长。

确定成长目标自然需要超强的想象力，但不是主观想象，而是要基于对自己成长条件、现状、可能性和社会需求的充分了解。一旦目标确定，就需利用一切可能的机会，不懈地进行实践与探索，勇敢面对各种挫折，努力实现目标。成长不是抽象的，自然在目标实现过程中发生。

2. 评价维护成长

对于成长者而言，评价是认识自己的参考，是发现自己的依据。现实中的评价往往因过度强调筛选功能而对成长个体造成控制、压迫甚至伤害。成长评价应基于对每个个体学习与成长的独特理解，承认并正视个体差异，避免采用单一标准。它应根据成长的原本特征和规律来评估个体的成长状态。在对个体的两个或多个时间点的成长状态进行测量后，可以判断该段时间个体实现了高成长、充分成长、低成长、未成长还是负成长，并描述出成长中显现出的各种特征。

基于成长所做的评价工作都是为了了解个体的成长状态，促进成长、维护成长。评价的判定可以作为筛选的参考，但评价本身并非为了筛选，也不应受筛选的影响。

3. 经历积累成长

俗话说“经历得多就成长了”，但这在逻辑上并不严谨。现实中存在两种

① 谢小庆编著：《终身成长：创新教育新思维》，清华大学出版社 2020 年版，第 49 页。

情况：一种是个体经历丰富，确实成长得更全面，没有充足经历的个体多数成长受限；另一种则是经历虽多，成长却未必显著，说明经历与成长之间并非必然正相关。

要将经历转化为成长，个体需对经历进行消化与转换，而非仅仅积淀。例如，许多人从困境中走出后进入舒适区，便难以自拔。即便意识到舒适区阻碍成长，也可能不自觉地沉溺其中，失去志向与目标，停止拓展生命的新维度，从而停止成长。成长并非仅与经历的多少有关，换工作、上大学、旅行、改变环境或迁居新城市等外在变化，虽可能带来成长契机，但并非成长的标志。真正的成长需要对经历进行深度加工与有效处理。

4. 自我更新成长

无论贫富贵贱，一个人的成长最终是由自己决定的。孔子曰“为仁由己”（《论语·颜渊》），现实的例证也显示，一个人进步还是堕落、成长还是停滞，皆由自己的选择决定。选择成长，便能洞察环境，选取适合的成长方式，而不会因环境不适而停滞不前。

成长成为自己的有意行为后，就需要不断了解自己自然的成长状态，及时自我更新。成长主要是自然的，也需要有意为之，付出努力，力求上进，否则就不能或难以充分成长。在特定时刻，成长甚至需要付出代价，如舍弃原来已经拥有的东西或固有观念。

自我更新包括知识增长、眼光放远、胸怀扩展、胆识增高、视野拓展、思维提升。在具体的行动过程中，需要从成长角度明确自己的目标、诉求、获取方式。教育本身属于外部作用，成长则必定是从内到外的自我更新、自我改进过程，内部的志向、思想观念、思维更新过程进行得充分，外部提升便水到渠成；内部更新未能完成，外部作用或只是装裱，或成为压制与干扰。

简言之，成长的主导者是每个人自己。成长不能由他人操控，也不应成为他人的工具或业绩。成长需自觉自主，以服务于个人更好的未来发展。

（四）成长评估论

成长的异步性、非标准性和量子性等特点，使得对其评估颇具挑战。然而，对成长评估的需求却客观存在。因此，成长评估论需解答三个核心问题：评估是否必要、是否可行，以及如何使用评估结果。

1. 成长评估的必要性

了解个体成长状况的需求，决定了必须对成长状态进行评估。如果没有对成长的评估，成长对于人类而言就是一个黑洞，包括所有个体的人类对自己的成长一无所知，也就一无所能。成长的复杂性并不削弱评估的必要性，因为需要评估，人类将更深刻、全面、系统地认知成长，从而推动人的成长更加丰富多彩、更加充分。认识到评估与成长的这种内在关联，就需要坚定地推进成长评估工作。

2. 成长评估的可行性

成长的非标准性等特点，并不意味着其无法评估，而是需要摒弃刻板单一的评估标准。成长体现在个体为人、处世、明道、济世等方面的持续进步。简言之，简易的评估只需针对这些方面进行。或者，可以通过考察个体的认知水平、判断水平、思维水平、决策能力、低级错误率等方面，来判定其成长状态。

在教育发达国家和地区，除了学业评价外，还广泛开展了成长评估。与以达标为准的学业评价不同，成长评估关注的是学生在一段时间内的成长状态。学业基础好的学生达标不一定意味着成长，而学业基础薄弱的学生即便达标困难也可能有所成长。因此，成长评估应基于过程变化，要依据具体的个体制订评估方案，部分指标或许可在不同个体间进行比较，但整体上不具备可比性。

对于成年人，可能不会再进行学业的评价，经常进行的是工作绩效评估，依然有必要进行成长评估。评估维度和方案仍然需要专业人员进行个性化的设计，例如，其中可包括知识提升、个性品质、人际技能、思维能力、特殊经验、成长方向感、信息素养、辨别能力、判断能力、胆识或勇气、博弈技巧、瞬间决策能力、处世格局、空间能力、资源利用能力……可根据具体的评估对象和评估诉求从上述各项中灵活选择。

3. 评估适用于服务成长

切莫借助评估把成长个体当成一个工具来雕刻。简而言之，成长评估的目的是了解个体成长状况，以促进和服务于成长。它并非用于与他人比较，因为不同个体的成长具有不可比性。评估也不是为了筛选，成长的人会与社会需求自觉匹配，不存在谁筛选谁的问题。然而，社会上确有一些机构习惯于用自立的标准去筛选他人，明智的人应尽量减少参与此类筛选。

每个成长中的个体都可以进行自己能够把控和操作的成长评估，也可请其他专业人士协助。以评估促成长才能使成长方向明确，优势更充分发挥，目标更高效达成。

三、成长与教育

教育现实中突出的问题是绝大多数人未能分化成长与教育的概念，将两者混为一谈，所以有必要将这两个概念厘清，让越来越多的人认识到成长与教育之间的巨大差别和内在关联。

（一）成长与教育的区别

前文已对成长概念做了界定，对成长特征做了论述，对教育概念已有众多的界定，这里开门见山直述两者的主要区别。

成长是个体先天基因决定的后天自然发展过程，主要属于自然性过程，它的社会性部分也紧密依附于自然条件；教育是个体所在社会对个体有目的的培养，主要是社会性过程，它的价值部分几乎不考虑自然条件。

成长的主体是成长个体自身，教育的主体包含成长个体、教师和专门教育机构。在一些教育观念落后的环境里，成长主体还不被当作教育主体，真实的教育主体仅是教育主办机构。

成长的逻辑是顺其自然，具有较强的客观性；教育虽然也强调天性为是，但是在实际中不少教育者以自我为是，要求被教育者按照自己确定的培养什么人、怎样培养人、为谁培养人的要求和标准发展。

成长可以在不需要人有意做什么的情况下发生，人也可以在有限范围里有意促进、优化自己的成长；教育就是人有目的的行为，无人有意去做就不存在教育。

成长相对内在、内化，外显表征不明显；教育更多从外部入手，有更多外显特征。因而人们更容易看到教育的绩效，却很难看到成长所发生的事实上更实质、更重要、更巨大的变化。功利和肤浅的人更看重教育及其作用，深刻的人才能发现成长的巨大效能。

成长是高度个性化的，不能用单一的标准评价不同个体的成长；教育则可能在更大的范围使用统一标准评价教育对象。

（二）教育与成长的关联

从词序上，说“教育与成长的关联”比说“成长与教育的关联”更加准确，因为成长具有更强的客观性和确定性，无意也不必与其他方面建立怎样的联系，教育要想办好就必须明确与成长的内在关联。下面择其要而言。

成长的主体在较多的时候是教育的对象，成长需要教育辅助，一个人从呱呱坠地时对世界一无所知到掌握丰富的知识，需要成长基础上的教育合力实现。

随着人类社会的发展，教育与成长有了越来越高程度的叠加。古代人未受教育的“裸成长”数量多，社会发展带来教育的普及和水平提升，当下已经很难找到未受教育影响的“裸成长”者，教育也就在越来越高的程度上影响着人的成长。

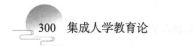

教育与成长相互推高对方所能发挥的作用。教育将个体的成长发挥到前所未有的水平；成长如能有效发挥作用，就能使教育的效能创造出难以想象的奇迹。当今社会教育在人的成长过程中具有不可替代的关键作用。

成长的特性与能力为人类所特有的优势，在人的教育中应充分发挥它的作用。要利用人所特有的这个优势，不断实现让自己变得比现在更好的目标，甚至成长到原来根本没有想到的状态。

教育并不总是有助于成长，过度、错时和不当的教育可能抑制、干扰、伤害个体的成长，如教育可能伤害个体的自主性、兴趣爱好、独立思考、身体发育等。或者说，教育对于人的成长事实上具有两极性作用。教育可以帮助成长个体正确地认识世界、认识自我、认识他人，也可能蒙蔽其视野，降低其认知能力；教育可以激发人的好奇心，鼓励其不断提出问题，质疑和探索，也可以扼杀其好奇心和志向，使其怠于主动探求未知世界与真理；教育可以教会人更清晰地辨别真善美和假恶丑，也可能泯灭成长者的良心；教育可以帮助人在浩如烟海的信息中认定事实、形成观点，也可借由过量的信息或信息工具，使其沉溺于海量信息不能自拔；教育可以养成人以恰当的情感和态度对待身边的人、事与世界，也可能播下仇恨、对立与不协调的种子；教育可以健全人的身心，完善人格，磨炼意志，也可能使其身心坏死、人格低下、意志消沉；教育可以帮助人在纷繁变化的大千世界里做出适当的判断和选择,也可能蛊惑人心，激发偏激；教育可以帮助人把特长发挥到极致、充分彰显自己的个性，也可能使天赋优秀的人变得平庸。

人的成长是多维度的，不可偏废。当教育能够全面体现并满足人成长的全方位需求时，就有利于人的成长。若窄化、功利化、短视化地理解成长，则必将培养出单面人、半截人、空心人，对人的成长造成深远且严重的伤害。

（三）教育必须服务成长

对于个体而言，成长是一个比教育更为原始和基础的过程。成长很难主动建构或重塑教育，唯有教育去尊重、了解并服务于成长，才能对个体和社会产生积极影响，在个体身上实现教育与成长效果的最大化，避免教育对个体和社会的伤害。

1. 在成长基础上教育

教育当事人不能孤立地看教育，不能在看不到具体教育对象成长状态的情况下就贸然去开展教育；不能忽视或看不到成长的价值，只看到教育的价值；也不能仅看到教育的表面价值，如将其视为进入大学的“敲门砖”或追求物质成功的手段。

当教育的价值被完全功利化时，便会出现各种违背教育规律、反教育、伤害成长的现象。例如，孩子们在沉重的课业负担下喘不过气，对书本和学习产生厌恶，甚至在毕业时将书本撕毁抛撒，这些都是忽视成长办教育的后果。

因此，在成长基础上办教育的关键在于定时了解每个个性化教育对象的成长状态和变化，并根据这些状态和变化来调整教育内容、方式和方法。教育不应成为制造考试机器的生产线，学生也不是生产线上的标准化产品。脱离或无视成长的教育必然会走向异化。

2. 尊重成长开展教育

成长有其固有的规律、程序和次序，尊重成长就意味着要理解教育不能逾越成长的阶段性和次序，更不能违背其规律。教育的价值取向应助人成长，并在实践中更加重视教育对象的“成长性”和个体的自然生成性。唯有尊重成长，才能确保教育不会透支孩子的童年和精力，不会损伤他们的健全人格。

自然成长的个体，更加倾向提出问题、求异创新、有个人的主张，更加善于在浩如烟海的信息中寻求真相、追求真理并做出符合实际的判断，更加接近根据自身条件做出恰当的人生选择，更加乐于与大自然和谐共处、与他人智慧共情。尊重成长就需尊重成长个体所表现出的自然个性，避免用刻板的教育规范去限制或伤害他们。教育的目标应该是帮助个体成长得更加丰富、多样、个性化，并培养他们的坚毅、健全和高尚品质，而非强化一端，消解快乐，损坏成长的自然风貌。

3. 教育不干扰、阻碍成长

长期以来，人们往往过于夸大教育的作用而低估了成长的效能，将教育置于成长之上，导致以教育压制成长的现象屡见不鲜。在某些极端情况下，教育甚至成了破坏个体成长进程的元凶。因此，减少并消除此类教育现象已经刻不容缓。

成长是个体潜能的发挥，教育只能对发挥出来的潜能加以利用，而不能伸手去操作潜能。教育要知道个体的潜能边界、极限和发挥的状态，不能超前、越界利用它，超前与越界利用所显示的个体瞬间“超常”都可能造成对成长的干扰、阻碍与伤害。而不少人为了显示教育的奇特绩效，“不能输在起跑线上”，对成长个体超前挤压出“超常”表现，事实上已经构成对个体成长的干扰与损害，后果是基础教育造成的“童子伤”中断了正常的成长进程，这也是众多青少年超常者成年后表现平平，即便天赋再优秀也难以成长为杰出人才的原因。

综上所述，没有成长作为基石，教育将无从谈起。成长是人类千百万年进化过程中生物与生命积累的释放和再现，而教育则只是人类数千年文化积淀的制度化实施。相较于成长的历史深度，教育的时间跨度要短得多。因此，教育当事人必须时刻谨记这一基本事实，才不会有忽视、轻视、干扰、伤害成长的虚妄举动，个体才有可能通过适恰的教育获得健全成长。

四、运用成长论改进教育

之所以强调成长论，是因为教育现实中大量存在忽视个体成长、损害学生创造力和潜能发展的问题。运用成长论改进教育需要从三方面努力。

（一）改变对成长的无知

普通人都能理解，孩子过于年幼和稚嫩，不适合过早投入激烈的学业竞争。这种做法不仅不人道，而且对孩子的长期发展无益。这表明普通人对成长有直观的感知，并非全然无知。然而，在教育专业领域内，这种普遍的直觉感知却常被忽视。受外部势力影响，一些视野狭窄的专业人士对成长的无知束缚了教育参与者。为改善这一状况，我们应：一是教育专职和专业人员恢复独立性和自主性，能够自觉自主认识、理解教育，对教育对象实施的是教育而非狭窄的课程训练和考试；二是增强教育体制和机制的灵活性和多样性，使受教育者在面对问题教育时能够有选择、放弃和自行矫正的权利。改变对成长的无知本身并非简单的知识普及过程，而是确立无知者受损、有知者可以依据自己的判定自主选择的机制，一切都会迎刃而解。

（二）将成长设置为教育的前提

教育越过成长的边界是对成长无知者犯的普遍错误。教育当事人需要明确，成长是教育的前提，教育不能改变和操作这个前提，只能由个体在感知自然成长的基础上进行有限的自我调整。人生是自我发现的旅程，了解自己的成长才能持续进步。教育的目的在于唤醒每个孩子内在的潜能，帮助他们找到生命中的特殊使命和目标；在于引导个体认识自己的成长，明确来到世间的使命，确立自己的志向。每个人的人生都不应是一场由他人设计好程序的游戏，没有成长作为前提的教育必然是无源之水，无本之木。与考多少分、上哪所学校相比，确认成长作为教育的基础、自觉发掘个人潜能、根据自身成长特征和状态设定目标，并形成从内心激发的持久动力，这才是更为重要和根本的内发机制。教育的价值在于通过辅助个体获取知识和促进知性成长，更好地实现个体的全面发展，而非舍本逐末地将内生性的驱动力放置一边，追求远比它小得多而又难以持续有效的外部强加的力量。

（三）设置追责机制对以教育干扰成长的人追责

教育对人的伤害一直带有很强的隐秘性，很难进行责任追究。不当的教育措施对个体成长的干扰和伤害最终由受害者完全承受成为普遍的事实，伤害个体成长的教育成为其中最典型的例证。

有些孩子每天 5 点多起床到校，下午 5 点多离校，课间 10 分钟都没了，家长、老师都很疲惫。他们每天可能还有大量家庭作业、课外培训，失去了娱乐时间，也无法参与户外活动。这样的学习环境几乎扼杀了孩子的学习兴趣，使得正常的成长变得遥不可及。即便有些孩子考试分数很高，能力也不差，但却被教育成了没有自主意识、无法确定人生目标、缺乏志向和使命感的空心人。校长对此感到很无奈，因为大家都在竞相追求高分和优异成绩。一旦学校名落孙山，就可能面临倒闭的风险，老师们将失业，而学生们则不得不远赴他乡继续他们披星戴月的学习生活。这样的循环似乎无法改变，也无法追究谁的责任。

无视成长的压制教育、无效教育、封闭式教育长时间流行。尽管儒家宣扬了两千多年的“人之初，性本善”，教育还是把所有孩子的天性成长想象成必然变坏的趋势，不断进行唯恐变坏的灌输、压制，成长所真正需要的爱的教育、人性教育、逻辑教育反倒是空白。

当前的教育模式往往贬低人们最珍贵的青春年华和成长过程，而过分抬高并非至高无上的学习内容。记忆被过分倚重为主要的学习方法，而高压则成为最常用的教育手段。不给孩子留出空白，不愿意给成长者自主，不会自主学习又是造成学业负担的一个原因，形成了“学生不会自主学习—学习成绩差—家长给报班—学生更加没有自主学习的空间—成绩更差”的恶性循环。这种负成长的教育模式实际上是对人性的一种摧残，甚至可以说是对人类的犯罪。然而，目前尚无相应的法律或机构对这些行为人进行追责。

总得有人负责。只有当越来越多的人开始关注并追究教育伤害的责任时，才能让那些在负成长路上行走的教育人越来越少，才能从根本上改进教育对于成长的无视与压制状况。成长论是改进当下教育急需的高效且适应范围广泛的理论工具。

第三节　因素分析论

一农户家的竹子长在屋后山上，因土质不深，只能长到 3 米；而移植到屋前肥沃土壤后，便可茁壮成长至 5 米，且更为粗壮。这便是不同因素导致不同结果的直观例证。同样，在某个个体的教育中改变其中一个因素可能产生不同的结果，改变多个因素也可能结果仍未改变，这就是教育因素分析论所要讨论的问题。

一、因素分析是集成的基础

因素分析作为一种方法古人就已经在使用，也在教育上使用，在现代科技领域应用更为精细、广泛，特别适用于复杂系统的快速分析。

现代因素分析基于相关关系对众多数据进行降维（即简化）的数据处理，借用统计数据，利用排除法、连环替代法、差额分析法、指标分解法等分析引发状态发生变化的因素，目的在于挖掘出众多数据后的某种结构和特征。这一方法在各种教育实践中运用得越来越多。

因素分析论是基于因素分析法提出的理论假定，运用于教育的理论假定可表述为：教育状态是多元多因多果的高阶偶然性组合。教育是比经济、社会等更为复杂的系统，比其他领域更需要因素分析，但教育的影响因素多种多类，显隐并存，难以进行分级和归类，所以在教育领域，因素分析的应用尚显不足，技术也欠成熟。教育很难有简单的一因一果对应的关系。因此，运用因素分析，筛选出反映教育性质、状态、特点的关键变量，提炼、简化为有限的量，标示出与个体成长状态有内在联系的、稳定的、决定成长本质的因素，在未来的教育研究中显得越来越重要。

从集成人学的角度看，充分的因素分析是实现稳固、高效集成的关键。集成不是囫囵吞枣，集成的前提是各部分外部特征和内在联系已经经过由表及里、由此及彼、去粗取精、去伪存真的分析、界定与处理，边界、结构、功能清晰，并能及时、有效地在系统中确定其发挥的作用，各部分在集成中是灵活、可随时提取的信息单元。因素分析法能简化复杂对象并保持其基本信息量，进而提升集成的效能。

在非教育领域，因素分析已超越传统的单双变量分析，可在多变量观测分析的基础上较全面地反映事物多面性。借助于计算技术，因素分析法的数学运算主要是建立在矩阵运算的基础之上，可从众多的变量中提取几种具有决定性意义的主因素，建立理论假设，然后反复验证假设，直至接近原本状态。因此，因素分析法是用来形成科学概念、构建思想模型和理论体系的有力工具。其在教育领域的广泛应用，将为集成人学教育奠定坚实基础。

二、因素分析的教育适用

因素分析主要用于对教育状态与变化的归因分析。1904 年斯皮尔曼《客观测定的智力》一文就比较规范地使用因素分析法，开了用因素分析法研究智力的先河，得出学生每一门课程的考试成绩都可以看作是由一个一般因子（与一般智力相一致）与一个特殊因子（与特殊智力相一致）之和组成的。他进而通过反复测验和计算，揭示了智力由一般因素 G 和特殊因素 S 构成的二因素理论。

对于因素分析论的使用不妨以具体的例子加以说明。以教育内卷为例，该现象表现为不断增加教育经费和时间投入，但收益增长到一定程度后不再增加，甚至开始下降。“内卷”就是系统性的停滞、衰退或者退化。用因素分析加以分析，第一级相关因素是个体成长系统、学习系统、教育系统三大系统中的一个或多个发生退化。如果是教育系统发生系统退化，第二级相关因素有教育价值、教育内容、教育方式方法、教育评价等因素中的一个或多个发生退化。从现象考察，极端应试，“只要学不死，就往死里学”是普遍存在的现象，教育评价系统退化就在更大程度上成为教育内卷的原因，当然它可能还会影响到同一级的教育价值、教育内容、教育方式方法等，共同加剧内卷。对个人成长而言，无限增加学习投入并不带来持续收益。达到极限后，更多的投入可能导致负收益，如丧失学习新知识的机会、健康受损、精神压抑等。

由此展开，因素分析可以对一个家庭、一个学校、一个地区、一个国家不断分层分级分类进行下去。类似可以进行分析的主题还有学历竞赛、排队入园、幼儿园小学化、超前超纲教学、教育生态恶化、教育不公平等。

此外，因素分析也适用于教育的微观分析，如个体心理或成长状态。具体步骤包括确定分析指标、选定影响因素、分析因素与指标的关系、依据测量数据计算各个因素影响的程度，依据经验对数据分析加以评估。这种分析不完全是单纯的因素分析，分析过程需要依托相关专业的理论和原理，特别是在进行因素划分的时候，要考虑到每种因素又同时受到多种条件的制约，是一个庞大的多维系统。

历史上，多位学者如瑟斯顿、吉尔福特、卡特尔和霍恩等，都基于实验广泛运用因素分析法研究智力和人格。也有学者使用因素分析对考试招生、能力结构等进行研究。未来，借助信息技术和大数据技术，因素分析法将更加智能化。

当下，人们对于因素分析论用于教育尚存犹疑，但它对教育的未来发展而言是必不可少的。首先，它是教育更加客观、科学、合理，将教育理论和研究建立在比较牢固、扎实的数学基础上的必然选择，也是教育学长足进步的必由之路。其次，教育所面对的纷繁复杂、相互影响、隐藏深浅不一的各种因素，需要通过因素分析界定其中起决定性作用的主因素，以及远因、近因等，从而发现教育的规律，提出教育假设，验证新概念，建构教育学理论。再者，因素分析能使教育学理复杂、高深、虚玄的研究转向简化、浅显、实证，使测量结果的解释更加清晰、明了，有助于教育研究的方法以简驭繁、去芜存菁。最后，因素分析法使教育的状态与结果可以相互比较，相互检验。

当然，因素分析及其在教育中的应用仍面临挑战，如数据处理、因素选定与界定、变量关系的确定等，这需要在实践中不断完善和拓展。

第四节　超　越　论

超越论源于古代的怀疑论哲学，它将实在的、客观性的宇宙当作主观意识的一般对象来考察。它实现了从朴素地专注于呈现着的客观对象向反思态度的转变，实现了人的认识从客观性进入主观性的超越，建立了实在宇宙、真理与主观性之间的联系。胡塞尔称笛卡儿为超越论哲学之父，并在近一百年间对超越论加以发展。1990 年后，基于对教育现实与历史的考察和社会的反思，超越论在中国教育领域产生了更深刻、具体的影响。

一、超越论的内涵

超越论可以浅显地表述为人在认识世界时具有超越客观与主观的思想意识与能力，不断以批判与反思的方法寻求终极的本质。

实际上，超越论在发展中有众多不同的理论和学说，各自在某一个领域有其独特、深奥的论述，很难在简短的文字中加以概述。其共性是在认识对象的自然性基础上确立认知的主观性和认知者的主体性，在进行认知的主观性中构成实在世界（物理的世界，动物和人的世界）。超越论并没有一个统一的标准理论，历史上众多学者宣称自己为超越论，事实上连胡塞尔本人也很难证明自己就是真正的超越论。

即便如此难以准确描述，并不能说明超越论的不存在，也不意味着超越论对教育不重要。超越论确实带来人类认知的跨越性发展，自产生就从哲学角度对教育产生着影响。与教育相关的超越论主要表现为态度、能力、方法。

作为态度，它是完全不同于自然态度的“非自然的”态度。这种态度不再是专注于世界、忘我于世界，而是一种彻底的和纯粹的对自身思考的生活。它要求系统地摆脱自然的现世主义态度，使一切世间东西都超脱世间性并将它们提升到纯粹的主观性。这种非自然的、非世间的超越论，在自然世间的生活中没有关于它的任何提示说明的样板。这种态度将主观性与客观性融合，探寻由普通科学的起源和基础所奠定的最终根源，研究那些最初且内在包含一切存在与真理起源的事物，即超越论的主观性和纯粹的自我。

作为能力，它主要体现在自我考察、自我理解以及批判与反思的能力上，批判是其中最为关键的能力。通过对世间经验的批判，人们能够通向超越论的主观性，并实现对前人认知与学术的超越。这种追求严格科学的哲学和绝对自我正当性的哲学理想，激发了各种实现超越论哲学理想的尝试。

作为方法，它提供了一种全新且彻底的批判与反思方式。这种反思超越了实证科学，在实证方法用于现代科学发展成为普遍强势的情况下，超越论从理论上研究被认识客体的起源（即认识活动如何赋予意义并确立存在的功能），研究进行认识的超越论生活和有所成就的活动。

教育的本质具有超越性，需要超越论才能加以深刻、完整诠释和实施。缺乏超越论的指导，教育可能会变得过于功利、朴素和实在。当下，教育正是缺失超越性，才自然走向唯学历、唯分数、唯升学、唯文凭之类的歧路。

超越论本身就含有对学科的超越、对本质的追寻、对全部教育具体性活动的超越。它发起对教育本质性、价值性、原本性、终极性等的追问，是与教育相关的各门学问走向集成的动力和有效纽带。

二、超越论的教育价值

超越论本身的意义留待哲学家评价。超越论对教育的价值在于它可以避免教育培养工具人，或只能培养凡人、俗人，可唤醒教育当事人和成长个体的主体性，培养主体性健全，能自主选择人生理想、目的与意义的人。它的价值大小是与教育的实际状况相关的，越是在社会与教育超越性不足的状况下，超越论的价值就越重大。

从历史看，中国文化超越论基础薄弱，超越的传统稀少，以至在数千年来很难产生真正的信仰和宗教。由于现实性、当下性过强，超越论影响不到不知道超越论和无意识超越的人，也影响不到知道超越论却朴素、实在的不能超越的人。学校教育过于看重标准答案，过于看重书本知识，缺乏对超越论的重视，这无疑限制了许多人从小对超越论的感知和接纳。因此，超越论对于提升教育品质、促进人的成长具有独特的划时代意义。

超越论对教育的价值主要在于以下方面。

1）教育确实有超越的需求。当下教育普遍存在的问题是过于局限于现实和功利。中国古代《诗经》《易经》中含有的超越性在历代生活中已被淘刷得所剩无几，教育需要适量的超越，以减轻压力，进行黏合，实现改进。

2）超越才能深化终极体验。超越论鼓励人们超越朴素、客观和功利的视角，通过克服这些局限性来探寻真理，努力突破抽象、片面到达深刻、完整。这不仅是涉及教育的各个方面发展的需要，也是人充分成长所需要的。

3）超越才能将教育从适应中解放出来。教育长期处于被动适应、不能自主的状态，使得众多的教育问题长期无解，因为解决问题的人就站在问题之中，无法看到真实、完整的问题。比如大家都意识到恶性竞争给孩子的压力过大，却不断责怪参与竞争的家长和学生，不反思改进引发恶性竞争制度。超越论是解除束缚、摆脱依附、唤醒自主的思想与理论工具。

4）教育站起来需要超越论。长时间的埋头苦干之后，教育当事人以及成长个体急需抬头站起身子。但在教育上的"抬头"不只是身体的体态变动，而是需要思想、理论的改变。超越论便是让成长个体与教育当事人真正站起来所需要的理论。只有它才能让一个人从物质主义、世俗传统、俗语浅说等各种羁绊中站起来，以理论和信念为支撑，而不仅仅有行动。

教育需要超越才能认识到教育的根本价值在于人的完善，在于实现人的解放，如此才能培养出足够数量的怀疑者、重大问题提出者。没有超越论，教育和对教育问题的认识都将无法避免内卷、肤浅。更多的人掌握了超越论并用于解决问题，教育才能从现实走向更好、更远的未来。

第五节 镜 像 论

镜像原本是一个光学名词，指的是物体在镜面中形成的影像。不同的镜面所产生的镜像与原物体并不总是完全一致。特别是当光线经过透镜时，所成的像与原物体的各部分排列会呈现上下左右颠倒的情况。通常所说的镜像，是指物体相对于一根交错轴或一个交错平面而形成的影像，其中相对于轴的成像被称为轴对称。在信息技术领域，镜像通常指将信息、功能完全相同的文件，或者经过压缩、以不同方式编辑的文件，在另一媒介上进行备份存储。

一、镜像论原理

镜像论是指任何一个对象都可能是某个更早存在的事物的复制，这些复制品可能完全或部分地保留了原事物的信息和功能，并有可能继续复制成新的对象。若无限制，此过程将持续进行。

民间早已有对教育镜像现象的朦胧认识，诸如"似曾相识""独一个，偶一双""如出一辙"等说法，均与教育镜像有所关联，但还不完全是教育镜像。

教育镜像论是在对教育镜像现象研究基础上形成的理论。教育镜像论原理可表述为：特定的教育对象或成长个体之间存在镜像关联，它们相对于某个轴或面部分或完全地复制了已有个体的信息和功能；镜像也是教育功能的一种，在个体成长和教育思潮等宏观现象中有所表现，在教育实践中发挥独特作用。1915 年后在中国兴起的新教育运动在一定程度上就是欧洲新教育与美国进步主义教育运动在中国的镜像。

镜像在个体成长中的作用各异，其形态也多种多样。根据镜像产生的方式，可分为轴镜像和面镜像。在权力集中的社会里，轴镜像最为普遍，人们往往会模仿位高权重者，从而在一定程度上成为其镜像，导致千人一面的现象。而在个体自主性和独立思考能力较强的社会中，轴镜像的概率则大幅降低，个体天性多样的面目展现更加充分，但它仍然可能在一定范围长时间存在。

面镜像的产生条件较为苛刻。不同个体所遇到的交叉面各不相同，因此面镜像的结果相较于轴镜像更为复杂多样。显然，平面镜与透镜、哈哈镜与多棱镜所产生的镜像截然不同，对此需依据实证、测量或质性方法进行更为深入具体的分析。

依据镜像所产生的镜面差异，可将教育镜像分为以下几种：

1）方位镜像，以空间方位为镜面或轴产生的镜像。例如，相邻两村的村民特征迥异，一村村民胆大妄为，经济发展较好但管理难；另一村村民遵纪守法，荣誉众多但经济发展滞后。比较两个村的村民，前一个村找不到一个人有后一个村的村民那样遵纪守法，后一个村找不到一个人有前一个村的村民那样胆大敢为。经年分析后得出结论，两个村的村民意识中都存在一面所在村的“镜面”，他们身上在一定程度上都有所在村的镜像，这些镜像与他原本的特征叠加便有了上述现象。方位镜像除了空间方位，也可以机关单位作为镜面产生。不同学校师生所表现出的某些相同特征便是空间与方位镜像的表现，如能悉心观察就能发现这种情况还比较普遍。

2）时间镜像，以时间为镜面或轴产生的镜像。其典型现象为多年一个轮回，但具体周期并非固定，与镜像内容和社会条件相关。时间镜像在不同代际的个体身上会发生，其中不排除有遗传的影响；还可能在教育运动及思潮等方面产生，甚至跨越国家和地区产生。孔子力图恢复周礼，便是他试图创造一种符合其意愿的时间镜像。

3）内容镜像，以不同教育内容为镜面或轴产生的镜像现象。内容镜像更为复杂，因为内容的多样性与可变性，内容所构成的镜面具有不规则性，使得内容镜像发生的特征与其他类镜像不同。内容镜像变化多样，未经细致观察和深入分析就难以发现，还被很多人当作从未发生。

4）对象镜像，以不同对象为镜面或轴产生的镜像。如父子间的“有其父必有其子”、师生间的“严师出高徒”等。实际上，各种人际关系间均可能产生镜像，如斯德哥尔摩综合征中受害者对犯罪分子的情感便是对象镜像的一个特殊例证。此类镜像通常涉及情感因素。

5）人格镜像，是以人格为镜面或轴产生的镜像。这种镜像当然只能在对人格有一定感知能力的人中发生，概率相对较低，却很有教育意义。历史上不少杰出人物在不同时段形成了人格镜像链，在教育和人类发展历史上发挥了重要作用。

由上可见，镜像以多种形式存在于社会中，影响着人的成长和教育，也会对宏观教育的发展产生影响。教育不能无视镜像现象存在，而应深入认识、分析和有效利用镜像，以服务于人的全面成长和发展。

二、镜像论的教育运用

每个教育行动都会在不同程度上产生镜像。镜像也会对人的成长发挥影响，但镜像对人的影响并不都是当事人所期望的，有时在教育者和成长个体之间还会对某个镜像态度不同。

比如，将市场机制引入教育资源配置，显然有宏观教育思潮对市场经济镜像的痕迹。有人积极提倡并从中获益，有人则一向反对。面对不同态度，还需考察教育市场功能的适用范围，在公共服务还是在个性化需求的范围，会不会造成不同群体或区域对另一群体或区域的控制。适度运用市场机制以提高教育效能是必要的，特别是在非公共服务的教育领域。但若教育资本无序扩张，导致教育异化、价值扭曲，并加重家长负担，冲击公共教育服务和学校体制，则需要重新评估以什么样的态度对待这类与教育相关的镜像。

镜像及其效果的多样性和复杂性要求教育者和成长个体都必须认识并了解它，明确它对具体个体可能产生的利弊。例如，基础教育阶段男教师过少可能导致未成年人出现“伪娘”等镜像问题。对于那些限制成长、束缚观念、腐蚀品行、软化意志、削弱能力的镜像，应设法避免和消除；对于利弊并存的镜像，应加以改进，同时根据需要建立有价值的新镜像。

教育对于镜像的运用当然不能局限在对具体镜像的分析和应对，还需要从根上寻求更有效的运用。

首先是对镜像原理的运用，最关键的是成长个体主动选择镜像，而不是被动、蒙昧、从众获得镜像。在镜像过程中不是简单、刻板成像，而是应根据自身特点和需求筛选信息和功能后成像，以充分运用镜像原理成长自己、改进自己。

其次是对镜像原则的运用，比如陶行知提出“以人教人”。在了解和理解了镜像之后，任何一位教育当事人，甚至整个社会的每个成员都可能成为被镜像的对象。因此，教育不仅是教育工作者的责任，而是每个社会成员的共同责任。无论个体在社会中扮演何种角色，其言行都可能成为被镜像的原型。

最后，应恰当运用镜像方法。镜像是一种具有教育作用且尚未被充分认知的现象，也是一种未能充分运用于教育的方法。它能够解决许多形式化教育教学难以解决的问题。因此，应将镜像纳入教育方法和工具箱中，并在适当时候针对适当问题有效运用。

未被意识到的镜像发挥教育作用已经有很长的历史了。如何界定、运用已经被意识到的镜像，考验着教育人的智慧。镜像本身就是集成人学教育的一部分，如何将有意识的镜像融入集成人学教育也是集成人学教育发展的新难题，这需要从集成人学构建与发展的方面进行深入探讨。

第八章

集成人学教育论的发展

教育学理探索必须建立起世间最先进、最有效、最有诠释力的范式和理论，集成古今中外一切相关理论与学术资源，研究人的成长和发展。教育事实是久远、广博、多元、弹性、相对、离散、非规范的巨复杂系统连续体，学科式的教育学无法满足教育事实对理论的需求，难以阐释整全教育，还对教育产生了定位与方向的误区与限制，阻碍教育发展与人的成长。

集成人学教育探索关键在"成人"，集成方式可以探索高深理论，集成的最终关键也在理论，要实现高深理论、有效方法和现代技术的融合，推动教育理论技术化，开辟以技术方式实现理论的全新、广阔、深远的研究方向。个性化集成是最高端、最前沿、最活跃的教育探索层级，对人的成长与发展具有最直接有效的引领作用。

科学是集成教育研究的一个向度，缺失或违背科学是教育学理长期落后甚至出现危机的深层根源。教育学在追求成为独立学科的科学化过程中，面临着如何处理内部科学化的歧义和外部与人文、哲学、艺术及个体生活平衡关系的困境。教育学理既包含科学内容，也包含非科学内容，因此不可能实现完全的科学化，但需要探索更加符合科学实质和科学精神的改进与完善路径，跳出教育学理科学化的学科模式与程序，从以人为本的集成人学出发，确立整体协调中的科学向度，而非寻求建立独立学科或整体科学化。

完善集成人学教育论是个漫长的过程。在相当长时期内新老范式之间将会呈现你中有我、我中有你的格局，经历一个此消彼长的复杂过程。

关键词：集成人学；教育理论范式；成人

教育探索长期未能直接关怀生活中鲜活的人的真实成长，未能将它与建设理想社会的终极价值耦合到教育中来，因此付出自身难以发展被社会边缘化的代价。我40余年的教育调查、实践、实验和研究获得的切身感受是：教育是人类最尖端的学问，是各类研究中最难而又最具挑战性的工作，必须挑选或探索出最先进、最有效、最有诠释力的范式和理论，集成古今中外一切相关认知与信息元素，才能满足未来时代人的成长发展对教育学理的需求。

第一节　教育学术探索的事实与可能[①]

人们在摸索“真实世界”研究方法的过程中，被教育学模仿了几百年的科学研究范式也正在发生巨变，“提示科学研究发展到了现今这个阶段，由科学革命促成的、在过去几百年内发展起来的现代科学范式，可能正面临巨大的转变”[②]。

对教育的理论研究需要以教育的事实为基础和依据。集成人学教育论是基于教育事实提出的，它所集成的既有的各种教育理论中，有包括众多教育学人在服务多样化个体中形成的教育学集合体系，而不仅是一个学科所能容纳的理论体系，它所关注的是符合教育特性的理论方向究竟是什么。

一、教育事实特征

教育事实包括教育的历史和现实中的存在、运行，是数千乃至万年以上的教育事实连续体，是个典型的巨复杂系统。随着人类认知的发展，所能看到的教育事实越来越多，从局部、个案、肤浅到越来越整全、具象兼抽象、深刻而多面。教育理论需要建立在可以观察和认识到的尽可能整全、具象兼抽象、深

① 储朝晖：《论教育研究范式的集成人学转向》，《合肥师范学院学报》2022年第4期，第1-7页。选入本书时有修改。

② 韩启德：《学科交叉与现代科学范式转移：在全国首届前沿交叉学科论坛暨前沿交叉研究院联席会上的讲话》，《大学与学科》2021年第1期，第1-4页。

刻而多面的教育事实基础上。

从历史和现实两方面来考察，整全教育事实的基本特征可简要概括为：

1）久远性。教育事实存在远早于学校或其他形式化教育，早期以家庭（氏族）教育与社会教育的方式存在，几乎伴随人类整个进化史。现代教育的内容更加丰富和细致。

2）广博性。需要从范围、深度、广度等方面看到完整的教育广博性。在时间上教育跨越人的一生和不同时代。个体在不同年龄段，其教育角色不同，定位不断转换，在内容、空间范围上也都显示出广博性。

3）多元性。教育主体、对象多元，价值、标准也是多元的。

4）弹性。教育的目标、任务、内容、方式、原则、规范、需求、要求都具有弹性。弹性使教育具有灵活性，又具有不确定性。

5）相对性。政府、社会、家庭、学校、个体等对教育都是相对的，很少是绝对的。

6）离散性。教育存在多主体、多中心的特点，在特定时段的局部教育似乎有主次之分，放大到与教育存在范畴相等的范围考察则无主流，百家争鸣，各具特色。

7）非规范性。教育存在局部、某一方面、特定情境下的规范，至今没有人或机构能够确定且今后也很难找到整全教育的通用规范，使得教育学不具备典型的学科研究特征。

已经建立的教育学等教育理论是在当时对教育事实认识的基础上建立的，受到认知的局限，显然当时对教育事实的认识不够完整、深刻、全面，由此决定了所提出的教育理论不周全。

即便从学科的视野看，教育学有它人文的一面，也有社科的一面，还有自然的一面。如果说最大的综合学科就是教育，依然不准确，因为现有各门学科研究的对象范围，没有比研究人、培养人更复杂、更宽泛的内容，教育学长期难以成为规范学科也缘于此。用经院哲学来判断，教育学比哲学等其他学科地位低一等。一些大学认为学科的地位决定了从业者的薪酬，教育学教授的薪酬也应低一等。但只要人类有繁衍、成长，总要有教育，总要去探索怎样才能更有效地培养一代又一代的人。从人本的视角考察，教育是比哲学更上位的概念。没有强大、深邃的教育学理，怎么可能去培养优秀、杰出的人，怎么有社会的繁荣和文明的提升？

整全教育的上述特征使得对于教育的理论表述成为世间难题，很难找到一种理论对这样广博、多元、弹性、离散、非规范的对象进行学理粘连。不同国家、地域，不同自然与社会环境，都会影响教育及其理论；不同个体的遗传、环境、文化、理念、哲学、传承也会影响个体的成长。已有的教育学理远远低估了教育事实的广博性、复杂性和深刻性，依据局部的教育事实也能探索并描述出教育的一些规律，但难以诠释整全教育。

当下尚没有教育学说和理论能够将人类教育的历史事实及其逻辑表述得系统、完整、清晰。这种状况与对教育事实研究不充分、不深刻相关，也与开展教育研究的难度较大、研究方法有限相关，还与研究视野不够宽广和深远、超越不足相关。要使教育研究向前推进，就需要突破原有研究范式，寻找新的研究方法，拓宽加深研究视野。

教育事实在现实方面的复杂性表现为类别众多，如学校教育、家庭教育、社会教育，形式化教育、制度化教育等。通常教育与生活的范畴相等。教育研究需要以教育事实为依据，依据教育事实的特征来完成。教育内容的多重性已跨越了现有的学科界限，仅对“如何成为一个合格称职的教师”这样一个具体的专门化教育问题的回答就要涉及生命、人文等多个领域；对孩子的教育则涉及营养保健、心理健康等多个方面；与家庭教育相关的还包括婚姻、伦理、文化、管理等多个领域。

教育事实的特征显示需要寻求与事实相切合的方式进行理论建构，“教育是人类最尖端的活动和学问，必须将生命与人文融为一体，必须将人类数千年来积累起来的研究人的各门学问和知识融为一体，各门知识之间不是简单的类似于生物化学、物理化学这样的关系，而是不分学科范畴，在共同目标下将内容与方法集成到一起”①。

二、学科式教育学的局限

以学科方式对教育学及其分支学科的教育学理进行探索已有几百年的历史，也取得了很大成就，但是总体上连教育学人也感到不满意，不断出现以现有的教育学无法阐明的教育问题。这样的教育学成为被轻视、贬抑的对象，处境尴尬。出现这种现象的原因有“教育学本身缺乏深厚的理论根基”，“教育学研究对象本身具有的复杂性使得难于把握其发展的规律，彰显科学性”，“教育学者学院化的生存方式使得理论与实践领域存在巨大鸿沟，教育学理论难以指导教育实践”，“来自教育外部的各种力量干扰使得教育学难以独立化”。②其中的关键在于，教育研究对象的复杂性远高于可学科化与专业化的物理、化学、政治学、经济学等。总有一些问题无法用已有的教育学阐明，教育学本身也越来越显示出其难以成为规范的学科。

---

① 储朝晖：《教育是人类最尖端的活动和学问》，《中国教育报》2008年2月2日第3版。

② 姜世健：《走出教育学独立学科地位的困境》，《山东教育学院学报》2007年第2期，第23-26页。

在教育学理的探索上，在已有条件基础上能做什么呢？通过多年的试探，集成人学是既有现实可能性又具有较强超越性的选择。

（一）学科范式无法满足教育事实对理论的需求

从路径上，学科研究是近几百年对某一领域研究的常用模式，教育研究也已经进入这一模式。然而，教育学很难实现高度规范，其解释力度也难以全面、有效地解读教育事实。从学科的视角看，一个研究领域发展成为一个独立学科的标志恰恰又是规范，尤其是成熟的学科规范，这包括拥有独立的研究内容、成熟的研究方法和规范的学科体制。随着对教育事实的认识越来越清醒、完整，越来越显示对于教育而言难以满足上述规范性要求。

以现有的学科视角来审视教育，无论是从单一学科还是多学科的角度，都难以全面覆盖和解释教育事实，也难以阐明教育原理，更难以有效解决教育问题。若尝试以交叉学科的简单拼接方式来解决教育问题，可能会导致体系看似完备，实则效率低下，内容重叠、重复甚至矛盾，无法触及教育的核心，更难以深入个体内心，从而不能有效地解决教育的实际问题。

简言之，以现代科学体系建立之后的分科研究方法对具有久远性、广博性、多元性、弹性、相对性、离散性、非规范性的教育事实对象进行系统研究难以奏效。以规范化为目标的学科发展路径与方向对于教育研究而言是迷途和歧途。现有的教育研究既不够连续，也不够系统，必须寻求超越现有学科视野的新研究范式或方法，方可解决教育的复杂性和多样性的研究难题。集成人学就是寻求既解决现实问题又具有超越性的教育学理探索路径。

（二）限于学科视野对教育产生的误区与限制

从已有文献看，根据现有的中国学科分类，涉及研究教育的学科有哲学、经济学、法学、教育学、文学、历史学、心理学、社会学、管理学、交叉学科等多个学科。但是学界又普遍认为教育学不属于严格的学科，教育学自身缺少公认的、有较高解释力的研究与学科系统。由于单向思维只顾及使用学科视角，使得教育研究进入了一些误区，使人们对教育研究产生了一些误解，主要表现为以下几方面。

1. 定位失误

现在一些学者倾向将教育学当作一门交叉学科，从相对狭窄的教育学视角出发，认为教育学有众多的分支学科，如学校教育学、社会教育学、家庭教育学、高等教育学等。稍加思考便不难发现如此分类的逻辑混乱，如家庭教育学与学校教育学并不能简单地并列。无论怎样排列，在逻辑、历史、概念内涵、特征、覆盖范围等方面看都是站不住脚的，显然违反了逻辑常识。

受限于现有的学科研究范式，教育定位与划分的基本思维模式将所研究的基本事实放在低于学科的位次，试图在现有学科图谱中为教育学找到一个位置，却未能从质性上深入思考这样的位置是否与教育本身的内容、特征、在个体成长中的权重及其发展的历史相符，显然带有较强的比附痕迹，缺乏严谨的学术研究态度。

2. 方向迷失

在相当长的时间里，不少教育研究者都将建立某某特点的教育学作为自己孜孜以求的方向。他们尽管没有独立的概念体系、理论框架和基本原理，但仍然尝试写出了不少各类教育学著作。翻开这些著作不难发现，其中不少内容只是将教育学或其他学科的知识和概念进行了简单的套用和移植，就如同冠以电化教育学、审美教育学、人才教育学、语文教育学、外语教育学、数学教育学之类的书数量很多，却大都因缺乏自己的见解、判断力、概念系统以及自洽结构，难以形成相对独立的学科体系。1979—1988 年我国共出版教育学教材 78 本（种）[①]。由于存在上述问题，教育学自身发展不完善的状况并未得到太大的改变，并不意味创立了 70 余种教育学。

因此，仅从学科视角研究教育，或者仅仅以建立教育学为目标来研究教育，不能说是专业的，反而显现出这样的研究态度不够严肃、严谨，对教育事实的认识显出肤浅和局限。教育学本身远比一般的学科所需研究的内容复杂，仅以学科方式研究，或仅仅为了建立学科而研究教育，不免会迷失方向。

3. 脱离实际需求

随着生活水平的提高，现实生活与实践对教育的需求日益凸显其内在的复杂性和多样性。在以学科方式研究教育的时候，一些研究者常常过于看重、模仿和移用其他学科的结构、框架和内容，特别是以学校教育学的方式、话语、思维、假定逻辑表述各类特征迥异的教育，忽视了它们之间巨大的差别。他们看不见各类情境中教育的真实问题及其关联，也在一定程度上忽视了各类教育真实问题的解决，更不讲求解决方案的适切性与有效性。而教育研究脱离了真实问题无异于空中楼阁，花拳绣腿，失去其价值和意义。

以教育目标为例，学校教育的目标就是人的健全成长，家庭教育则可以同时有多重目标，如促进人的身心健全发展、营造幸福家庭、建立和谐社会等。非学校教育中的多主体可以选择自己侧重的目标，各方面目标可以协同，也可

① 陈元晖：《中国教育学七十年》，《北京师范大学学报》1991 年第 5 期，第 52-94 页。

能并不协同。在以学科视野研究教育的时候，往往难以顾及、解释和满足这种复杂多变的实际需求,更难以同时解决大量现实中存在的多样性教育实际问题。

4. 限制教育研究与发展

由于对教育事实与逻辑的复杂性认识不足，研究不够深入，教育学的发展成熟度比较低。那么教育学的学科发展程度提高了是否就一定会成为一个可以满足教育实践需求的学科呢？仅以学科视野看这一结论似乎是自然或必然的结果，但依据教育的事实特征来看，则未必会出现这样的结果，反而越是研究得充分透彻越能清晰地看到教育不会是一门学科。教育学不仅在内容上不是一门学科所能容纳的，很难建立起学科体系和学科理论系统，也很难找到能够统摄整体教育的学科原理。

教育的事实不像物理、化学、数学的研究事实那样单纯，能够由相同的逻辑或规则粘连起来，可以遵从或找到相同的定律和定理。所以，无论教育研究成熟到什么程度，都未必能够成为学科，反倒是越来越难以成为学科。在这种情况下，如果还坚持以学科的方式、范式研究教育，则可能产生对教育研究的限制和阻滞。尤其是流于形式化的教育学科研究，因忽视了对教育多样性真问题的研究，盲目套用学科结构、术语，从而阻碍了教育学理探索的有效推进。

（三）交叉学科仍然难以说明整全教育

不少依恋学科式研究的教育研究者或许认为，即便教育领域的研究建不起来或不适合建立教育学的学科体系,在中国已在 2021 年 1 月设立交叉学科作为第 14 个学科门类的背景下，建立教育学的交叉学科或许是个出路。

以 2019 年 5 月公布的与教育学相关的若干高校自设交叉学科为例：言语听觉康复科学开设了教育学、心理学、生物学、电子科学与技术等课程，教育领导与管理开设了教育学、管理科学与工程等课程，教师教育开设了教育学、数学、物理学等课程，女性教育学开设社会学、教育学、心理学等课程，非洲学专业开设了政治学、社会学、教育学、世界史等课程，儿童文学专业开设了教育学、中国语言文学、外国语言文学等课程，非洲教育与社会发展专业开设了教育学、中国语言文学、数学等课程。上述教育学的交叉学科都属于其他学科的下位学科，与需要全方位阐明巨复杂系统连续体的整全教育学不在同一个层面，更倾向于培训而非研究。对比其他交叉学科如机器人技术、人工智能等，这些交叉学科的口径都比较窄，内容都比较具体，内在规范的一致性明显。任何一个交叉学科都很难全方位、深度说明教育这样高度庞杂的事实连续体。

综上所述，教育学理探索难以走学科发展之路是由教育本身的事实与逻辑特征决定的，是由社会对教育需求的特征决定的。教育学数百年的学科发展经历证明了以学科阐释教育的不可实现性。由于学科本来就是人为设定，历来就没有囊括人类的所有学问，未来它的局限将会越来越多地表现出来。近期一些交叉学科的设置便是人类的认知活动跨越了原有设定向综合性发展的选择，这些领域的发展大大地推动了科学进步，体现了人类认识活动的发展趋势。教育学理探索需要了解、顺应这样的趋势，而不是在认知低谷里不断追求学科式的研究。

教育研究不能学科化，并不意味着教育研究不需要使用当下已经发展起来的各学科知识体系，而是需要以新的方式将各种学术资源组合起来加以应用。改变这一现状并非仅仅通过增设交叉学科，而是需要认识到学科研究的局限性，并在大学和研究机构中确立学科与非学科研究的平等地位，为非学科研究创造充足条件。未来，学科研究、交叉学科和集成研究可能在大学和研究机构中并存，各自以适合的方式研究相应领域，而学校或研究机构的管理和评价应适应并服务于这种多元化的研究形态。

三、教育集成方向探索的依据与可能

不少人可能还很难理解为何要进行集成人学的教育学理探索，对此只能以前人曾经有过的问答回应。19 世纪英国电磁学家法拉第在英国皇家学会上展示他的发电机时，一位贵族夫人问道："这东西有什么用呢？"法拉第礼貌地回问道："夫人，新生的婴儿又有什么用处呢？"[①]

教育难以走典型的学科发展之路，这背后有多重原因。不能成为传统意义上的学科，并不意味着不能对其进行深入研究，或者研究的价值会因此降低。教育可以以其他形态成为学术研究的重要内容，需要寻求符合事实特征与内在逻辑的方式进行更为充分的研究。

（一）学科分类仅是人类认识世界的阶段性形态

人类认识世界是个复杂漫长的过程。早期的人类认识成果在各种文化中都被以博通的经书形式记载并研究，从而衍生出大量经书的阐释之作。但历史上经书一直没有也不可能囊括当时所有知识，现在从经书中可以获得一些教育信息，但显然不完整、不深刻、不精准，仅为其中的一部分。分科之后产生的交叉学科等形式，正显示了分科研究在遇到局限后的突围尝试。即使有了分科研究，也并不是所有学问都能被纳入学科研究体系内。例如，当今以芯片技术、ChatGPT 等为代表的先进理论和技术，它们应纳入哪一学科尚无定论，同样，教育应纳入哪一学科也难以有定论。

---

① 参见郭雷：《我看基础研究》，《光明日报》1997 年 1 月 24 日第 4 版。

学科研究主要适用于那些规范性和系统性明显的研究内容。教育的事实范畴远比任何一个已有的学科都要庞大，且本身并不具备学科的典型和可规范特征。明白了学科一直没有将所有人类的知识划分到各得其所的状态，就不必在意是否有门教育学的学科存在。分科式研究仅仅适用于那些对象和内容边界明确、规范性和系统性强的研究领域。但无论是否有教育学这门学科，都可以对教育学理进行研究，并且可依据其领域的广博使研究到达前沿境界。

（二）教育实践所需求的学理研究的特征

教育实践所需的学理研究与一般学科研究有所不同，这主要体现在以下几个方面。首先，需求主体更为广泛，包括家长、监护人、受教育个体及与教育相关的各方人士，而非仅限于教师、学生或专业研究者。这些主体的接受度、理解力和关注点，决定了他们更需要的是解决教育实际问题的策略，而非教科书式的系统教育学知识。其次，研究定位更偏向实用。这种学理研究的主要目的不是进行学术研究，而是解决个体成长中的具体问题，它强调的是实用性和效果，能够直接回应实践中的疑问。再者，研究内容更为丰富多元。教育实践所涉及的学理点广泛且复杂，涵盖生活的多个层面，远非一两个原理或解释力有限的理论体系所能覆盖的。最后，需求的功能不同。与学科教育学主要在学术圈内产生影响不同，更广泛的教育实践需求的是以解决教育问题为导向的研究。这类研究需要比学科研究更为深厚和广泛的学术积累，其终极目标是解决问题，而非构建教育学的学科体系。

需要明确的是，这并不意味着教育不需要理论，它需要的不是简单套用包括普通教育学的理论，而是需要基于整全教育事实、具有更高解释力的理论。有些教育学方面的著述虽然在一定程度上显现出以上特征,但仍囿于学科视野，介绍学科性质，研究对象，研究内容，教育的特点、地位、作用之后，对教育的目标、任务、原则、内容和方法如法炮制地加以阐述，用较多篇幅细述针对不同对象的教育实施过程、具体行动方针和办法。虽然阐述得很具体，但也难以穷尽教育学中的方方面面，未能充分满足教育事实和实践对教育学理建设的实际需求。

（三）集成是教育学理研究的未来方向

相较于数学、物理、化学等成熟学科，教育学的发展历史虽然悠久，但作为一个学科，它的成熟度仍然有限。自 18 世纪末至 19 世纪，欧洲的教育学开始进入早期发展阶段，各国纷纷在大学设立教育学教席（如 1779 年德国最早在哈勒大学设立教育学教席，1875 年美国设立教育学教席，1876 年英国设立教育学教席，1887 年法国设立教育学教席)。然而，由于教育学研究对象的复杂性远超过其他学科，至今它仍是一个不够成熟的学科。在许多情况下，教育学更像是一个教学安排上的学科，而非一个概念体系、理论架构高度一致的学科。

从学科视角看，教育学长期难以成熟的主要原因在于随着对教育事实认识深度与广度的增加，教育事实新的内容、特征及其不规范性不断展现，旧有的学科规范容不下新的内容，或跟不上特征变化。现实中，教育研究的对象——人的成长要比当下已经成熟的任何一个学科研究领域复杂得多，涉及生命、人文与科学三大系统及其内在关联。教育学理同时要不断深入研究与人的成长相关的两个庞大、复杂体系的连续体：一是理想社会建设体系，二是个体生命发育成长体系，以及具体个体在成长过程中如何在两大体系中有效地互动。这样的探究包括从苏格拉底、柏拉图建构理想国，到卢梭强调的“天性为是”，再到杜威注重研究两大体系之间的相互关联，将学校与社会、教育与生活联系起来，以及陶行知将两大体系归纳为教育就是教人做人、创造理想社会。由于人和人成长本身的非规范性和复杂多变的因素太多，随着对学科认识的清晰和加深，将教育学当作一个学科的观点不断受到挑战。

教育学理探索显然不能仅仅将与教育相关的各门学问简单捆绑和组合在一起，也不能是各学科的平面交叉或立体叠加，更不能没有规则地任意借用其他学科的概念、理论和原理，而是应该以人的成长为出发点，将包括古老哲学和现代科学技术在内的所有各门学问解码为非学科形式的认知或信息元素，并加以融会贯通。这意味着将生命、人文与科学融为一体，将人类数千年积累起来的研究人及其成长的各门学问和知识元素融为一体，凝练、生成为一种新的知识集结形式——集成人学教育论。

“集成”一词源于中国古代的“集大成者”，也曾用于图书集成、诸子集成等的称谓中。现代科技领域一般用集成指称高度精密的技术，如集成电路技术。作为一种新的研究范式，集成可消解学科间的壁垒与边界，将与解决问题相关的各门学科知识解码为可通约、可灵活选择、可组合的认知或信息元素，根据实际需要还可组建成具有新功能的认知单元。选择其中与所研究的问题相关的自然、人文、科学技术等不同类学科的认知与信息元素，以问题解决为导向，可进行全新高密度的精细组合，以集成方式形成结构功能超强的认知单元，以便更为深刻、有效地认识和解决问题，实现研究促进成长的目标。

集成式研究更加便于知识生产，让知识生产更加灵活、高效地满足实际需要。相对于学科范式的研究，集成式研究可以提供更多的理论基础和更深远的视角，更容易出现理论上的突破和技术上的创新，更容易产生知识的增值和应用的增效。而且，越复杂、尖端和前沿的研究领域越需要突破学科式研究的限制，运用集成思维和方式解决难题，促进成长。高校和研究机构需要及时做出应对，打破学科藩篱，改进内部设置，为集成式研究和人才培养创设合适的条件。

集成式教育研究发展的基础是个体有更高的高品质成长发展需求，它促动、提升教育研究与探索在社会发展大系统中的定位，改变教育研究局限于比较狭窄的子学科范围内的视角，同时也改变教育学长期以来是哲学、社会学、经济学、政治学、心理学等母体学科的分支的身份，依据自身事实加以超越，转而以集成方式容纳所有与人的成长相关的学问，以获得更有深度和启发性的关于人的成长发展的认识，并探索出更有效能的成长方式和方法。

教育中的集成聚焦于人的成长发展活动。它一方面以生命成长为原点，集古今中外所有相关知识，从人的成长发展过程出发逐一展开，接近人的本真；另一方面，它探索品质更高和适用性更广的教育学理、方法与技术，从单一学科走向集成，增强教育学理探索的自觉性、自主性、独立性、针对性，主动应对不断增强的教育学理需求与信息技术发展带来的挑战，顺应学习者中心的发展，面向学习者需求，定位于服务学习者，选择互动而非单向生成。

教育学理探索的未来在于依据社会发展需求，确立人本理念，并系统地集成与人成长相关的各学科知识，系统地总结历史，深刻反思和创新，将理论、程序、方法和技术集成为能够切实有效服务于个体成长和教育的多功能智能模块。教育研究的未来发展需要以集成的方式利用各学科资源去进行自觉自主的建构。

第二节　集成的逻辑基础

任何一门学问的发展都存在社会基础，集成人学教育论发展的基础是个体更高品质的成长发展和社会发展对教育学原理、方法、技术产生了从未有过的更高需求。

一、个体成长与社会发展对教育学理的需求

随着社会和教育的不断进步，个体成长对教育学理的需求日益增强。在漫长的历史时期内，许多人未能充分意识到自己对教育学理的需求，也未能有效利用教育学理来促进自身成长。个体成长所需的教育学理并非仅限于教科书中的理论，而是需要一种融合学理、方法和技术的有效集成工具。传统的学科式教育学已无法满足这一需求，必须转变教育学理的研究、表述和呈现方式，才能更好地满足成长个体的需求。

同时，社会发展也对教育学理提出了新的研究和表述要求。教育现象错综复杂，教育是多因多果的偶然组合。在多数情况下，教育被视为解释其他社会现象（如人力资本、经济增长、社会分层和民主制度等）的关键因素，教育处于不可或缺却又从属的地位，是实现其他社会目的的砖石。教育常被视为因变量，分析其中哪些因素影响人的认知、成长、幸福等，结果发现影响因素众多，且关系极为复杂，不易得到确切、定量的结论。真实的教育既是自变量，又是因变量。集成人学教育论不回避传统教育学曾经遵循的学术逻辑、政治逻辑、资源逻辑、社会逻辑，它的地位和发展状况也受这四重逻辑影响，但它自觉地将人的发展逻辑凸显为最主要、最重要、最根本的需要遵循而不能违背的逻辑。

为了推动集成人学教育论的发展与应用，首先需要重新定位教育学在社会大系统中的角色。教育学不应仅是哲学、社会学、经济学、政治学、心理学等母体学科的分支的身份，不能仅局限在大学教师培养的讲堂上使用，而应成为日常生活中个体成长的重要工具。其次，需要改变教育学的内部构成，打破传统教育学原理、课程论等子学科的界限，也不陷入基础教育、高等教育等领域研究教育问题，而主张以人的成长与发展问题为导向进行研究，并且将研究的问题放在人、数千年历史发展中的人、现实生活背景中的人、古今中外的人这样一个大的视野中钻研，通过集成各种学科内容与方法，并以此为中心将教育中的各种问题依序结为一个整体的、具有生态性的系统，形成一个融合理论、观念、方法、能力和技术的教育集成工具，以获得关于人成长发展的更有深度和启发性的认识、判定和行为指导。

集成人学当然需要基本与尖端的理论研究，在实践上主要依靠第三方教育学人面对并服务于有成长需求的个体。让在旧有教育学者中较少出现公共学人的现象成为过去式，每个第三方教育学人可以通过市场而非固定的机构在教育领域产生影响，并且要让教育问题从几乎人人可以评说的世俗的、专业化程度不够高的状态走向有专业门槛的职业化状态。

集成人学教育论发展的关键在于它能否在个体健全成长发展上具有强有力的认知、解释、服务能力。第三方教育学人的职业发展状况如何，以这样的方式服务个体成长能否获得自身生存或对于机构教育学人的相对优势，是集成人学教育论能否在社会扎根的微观标志。

二、集成理论可以技术实现

芯片是集成研究的重要参考案例。提及芯片，人们往往会联想到高精尖技术，然而这样的认识并不全面。要全面了解芯片，必须认识到它是新理论和理念通过技术实现的产品。芯片制作工序繁多，精度要求高，其电路结构包含极其复杂的逻辑设计，这不仅是技术问题，更涉及其理论构成。1958 年，美国德州仪器公司的工程师杰克·基尔比（Jack Kilby）提出了集成电路的理论模型，并发明集成电路；而在 1959 年，鲍勃·诺伊斯（Bob Noyce）率先创造了掩模版曝光刻蚀方法，从而发明了集成电路技术。芯片是新理论与新技术不断精细化结合的产物。

教育探索可以从芯片制造获得理论技术化的启示，并尽力推进实现教育理论技术化。我国历史上有许多以集成方式进行学术研究的探索，因此已有足够证据支持集成方式在教育等人文领域的可用性。历史上的学术集成主要聚焦于文献集成，与现代集成的规模和方式大相径庭，集成的主要对象是文献而非理论和逻辑。所以，在教育领域运用集成方式探索高深理论，并将这些理论通过技术手段实现，仍然是一个崭新、广阔且深远的研究方向。

要实现教育理论的技术化，先要根据教育事实清晰地梳理各种情况下教育内部的复杂逻辑。由于人的成长逻辑远比物理逻辑复杂，特性更加多样，即便逻辑路线清晰，梳理难度更高，依然可以采用先易后难的策略逐步实现理论技术化。与芯片制作的精细度相比，教育过程的精细度显然不足，过于粗放，这是集成式教育面临的最大挑战。学科式研究导致许多自称教育专业的研究人员视野狭窄，这进一步增加了集成式研究的难度。然而，这并不意味着目标无法实现。一个现实的路径是，先在某个具体教育问题的解决上实现集成理论的技术路径，例如将项目反应理论应用于教育测量，然后在此基础上逐步拓展。通过项目反应理论双参数逻辑斯蒂模型，可计算出学生的各项相关能力，以便针对学生的能力短板进行精准化教学①。这一应用便是理论技术化的一个典范，它对于教育研究的启示在于：理论与技术不是完全分割的，集成融合的理论与技术实现了一体化，两者结合起来就会产生极高的效能；理论也不见得只能用语词、文字在书本或其他各种媒介上表述，先进的理论可以通过技术表述、传播和实行，使用者使用就能从中方便地获益；集成式研究是比学科式研究更高级的研究范式。ChatGPT 等新型工具的出现，为理论技术化提供了新的实现途径。即使是高深复杂的理论，也能通过技术化与人们的日常生活相结合，直接满足大众需求，提升生活质量。一旦实现教育理论技术化，即便在教育的某个理论区域实现集成，其价值也更高。

集成人学的教育还涉及人学。人学曾经为多个学科领域研究的热门，在 20 世纪 80 年代末，“不少学者把人学作为一门科学来研究和建设”②，研究领域

---

① 李志军、徐锦堂：《基于项目反应理论的学生能力测评研究》，《工业控制计算机》2021 年第 3 期，第 122-123 页。

② 黄楠森：《人学原理》，广西人民出版社 2000 年版，第 1 页。

覆盖人本主义哲学、心理学、文学、哲学、人类学。集成人学所阐述的人学从中吸取了以人为本的价值取向，但不追求泛化的人学研究，而是从教育的视角聚焦于探寻人的成长发展规律。

从芯片行业可以看出，它是一个人才、技术和资金高度密集的行业。有人说，芯片生产就像是“点砂成金”的过程。实现教育的集成式研究更需要所有关注教育的专业人士共同努力，需要理论与技术的高度融合，以及大量的资金投入。实现教育理论技术化集成的价值也将超越芯片制作。高深、枯燥的理论若能实现集成或技术化，则无需用户先学习理解该理论即可使用并受益。通过集成，那些因年幼或其他原因难以理解高深教育理论的人，可以像使用智能手机一样轻松使用这些理论的功能，并从中获得高效的成长服务和收益。即便再艰涩高深理论实现技术化之后也能用于大众的生活与成长，满足成长与教育需求，服务于生活品质提升，更便于知识生产，可以采用多元的理论和视角，具有在理论上突破和技术上创新的更大可能性。因此，在集成式探索过程中更容易产生知识增值，在应用的时候更容易获得应用增效。越是复杂、尖端和前沿的研究领域，集成式研究相对于学科式研究的优越性越强，越需要突破学科式研究的限制，运用集成式思维和范式突破难点。

总的说来，运用集成方式在教育领域探索高深理论，并将这些理论技术化，仍然是一个充满挑战与机遇的全新研究方向。这值得有志于推动教育进步的学人为之努力。

三、教育探索有可能实现集成

探索规律时不能局限于某一群人、某一特定方向、某一个学科。面对更宏大的问题，需要多学科联手解决，科学发展历来如此，而集成将是未来解决此类问题的关键方式。

集成人学教育的探索是人类学问的屋脊，其难度远超过芯片制造。学术研究有其自身的规律，不能过于主观。但有多大困难都不意味着不可能，而是需要选择适当的策略逐级逐步实现，不断提升。科学发展之初并无学科预设，人们只是有认识自然与社会的朴素愿望和追求，进而发展到学问的不断积累和分科研究，都是人主动求索的结果。现在对集成的求索是新的方式、新的阶段，在有机会处不断精进，目标必能实现。

首先当然需要有一种意识，或者明确一个方向，打破学科畛域，从单一学科转向集成式教育探索。在人类探索之路上，很多的突破止于没有想到。对于大多数教育学人，集成仍是一个未被充分认识的探索方式。事实上，自 2000 年以来，学科会聚已是国际上各种顶尖学科形成的重要原因之一。学科会聚是分科研究走向集成研究的台阶，学科会聚与学科群、跨学科、交叉学科等传统概念相比，更强调在应对社会重大需求时学科间的有机协同和高效集成。事实上，这种趋势在各个领域的出现更显示出教育不能置身事外。当越来越多领域的探索走向集成时，教育探索若不跟进，必将落后，难以满足人的成长对教育学理的需求。

其次，应在现有基础上不断改进。芯片的集成度越高，计算能力就越强。将集成意识和思路融入粗放的教育学理研究中，就能实现理论的改进和效能的提升，从而激发进一步改进的动力和目标。通过提高集成度，可以提升理论的精确度、深度、广度、效能，更好满足成长个体对教育理论的需求，提高教育理论与实际需求的匹配度。一旦进入这样的良性循环，教育的探索就将在需求的推动下逐步实现集成，不断提高集成度。

再者，集成理论探索的突破口在具体案例，而非宽泛的宏观理论。例如，麻省理工学院于 2018 年发起的“智能探索计划”就是一个典型案例。该计划融合了神经系统科学、认知科学、计算机科学等关键领域的学术人员，创建一个创新共同体。通过基础研究推动对智能的理解和理论探索。该计划依托两大支柱项目：一是核心项目，重点探索人类与仿生人工智能的学习理论，在探究人类大脑工作原理基础上为类脑提供应用人工智能的学习算法；二是深度链接项目，将在人类智能和仿生人工智能上的研究发现应用于多个领域，并集聚全世界最先进的工业和研究型实验室研发平台，为人工智能研究提供各种创新资源[①]。这项研究展现了集成式与个案突破的典型特征。

最后需要强调的是，集成的关键在于理论而非技术。教育的基本价值是人本，“君子不器”——教育需要从“制器”转向育人。对于集成人学教育探索而言，关键在成人，集成是方式和手段。对于集成式的学理探索而言，没有理论的高峰，就如同没有理科的工科、没有科学的技术，单纯技术仅是无的放矢。所以，集成人学教育探索关键在于实现理论突破。

第三节　教育探索如何走向集成[②]

学科分化、单列有助于对某一领域深入研究，集成人学的教育探索显示出

① 王峰等：《顶尖学科建设计划：“双一流”之上的终极挑战？》，《21 世纪经济报道》2021 年 1 月 20 日第 6 版。

② 储朝晖：《集成人学教育论纲》，《湖南师范大学教育科学学报》2022 年第 3 期，第 46-53 页。选入本书时有修改。

未来的方向。但未来仍属于未知，人类从来难以预言未来。伽利略和牛顿创建了现代科学的范式，但他们自己并未明确总结和阐述过这一范式，这都是后人对他们的成就进行的记录和总结。今人也不可能预知当今教育的集成人学探索是否正引领着教育范式的根本转向。尽管如此，依据教育实际的需求进行自觉探索，仍是当今学人应做出的努力。

一、集成探索范式下教育学问的结构

集成是包括教育学在内的未来复杂学术研究发展的必然趋势，是学术研究的前卫模式，是加速学术研究创新的重要驱动力。与这一特征相符的教育研究也不能置身其外。

但必须消除两种误解：第一，并非所有非学科式教育研究都是集成式研究，那些散漫、虚玄或基于臆测的研究并不属于集成研究。第二，集成式研究并不意味着要完全抛弃传统的学科式研究。学科式研究为集成研究奠定了知识基础，未来很长一段时间内，学科式研究与集成式研究将会并行发展、相互兼容。对传统和普通的知识体系，学科式研究与教学更为合适；而对高度复杂和尖端的领域，则将逐步走向集成。在教育领域，这两种研究方式也将并存。对于前沿、深奥、复杂、多变的领域，需要尽快实现集成，并在集成过程中吸收和融合学科式研究的原理和知识。

进入集成探索的范式后，教育学问的结构分为以下层级：

1）常识。它不属于哪一个学科，是教育学问的基础。其中有些常识是教育特有的，有些则适用于生活的各个方面。教育常识与人类整体常识没有严格界限，教育可能要用到人类的整体常识。教育常识常常容易被忽视或违反，甚至在不少情况下是以学科或科学的名义违反它。集成式的探索需要尊重各种常识，以不违反常识为前提。

2）原理。原理常常在某一个学科里表述，严格地说原理也不属于某个学科，因为它表述的是带有规律性的事实，在学科之外仍然成立，仍需要尊重。在集成人学的教育探索中，原理可以直接作为认知元素加以使用。

3）专门方向研究。这部分与现有的分科研究相似，如教育社会学、教育史、教育心理学等。但这些专门方向的研究本身并不是完成式的，需要集成后才能更有效地发挥它的功能。当前学科式研究的问题在于各学科相互孤立，难以有效解决教育实践中的实际问题。集成则能更有效解决实际问题，集成的目的之一就是更有效解决实际问题。

4）个性化集成。这将是未来教育探索的最高端、最前沿、最活跃的层级。它关注具体个人的成长，可以容纳关于人类成长的所有学问、方法和技术，具有最广阔的发展前景。在这一层级，我们需要摆脱学科或全科研究模式的束缚，融合多种学科，敏锐地感知和捕捉问题，注重价值塑造，关注人的内心世界和生活意义，以促进人的全面发展。

每个成长中的个体都是独特的。为了分析个体在人格、认知风格和认知渠道上的差异，需要制订针对研究对象的个性化的研究方案。教育学人必须面对这些差异，研究如何容纳不同的认知风格和渠道，并促进他们对教育学理的共同理解和分享。

显然，开展和促进教育的集成研究必须打破传统观念禁锢，摆脱惯性思维，有效利用新技术；必须注重生命、人文与科学融合，强调多元知识背景，开放教育学探索机制，选拔有志趣的教育学人；必须顺应研究范式变革的机遇，汇聚力量筛选选题，促进多学科资源的充分利用，鼓励个性化探索，推动对已有学科的深度解码，努力形成新的学术增长点和新的研究范式，切实化解教育的难题。

二、选择问题导向研究

教育走向集成的关键在于找到并探索真问题。学科的形成，原本就是为了解决特定问题、探索特定规律。因此，当原有学科无法解决新问题时，如果相关研究和技术条件已经成熟，就应探索新的学科或研究范式。这时还固守学科就是忽视了问题本身，就偏离了学术的初衷。我们应当以问题为导向，以解决问题为出发点，这样才能构建健康的学术生态。

教育领域由于一直未形成较为成熟的学科，学科式思维与设置原本都不应很强。但是不少从学科体系出身的人仍在学科之中，并未充分认识到学科的局限，仍有很强的学科意识与思维惯性。因此，教育研究走向集成的第一道障碍依然是能否走出学科范式，选择问题导向的研究范式。

问题导向的研究，首要任务是发现和界定问题。研究者需要深入了解真实生活中的人，探寻其教育需求及其在实现教育目标过程中遇到的难题。集成研究应从多角度全面认识人，包括类别、族群、历史、哲学、社会、行动、生命和人文等视角，并通过深入分析将这些视角的认识整合为认知单元。同时，还需要将与教育相关的知识元素整合成相匹配的认知单元，并利用信息工具进行分析、配对和互动。通过观察和交流，实况记录真实生活中成长个体的相关信息，并进行统计分析、检验和诊断评价，以筛选出简洁有效的方法。在获取个体成长效果信息的同时，也能准确筛选和界定个体成长中的问题，包括各种教育情境中的问题。

例如，学生 A 连续三年的学期期末考试成绩显示，其语文学科成绩偏低。

在与 A 的交流中，我们了解到他过去语文成绩优异且热爱阅读，但曾因阅读自己感兴趣的书籍而未能完成老师布置的作业，遭到老师和家长的批评。此后，A 在上语文课时情绪不稳定，语文成绩开始下滑。

对上面这个案例进行多视角的分析后，可以列举出教育方法不当、家校合作定位与方式偏离育人目标、问题发现不及时等一系列问题。若对每个问题都平均用力研究，不仅成本高、效果不显著，还可能无法解决问题。集成的方法是将这些问题按照逻辑、时间、重要性等进行排序。例如，在上述案例中最终筛选出的最重要的问题是：如何处理好儿童天性、兴趣与学校设置课程体系的关系。

当遇到一个具体案例，在对它完整了解基础上确立问题导向的研究目标，再通过文献法获取与此问题相关的认知与信息元素，将它们以适当方式集成起来，以求解所面对的问题。这就是集成式问题导向研究的起步。

三、筛选出教育的关键问题点阵

以问题为导向的研究，并非对所有问题一视同仁，而是要精心筛选出教育值得研究的关键问题，构建一个问题点阵。教育中的诸多问题相互关联，集成研究不是盲目地对所有问题进行研究，而是通过深入分析，筛选出关键问题，并根据其内在逻辑、过程与结果、价值与观念等进行有序排列，策略性地选择最需要解决的问题。

确定点阵的依据：一是实证调查数据；二是逻辑推理；三是直觉体验。具备丰富工作经验和研究经验的人，其直觉或专业知觉能力较强，在判断时可适当增加直觉体验的比重。还需要对上述三种依据进行相互检验、印证和深入分析。

例如，经过调查，我们发现家庭教育存在多个问题，如溺爱、期望值过高、忽视家庭责任等。通过集成方式，我们可以筛选出“家长素养”“家校合作”“社会基础”三个关键问题，构建问题点阵。对这三个问题进行集成研究，全面梳理出它们对家庭教育的影响及其内在关联。这样的研究方式，相较于孤立地研究某个问题，更能有效提升家庭教育水平。

再如，不少人做了很长时间的教育，发现“学校是什么”是个值得追问的问题，于是从两个方面列出问题点阵。一方面是学校是什么，是教育机构、育人场所、学生乐园；另一方面是学校不是什么，不是政府机关、企业、医院。在是与不是后面可能还能列出各方更多的概念，再对这些概念的主体、内涵、特征、功能、运行机制、管理方式、评价方式、人际关系等方面进行深入细致的分析、辨别，这样就可以更精准、丰富、深刻地理解学校的本质，并揭示现实中学校所承载的诸多非教育因素。这有助于在理解学校教育时回归其培养人的本质，从教育的本质理论和功能理论中寻求正确的理论指导，让学校回归学校。

问题点阵本身具有系统性，在一定程度上可以替代或补充学科体系。与学科体系相比，问题点阵具有更高的灵活性，可以根据实际情况进行调整和变化，这是其独特的优势。通过将研究的问题置于更广阔的多维视野中，集成古今中外各学科的内容与方法，我们可以更集中、有效地研究和实现人的成长与发展，并以此为中心，将教育中的各种问题有序地整合成一个整体、生态性的系统。

四、对关键问题进行集成式探究

集成式研究为每个人的成长进行专业规划、整体设计、收集与反馈信息、建构框架、取舍内容、针对性实施，然后将自然、人文与技术等多元知识资源如同芯片制造那样集成后运用于每个个体。

每个人的成长轨迹都是独一无二的，这种不可复制性和独特性催生了教育的个性化需求。然而，传统的学科式研究难以满足这些特殊需求。集成式研究的出现，为解决这一问题提供了可能。每个人的成长都是复杂且独特的教育过程，每个人在成长过程的内在复杂性远远大于人类社会相对于教育的复杂性，其中内含的问题不是现有的若干学科所能解释清楚的。集成式研究通过整合所有知识资源，聚焦于个体成长问题，使高难度的个性化问题的解决有了更大的可能。

例如，通过追溯个体的家族历史，全面搜集祖先的生平、业绩、个性特征和身体状况等信息，并结合谱系学、历史学、民俗学、社会学、遗传学和教育学等多个学科的知识，然后对某一个体的成长发展进行研究，这样的研究成果对个体的自主成长、家庭教育和学校教育都具有重要参考价值。

以一个人的成长规划为例，选择一个具体问题：高中阶段要不要开设职业规划课？每个孩子与生俱来都有自己独特的天赋和才能，但是由于学习生活长期被安排，高中毕业生普遍对自己的兴趣、个性、优势潜能、价值观了解不够，职业认知水平和职业抉择能力不高，不太了解社会对人的需求和要求，不能很好地确定自己未来发展的方向，因此也无法规划自己的人生。

于是，中学生生涯规划教育应运而生，开设独立设置的生涯规划课程，配备专业的生涯指导教师，为学生认识自我和了解职业提供咨询和指导，帮助学生明确生涯目标；开展多种形式的生涯体验活动，设立“职业讲坛”，邀请优秀毕业生、家长、当地名人等到校开设讲座，组织学生参观高校、模拟面试、就业模拟训练、职业角色扮演等，让学生有更多的机会发现和发展自身的兴趣特长；加强学生的社会实践，充分利用现有的内部和外部资源，与社区、用人单位建立良好关系，以作为学生参观和学习的基地，让学生通过参观、访问、访谈、实习等方式，加强社会实践，了解职业情况。帮助学生在“学业—专业—职业—生涯”之间初步建立起内在联系，进而获得明晰的人生目标。

然而，上述活动需要花费学生不少时间，家庭和学校需要支付不少开支，反复强化“规划”加剧了父母的紧张和焦虑。家长为了让孩子有更多时间在学业上提高考分，常常替代孩子参加学校组织的职业规划活动，事实上成了家长替孩子包办规划。另一个普遍关注的问题是高中阶段可规划性究竟有多高，计划没有变化快。美国某中学曾将一个班级学生30年前写下的题为《我的理想》的作文与大家30年后从事的工作核对，全班竟然没有一人和最初的愿望一致。

对这一问题集成研究就是进行更大范围、更长时段、更多人群、更深更广的文献搜索、实证调查、深入分析。然后发现更有效的方式是从幼儿时期开始，给孩子更多的自主时间亲近自然、了解社会、认识自己，从自己的切身体验中感知外在的变动与需要、机遇，在机会出现时保持一颗开放的心，做好当下，大处着眼，小处着手，一直前行，就会不断找到新的方向。如此看来，生涯规划意识从幼儿开始就需要养成，直到进入职业之后的全过程都要不断提升自我规划职业的能力，而无需在高中阶段过度依赖职业规划课程，更不能有试图寻找人生“捷径”的过度规划。

集成式研究认可独特研究的价值，致力于为每个人的全面成长提供适合的理念、路径和方法。通过探索并设定优选的教育程序，集成式研究在每个人的教育历程中留下深刻的印记。这种研究方法使得越来越多的人能够拥有量身定制的教育方案，成长为个性充分发展的个体，构筑自己独特的知识体系，并在社会中展现出更强的竞争力。

集成研究认可独特研究的必要性、有效性、不可替代性，从而为每个人的健全成长确立适恰的理念，寻找有效的路径、方法，探索并设定优选的教育程序，留下符合教育逻辑的印记。集成式教育研究可使越来越多的人能拥有适合自己的教育方案，从而能够成长为天性充分发展的个体，能够构筑自己独特的知识体系，让自己的知识技能尽可能成为不可替代的组合。因为拥有独特的个性知识经验，个体就在社会上具有更强的稀缺性，会有效增强个体的社会竞争力。集成式教育研究的不可替代性由此就有效地发挥出它的作用。

五、充分利用各种学术资源保持对问题探索处于前沿

集成式研究远比学科式研究视野宽广得多，运用灵活得多，也能发现更多

的新问题，但仍需要及时获取新理论、新发明、新技术，重视保持研究本身向着更深层次和更高水平发展。同时，要特别关注那些学科式研究无法或未曾涉足的教育问题，从而开辟新的研究方向。

为什么教育基本理论长期难有重大突破，形不成学派之争，总显得有些不痛不痒？研究范式的局限是重要原因之一。集成人学的探索在理论上更宽容，允许那些有偏移性取向和片面的观点甚至某些非此即彼观点在集成过程中存在。只有这样，才能避免全面肤浅，不同观点的互诘才能生成深刻。理论上的适度分化与对抗是学术发展的基本条件之一，更是理论取得重大突破必不可少的前提。集成更需要各种观点的对立与论争，才能在理论的分化基础上，通过综合分析在理论多样性基础上构建更高水平的集成。通过不断的分化、综合、再集成的过程，理论才能从浅薄走向深刻、从片面走向全面，才能建立更坚固、整全的集成。

集成无疑需要理论与实践的结合。理论上，我们鼓励更多的尝试，例如形成两种对立理论相互制衡的局面，就能避免实践上走极端。实践中，极端行为对个体成长和教育的伤害是巨大的。在理论匮乏时，实践上最容易走向极端；而在理论丰富多样的情况下，实践则会更加稳健。这一事实要求我们丰富集成人学教育的理论，并在众多理论博弈后谨慎实践。

集成人学还需要将理论与方法、操作集成，改变长期以来教育理论研究与实际育人操作的脱节，致力于弥合理论与实践之间的鸿沟，增强教育研究的职业性、操作性和应用性，以使一切教育学问最终都能指向人的成长发展。

在方法论上，集成人学教育是灵活的。比如，在探索教育与社会关系时，既可以就社会论教育，也可以就教育论教育，还可以就教育论社会，而不会拘泥于某一种固定方式，更不会武断地将“就教育论教育”视为狭隘和保守的方法论，否认其对教育的深刻阐释。从根本上看教育的确是社会现象，任何教育问题都有深刻的社会背景，都与社会的政治、经济、文化等方方面面有着密切、非常复杂的关系。因此，需要从社会视角来观察和分析教育问题，离开社会背景的确很难说明教育问题。但从社会观察教育不能替代或否定就教育论教育的观察与分析。集成人学仍然需要集中观察、分析教育范围的问题及各种问题的内在关联，并站在个体健全成长的立场上看教育与社会，依据教育的问题对社会改进提出要求。

集成人学开放接纳其他非教育学科进入开展教育研究。教育问题事实上已经引起了经济、社会等其他学科的关注与研究兴趣，其他学科也都积极参与到教育学问题的讨论之中。然而，没有集成观念的教育学人对此怀有戒备之心，生怕影响到教育学科的内容纯正、疆界稳定和学科地位，反复强调站稳教育学立场，坚守教育学独特的提出问题、回答问题、解决问题的方式。从集成的视角看，若从经济的角度能够解释教育的活动就将它集成进来，可以回答教育问题，也可以回答经济或社会问题。用经济学或其他从传统看来非教育的知识和方法来分析教育问题，运用非教育的知识、方法、思维方式和其他学科建立起联系，能够促进教育的发展和人的健全成长。

教育理论与现代科学技术集成是集成人学教育的重要方面，可以通过拓展教育学人的视野与能力实现，也可通过不同专长的人合作实现，还可通过先进理念与先进技术集成的教育产品实现。走出狭隘的学科知识，转换对问题本身的理解，才能在更大的群体、更高的层面来解决这类问题。实现理论知识、实践能力和先进科学技术的集成，才能提升理论的效能。

集成人学教育关注当下的问题。例如，家庭教育中的性别缺失、妈宝男现象、单亲家庭教育、隔代教育和在线宅男宅女等问题，这些都是传统学科式教育难以有效回应和解决的。解决这些问题需要跨学科的信息和资源，需要集成式研究，需要新知识和技术的灵活应用。

个体对教育的需求和集成式教育研究的发展都需要新的教育研究群体出现，未来可能出现走出学院和学科的第三方教育研究者群体。他们保持独立性，不依附于任何机构，凭借自身的专业和信誉在市场上立足。他们更符合教育探寻个别化问题解决的需求，可能会成为未来教育研究与实施中更为重要的力量。家庭、个体或其他教育相关方可能成为他们的重要服务对象。

集成需要将基础与尖端两方面纳入研究范围，需要与传统教育学融合而非断裂，自觉地将人的成长、发展凸显为最主要、最重要、最根本的目标与逻辑，这会在个体健全成长上具有更强有力的认知、解释和服务能力。

第四节　教育探索的科学向度

集成人学不分学科，却能依据问题导向分向度研究教育学理，至少可以从生命与生活、人文、艺术、科学等向度展开研究。鉴于教育学理在科学向度问题较多，既未能使得科学教育有效开展，又在学理上大大落后于迅速发展的科学技术，所以有必要对科学向度展开讨论。

长期以来，科学教育的相对滞后不仅体现在内容、教学过程和方法上，更源于教育思想观念、教育学理、教育体制机制以及教育管理与评价等多方面的影响。其中，教育思想观念和教育学理以深刻、广泛的方式渗透到科学教育的各个环节。要切实提升科学教育的质量，必须从更新教育思想观念和完善教育学理入手，从而使科学教育的实践更加自觉、自主、自如和高效。

受传统教育学概念和理论体系的限制，许多人未能从教育学理的角度深入分析当前教育中的问题，更少有人从科学的视角去探寻教育学理。然而，教育的惯性问题和实践中的偏差往往源于基本概念、观念和理论的不足以及学理上的缺陷。因此，解决科学教育不足的首要任务是突破这些概念、观念和理论的束缚，丰富教育思想，改进教育理论，更新和充实教育观念，从而从根本上推动教育的可持续发展和教育质量的提升。此外，科学教育的进步不应仅限于教学内容和方法的改进，更应实现在教育概念、观念和理论层面的深度融合，这样才能从根本上更加有效、可持续地实现加强科学教育的目标，有效提升学校和教育品质。

一、科学进步对教育学理发展提出新的时代需求

从严复、康有为等积极传播科学起，科学教育在中国有一百多年多的历史。教育学科学化则是自赫尔巴特就开始倡导并在此后三百余年不断推进的过程。在特定的社会生活空间里，科学的普及和发展深刻影响着教育内容、方法以及对教育原理和规律的认知，随着科学进步又需要更新教育概念、观念，以科学深化教育的认知，探索教育新理，其中涉及的关键问题有四个。

（一）从科学向度看什么是教育

教育的概念随着时代变迁而演变，科学进步是其中的重要推动力。陶行知认定“生活即教育，社会即学校”①。“‘教育’是什么东西？照杜威先生说，教育是继续经验的改造（continuous reconstruction of experience）。我们个人受了周围的影响，常常有变化，或是变好，或是变坏。教育的作用，是使人天天改造，天天进步，天天往好的路上走；就是要用新的学理，新的方法，来改造学生的经验。”②随着科学的进步，生活中的科学成分不断增加，必然引发生活内容和方式的改变，进而影响我们的逻辑思考、人生观和价值观。相应地，对什么是教育的回答也必然发生变化。科学的发展对教育概念、观念和原理的探索提出了新的要求，拓展概念、更新观念与丰富思想才能从深层次满足、回应与解决科学教育长期存在的各种问题，使教育学理实现与科学技术进步共生共荣的同步发展。早期，由于科学发展较为迟缓，科学运用于生活的水平较低，教育常用来指学校中的人文教育，文法学校在教育体系中长期占重要地位，课程内容、结构比例、规则规范通常根据非科学的人文和价值来确定。随着

① 陶行知：《陶行知全集（第四卷）》，四川教育出版社 1991 年版，第 229 页。
② 陶行知：《陶行知全集（第四卷）》，四川教育出版社 1991 年版，第 229 页。

科学发展及其在人类社会生产与生活中的作用日益重要，“教育”的概念理应发生内涵扩大、性质转换、重心位移和结构紧密等变化，以容纳更多更新的科学内涵。

然而，由于教育者自身的认知局限、教育管理与评价体制的惯性等因素，这一变化进程相对缓慢，远落后于科学技术的快速发展。在教育发展过程中，“教育”概念的更新应与科技发展保持同步，既不过于超前，也不过于落后，需要以开放的态度吸收最新的科学成果，不断充实和发展教育自身。这需要我们增强科学意识、及时更新科学内容、强化科学思维与逻辑、不断升级科学技术并提升科学精神，以此构建满足生活发展需求的新“教育”概念。

（二）从科学向度如何教育

在如何教育的问题上，有科学的教育方式、方法、组织形态、目标、逻辑以及所遵循的原则、规律，与无科学的教育有极为显著的差异。科学融入教育的程度不同会表现为不同的教育理念、原则、程序和方法。STEM（科学、技术、工程、数学）教育、MINT（数学、信息科学、自然科学与技术）教育的出现有效地展示了科学在教育中的不同状态直接决定着如何教育。显然，传统教育更偏向于先验论和重教轻学的模式，倾向于采用“Learning by reading”的方式；而对科学有更深理解和融入的教育观念和理论则更偏向于经验论和重学轻教的模式，更倾向于选择“Learning by doing”的方式。

（三）科学原理与精神在教育学理中体现的多少以及如何体现

陈元晖先生就认为：“自然科学的发展，才使教育摆脱宗教的长期影响，才使教育成为培养人的后代，而不是培养神的子民，才使教育成为为现世服务的人生事业，而不是为来世服务的宗教事业。这就有可能使教育的研究成为科学的事业。”[①]简言之，科学的发展才使得教育学理研究成为科学。他进而认为：“教育学如果忽视科学，不与自然科学密切结合……就很难使教育学成为科学。教育学如果不能成为实验的科学，而只是文字上漫画式的描述，这就只能是‘杂感’，而不是科学。”[②]数百年前的情况如此，在科学迅猛发展、对社会生活影响日益加深的当今，教育学理更应与时俱进，紧跟科学发展步伐，不断完善自身，以更有效地推动科学教育的实施，并充分、准确、深刻地展现科学原理与精神，才能不落后、阻碍时代前行。

---

① 陈元晖：《陈元晖文集（上卷）》，福建教育出版社 1992 年版，第 503 页。

② 陈元晖：《陈元晖文集（上卷）》，福建教育出版社 1992 年版，第 507 页。

（四）在科学进步过程中教育学理是否需要变化

教育原理确实是具有恒常性的存在，且对其恒常性特征的认知与表述随着人类认知水平提升而不断丰富、变化。科学进步使得人们对教育之事的认知不断广博、深刻、全面，不断接近原本的本质。对于教育理论研究增加科学理性、实证的思考，能更加深刻、抽象、精准地阐释教育原理，对教育之事背后的教育之理内在关联的复杂性生成更完整、简约的表述。

因此，教育学理研究应积极吸纳最新科学成果，不断充实和发展自身。

二、教育学科学化的历程与歧义、困境

教育学科学化代表着教育学在追求成为独立学科的过程中，面对科学发展的基本态度、主要方法、组合方式、发展模式和追求目标。这一进程已历经 300 余年的复杂演变。时至今日，科学化仍受到众多学者的青睐。2023 年 8 月 3 日，用“教育学科学化”作为主题词在中国知网进行“篇关摘”搜索，共有 1439 条搜索结果。不少人认为“教育学科学化是教育理论体系中的一个根本性问题，也是教育学理论发展和追求的重要目标”[①]。

（一）简要历程

持教育科学化观点的学者认为，“夸美纽斯的教育理论以自然教育理念为基础，以培养现实生活中的人为宗旨，研究教育对象，改进教育过程，探索教育规律，并在现实主义和感觉主义认识论指导下，在教育内容、教育过程和教育认识方面引入了科学意识和科学精神，奠定教育学学科的独立地位，同时推动了教育学科学化的进程”[②]，并将《大教学论》作为探索教育学科学化的开端。虽然夸美纽斯提出“教育学”的概念，并将其定义为“探究人类自由发展之规律”，认为教育应该是一种科学，而不仅仅是一种技能，但夸美纽斯的教育理论从本质上来讲主要还是经验的总结，所以也有人不赞成将它作为教育学科学化的开端。

1779 年在德国哈勒大学设置教育学教席，将其作为一门学科。然而，当时科学的发展水平有限，加之教育学后来受到“学科茧房”的限制，未能及时吸纳科学的新思想、原理和方法，这导致教育对自然规律、人的天性及其成长规律，对科学发展对人类生活和成长影响的认知不足，使教育学理长期存在的科

---

① 刘其涛：《教育学科学化发展路径的探索：评〈教育学的逻辑：探寻教育学的科学化发展路径〉》，《中国教育学刊》2022 年第 12 期，第 136 页。

② 王者鹤：《教育学学科科学化的先驱：解读夸美纽斯》，《理论观察》2011 年第 6 期，第 88-90 页。

学元素不足的缺陷随着科学发展日显突出。

赫尔巴特启动教育学科学化获得广泛共识。教育学从经验到科学再到科学化，主要有两次标志性的学术事件：第一次是1806年赫尔巴特出版了《普通教育学》，标志着教育学作为一门知识学科出现于19世纪的众多学科体系之中，使教育学基本脱离了对教育现象与家长式的教育经验的表述与说明，逐步从经验迈向了科学；第二次是德国心理学家冯特通过创建心理学实验室，用实验途径使心理学走向科学,为19世纪末20世纪初的实验教育学奠定了方法论基础，同时也为教育学走向科学指明了不同于赫尔巴特的路径[①]。赫尔巴特的学生斯托伊创建了“科学教育学会”，1901年中国教育世界社刊行的《教育丛书》称赫尔巴特“升教育学于科学之地位”[②]，印证了赫尔巴特在教育学科学化过程中的开山地位。

中国的教育学科学化进程由1915年启动的新文化运动引入，民主与科学思潮使教育学不断向科学靠拢。这一潮流正好与倡导教育学科学化的著名教育家杜威的思想传播相汇聚，更加有力地推动了中国教育科学化。现在通用的“教育科学”概念，便是“受美国实验教育学思潮的影响，在20世纪20年代中国出现‘教育科学’概念”[③]。同样是“要把教育学建设成为一门独立学科的需要，形成了教育学科学化思潮。在教育学科学化问题上，20世纪上半叶的中国教育学者形成了三种认识：教育学就是一门科学；教育事实是教育学的唯一研究对象；科学方法是教育学的唯一研究方法”[④]。

1919年，杜威到中国之后形成实用主义哲学与实验主义教育学为基础的教育学科学化学说，“在中国传播最广，影响最大，成为当时教育界占主导地位的思想潮流。纵观这一时期，杜威实用主义教育思想对中国教育学科学化的影响，主要体现在：（1）教育学体系结构日臻成熟；（2）教育学研究方法有了新的突破；（3）教学改革汇成潮流；（4）教育学理论基础进一步拓宽等方面”[⑤]。

与此同时，桑代克通过教育心理学实现教育学科学化的思想，对中国教育学科学化也发生了比较深刻与广泛的影响。学习心理学传入中国，“理论上从翻译走向评论，实证研究上从对实验法的提倡走向众多实验研究的出现”[⑥]。

---

① 熊和平：《科学、教育学与人的命运》，《教育发展研究》2010年第4期，第22-29页。

② 郑金洲、瞿葆奎：《中国教育学百年》，教育科学出版社2002年版，第11页。

③ 张小丽、侯怀银：《论20世纪上半叶“教育科学”概念在中国的形成》，《教育学报》2014年第3期，第100-111页。

④ 侯怀银：《20世纪上半叶中国教育学科学化思潮述评》，《教育理论与实践》2003年第17期，第6-10页。

⑤ 李三福：《试论杜威实用主义教育思想与中国教育学科学化》，《云南师范大学学报》2001年第4期，第13-17页。

⑥ 吴怡龙：《五四前后西方学习心理的传入与中国教育科学化》，福建师范大学硕士学位论文，2007年。

产生于 19 世纪德国的实验教育学作为世界教育科学化的潮流的一种，以观察、实验等方法研究教育问题，“在中国的传播也迅速而广泛……中国引进实验教育学在内容方面侧重介绍方法，在国别上侧重于美国……对中国教育产生了深远影响，为中国教育注入了新的活力，促进了中国教育由传统的思辨教育学转向现代的实证教育学。同时，实验教育学为中国教育改革提供了方法论指导，推动了教育改革的科学化进程，加快了教育实验的本土化发展”[①]。“德国实验教育学是作为赫尔巴特教育学对立物而出现的”，它的“传播促使早期中国教育学内容的丰富和体系的完善、中国教育学界重思辨向实证和思辨并重的转换、中国教育学科学化进程及中国教育实践和社会的变革”。[②]

南京高等师范学校是曾经历这一过程的典型案例，“南京高等师范学校教育科学化历程深受欧美教育科学化运动以及杜威实验主义教育学之影响，由此发展而来的东南大学、中央大学教育学科成为近代中国教育科学化的重要策源地和学术重镇。在制度设计上，以心理学为基础学科，并在系科建制、课程建设以及教育实验所、教育心理学部和附属实验学校教育实验等方面得以体现。全面抗战爆发后，在国家意志与学科理念的博弈中，心理学系、教育心理学部及其学习心理实验班先后从教育（师范）学院中剥离，心理学在教育（师范）学院的独立建制不复存在。心理学在教育学中的基础学科地位被重新评估。这一变化的背后，是学界、政府与社会对教育科学化及其实验效果的质疑与审思”[③]。

1950 年后，中国教育学虽然受带有科学元素的赫尔巴特-凯洛夫式教育学影响很深，也有学者以教育学科学化为题撰文著述，事实上经历的主要教育学的政治化、商品化过程[④]，即便在科学的春天那段时间里，也没有明显的教育学科学化过程。

（二）教育学科学化的歧义

“教育学科学化”总体上获得肯定，不仅应用教育实验和教育测验等科学的研究方法，而且通过设置大量科学课程、成立教育学术研究机构、出版大量科学译著和编著等措施加强教育内容的科学化。“教育‘科学化’运动使大学教

① 张学丽：《实验教育学在中国的传播及其影响：基于〈中华教育界〉的考察》，辽宁师范大学硕士学位论文，2018 年。

② 时益之、侯怀银：《德国实验教育学在中国的传播及其影响》，《教育理论与实践》2017 年第 1 期，第 8-13 页。

③ 任小燕、余嘉云：《近代南高师教育科学化的历程及其审思：以教育学与心理学的建制关系为中心》，《南京师大学报（社会科学版）》2022 年第 5 期，第 44-53 页。

④ 郑金洲编著：《中国教育学 60 年：1949—2009》，华东师范大学出版社 2009 年版，第 16-44 页。

育学科的学术性不断增强，学科建设日趋完善。”[①]对历史的客观观察表明，教育学科学化一开始便进入了难以自主的迷宫。教育学该如何科学化，不同人有不同看法。尽管教育学科学化的进程在某些方面已取得进展，但确定其长远方向和具体可行的未来路径仍然困难重重，两百余年的探索至今仍未得出明确答案。其中，歧义主要集中在概念、属性、缘由与方法等方面。

1. 概念

不少时候，教育学科学化的歧义源于对基本概念的理解与诠释不同。教育学科学化过程中产生的“教育科学”概念与“教育学”“教育哲学”“教育原理”等概念剥离，进入教育学分类，并成为大学的系科建制名称，对中国现代的教育科学概念形态产生了深远影响。“中国教育学者对‘教育科学’的认识深受‘唯科学主义’的影响，在认识过程中受欧美多国熏染，‘一名多实’的现象影响了中国教育学的分类，同时这些认识特征也反映了教育学在中国成为独立学科的急切呼唤。”[②]

将“科学”“科学化”“科学主义”混同使用会导致误解，于是常有人以批判“科学主义”和“唯科学”的名义批判科学化。科学主义本质上是一种科学价值观、世界观，“认为世界本质上是由物理、化学元素构成的”，“科学家描述的科学方法是获得能应用于任何现实的知识的唯一手段的形而上的意识形态”。西方科学主义“具有以下四个方面的特点：1、哲学特点：形上的世界图景和科学方法的泛化；2、价值特点：崇拜科学和拒斥人文；3、认识特点：绝对的科学观；4、功能特点：科学万能。”西方科学主义在我国社会剧变时传入，形成了渗入中国传统观念的中国科学主义，“它具有以下的特点：1、哲学特点：‘哲学是假科学’和‘科学是真哲学’；2、价值特点：科学至尊；3、功能特点：社会功利主义；4、认识特点：科学方法万能。西方科学主义的传入冲击并瓦解了我国封建的‘科举’式旧教育。在我国引起了一场教育革命，促使我国在教育观念上由‘修身养性’转向‘专才教育’，在教学内容上由空疏转向实用，在教育方式上由封闭转向开放”。[③]

有人界定“教育学科学化的标准有四个：（1）在教育科学实验的基础上构建自己的教育理论；（2）通过不断吸取其他科学的新成果，求得方法论上的创新；（3）以科学的心理学作为自己的理论基础；（4）理论的可行性，即

① 项建英：《教育“科学化”运动与近代中国大学教育学科的发展》，《现代大学教育》2009 年第 5 期，第 39-43 页。

② 张小丽、侯怀银：《论 20 世纪上半叶“教育科学”概念在中国的形成》，《教育学报》2014 年第 3 期，第 100-111 页。

③ 宋喆：《西方科学主义与中国近现代教育》，湘潭大学硕士学位论文，2003 年。

求实精神”[①]。

2. 属性

歧义首先在于教育学本质的科学与非科学之争。教育学是不是科学，非科学的观点认为教育“只是常识而不是科学”“缺乏普遍性与永久性，自不能称为科学”“教育根本只能称为艺术，不能称为科学”“教育学原不过应用他种科学的原理而成，其自身并无独立存在的资格”[②]。多数坚持教育学科学化的学者认为“教育学应是研究教育之原理与方法的专门科学”[③]，教育学是一门以实践哲学和心理学为基础的学科和科学，只有将教育学科学化才能让教育学健康发展。在过去几百年的发展中，教育学经历了从哲学到科学的转变，在这个过程中逐渐从对教育的哲学思考转向对教育的科学研究，在理论、方法、技术等方面不断改进与完善。罗廷光等人对非科学进行过多次批驳，认为教育学是一门科学，符合科学的四个条件，以教育事实和教育问题为研究对象，探求教育上的原理与方法；有自身一贯的系统；使用观察法、实验法等自然科学上的方法；目的在于求得普遍性、永久性的规范[④]。

3. 为何要科学

由于“科学教育学的奠基人赫尔巴特为教育学引入了新知识，却没有在此基础上建立新范式，这严重影响了教育学的科学化进程。在经验事实研究的基础上建立教育学核心概念体系，建立和不断完善科学的研究方法，进而建构遵循理性和逻辑的科学文化，是教育学科学化过程中最重要的基本任务”[⑤]。

科学化以拯救的姿态被引入教育学，“在现实中存在着对教育学的种种歪曲和误解：作为一门独立的学科，它不受重视，甚至不被承认；它没有一个名正言顺的位置，没有自己的科学化逻辑与依据；它的现实性存在依据更多的不在于其丰富、深刻的理论，而在于指令、方法与技术。因此，反思教育学的状况、拯救教育学的命运，是今日教育学探究中迫切需要解决的根本性问题”[⑥]。

有人从历史文化及现实原因出发，认为“当前我国教育学知识体系及理论研究倾向面临深刻危机。因此教育理论研究亟须结构性调整，走科学化建构道路。即以实证科学研究范式为方法论基础，以教育科学为教育学知识体系的本

---

① 鲍兆宁、苏春景：《教育学科学化的一个里程碑：试评 Ю.К.巴班斯基教学过程最优化理论的特点及意义》，《山东教育科研》1987 年第 1 期，第 44-50 页。

② 郑金洲、瞿葆奎：《中国教育学百年》，教育科学出版社 2002 年版，第 36 页。

③ 徐德春：《教育通论》，中华书局 1948 年版，第 15 页。

④ 罗廷光：《教育科学纲要》，中华书局 1935 年版，第 31-36 页。

⑤ 项贤明：《教育学作为科学之应该与可能》，《教育研究》2015 年第 1 期，第 16-27 页。

⑥ 郝德永：《教育学面临的困境与思考》，《高等教育研究》2002 年第 4 期，第 23-27 页。

体论核心，以提升教育学理论的整体科学品质为目的，对整个教育学理论体系进行结构性重组的理论建设工程。教育理论建构的科学化，必须坚持经验务实和尊重规范的基本原则，在提升教育科学素养和正确处理学科理论关系基础上，遵循科学研究范式，结合当前中国教育现状，选择契合实际需要并能够解决实际问题的研究课题，大力倡导、鼓励和支持实证科学研究，不断总结和积累教育科学研究成果，才能建成具有科学品质的中国化的教育学理论体系，挽救这场危机”①。

也有人以纠偏的期望迎接科学化，认为“目前我国教育学存在的问题主要有无用的教育学、指令化教育学、不科学的教育学、西方中心主义和偏狭的民族主义。解决这些问题的思路是，强调教育学的科学性，处理好教育学的普遍性和特殊性的关系，改革教育学教育模式，注重教育研究方法”②。在实际中，教育学科学化的同时其独立性相对下降。

4. *怎样科学化的方法*

怎样科学化不仅影响到教育学的研究对象、学科性质、研究方法，而且在很大程度上决定着教育学学科的独立性。对于教育学科学化所主要使用的实证方法，有人赞同，也有人批驳。

“实证主义范式是以经验主义、客观主义、自然主义为认识论基础构建的一套严密、成熟的理论体系和实践规范，其精神实质是科学主义，其行动纲领是推动学科‘科学化’。实证主义范式对提升中国教育学的科学性有不可或缺的意义，但其意义也不能夸大或泛化，否则可能造成‘去思想’、‘去价值’、‘去人文’等风险。当前中国教育学的范式变革，要寻求不同范式的通约性和互补性，以实现多元范式的共存共融。”③

有人将实证方法人格化加以批驳，“受制于自然科学的思维范型，企图仅通过实证的方法来使教育学研究科学化，这样的主张是唯科学主义的产物，亦即科学被意识形态化的结果。对中国教育学研究来说，忽视教育自身的社会和人文特性不仅无法真正消解以往所受政治意识形态的不良影响，又容易导致研究者陷入心智上被西方某些早已过时理论俘虏的宿命”④，进而对在教育研究各个领域获得了推广与运用的实证方法质疑，“追溯教育实证研究的历史发展进

① 王益富、夏天琼、蒋亦华等：《中国教育学理论建构的科学化：实然与应然——兼对教育哲学边界主义及实践转向的批判》，《教育学术月刊》2017 年第 9 期，第 3-14 页。

② 庄西真：《由教育学问题说开去》，《湖南师范大学教育科学学报》2005 年第 1 期，第 11-17 页。

③ 李均：《论实证主义范式及其对教育学的意义》，《教育研究》2018 年第 7 期，第 41-48 页。

④ 刘猛：《意识形态、科学化与教育学研究者的“宿命”：对〈实证教育学方法论〉一文的三点质疑》，《教育理论与实践》2006 第 1 期，第 10-13 页。

程，继而从元研究的层面对教育实证研究的对象与方法进行分析，可以发现，作为教育研究中的其中一种范式，实证化并不代表教育学学科发展的唯一发展趋势，而教育实证研究作为自然科学研究范式在人文社会科学领域的运用，其本身是存在一定限度的，因此也并不必然会促成教育学的科学化”①。

有人转移视线认为，“教育学学科建设上的科学化、技术化和功利主义行为，影响了现代教育学的有效发展，因此，现代教育学发展必须以促成教育双边行为的合理性建构为目的，以生活化教育为主渠道，在生命实践教育中推动学科的合理发展”②。

5. 本土化之议

在中国，由于教育学是从国外引进的，教育学科学化在界定上首先遇到的是怎么处理它与教育学中国化探索之间的关系，于是，“20 世纪上半叶中国教育学的发展主要面临了教育学中国化、教育学科学化、教育学的学科独立性和教育学学科体系的构建四个基本问题”③。有人站在本土化的立场抵御科学化，提出“德国实验教育学在中国传播有以下启示：传播要力求真实和准确；传播要警惕西方教育学输出；传播要处理好向内看与向外看的关系；传播必须解决本土化问题及最终应实现双向对等传播”④，“从教育研究的科学化及其限度角度看，中国教育研究致力于其本土化和民族性探索，民族教育智慧的开掘、转化对建立有民族特色的‘中国教育学’具有深层的重要意义，中国教育学术要走向世界，应努力做到民族性与世界性的辩证统一”⑤。

经历漫长的科学化过程之后，人们悟出它“为中国教育学发展带来启示：适度追求教育学科学化发展，切实增强教育学学科独立性，着力完善教育学学科体系，自觉建设中国教育学”⑥。事实上，“教育学本土化是近代以来中国针对‘教育学进口’现象的一种反动，是一百多年来中国教育学人的一个‘情结’。在 20 世纪，中国教育学的问题意识先后经历了‘中国化与现代化’、‘中国化与科学化’和‘中国化与全球化’的变迁历程”⑦。

---

① 刘小柳：《实证研究真的能实现教育学的科学化吗？对教育实证研究的冷思考》，《教育理论与实践》2019 年第 10 期，第 3-7 页。

② 王安全：《现代教育学建设：问题、困境与出路》，《当代教育与文化》2009 年第 3 期，第 50-53 页。

③ 侯怀银：《20 世纪上半叶中国教育学发展问题的反思》，华东师范大学博士学位论文，2000 年。

④ 时益之、侯怀银：《德国实验教育学在中国的传播及其影响》，《教育理论与实践》2017 年第 1 期，第 8-13 页。

⑤ 黄书光：《中国教育研究的科学化与民族性思考》，《教育理论与实践》2004 年第 7 期，第 10-14 页。

⑥ 侯怀银、张楠：《“五四”时期中国教育学发展的回顾与反思》，《中国教育科学》2019 年第 4 期，第 9-23 页。

⑦ 郇志辉：《论全球化时代中国教育学的本土化问题》，《集美大学学报（教育科学版）》2005 年第 1 期，第 15-23 页。

教育学科学化的歧义甚至曾一度发展到“科学必量化，不量化非科学”的极端地步，主张教育学唯有与自然科学看齐才能成为“真正的科学”。[①]

为弥合歧义，有人将科学化界定为合理性：“科学的教育学研究方法和方法论对形成科学的教育学理论有重要作用。然而‘科学’的含义是什么？是科学实证和实验，还是合理性建构？……教育和教育学的对象和任务是教育学研究方法和方法论的客观依据、根本前提、逻辑支点、评价尺度和检验标准。教育学科学化的实质是教育学的合理性。教育学是研究（包括物质和精神的）教育存在，建构（合规律性和合目的性统一的）合理性教育理论的科学。”[②]

（三）教育学科学化的困境

教育学者们对教育学科学化的追求，虽然产生了一定的积极影响，但同时也带来了消极影响，甚至使教育学陷入与外部各门类学问难以协调的困境。教育学科学化的过程中，如何处理教育学与社会中的政治、宗教、经济的关系，以及如何平衡教育学与人文、哲学、艺术等学术领域的关系，成为学界长期争议的难点。

1. 社会对教育学科学化的态度尴尬

如前所述，自然科学的发展使教育摆脱宗教成为为现世服务的人生事业，从而有可能使教育的研究成为科学的事业。但许多教育学研究者并不愿意扩展知识面，教育学理一直未真正实现与科学、技术进步共生共荣的发展，未能开放门户吸收最新的科学成果，充实、丰富、发展自身。教育学理的新突破还得靠科学，教育学理研究的突破需要科学思维与方法的支持，这必然是教育与教育学理进步必须经历的变革。因此，客观上一直存在通过科学对教育观念、学理进行探索、更新与丰富，以深层次回应与解决科学教育长期存在的各种问题的需要。

另一方面，科学化的教育学充斥着一套教育目的、教育目标、教育规律、教育原理、教育原则、教育方法、教育手段、教育技术、教育教学组织形式以及课堂教学策略之类的理论流程与话语体系。科学化趋向因把教育从宗教怀抱中解放出来而遭到宗教信仰者的疏离，因无视经济社会条件而失去实践可行性。从宗教教育学、政治教育学、经济教育学到科学教育学显然是一种进步，但并不意味着科学化的教育学可以完全脱离政治、宗教、经济，政治、宗教、经济也无法要求教育学脱离科学。

---

① 薛蓉：《教育研究中并非“量化”即“科学”》，《江苏高教》1999 年第 1 期，第 22-24 页。

② 郝文武：《教育学的科学化和合理性——论近年来我国关于教育学研究方法的反思》，《教育研究》2002 年第 10 期，第 13-18 页。

2. 科学或人文还是科学与人文

学界争议面广量大的话题是由于科学化，哲学、艺术对教育学的影响减小，教育学的人文关怀价值渐渐丢失，由此引发人文主义学者猛烈的抨击。

人文学者明确提出教育学要走出“唯科学”的迷途，认为“自上个世纪初德国教育家赫尔巴特提出‘科学教育学’的概念以来，‘科学化’就一直是教育学孜孜以求的目标。不过，时至今日，国内外学术界公认，教育学的科学化水平并不高”[①]。他们借用胡塞尔等人的观念和理论反对主流教育学按“教育工程学”的价值取向与操作程式确定教育学学科体系，认为这种教育学展示“物化”而非“人化”或“人性”的教育学，人不是作为文化之人，而是作为自然之“物”被研究，进入“目中无人”的境地。教育学科学化的后果是把“科学世界”的危机引向了教育学世界，并最终导致了教育实践的“日常生活世界”的危机，在当下的教育实践中出现诸如学生负担过重、人文精神缺失、制度主义泛滥等痼弊也就不足为奇了。他们试图将教育学引入生活世界，认为“教育学自产生之日起就朝着科学化的方向迈进。但是，漫长的科学化追求与改造，并未使教育学成为一门被公认的所谓‘真正的科学’，在充分发挥它在现代社会中应有的作用的同时也面临着诸多困惑。为此，要改变其唯科学化的价值取向，使之真正成为一门服务于社会、深入到生活世界的学科”[②]。

争议焦点在于教育学属于科学还是人文，“从研究旨趣、致思方向、思维方式来分析，教育学的应然学科属性是人文学科。但在唯科学主义和部分追求教育学科学化的研究者的推动下，教育学经历了被科学化的实然历程。为使教育学的学科属性从实然状态回归到应然状态，教育学研究者应重识人文学科的价值并寻求教育学在人文学科阵营中的合理定位”[③]。

科学化的教育学结构体系板块化特征非常明显，在教育学的逻辑体系中，个性化、整体性的人被一系列线性逻辑所分割解释、控制、标准化。科学主义支配下的理论链条与话语系统通过其表述的教育规律、原理、原则，限制了教育理论发展的领域，扼杀了教育理论的丰富性、多样性、个性化。

科学化事实上与科学主义是有区别的。人文学者常将它们不加区分地予以批驳，指责其过于相信自然科学的方法论与思维方式在教育理论建设中的关键作用；坚持教育学科学化的研究者确实也有人认为，自然科学知识是人类知识

---

① 杜时忠：《教育学要走出“唯科学”的迷途：对科学主义教育思潮的批判》，《华中师范大学学报（哲学社会科学版）》1996年第2期，第79-84页。

② 郑雪松：《教育学从“科学世界”深入到“生活世界”：对教育学转向的思考》，《聊城大学学报（社会科学版）》2010年第1期，第78-81页。

③ 陈先哲：《教育学：科学抑或人文》，《山西大学学报（哲学社会科学版）》2016年第1期，第89-93页。

的典范，科学的方法是无所不能的，人文社会学科只有运用自然科学的方法与概念，才能提高其理论和科学化水平。教育学研究者们都自觉或不自觉地从自然科学那里借取基本概念和方法，以提高自身的科学化程度，以确保教育学的学科独立性。但只要教育学还在依赖科学的体系支撑，其独立性就只是相对的，经不起人文学者的批驳与检验。教育学科学化由此进入难以自拔的困境。

有人从意义和限度两个维度对主宰 20 世纪教育学研究并对教育理论与实践产生巨大影响的教育学科学主义研究范式进行批判，"分析了它对教育研究的积极影响与天然缺陷，认为'迷恋与拒斥'都不是一种科学的态度，指出为了建构系统的教育学研究方法论体系，需要对教育学研究范式保持开放的心态"[①]。

除了人文，还有人考虑教育学的科学与艺术的关系，"教育学的基本任务是为教育实践提供积极价值和科学基础，提高科学化水平是教育学完成其任务的基本条件。教育实践是一项跨度很大的工作，相应地，教育学知识也有社会科学形态、心理学形态和哲学形态三种类型。为获得可靠的知识，面对不同性质的问题，应选用不同的研究方法。教育学知识的使用是一个创造性和艺术性的活动"[②]。

三、教育学理科学化歧义与困境中新的路向探析

对于教育科学化中科学与人文及各方面的争议，不能偏听偏信某一方。在近 200 年教育学的自我反思与建构中，科学化主要被理解为实证化，它又与认为教育学主要是有关价值与规范的应用性理论或有关教育意义问题的人文科学理论所进行的教育学非科学化或反科学化相伴随。的确，"教育实践中不仅有事实问题，而且有规范问题、价值问题和意义问题，所以既需要教育学的实证研究，也需要教育学的规范研究和人文科学研究。不同逻辑的教育问题意味着需要采用不同的研究取向。对'教育学科学化'这一命题的不同理解，预示着教育学理论建构的不同逻辑和方法论，由此产生了不同取向的教育学理论。教育学的科学化不仅意味着教育学的实证研究，而且意味着教育学的规范研究和人文科学研究"[③]。

当下，教育学研究既存在简单实证化倾向，忽略了教育实践中紧迫的意义问题研究，需要人文科学取向的回归；又存在所使用的"教育"概念不完整，过于偏向人文而轻视科学，导致论述过于宏大、主观臆想较多，缺乏实证支持

---

① 李伟诗：《意义与限度：教育学科学主义研究范式批判》，《科教导刊（上旬刊）》2011 年第 7 期，第 19-20+53 页。

② 马凤岐：《教育实践的特性与教育学的科学化》，《教育研究》2009 年第 11 期，第 36-40 页。

③ 周兴国：《"教育学的科学化"辨》，《中国教育科学》2019 年第 3 期，第 74-84 页。

的问题。在不同教育主体身上的问题各不相同，科学的不足使得教育学显得不够深刻和完整。

（一）教育学理融入科学的必要性

追求科学化是人类进入科学时代后理论思维的重要价值取向。教育学的科学化是顺应时代的选择，是在特定历史阶段对教育实践活动的认识不断深化的必然结果。教育学理融入科学的必要性是确定无疑的。

人文价值自古以来就是确定且不断丰富的，教育学理论中的人文价值需要在已有基础上不断被唤醒；与此同时，科学正在迅猛发展。然而，长期以来更严重的问题是教育学理论对科学的忽视、缺失，甚至违背。因此，我们必须从理论上探索改进的方向和方法，明确科学教育的发展趋势、核心价值、基本规律和有效方式。通过理论探索和纠偏，引导更多学校以科学的理论指导科学教育的有效开展。

历史上，教育学科学化确实有助于提升教育学学科的科学化水平，增强教育学理论对教育实践的解释力和指导力。现实中，“其一，我国教育学就理论建设本身而言远未‘科学’，更遑论‘科学主义’，我国教育学面对的是一个‘前现代’的‘待科学化’的问题，‘科学化’的不足不仅造成理论的困扰，也造成实践的混乱；其二，对西方现代教育哲学思潮（包括‘后现代主义’）的引介移植固然有其合理性，但以其作为理论工具来研究我国教育问题，其科学性与合理性本身就是一个需要证明的问题，相对简单化的理论解读除了鼓动起一些理论的喧嚣外，对教育实践的影响其实是极其有限的。当前教育研究的问题意识很大程度上是‘错位’的，试图以‘后现代’的理论去解决一个‘前现代’的问题，造成对教育学科学化的忽视。没有建构，便要解构，教育学界给自己制造了一个虚置的问题。对现代性与科学化的警惕，是一个理论误区，是从里面跳出来的时候了”[①]。

依据陶行知的生活教育观，“教育与生活范畴相等”。鉴于科学在日常生活中的重要性日益凸显，需要增加教育的科学含量、内容比重，教育学理的科学元素也需相应增加，并以科学的方式重新规划教育，更新课程内容，培养学生的科学思维与科学精神，以确保教育至少能与人的成长发展相适应，不阻碍其科学地理解外在环境。对教育学理科学向度的探索是确保学生受到的教育在内容、方法、逻辑体系、原理上融入了科学的观念、精神、原则、原理的关键，最终目标是培养出具备更高科学素养的人。

“教育学在科学性方面所面临的质疑和挑战，并不能否定其在科学化的可

① 高鹏：《论教育学知识的科学化》，东北师范大学博士学位论文，2014年。

能性上与社会科学其他学科无异。人类的教育活动目前仍依赖于经验也不能说明教育学只能是艺术而不能成为科学。即便探讨教育中的价值问题，教育学仍应该且可能努力……保证其对教育事实的描述是客观、科学的。”[①]

当下，教育学理对科学精神的体现仍不充分。缺少实验精神去发掘教育原理，缺乏发现和开拓新领域的精神，教育学理中的实验探索严重不足。

科学在教育学理中的缺位是近百年来长期且普遍存在的问题，但教育学界对于这一问题的认识尚不够深刻和系统，在学理层面上影响了包括科学教育在内的教育多方面乃至整体的健全发展。因此，真正推进科学教育的起点在于确立包含而非排除、忽视科学的全称教育观念，提升科学教育在整体教育中的权重，构建不缺少科学向度的教育学理体系，这就需要教育学理进一步向科学向度加以探索和延展，并融入集成人学。

（二）教育学理是否可科学化

科学化至今仍为教育学者看重的教育学理发展方式，甚至教育学的一些分支学科也认为，“倡导‘科学化’的比较教育学是突破‘学科危机’和推进‘学科建设’的重要路径”[②]，“科学化乃是比较教育的一项未竟的事业……无论是出于服务国家教育决策的需要，还是为了夯实学科的知识基础，我国比较教育都需要启动科学化进程，提升‘比较方法’在因果分析和教育理论建构方面的效用。相较于过去受制于方法论和技术条件的限制，比较教育的科学化在今天更具可能性；后实证主义为比较教育科学化提供了哲学基础；大数据时代为比较教育研究提供了海量可供分析的数据资料；比较方法的突破性进展为比较教育的科学化提供了方法和技术的支撑”[③]。

但必须看清，科学化并不是一把“万能的钥匙”，教育学理显然应包含科学，也包含非科学的人文与价值，因此教育学理完全科学化是不切实际的路径，也不应继续作为教育科学向度发展的基本态度与方式。“教育学应该作为科学，还是可能作为科学？教育学不能无条件作为科学，只能努力令支撑教育学的主流理论体系所揭示和描述教育之言，不断逼近教育客观真实或按哲学和科学学规定的‘科学事物’的认定标准，才可能作为科学。”[④]对于教育学理中

① 项贤明：《教育学作为科学之应该与可能》，《教育研究》2015 年第 1 期，第 16-27 页。

② 赵森、易红郡：《迈向科学化：我国比较教育学科危机的应对及未来之路》，《比较教育学报》2021 年第 4 期，第 15-30 页。

③ 吴宗劲、饶从满：《论我国比较教育的科学化：必要性与可能性》，《比较教育研究》2021 年第 7 期，第 12-20 页。

④ 邵波：《关于〈教育学作为科学之应该与可能〉的商榷》，《湖北师范学院学报（哲学社会科学版）》2016 年第 3 期，第 120-125 页。

非科学对象，需要以非科学的方式方法应对。

所以，教育研究仍然需要继续科学化，但应放弃单一的科学化研究取向，尽管科学化“有不可替代的合理性，但由于缺乏对教育本真的深刻认识也存在一些局限和不足，需要进行多种研究思维的深度整合以形成有丰富意蕴的科学精神取向。即在对教育的本真有了充分而理性的认识后，一切以人之整体生命自由全面发展为思考和开展教育研究的立场和出发点，努力建构美好教育生态的一种取向，从而促进当代中国教育研究的和谐开展”①。

从内部而言，“教育学科学化程度的基本标志首先是逻辑清晰、表述严谨的知识系统。‘科学教育学’是具有自身的‘独特研究对象’、‘恰切研究方法’、‘专门概念和命题’、‘准确话语陈述方式’以及‘合理逻辑结构’的严整学科”②；从外部看，科学化不适用于教育中不能科学化的价值，需要在对象、方法、逻辑、表述等方面明确界定可科学化的界限，“确保教育学知识生产的方法论适用于‘教育学的研究对象’、适用于‘具体的研究对象’、适用于‘本土的研究对象’”③。

由于教育中存在非科学的部分，所以不能对教育以及教育学做整体科学化的处置。对不同性质的领域需要使用不同的研究范式，教育学理显然属于跨越科学与人文的多类型的领域，教育研究应当采取适用多领域的研究范式。“从根本上来说，科学主义教育研究范式的症结在于，将教育研究局限在可经验、可观察的事实与现象层面；而人文主义教育研究范式则只是以想象的方式建构某种本体论，将世界理解为语言的世界、意义的世界或符号的世界，从而滑向了相对主义。由此，超越二者之争，使教育研究做到既坚持科学，又反对科学主义和人文主义，需要回到本体论层面，需要明确教育学的学科归属。”④

教育学原理曾经“讲授的是哲学的原理，而不是科学的原理”，于是有人追问“是否有可能建构一门科学化的教育学原理学科”⑤，回答只能是教育学理仍需在科学向度发展，但不可简单、整体科学化。

（三）对科学化困境的各种求解

对于教育学科学化困境，已有研究者提出路在何方的追问和各种解决办法。

---

① 杨建朝：《教育研究需要什么样的科学化：从主义取向到精神取向》，《当代教育科学》2012 年第 10 期，第 8-11 页。

② 高鹏：《论教育学知识的科学化》，东北师范大学博士学位论文，2014 年。

③ 高鹏：《论教育学知识的科学化》，东北师范大学博士学位论文，2014 年。

④ 李仲宇：《教育学的学科归属及其研究范式》，西南大学博士学位论文，2023 年。

⑤ 齐梅：《教育学原理学科科学化问题研究》，东北师范大学博士学位论文，2006 年。

1. 运用新技术进一步科学化

教育学成为一门“科学”延续了很长时间，不能再使用旧的科学对教育学科学化，要用新的现代科学推进教育学科学化。“通常在讨论教育学科学化之‘科学’时，更多的是指向现代科学的。而实际上，现代科学世界观也和其他世界观一样，是时代的产物，并非是‘唯一正确’的世界观。在当前后现代思维越来越被学界重视的前提下，我们有必要重新思考教育学的‘科学化’之路应去向何方。”①

人工智能时代教育活动的目标、过程、结果将发生根本性转变，有人主张据此对教育学科进行学科重构，对各类教育研究结论进行全面检验，并打造形成教育研究的基础知识库，逐步形成教育研究的基础理论、基础方法和基础范式，形成新的教育研究行业标准，并重新配置教育研究各类要素和资源，利用“人工智能将可能通过方法论重构、研究技术和工具创新实现教育学科重构，这一过程以科学化为核心目标，有望通过学科融合缩小教育学科与自然科学的研究方法差距、逐步摆脱基于假设-验证逻辑的实验主义方法论、实现近似因果式判断而非关联性判断、限制人为因素对于研究数据的干扰”②。

新兴技术推动下的信息流正以前所未有的速度冲击着传统的教育学，而以实证研究为导向的循证教育实践运动为信息的合理、高效流转提供了更为科学、严谨的研究理念、框架和方法。有人主张探索循证教育学的信息流转模式、过程以及产生的效应等内容，认为：“学科的科学化推进以及教育与信息的深度融合需求共同促成了循证教育学的发展；循证教育学的信息流转无论从证据来源、循证框架还是循证方法来看都为深度学习的发生创造了条件；循证教育学为信息流转提供了方向；循证教育学的信息流转引发了重新思考‘理解’、创造开放性问题、变革教育结构等方面的效应。”③

2. 调适科学化方式

有人感到教育学在科学性方面面临质疑和挑战，其学科价值和学术地位也随之受到影响，坚信“教育学研究科学化是摆脱目前困境的必然选择。但由于教育学研究对象和教育活动的复杂性、研究范式缺失和过度科学主义的倾向，教育学研究科学化进程十分缓慢。所以构建一个明确清晰的核心概念体系、形成以实践为导向的研究范式以及培养高质量的教育科学研究队伍是教育学研究

① 王欣瑜：《教育学“科学化”之路去向何方?》，《内蒙古师范大学学报（教育科学版）》2005年第9期，第30-33页。

② 刘进：《人工智能如何使教育研究走向科学》，《高等工程教育研究》2020年第1期，第106-117页。

③ 柳春艳、杨克虎：《循证教育学的信息流转：模式、过程及效应》，《图书与情报》2018年第6期，第47-52页。

科学化进程中最重要的任务”[①]。

这些人在承认教育研究的自然科学化导致了教育研究的僵化和简单化的问题基础上坚守科学性，认为“这并不意味着自然科学研究与教育研究是互不沟通的，而只是表明自然科学从凌驾于教育学之上变为与教育学平等对话的地位。各种自然科学以及人文科学的研究方法论都对教育研究具有不可避免的影响。自然科学方法论对教育研究的影响是规范、精神信念方面的影响，是一个动态、历史的过程，是有条件的。教育研究要坚持自身的立场，要正确认识教育理论的开放性、追求教育研究的科学性”[②]。

对于过度量化的倾向，承认“量化迷思反映了主体进行经验处理的技治思维，具体表现为‘去思想化’、方法与问题颠倒、为量化而量化等问题。从历史唯物主义视角来看，忽视自然科学认知模式在人文社会学科中的应用边界、缺乏‘总体性’视野以及部分研究者的功利性取向是教育研究中量化迷思的成因。推进教育学科学化的确需要这一研究范式，但需要通过确立适合的量化‘教育科学’尺度、形成总体性视野下的教育经验实证观、基于语境论的量化方法应用以及重申学术道德等来规避或治理可见的风险”[③]。

3. 确立新型领域关系

有人从教育科学精神和科学理性的批判与建构出发，以文化哲学视角把握教育研究中人文和科学的历史连续性文化底蕴，追求“人”“文”互动统整，力图超越教育研究中各种科学与人文的二元对立思维模式，采用整体、动态、关系思维方式进行探究，认为“教育科学的存在源于人性的内在需要，教育科学的发展和突显源于人性的张扬和个性的解放，教育理论和实践所赖以存在的时代精神为教育科学的生长提供了丰富的土壤和养料。作为一种文化过程，教育科学以其独有的人文追求，促进着教育知识的优化和教育理论与实践的发展并取得巨大成功，促使人类的教育实践生活在‘理想’世界，向着‘可能性’行进”。[④]

有人则从教育学发展的纵向历程经历了经验描述形态、哲学思辨形态、科学实证形态、精神科学形态和综合规范形态入手，确认“现时的教育学，其科学性确实存在不少问题，例如名称使用不够统一、研究对象名实不符、学科性质定位混乱、科学与艺术之争、理论基础无限拓展与恰当运用等。因此，教育

---

① 许文晗：《教育学研究科学化之困境与出路》，《教育现代化》2017 年第 49 期，第 197-199 页。

② 岳欣云：《自然科学方法论对教育研究的影响》，《华北水利水电学院学报（社科版）》2005 年第 1 期，第 62-66 页。

③ 时益之：《教育研究中的量化迷思及其治理》，《教育理论与实践》2023 年第 16 期，第 17-23 页。

④ 申仁洪：《论教育科学：教育研究科学取向及其在中国的合理性建构》，华南师范大学博士学位论文，2005 年。

学的科学化必须合理分层、准确定位，确立名实相符的研究对象，加强理论基础学科的选择与运用，教育学科学性探索必须坚持研究对象、研究方法与理论基础统一，其学科的科学性发展必须坚持辩证否定的原则，不断实现对自身的超越，最终确立教育学的科学地位”。[①]

“教育学科学化是试图使教育理论获得科学地位。但是教育学科学化却使教育学面临着科学地位不为其他学科认可和受教育实践排斥的困境。在分析了教育理论存在的价值和教育实践与教育理论的关系之后”,有人提出建立大众化教育理论的设想“解决教育实际问题；使用大众化的教育相关概念；以大众教育实践逻辑作为大众教育理论的逻辑”[②]。

上述求解方式依然未能走出学科的窠臼，集成人学则主张在继承基础上依据问题导向以科学的向度探索教育学理。

四、教育学理融入科学向度的状态及其对科学教育实践的影响

虽然教育学科学化进程进行了三百余年，但由于不同人知识结构差异，对科学的认知、态度、理解水平差异巨大，使得教育学理融入科学向度明显存在不明确、不均衡、不协调的现象，并直接影响到教育实践。

（一）两极的态度与事实

一方面，站在科学立场，以实证研究为基础的教育科学研究范式已经是当今中国教育研究的主流范式，在发表论文和研究生学位论文中对这种方法都有明确的要求；另一方面，又有人站在人文立场将科学化、科学主义、唯科学主义混同起来予以批判。

验诸实际：首先，教育学及相关学科对科学教育的重视显然不足。通常在以“教育学”“教育史”为名的著述和教材中，涉及数理等科学教育的内容极少，且支离破碎，不成体系。不只是对饶毓泰、叶企孙等科学家开展的科学教育不重视，对陶行知等并非以科学为专业的教育家在科学教育上的努力也在一定程度上忽视。

其次，教育人日常所使用的“教育”概念侧重于人文，看轻科学，这与科学在日常生活中所发挥的重要作用形成鲜明对比。对“教育”内涵的不同界定

---

① 张忠华：《教育学学科科学性研究探索》，《现代大学教育》2007 年第 2 期，第 10-17 页。

② 林海亮：《建立大众化的教育理论：兼论教育理论科学化与价值扭曲》，《上海教育科研》2010 年第 4 期，第 23-26 页。

和理解就会有不同的教育实践和教育学。随着科学迅猛发展在人的生活与成长中发挥的作用越来越大，教育学界所使用的“教育”概念并未与时俱进相应增加科学元素，教育学的科学缺失问题就越来越严重，使得教育学日益显得不够完整和深刻。科学对人的个性与素养完善发挥不可或缺的作用，教育概念与学理却罔顾这样一个广泛、长期且深刻存在的事实。分析现有的教育学教科书及相关论著，不难发现其中存在下列问题：过于宏大，仍有较多的主观臆想，缺少实证；过于单一，难以解释多样的教育事实、满足多样性需求；结构和叙事方式过于模式化，难以解决鲜活的问题。这些都是教育概念中内涵科学元素不足的具体表征，并在一定程度上决定着教育学的价值取向。传统教育观念将教育作为改变人的工具，较少关注受教育者对真理的探索状态与能力。在现实世界，升学、文凭在不少人心目中的地位远高于好奇心、想象力、探求欲的培养，这种教育观成为阻碍科学教育的隐形栅门。只有使用内含充足科学元素并能与时俱进的全称教育概念，才有可能更接近教育本真，使科学教育不受限于固有教育概念与教育学理的残缺。

再者，教育学理对科学精神体现不充分。陶行知 1921 年 12 月 23 日宣布中华教育改进社诞生时发言，提出要参与教育革新的运动，“须具两种精神：一是开辟的精神，二是试验的精神。……有试验的精神，然后对于教育问题才有彻底的解决，对于教育原理，才有充量的发现，但开辟和试验两种精神，都非短时间所能奏效的。我们若想教育日新月进，就须继续不已地去开辟，继续不已地去试验”[①]。显然，当下教育学理中的试验探索不足。

科学在教育学理中的缺位是影响到包括科学教育在内的教育整体的健全发展。以科学标准衡量，教育理论的内容与表述方式也存在忽视科学、缺失科学的现象。因此，完善教育学理是有效实施科学教育的基础，探明科学技术进步引发的教育学新理论，并使之融入集成人学教育学理体系，才能更有效地不断改进科学教育，提升科学教育在整体教育中的权重，构建不缺少科学向度的教育学理体系。

（二）误解误用科学现象普遍

在教育学理研究中，又确实存在未能完整、准确理解科学精神实质，仅仅使用科学的名词，误解科学化、违背科学常理的唯实证、过度量化的要求与规定。教育学理常常将科学定位为工具，而非真正对真理有追求、对自然和人的天性有好奇、对规律探索有渴望。更有甚者，将科学简单等同于量化，认为教育学只有向自然科学看齐才能成为真科学；或将科学等同于实证，此类教育学

① 陶行知：《陶行知全集（第一卷）》，四川教育出版社 1991 年版，第 400 页。

研究本质上缺乏科学精神，甚至存在反科学的倾向。

生活在科学氛围不足的文化中的人，往往对追求真理的欲望较弱，对自然的好奇心不足，也缺乏依据科技进步及时完善教育学理的紧迫感。这使得快速发展的科技与更新不及时的教育学理之间产生了难以察觉的代差。当教育学作为一门学科进行研究时，这种代差逐渐显现，学科会无法容纳人类科学多方向的快速发展，这种情况逐渐积累就形成学科发展的“学科茧房”效应，使教育学学科难以及时融入多元立体的科学思想、原理和方法。这导致教育学理对自然规律的认知和融合不足，尤其是对人的天性及其成长规律的认知匮乏，以及对科学发展如何影响人的生活和成长的认识不足。随着科学的进步，教育学理中长期存在的科学元素缺失问题日益凸显，其对教育的影响也愈发深刻。

（三）教育学理对科学教育实践发展的制约

由于在教育学理层面未能厘清真假科学，未能深刻领会科学实质，这影响和制约了科学教育以科学的方式有效推进。

首先，“大百科全书”式的教育理论将科学教育狭隘地理解为“科学课”，导致许多学校和教育者误认为提升科学教育就是加强科学课程教学。这种观念不自觉地将科学教育窄化为小学科学课或中学的物理、化学、生物等科目，从而难以跟上科技日新月异的发展步伐，也难以培养学生的科学探索精神和能力。

科学教育并非仅关乎是否开设了科学课程，更在于教育内容、方法、逻辑体系和原理中是否融入了科学观念、精神、原则和原理。语文、历史、数学、音乐、美术等所有学科都承载着提升科学精神和素养的元素与职责，最终的评价标准在于是否培养出了具有较高科学素养的人才。只有完善教育学理，使科学从一门课程转变为生活教育理论中不可或缺的元素，才能更好地实现科学从教材、书本向整个生活世界的转变，从“静态课程内容”向“动态科学创新”的跃迁，引导学生参与充满奥秘的真实科学生活，在现实中发现、研究和解决科学问题。

其次，基于先验论忽视经验论，长期以知识掌握为中心，轻视学生自主实验与探究，罔顾陶行知百年前就阐明的“科学是从把戏中玩出来的”，将科学探究弱化为知识传递或固定程式的科学练习，忽视自主性、偶然性发现，从而难以培养出具有探索精神和能力、能应对复杂的不确定性的人才。学生花费大量时间学知识、练套路，却丢失了在科学兴趣、探索能力养成中发挥着至关重要作用的自主体验与探索这一核心。要使科学教育真正从培养学生的“解题能力”转向“解决实际问题的能力”，不能仅仅依靠文件和指令，而需要在学理上自觉实现从先验论向经验论的转变。这要求避免将科学探究变成一种固化、程式化的方法体系和僵化的操作程序，而要自觉地让学生进行真实的科学探究，在了解科学探究的一般步骤和流程的基础上，依据自己的兴趣和见识去探索奥秘。

再者，受狭隘的学校教育观影响，科学教育仅被当作学校教育的一部分，以致出现科学教育优质资源不足、校内外衔接机制不健全等问题。在现代科学时代，单靠学校力量是很难办好科学教育的，需要确立“社会即学校”的教育观，重视在科学教育上的社会协同育人，充分利用自然与社会中的科学教育资源。加强馆校合作，组织高校、科研机构、企业等开发开放优质科学教育活动和资源，鼓励科技人员走进校园开展科学教育活动，在新的学校观指导下形成校内外相互沟通、资源高度共享的科学教育，才能更有成效。

综上所述，办好科学教育并不仅仅是增加科学课程的问题，更需要在教育内容、方法、逻辑体系和原理中融入科学的观念、精神、原则和原理，使各学科的教学都具备提升科学精神和素养的元素和职责。科学教育的充分性应以其最终能否培养出具有更高科学素养的人才为衡量标准。为了适应科学对生活和教育发展的要求，教育学理必须尽快实现新的突破。

五、教育学理探索必须明确科学向度

有关教育学本质长期存在的科学与非科学之争，必须明了：教育学理显然应包含科学，也包含非科学的人文与价值，无需追求不切实际的全科学化。当前的问题是，教育学理未能与时俱进，跟上科学进步的步伐。对科学教育长期重视不足、效果不佳的深层原因是理论肤浅、有缺陷，未跟上科技发展的步调，必须从学理上探索改进的理论方向、方法，探明科学教育的发展走向、核心价值、基本规律、有效方式等。必须通过学理探索、纠偏，引导更多的学校意识到更新观念对教育品质提升的作用，以科学的学理为指导将科学教育有效开展起来。依据有缺陷的学理开展的实践必然是错讹的、低效的、落后的；只有学理明了、完善，才有可能确保教育实践的正确性和高品质。

陶行知提出“教育与生活范畴相等”，鉴于科学在生活中的日益重要性，教育的科学内容和比重应相应增加。教育学理中的科学元素也需增加，并以科学方式重新规划教育，更新课程内容，培养学生的科学思维和精神。这要求教育学理更加完备，以全面的教育概念研究所有与人成长发展相关的教育事实与问题，并探索满足生活向前向上发展需求的教育学理。

教育学科学化长期是教育基本理论的基本问题，也是教育学理发展的重要目标。当前许多教育问题的解决依赖于如何对待教育学和教育科学本身，在于“教育学研究的科学化尚且不足，我希望教育科学的发展能够建立在较为坚实的科学基础之上”[①]。所以，不能回避教育学科学化歧义与困境的求解，而是要寻求新的整合与协调方式，对教育学理科学向度的探索是整个这种探索的一个新方向，尤其在当前国民科学素养和社会生活质量提升受阻，以及实现教育、科技和人才强国目标面临挑战的背景下，这一探索与教育学理在各向度的发展“道并行而不相悖”。

从历史和逻辑分析看，需要从学科范式超越，跳出教育学科学化的模式与程序，用以人为本的集成范式，将生命、生活、人文、科学、艺术作为教育学理探索的不同向度，确立整体协调中的教育学理科学向度，而非寻求建立独立学科或教育学理整体科学化。

（一）走出学科范式进入集成

事实上，人们早已意识到“教育学不是一门‘真正’的学科，即使是一门学科，也是次等学科。这使教育学的研究者与实践者感到难堪。日常生活中，教育发挥着巨大的权力，甚至是一门‘显学’；科学研究中，教育学的地位微乎其微，两者的差距困惑着教育学人。教育学有着独特的内涵与外延，属于人文科学理论；而教育属于人类行为学。由此，教育学在学科化与科学化进程中，应该在科学理论中找准自己的位置”[②]。历史越来越清晰地显示教育是巨复杂系统连续体，很难将对教育的研究形成学科，但受从众意识束缚，很少有教育学人从学科中走出来。当人们看到这一问题时，提出范式结合的建议：“教育学科学化进程是由对其进行研究的不同范式而表现出来的，即科学范式与人文范式之争，但是二者相辅相成，缺一不可。所以，我们应提倡在教育学科学化进程中融合科学精神与人文精神的研究结合，提倡科学范式与人文范式的结合。”[③]这种结合如需进行，也不能再以学科的方式进行，而是应将人文与科学作为教育学理巨复杂系统的不同向度。

有人提出多元范式，“教育学既需要哲学化的思维，也需要科学化的内容和一定经验式的话语。哲学化强调教育精神，科学化强调对教育规律的探索，重视经验以贴近教育实践，三者融合的多元范式发展路径将是教育学发展的必由之路。有理想的教育学与有内容的教育学的并存，才是真正意义上的教育学”[④]。

教育的多重属性决定着研究应当采取适用多领域的研究范式，需要超越目

---

① 赵玉成：《项贤明：〈中国教育改革实质何在〉》，《上海教育》2015 年第 33 期，第 9-11+8 页。

② 薛二勇、盛群力：《教育学的学科地位追问：兼论教育学的科学性》，《社会科学战线》2007 年第 3 期，第 244-249 页。

③ 周建梅：《论教育学在中国的科学化建构问题》，《湖北教育学院学报》2006 年第 5 期，第 93-94 页。

④ 冉亚辉：《哲学化、科学化与经验：教育学的多元范式发展》，《教育学术月刊》2011 年第 3 期，第 23-26 页。

前仍然存在着科学主义与人文主义范式之争，使教育学理的知识生产、学理定位与发展方向更符合其属性。“寻求一个新的研究范式，超越当前教育学知识生产的两难困境。”[①]若仍局限于分科研究，就必然出现自然、人文与社会科学的分立格局，必须走向集成才能从根本上破解难题。

必须明确，“教育学具有综合性或跨学科性而不是多学科性”，需要“区分跨学科教育研究与多学科教育研究、承认教育理论的多元化存在、超越普遍主义与特殊主义的两极对立、正确认识教育学科学性与有用性的关系、走出‘建设中国教育学派’的迷途，以保证我国教育学健康发展”。[②]采用集成方式，对教育学理不同向度进行探索，应试图通过更为深刻与广博地结合、集成科学向度和历史、哲学等方向的人文与价值向度的探索，建立更有效地服务个体成长与社会发展的学理体系。

（二）科学作为向度融入集成人学的教育学理

在教育巨复杂系统中，随着时空环境的变迁，教育学理体系也在发生转变，难以被单一学科所涵盖。需要根据教育在不同时代遇到的不同问题来改变教育学理的发展策略，始终保持问题解决的思想和方法，总能与所要解决的问题相匹配，使问题解决的能力与所需要解决问题的难度相契合。随着科技进步和认知水平提升，不断在科学向度完善教育学理，才是一种更合适、有效的融合方式。

集成人学以完整的人及所处社会作为研究和教育对象，而不是不断分化学科、分解人身与人心，仅将知识或人的知情行意的某一方面作为研究对象。教育学理对教育现象的解释力、有效性过低，教育学理自身的创新能力不足，唯有通过探索和拓展其科学维度，才能有效提升其解释力和创新能力。

（三）建构多向度平衡融合的教育学理体系

偏于人文、偏于科学或偏于艺术都不能形成完善的教育学理；同样，缺少生命、生活、人文、科学、艺术当中的一种也不是完善的教育学理。只重视其一都过于单一，结构和叙事方式过于模式化，难以解释多样的教育事实，难以满足多样性需求，难以解决鲜活的问题。只有使用与时俱进、内含充足科学、人文与艺术元素的全称教育概念，才有可能更接近教育本真，满足时代对教育的需求。

通过教育学理的科学向度，不断增强教育学理探索的科学性，将教育学理探

---

① 李仲宇：《教育学的学科归属及其研究范式》，西南大学博士学位论文，2023 年。

② 孙振东：《当前我国教育学建设中的几个问题》，《教育学报》2005 年第 5 期，第 18-26 页。

索转换为更具科学性的探索过程，可提升效能，赋予教育学理自我更新与进步的能力。在此过程中，应避免妨碍或抑制教育学理其他向度的发展，而应使其成为与生活、人文、哲学、艺术等各个向度相协调、相互激励的活跃组成部分。

必须认识到，教育学理的科学向度与人文、艺术向度，不仅在内容上有所不同，它们所遵循的逻辑、原理和规律也存在差异，使用的方法和案例各具特点。因此，可以从多个角度进行协同探索，同时尊重和接纳符合各自特征的学术规范、研究范式、研究范围、结构体系和理论原理，但不能相互排斥、贬抑、抵牾。

为了开放教育学理各个向度的研究，应在人本、完整的教育概念框架内，摆脱思想、内容选择和方式方法的束缚。任何对教育学理感兴趣的人都可以研究教育，通过多种途径和证据质证接近规律、真理和新境界，从而及时充实和完善教育学理。

集成的基本假定是，教育学理基于生命、生活、人文、科学和艺术的根基，通过改进科学基础的不足、不牢、不扎实，在科学向度进行更加深入的探索后，重新阐述教育学的基本规律、原理、原则，更新方法和内容，生成新主题，形成融合科学向度教育学理的新教育学及其相关学理体系。融合过程应是各向度在相对运动中走向集成，各自获取更丰富的信息以反哺原有的教育学理，而非保持原有学理的倨傲，任由某一向度“单枪匹马”闯行。

要实现教育学理科学向度与其他向度的相互融合，需要文理兼修的学者，他们应出于兴趣和责任感进行研究，而非仅为稻粱谋。这些学者将整体评估各类教育事实在教育发展中的地位和作用，确定综合性、集成性的教育学理研究与表述方式。

六、教育学理科学向度融入与拓展的方式

对教育学理科学向度的探索目标不在于向更细、更专业化方向分化出怀疑教育学、实证教育学、实验教育学等更多二级、三级分支学科，也不应滑入认同忽视教育学理的人文与价值特征，将教育学理仅仅定位科学研究，简单界定“教育科学是用科学的方法对教育问题做系统研究的学问，目的在于分析问题增加效率”[①]。对教育学理各向度探索的最终目标并非建立孤立于其他向度的学科教育学，而是更新和升级旧有的教育学理体系，将科学向度的探索与包含历史与哲学等方向的人文和价值探索更为深刻与广博地融入、集成，找出现有学理存在的问题，探明新的学理发展空间，校正对学理错误表述，建立更有效地服务个体成长发展的学理体系。

① 庄泽宣：《教育通论》，中华书局1932年版，第183页。

（一）教育学理科学向度融入方式

教育学理科学向度的融入方式主要有以下层级。

1. 教育、教育学等概念内涵、外延的扩充与调整

在科学发展的不同时代，教育与教育学的内涵显然是不同的。在科学日益融入人们的生活并成为不可或缺的部分的背景下，一个亟待解决的问题或是将长期沿用的尚不完整的教育概念与教育学理转变为全称、完整的教育概念，充实为包含科学内容、逻辑和精神的更为完整的教育学理。

教育和教育学等概念内涵、外延的陈旧与封闭，常常把科学教育以及生活中其他新发展起来的内容封锁在教育和教育学理视野之外。对教育观念的全称理解，需要对教育认知过程的整体理解。所以，当科学教育展现出与人文教育不同的内容、独特的方法以及特有的逻辑、原理和案例时，传统的教育与教育学概念难以适应，自然会产生排斥现象。融入的方式就是通过科学向度的探索，在有确实证据的基础上，将教育与教育学的狭义概念扩展、调整、深化为内含科学教育的广义概念。从教育学视野对科学教育表述所遵从的学术规范、研究范式、研究范围、结构体系、理论原理等均加以容纳、吸收，让教育更加注重探索而非规训，并调整对相应的理论、方式方法、过程的理解、分析与界定。更进一步说，应将政府、学校、师生、家庭各方对教育的理解充实为包含科学的更为完整的教育，也应更新教育学理体系，使其与科学的飞速发展保持同步。

2. 开放教育学理探索使之能得到及时充实与完善

要开放教育学理的研究，不能在已有的教育学小圈子里研究教育，而应扩展到更为广泛、人本的教育概念范畴。应鼓励对教育学理感兴趣的人参与研究教育。以教育为志业而非为稻粱谋的人，才能摆脱思想束缚，自由选择研究内容，通过多样性的证据质证接近规律与真理。应有从事不同学科的人研究教育学理，以便借鉴和运用多学科的新理论来研究教育，进而推动教育学基本理论的创新，建构新的教育学，更新理论、体系、方法。

开放性还应体现在欢迎学人积极参与教育学理的国际研究，欢迎外国学者研究中国教育的发展变化，从不同角度提出新颖的观点；鼓励中国学者借鉴外国的研究方法和视角研究本国教育问题，以此提升他们的教育学理研究在国际上的影响力。

3. 将教育学理探索更多转换为科学探索过程

对教育学理科学向度进行探索的理想归宿在于对旧有教育学体系进行更

新和升级，将科学-教育学理融入其中。基本假定是教育学理基于人文与科学两大根基建立，在已有的教育学体系中，科学基础不足、不牢、不扎实；所以需要在科学向度做更加深入的探索后，重新表述教育学基本规律、原理、原则，更新方法、内容，生成新的主题，形成将科学向度教育学理融入其中的新的教育学以及与之相关的新的学理体系。

过去的教育学理探索路径与过程与当时人类的认知方式和水平相符，但与科学探索过程在性质和特征上存在较大差异，尤其缺乏独立思考、怀疑精神、实证和实验，亟须增强科学精神、科学态度、科学方法和科学思维。教育学理与科学向度探索的融合是在双方的相对运动中走向融合。

教育学理的不完善确实是当下影响教育高质量、高品质发展的各种问题中极为重要、关键的问题，科学教育只是其影响的一个方面。探明科学向度教育学理才能有效推进教育品质提升，丰富教育学理论、逻辑、方法体系，为更加健全的学校教育教学实践奠定新的理论基础，才能更有效地实现教育改进。

（二）科学向度的理念与方法

依据科学的本质与特征，主要需要从以下方面展开教育学理科学向度的探索。

1. 持守怀疑的态度，保持质疑精神，减少标准答案

科学始于怀疑、质疑，好奇心和质疑精神是科学研究的持久原动力，教育学理向科学向度探索也需要始于怀疑、质疑。怀疑不仅是一种态度，还是一种思维、一种行动、一种方式方法，也是一种能力。有了怀疑才会去寻找新的证据，进行新的论证，得出新的结论，获得新的能力，得到新的教育样态。质疑过程是教育学理随着科学发展不断更新、完善、升级的过程。完全没有怀疑过程的教育就不可能发生更新、完善和升级。

在历史长河中，几乎每次科学的进步都源于对原有定式与结论的怀疑。例如，隋唐时期天文历算的兴盛与此前对独尊儒术的质疑直接相关，宋代儒学中兴则源于宋初疑传疑经思潮。世界上的奇思妙想、发明创造都源于超出原有认知框架的异想天开。

如果说在科学领域还有很多人赞许质疑、怀疑，在教育学理领域，怀疑与质疑并未得到同样的认可。长期以来，对教育学理论的实质性怀疑显得过于稀少和微弱。教育学理探索并不需要无限地怀疑一切，但长期以来显现的更主要的特征是由于缺乏怀疑而没有新意，无法跟上科技与生活的步伐，从而丧失了引导真实教育实践的效能。如果教学中缺乏师生的怀疑和质疑，仅仅复制书本上已有的内容和答案，这不仅会导致被动的学习和教学，还会影响学生的主动性，甚至抑制整个社会的创新能力。

对怀疑和质疑的包容与保护不足，会阻碍教育学理论从概念到原则的全面改进。应包容并保护怀疑和质疑，鼓励教育学人大胆质疑，确保他们不因质疑而被歧视、被惩罚。应将质疑使用于已有教育学理表述的每个微小改进，从概念、定义、推理到逻辑、原则、原理，不断发现并完善现有的理论瑕疵。这样的科学态度和精神，是推动教育学理论不断进步的现实途径。在鼓励学者纠错和质疑的同时，社会和同行也应营造包容和鼓励质疑的氛围，并在管理和评价中建立相应的激励机制，这样才能形成有利于创新和进步的土壤，逐步增加教育学理论探索的科学性。

2. 坚持实证原则，更多使用实证方法，减少主观臆断

“实证”原本不完全是科学用词，哲学、佛学也强调实证，但科学必然经过实证。融会科学的教育必然需要实证。在坚持实证原则基础上，对已有教育目的、教育原则、教育方法进行检验，对已有教育进行科学性、可信度检验，不断汰去学理中虚、伪、劣的部分，保障教育学理的探索具有前沿性与创新性，进而带动教育学理整体紧随科学发展的步伐而不断更新和进步，这也是教育向科学探索与延展的主要方式。

实证是经由观察或实验筛选出事实、规律、真理，摒弃教条和思辨，以及那些绝对、终极却无法确证的抽象表述。只有经过实证，才能确凿证实或证伪所面对的对象。教育中如果有太多需要实证却没有通过实证检验的东西，就会降低教育的真实性、逻辑性和效能。

实证可以将不同的受教育对象依据其天性区分开来因材施教，使具体的受教育对象得到与其天性相符的教育。教育人只有基于实证和众多学生个性，创造出新的教育方式和手段、新的技术和理论，才能有益于整体教育品质的提升。科学在教育学理论中长期被忽视，这也反映了教育的人本性不够，既显示出教育学理的肤浅、虚浮、残缺，也显示出教育学理对人成长发展的完整性与深刻性的忽视和傲慢。

教育学理并不都能或都必须经过实证，但科学向度的教育学理必须经过实证，且不能轻易将实证用于教育学理的人文价值等其他向度。显然，当下的教育学理有太多需要实证却没有通过实证检验的东西，降低了理论的流畅性与效能。在实证原则下，教育学理研究者要做更多的实证研究，通过验证和反馈，不断逼近人成长发展真实的内在机理、规律，但也不能唯实证论。

现有的科学教育存在的不完整、不深刻、效度有待提升等问题，与教育概念不整全、怀疑不足、实验不够和实证缺位直接相关。只有更深入地走向科学向度，才能充实教育内容并消除片面、避免肤浅，更有效地服务于每个受教育者的多样性成长发展，使教育更多样、更丰富、更科学，有助于科教兴国战略的实施。

3. 引入更多实验方法，减少静态教学

实验方法在教育研究中的应用已有百年历史，例如 1921 年英国教育家尼尔创立的以儿童为中心的实验学校——夏山学校，以及 1927 年陶行知创办的晓庄试验乡村师范学校。然而，在教育学理论研究中，实验方法的应用仍不充分、不均衡，甚至存在名不副实的现象。有些挂名“实验”的学校或机构长期未进行实质性实验，更未在学理探索中发挥作用。

现代科学以实验为基础，它要求教育转变教学方式，从单一的“通过阅读学习”转向“在做中学”，实现二者的有机结合和相互验证。

引入更多实验方法，不仅有助于从科学角度进一步提高学生的科学素养，还能推动教育教学认知过程的科学化转变，依据科学原则改进教育教学管理与评价。最为重要的是，要为学生创造自主学习、科学探索的条件与机会，寻求有效改变师生被动教与学的途径。加强中小学科学教育的关键，在于消除学生的被动参与，即教师和家长将孩子时间、空间和学习内容安排过满这一关键障碍。加强科学教育，就是要增加学生自主科学探究与实践的时间，带领学生走进实验室动手操作，丰富实践体验，拓展综合能力，以此培养出具有较高科学素养的青少年，助力教育强国、科技强国和人才强国建设。

教育学理探索中的实验方法与自然科学中的科学实验有所不同，其实验对象是带有主观性、能动性的人，而非完全客观的物。教育学理探索可以使用观察法、控制变量法、类比法、放大法、比较法、平衡法、转换法、理想实验法等，但在应用时，需明确实验对象亦是参与主体，需根据成长个体的特征进行更为严格的筛选或设置更多条件。或许正因如此，一些人在教育学理探索中对实验方法望而却步，或仅形式化地应用，客观上阻碍了教育学理向科学向度探索的进程。

简言之，如果说现有的教育学理不完整、不深刻、不有效，明显存在各种缺陷，显然与怀疑不够、实证不够、实验不够直接相关。只有更深入地沿着科学向度发展，只有深刻洞悉人与人、人与自然、人与社会的关系，建立教育与科学技术的密切互动，深刻认识科技变革对教育的影响，才能使教育学理更加充实、全面和深入。这样，教育学理才能更有效地服务于每个人的多样化成长需求，不断自我更新和提升科学性，从而确保教育实践更加科学与高效。

第五节　集成人学教育发展展望

从单一学科走向交叉学科，通常需要以原学科作为重要基础，往往由原学科里做得最好的学者开拓引领，或者在原学科里有“一招鲜”技术的学者逐渐推动。教育探索由学科范式走向集成范式也是如此。

探索范式的突破可以从上到下，也可以从下到上。从上到下通常是在面临重大问题时，由政府或相关机构组织多学科合作，共同攻关，进而实现集成；从下到上通常是由市场或个体提出实际需求，恰有站在领域前沿或拥有独特技术的学者相互寻找合作对象，在解决跨学科的问题中形成真正的学术共同体，从而走向集成。

如何评价集成的成果直接决定了集成能不能继续下去，很多探索就是由于长时间得不到认可而半途而废。集成什么，怎么集成，谁集成得好，认可、支持谁的集成或哪种集成，这些都需要有需求者的认可，有市场和同行评议，需要采取一些特别的程序、规则、方式方法才能做出正确的评价，也需要与教育评价相关的体制、机制的完善与包容。

当然，集成能否发展最终还取决于教育个体的需求能否通过市场得到有效满足，这要求社会必须建立起法治化、规范化的市场体系。

人才紧缺是集成人学教育探索将会遇到的最大问题。解决这一问题的关键在于培育科学精神和科学文化的土壤，讲求科学精神、科学思想、科学方法，有献身探索、追求真理的勇气，还要有良好学风。

对于未来教育是不是向着集成人学方向发展，当下是不是处于教育学由学科范式向集成范式转向的重大转折期，不同人还会有不同看法。这需要时间的验证和实践的探索。

回顾 16 世纪科学革命催生出现代科学，实验证明、精确定量或用简单数学公式概括普遍规律的确定性、确定机制和因果关系，是从古希腊科学进入现代科学的三张门票。教育的特性使其难以完全用上这三张门票，但教育学人一直比附着自然科学建立教育学科，而未充分分析教育是生命、生活、艺术、自然与人文的集成，需要有新的与自然学科不同的条件才能找到适合自己的研究与探索范式。教育实践存在很多不确定性现象，这使得完全揭示教育机制与因果关系变得困难。就像人体的许多功能找不到明确的结构基础一样，教育规律也无法完全通过实验来验证，人的成长过程往往充满随机性。对于教育这样最典型的巨复杂系统连续体，当初就应该依据其特征采用合适的范式深入揭示其规律，如今遇到如此多的学科难以求解的难题，必须去创造新的研究范式。

长期以来，适合教育特性的探索方式一直未能被发现和开发，这既反映了教育探索的独立性不足，也显示了教育探索范式转变的困难，可能需要依赖整个科学范式的转变。在这个过程中，教育探索范式的独立和自主转变将带来更多符合教育事实和逻辑的范式，从而更接近集成人学，能更有效地促进个体成长，同时推动科学技术的发展，进而通过经济和社会发展对人类健康和健全成长产生更深远的影响。

在一定的时期内，集成式教育研究将与非集成式教育研究共存。在短期内，可能因为有专业素养进行集成研究的人员少，集成式研究的力量会显得纤弱；但长期来看，集成式研究会因其整体性、多向性、灵活性、有效性、及时性和先进性而日益取得研究上的优势。

简而言之，集成人学教育论的完善是个漫长的过程，集成人学教育范式的形成不会一蹴而就。原来的范式还会继续发展，新的范式一定是建立在旧范式不断发展和被扬弃的基础上，在相当长时期内新老范式将会处于你中有我、我中有你的格局，经历一个此消彼长的漫长而复杂的过程。

后　记

历时20多年断断续续的思考与行动，我写出《集成人学教育论》，总算将多年的冥思苦想和行为见证一吐为快，相当于在攀登尚未见顶的高峰途中，算是登上一个可以歇息一会儿的小平台。书中所写是我20余年来所行所见所思的理论总结，也代表了我对未来教育发展方向的探索与信念。

2021年6月完成初稿后，我小范围征集了一些同行意见。我特别敬重的王义遒老师克服各种困难，坚持读完全稿，并写序给予很高评价。专家们普遍认为，这本书触及了当前教育理论研究和教育实践的核心问题，提出了富有想象力、创新性和适切性的“集成人学”概念；全书在理论、思路、方法、实践上超出当下学术表达范畴，将对教育界产生深远影响；书中以集成方式提出概念，分析问题，实现理论的技术化转换，这在当下的教育基础理论领域具有相当高的创新性。

在吸纳了同行的宝贵意见后，我对全书进行了多次系统修改。2021年6月，本书初稿完成后交出版社，编辑很快审阅，提出修改意见，并排出版式；2022年1月提交了修改稿，编辑又再次提出意见，又修改了一轮；2023年3月、2024年2月，我又分别做了系统的修改。虽然几易其稿，对于这样一个庞大的选题，仍然不免粗疏，显得不成熟。我愿以诚恳、开放的心态聆听方家教正。

本书在一定程度上是应出版社之约而写。多年前我与科学出版社曾就一套丛书的出版进行过接洽，后虽因故未能实现合作，但我2018年就承诺一定写一本书给科学出版社。所以，本书能够出版，是由于编辑付艳数年来盯着我催要，并做了大量细致的工作。十分感谢北京姚基金公益基金会的叶大伟先生，他为了“支持教育基础理论研究”，慨然决定资助本书出版。爱人胡翠红为我奔走查阅资料，核对文稿。在此，一并向各位给予支持的人致以真诚感谢！

终于结稿了，它要与世人见面了。热忱地期盼更多人参与支持它成长！

储朝晖

2021年6月初稿

2022年2月、2023年3月、2024年2月先后修改